编纂委员会

主　编：张　健

副主编：王　峪　王明荣

编　委：（按姓氏笔画排序）

　　　　杜　愚　邵子阳　李　宁

　　　　岑　艳　范毅峰　郑高平

　　　　徐　毅　廖绍云（执行）

人才蓝皮书
TALENTS BLUE BOOK

宁波人才发展报告

A REPORT ON THE DEVELOPMENT OF TALENTS IN NINGBO

2023

主　编　张　健
副主编　王　峪　王明荣

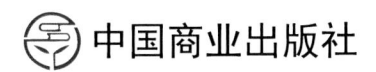

中国商业出版社

图书在版编目（CIP）数据

宁波人才发展报告.2023/张健主编；王峪，王明荣副主编.--北京：中国商业出版社，2023.8
ISBN 978-7-5208-2578-8

Ⅰ.①宁… Ⅱ.①张…②王…③王… Ⅲ.①人才培养—研究报告—宁波—2023 Ⅳ.① C964.2

中国国家版本馆 CIP 数据核字 (2023) 第 150992 号

责任编辑：吴　倩

中国商业出版社出版发行
（www.zgsycb.com　100053　北京广安门内报国寺 1 号）
总编室：010-63180647　　编辑室：010-83128926
发行部：010-83120835/8286
新华书店经销
北京七彩京通数码快印有限公司印刷

*

710 毫米 ×1000 毫米　16 开　24 印张　359 千字
2023 年 8 月第 1 版　2023 年 8 月第 1 次印刷
定价：78.00 元

* * * *

（如有印装质量问题可更换）

前　言

今年是《宁波人才发展报告》连续第十八年出版。经过多年的努力和探索，《宁波人才发展报告》已经成为宁波人才研究工作中具有显著特点的品牌，是宁波人才工作的一张"金名片"。今年的《宁波人才发展报告》力求客观反映宁波人才发展基本情况，系统总结宁波人才工作实践做法，全面展现宁波人才研究创新成果。本书编写和组稿主要围绕四个方面开展。一是围绕宁波整体人才开发情况，总结提炼宁波2022年以来人才工作中的好经验、好做法，突出人才工作特色亮点，尤其是聚焦于宁波建设世界重要人才中心和创新高地战略支点城市、推动企业人才开发、培养卓越工程师队伍等方面的工作探索。二是围绕各区（县、市）人才工作实践，集中展现各区（县、市）人才工作实践、创新特色，搭建展示交流平台。三是围绕市委人才工作决策部署，对强化人才发展战略引领、加强重点人才招引、释放创新主体活力、创优人才服务品牌等方面开展理论研究，坚持问题导向，深入分析原因，提出解决对策。四是围绕宁波最新人才政策规划，收集整理了2022年市级相关部门出台的重点综合人才政策和专项人才规划，为人才研究工作做好资料整理和研究参考。

本书由宁波市委人才办和市政府发展研究中心共同组织力量编辑出版。市委常委、组织部部长、市委人才办主任郑敏强，市委组织部副部长、市委人才办常务副主任张瑞丽等都十分关心本书的出版工作。本书由市政府发展研究中心主任张健担任主编，副主任王峪和人才资源研究所所长王明荣担任副主编，二级调研员廖绍云担任执行编辑。市委人才办李宁、杜愚、郑高平等同志都全力支持本书的编纂工作。

本书编辑出版工作还得到国务院发展研究中心、中国人事科学研究院、中国人才研究会和浙江省政府研究室、省人才发展研究院等部门领导、专家的精心指导。宁波市委宣传部、市委统战部（市侨办）、市经信局、市教育局、市科技局、市人力社保局、市农业农村局、市民政局等相关部门，各区（县、市）和重点开发区组织部门（人才办），以及在甬相关高校给予了大力支持和帮助。在此，一并表示衷心的感谢！

今后，我们将继续秉持"服务决策、服务发展、服务人才"的理念，进一步提升人才研究工作水平，力争多出成果、快出成果、出好成果，为宁波人才工作改革创新做出更大的贡献。

囿于水平，本书难免存在不足之处，恳请大家批评指正。

编　者

2023 年 6 月

目　录

人才工作篇

2022年宁波人才工作综述 ……………………………………… 3

2022年区（县、市）、重点开发园区人才发展基本情况 ……… 8

海曙区升级打造"工程师友好区"，着力构建人才

　"高品质生态圈" …………………………………………… 31

江北区以"产业教授"搭建人才流动"高速公路" …………… 35

镇海区全力打造"甬江芯谷"人才发展新地标 ………………… 38

北仑区创新产业人才评价模式的实践探索 ……………………… 41

鄞州区人才工作数字化转型成果初显 …………………………… 45

奉化区以产才融合构建"链式发展"人才生态圈 ……………… 48

余姚市柔性引进高层次人才的实践与思考 ……………………… 52

慈溪市做优"最懂人才心思"服务生态 ………………………… 56

宁海县智造种业"芯片"兴农共富 ……………………………… 60

宁波国家高新区高新精英系列项目成果丰硕 …………………… 64

宁波前湾新区奏好引才用才"四步曲" ………………………… 67

研究探索篇

宁波推进世界重要人才中心和创新高地战略支点城市建设研究 ……… 73

宁波重点产业人才导向目录报告（2022） ……………………………… 91

在甬高校人才队伍建设现状调查研究 …………………………………… 103

宁波"两进两回"返乡人员赋能乡村振兴研究 ………………………… 116

国内重点城市招才引智工作新举措及对宁波的启示 …………………… 125

宁波招才引智与招商引资互动机制研究 ………………………………… 134

新形势下宁波引进国际化人才的对策研究 ……………………………… 146

国内外重大科创平台人才集聚及对甬江科创区启示 …………………… 163

宁波创新企业与高校院所合作研发模式研究 …………………………… 176

宁波搭建企业与高校院所人才合作平台研究 …………………………… 185

宁波发挥重点产业创新平台集聚人才作用研究 ………………………… 198

宁波创新卓越工程师培养机制研究 ……………………………………… 205

产才深度融合背景下"产业教授"选聘与评价标准研究 ……………… 221

进一步推进软件和信息技术服务业人才开发对策建议 ………………… 229

宁波重点企业人才开发需求研究 ………………………………………… 237

宁波单项冠军企业人才需求研究 ………………………………………… 247

宁波专精特新"小巨人"企业人才需求研究 …………………………… 263

宁波打造更具辨识度的人才服务品牌研究 ……………………………… 291

强化高层次人才和团队招引攻坚行动的思考与实践
　　——以奉化区为例 …………………………………………………… 301

契合产业发展需求的人才评价机制研究
　——以余姚市为例 …………………………………………307
"宁波五优、人才无忧"品牌塑造研究 ………………………………320

政策规划篇

关于进一步深化青年友好城建设的若干举措 ……………………345
关于加强人才自主培养实施领军拔尖人才培养项目的意见 ………352
宁波市宣传思想文化领军人才和青年人才评选扶持办法 …………361
宁波市社会工作者职业水平考试奖励实施细则（试行）……………368
"智汇山海 才助共富"甬丽人才联合行动方案（2022—2025）……371

人才工作篇

2022 年宁波人才工作综述

自 2022 年以来，宁波市委组织部深入贯彻落实党的二十大和省、市党代会精神，聚力护航"推进两个先行、经济稳进提质、创新驱动发展"中心大局，主动抓、抓主动，牵头推动宁波人才工作继续保持量质齐升的较好态势。顶尖人才有力集聚：全年新入选省"鲲鹏行动"计划 4 人，实现总量翻番达 8 人；新遴选支持顶尖人才项目 4 个，累计达 16 个。高端人才加速流入：新入选国家级引才工程 80 人、国家级人才培养工程 13 人，均创历年新高；新遴选支持甬江人才工程项目 402 个，增长 30.1%；新选拔领军拔尖人才培养对象 837 人。基础人才高位增长：新引进大学生 22.7 万人，新增博士 1130 人，新增硕士 10324 人；新增高技能人才 7.2 万人，占技能劳动者比重达 33.6%；每万名就业人员中 R&D 人员数达 189.77 人年，跃居全省首位。人才企业蓬勃发展：甬矽电子成功登陆科创板，市级人才企业上市实现"零"的突破，刷新全市企业上市最快纪录，7 年内全市已有 7 家人才企业上市。人才相关工作在省委人才工作会议、全省组织部长会议、全省组织部长视频会、全省重点人才工作推进例会等近 4 次重要省级会议上，均作典型交流，是全省唯一的地市。

一、迭代工作运行机制，协作合力有效凝聚

健全完善人才工作推进运行体系。深刻学习领会把握党的二十大关于实施人才强国战略的部署要求，创新制定新时期人才工作整体架构、市级职能部门党管人才责任清单、市委人才工作领导小组工作规则，创新建立市县两级重点

人才工作推进例会、重点人才指标月度通报等制度，有效构建"周盘点、月例会、季督促、年考评"的人才工作推进闭环机制，着力凝聚人才工作强大合力。在全省率先组建人才战略咨询委员会。首批聘请市内外两院院士、领军专家、知名企业家等40名行业权威人才担任委员，为全市人才招引、项目评审、平台建设等提供高端咨询论证服务，着力提升人才工作决策科学化、民主化、专业化水平。

二、重塑人才政策体系，竞争优势全面夯实

主动融入国家人才战略布局。聚焦智造创新主攻方向，与杭州联合制订人才集聚平台建设方案，首批纳入国家布局总体框架，宁波在国家创新体系和雁阵格局中的显示度和贡献度有力提升。系统重塑"一城三地"人才新政30条。创新构建"通则＋专项＋定制"人才政策体系，迭代升级支持举措、扩面支持对象，同步出台顶尖人才项目支持、青年人才专项、医疗卫生高端团队引育等一揽子配套政策，人才政策比较优势全面确立。制作人才新政宣传手册，面向在甬高校、"大优强""单项冠军"企业、产业技术研究院、金融机构等重点用人单位，分类开展人才政策宣传解读推介，推动新政全面铺开、精准触达、高效落地。

三、赋能平台建设改革，聚才能级有力提升

坚持"人才谁使用谁评价"，面向重点区域、重点用人单位，在全省率先开展市级授权松绑综合改革，全方位支撑人才平台提能造峰，宁波大学、甬江实验室、轨道交通集团、舜宇集团4家单位获全省首批省级人才工程自主评定、高级职称自主评聘、技能人才自主认定等5项人才发展体制机制综合改革试点，甬江科创区现已集聚全市34%的市级人才、43%的省级人才、45%的国家级人才。高教平台方面，出台支持宁波大学引进人才推进"双一流"建设"9条"、支持宁波东方理工大学（暂名）集聚国际化人才"8条"等，宁波大学2022年密集引进7名力学领域领军人才，2个力学项目通过甬江人才工程单设

专项、单列名额、单独评审，实现 100% 入选；宁波东方理工大学（暂名）已引进核心教研人才 35 名，其中院士 4 名、国家级人才 13 名、国际著名学术组织会士等人才 12 名，与香港理工大学、上海交通大学首批招录联合培养博士研究生 41 人已于 9 月入学；产教融合深入推进，建设首批 7 个现代产业学院、12 个产教融合人才培养基地。院所平台方面，出台加快甬江实验室人才集聚"11 条"、产业技术研究院认定管理和目标评估办法等，甬江实验室成立 1 年多已引进 14 个高水平研究团队、25 名学术带头人和近 200 名科研人员；中科院宁波材料所等重点产业技术研究院今年共净增各类人才超 500 人，累计集聚科研人员超 3000 人；中国—中东欧国家创新合作研究中心实质性启动运行，石墨烯创新中心获批全省首个国家级制造业创新中心，宁波院士中心在全省首批 8 家"浙江院士之家"绩效评价中名列第一。企业平台方面，出台"大优强"企业人才市场化认定办法、人才赋能"单项冠军""专精特新"企业发展若干措施、甬兴证券专项人才支持政策等，"大优强"企业新引进大学生数占全市比重达 1/9；新设宁波人才院，破解重点企业平台引才事业身份壁垒；支持企业等用人单位新建省级博士后工作站 68 家，获批国家级 15 家，数量均创历年新高；浙江创新中心新建江北北岸中心、镇海甬江芯谷、宁波通商银行科创孵化基地等 3 家特色分中心，集聚各类人才企业累计达 213 家。

四、升级招才引智抓手，精准揽才加快提速

迭代深化甬江人才工程。出台甬江人才工程改革赋能办法、申报遴选重塑办法，创新开辟 10 类人才直接认定入选、10 类人才直接进入终评的"10+10"申报"直通车"，对宁波大学、宁波东方理工大学（暂名）、中科院宁波材料所等 3 家单位授予人才项目自主管理权。2022 年，共吸引 2829 个海内外高层次人才项目申报，增长 16.6%，提前 3 个月完成全流程评审，遴选支持的 402 个人才项目中，40 周岁以下青年人才领衔项目占比 53.5%，近七成科技创新项目均集中在三大科创高地领域。全省率先打造科技人才云图。首期聚焦新材料产业人才需求，汇集全球 400 万家机构、超 3000 万名科研人才、近 6 亿项科研成果等海量信息，绘制人才全球分布图，构建人才精准画像系统，定制人才

个性化招引路径，织密全球猎才网络实现"一键找人"，在全省率先探索运用数字技术招引全球高端科技人才。积极稳妥招引特定国别专家。树牢"国之大者"理念，在全省率先出台实施专家来甬15项服务保障举措，创新构建海外引才"5S"护航机制，整合建立"2+N"平台引才渠道，打造NGO（非政府组织）专家"蓄水池"，目前已累计协助36名特定国别专家、家属来华，数量居全省首位，获中组部和省委组织部多次肯定。持续推动人才与人力资源贯通。首次与国家科技部科学技术交流中心、人力资源行业龙头企业国投人力、全球知名学术出版机构约翰威立建立人才引育和科技创新战略合作机制，揽才渠道进一步拓展丰富。建强"甬上乐业"人力资源综合服务平台，构建人岗智能匹配算法模型，举办招聘活动530余场，吸引6.8万家次用人单位、37.7万人次线上对接，实现用人需求100%覆盖、人才求职100%响应。中国宁波人力资源服务产业园获批全国首批国家级人力资源服务出口基地。推进新时代宁波工匠队伍建设，举办"技能之星"职业技能竞赛，宁波高技能人才代表国家出征世界技能大赛特别赛，实现重型车辆技术与维修项目金牌"零"的突破。

五、打响人才活动声势，引才质效实现跃升

首次携手国家级平台举办人才科技周。突出高端引领、青年导向、产智融合，线上线下联动推出主体活动24场，促成24个科技人才项目签约，总金额达31.2亿元，特别是引入国投人力公司资源举办"国聘行动"宁波高质量发展专场招聘活动，累计吸引1855万人次在线参与，得到央视重磅栏目密集专题报道9次，并首次亮相新闻联播，出镜时长达21秒。同时组织1000余家单位推出人才岗位需求2万余个，吸引超3万人次线上线下对接洽谈，获市委主要领导批示肯定。创新举办"云端"宁波人才日。聚焦毕业季大学生择业高峰期，以"青春'甬'不散，一起向未来"为主题，打出战疫引才组合拳，彭佳学书记线上发布"谷雨之约"，与汤飞帆市长首次联名送出签名祝福卡，在人才群体中引发热烈反响。其间推出岗位4000余个，吸引近2万人次精准对接，136.3万人次在线参与启动活动。持续丰富特色人才活动载体。创新举办三期宁波人才讲坛、院士论坛、海高会会员代表大会、"一带一路"青年学者论坛、

人才专家中秋茶叙会、高层次人才培训班、特定国别专家走进宁波、博士后"双百"供需对接会等重点人才活动，全年不间断开展"与宁波·共成长"新春万企引才月、"十城百校千企万岗"高校毕业生集中巡回招聘、"五城协作迎八方英才"系列招聘、"甬上乐业·我才甬现"赴外引才等招聘活动，策划推出新春人才专家走访慰问、遥寄中秋家书、在甬高校新生盲盒礼包派发等暖心行动，聚才引智声势更加凸显，重才爱才氛围更加浓厚。

六、创新数字化改革牵引，人才生态迭代优化

全面升级党委联系服务专家机制。深化领导全覆盖结对联系服务重点平台、重点人才制度，专门制订市委主要领导联系服务人才方案，建立起36名市领导、17名部门负责人带头联系106名专家、28个平台（项目）的服务体系，闭环高效解决人才发展要事、关键小事，带动全市形成礼敬人才、厚待人才的良好风尚。针对20名在甬顶尖人才，建立专人主动对接、专班服务保障、专属定制服务机制，为顶尖人才提供贴心暖心的快速服务。聚力破解人才发展难题。率先实行海外人才用汇便利化试点，做大做强"金凤凰"线上金融服务平台，集成40多家金融机构、200余款专属金融产品，覆盖保障全市800余家人才企业，累计发放低息贷款超72亿元，助力企业摆脱资金短缺困境。积极稳妥开展芯片人才专项走访，精准排摸人才诉求，相关诉求得到上级重视，并给予重点解决。高效服务人才切身要事。升级打造宁波"人才码"2.0版，创新推出人才政策自动匡算、主动兑现服务模式，完善"一窗受理、一键办事""云窗咨询"平台，集成近30项高频服务事项，2022年已为60万余人次提供生活优待等"码上秒享"服务。试点建设共有产权房，推进配建人才安居房22.1万平方米，协调解决530名人才子女择优入学需求，联动驻京办、驻沪办、驻杭办首次推出重点人才异地出行、住宿、就医等定制服务，"宁波五优、人才无忧"服务品牌进一步打响做实。

中共宁波市委组织部

2022年区（县、市）、重点开发园区人才发展基本情况

海曙区

一、基本情况

2022年，海曙区新增就业大学生数量超过2.14万人，增长40.60%，新增院士工作站（科技创新中心）2家、博士后工作站5家。人才总量达23.86万人。

二、主要做法

坚持政策牵引，建设"工程师友好区"。将工程师视为产业发展的关键力量，率先发力"卓越工程师"培养新赛道，成立全省首个工程师人才服务中心，发布高水平工程师队伍建设15条，优化"百创汇海"人才集聚工程，建立产业链、专班化引才机制，引进工程师人才9700余名。依托宁波工研院、上海交大、浙江蓝卓等校企院，成立卓越工程师培养联盟并发布行动指南，创新"三体系三平台"工程师培养模式。

坚持创新驱动，建设"翠柏里"创新街区。率先实践"科技回归都市"，全力推进"科创中国"试点。按照"一脉两片"布局打造"翠柏里"创新街区，启动甬水桥科创中心，激活楼宇20幢近30万平方米，配套翠柏里扶持政策12

条，举办"赛道明星班""科创训练营"，统筹空间、人才和生态，全方位支持入驻企业。目前已孵化集聚数字经济、软件服务等科技型企业120余家，集聚各类人才近4000人。

坚持服务赋能，建设人才生态最优区。推出更富含金量的人才新政，给予项目资助、资本引才、成建制引才、信用贷款、成长激励等"5个1000万"支持。深入开展"千名干部助万企"助企纾困行动，16支联企服务团、8支助企纾困队，走访企业万余家次，解决问题1259件。以"技术经纪人""人才走走团"为载体，集合各类人才400余人，联合为企业攻关技术难题1100余个。紧盯人才安居、子女就学、医疗保障等需求，通过"人才码"、人才之家，全生命周期开展"专曙"人才服务，累计保障30余名高层次人才子女入学，解决260余件技术求助，提供2.1万余人次衣食住行服务。

江北区

一、基本情况

2022年，江北区申报国家级引才工程86个，进入建议人选名单6人；申报省级引才工程83个，进入建议人选名单5人。

二、主要做法

系统重塑人才工作体制机制。主动顺应新时代人才工作的新要求，发布出台加强党管人才工作实施意见、人才工作领导小组工作规则、人才工作容错免责实施办法等系列文件，进一步强化党管人才、规范运行机制、厘清部门职责，努力推进全区人才工作理念、机制、模式迭代升级。实施重点人才工作推进例会制度，进一步聚焦重点人才工作，落实各项重点人才工作任务，精准发力、靶向施策，进一步提升人才服务生态，破解人才工作中的难点、堵点，以项目化交办方式形成人才工作闭环。

聚焦产业靶向引育高端人才。始终坚持产才融合工作理念，依托龙头企业、重点平台，重点人才工程申报工作取得新突破。2022年，全区申报国家级引才工程86个，同比增幅95.5%；进入建议人选名单6人，同比增幅100%；申报省级引才工程83个，同比增幅72.9%；进入建议人选名单5人，同比增幅25%；申报市"甬江人才工程"项目430个，同比增幅115%；进入建议入选项目24个，同比增幅41.2%。

创新实施"产业教授"工作机制。聚焦贯彻落实中央人才工作会议关于推进产学研深度融合、协同攻关部署要求，积极探索、先行先试，创新实施创业型、创新型和应用型"产业教授"，开辟校企合作新模式，拓展产智融合新通道，相关做法在中组部"组工信息"刊发，并获经济日报、浙江日报等媒体报道。目前，已经聘任14位产业教授，涉及新材料、生命健康等新兴产业领域，其中5位创业型"产业教授"创办企业在2022年共实现销售收入超过7亿元，有效地带动了江北区产业提级。

加快推动高端平台能级提升。主动融入全市科创平台布局战略，推进省级高新园区"东西两园"建设，引进落地浙江创新中心北岸中心，集聚科技人才项目25个。深化落实人才科技"栽树工程"，大连理工大学宁波研究院、国科宁波生命与健康产业研究院、国电投宁波氢能研究院等科创平台做大做强，浙江大学国家大学科技园宁波浙大校友产业园、大连理工宁波科技园等高端科创平台也相继揭牌。2022年，区内重点创新平台申报入选市"甬江人才工程"项目10个，人才集聚能力明显。

高效抓好人才关键小事。聚焦人才个性化、特色化服务需求，以"宁波人才之家"为核心枢纽，在重大平台、重点企业推进建设"企业人才工作服务站"，形成"区-镇街-企业"三级联动服务网络。启动开发"乐智江北"人才工作数字化系统，持续深化人才管家、健康专员服务机制，构建精准化、全覆盖的人才服务链条。开展人才企业大走访活动，对现有35个人才企业进行走访调研，对企业的人才需求、技术需求、资金需求、业务需求进行排摸，为精准企业服务打好基础。

镇海区

一、基本情况

2022年，镇海区入选国家级引才（培养）工程22个、省级引才工程16个、甬江人才工程46个，支持省鲲鹏人才2人、市顶尖人才项目2个。1家人才企业入选国家专精特新"小巨人"企业，新增甬股交挂牌企业10家。石墨烯创新中心成功获批全省首个国家制造业创新中心，新建博士后工作站国家级1家、省级8家。

二、主要做法

压实"党管人才"责任。迭代"科创镇海·人才金港"政策，出台专项政策16个，创新推出甬江科创区人才引育共同体建设定制化举措，系统构建"通则＋专项＋定制"政策体系。健全重点人才工作推进例会制度，修订区委人才工作领导小组职责任务和运行机制，优化人才工作"争先进位"考核体系，形成部门分工、压力传导、考核督查、数字督办工作闭环。

建强"招才引智"网络。深化开展重点产业引才专项评审，优化"平台引才、以才引才、以赛引才、猎头引才"模式，健全企业引才育才10大机制，入选国家级引才（培养）工程22个、省级引才工程16个、甬江人才工程46个。围绕助企纾困推出惠才助才12条，启动人才企业上规行动，11家上规、17家估值超亿元。实施青年人才金港汇智行动、卓越工程师培育行动，新引进大学生1.2万人，区技工学校首年招生700人。

厚植"科创强区"基因。启动建设规划面积100万平方米的浙江创新中心"甬江芯谷"，全力打造集成电路产业人才高地，核心启动区已入驻顶尖人才项目3个。坚持"引进战略人才、共建高端平台、培育未来产业"导向，落地顶尖人才领衔的质谱技术研究院、数字经济研究院、磁性材料应用技术研究中心。发起成立甬江科创区人才引育共同体，推出定制化支持政策，推进人才共引共育、成果共享共用。

做优"精准精细"服务。健全创新创业服务体系，55名"三员一师"服务400余次，汇智天使基金累计直投人才项目23个。健全人才暖心服务体系，开工建设对标一流的国际人才社区，全年新筹集人才安居用房1718套，落实89名人才子女入读优质义务段学校。健全数字场景服务体系，推进人才数字智治系统建设，"礼享大学生"参展2022世界数字经济大会暨第十二届智慧城市与智能经济博览会。

北仑区

一、基本情况

2022年，北仑区新入选全市唯一省"鲲鹏行动"计划创业人才1人，国家级引才工程11个、甬江引才工程人才（团队）42个。

二、主要做法

（一）坚持高质量引领，加快集聚国际一流人才队伍

一是狠抓项目揽才。实施"强港强区引才工程"，征集高层次人才项目72个，最终评选出优质项目16个。申报省级引才工程、省级人才培养工程81个、16个，分别入选13人、3人。入选省领军型创新创业团队3个，居全市首位。近两年国家级、省级人才到岗数居全市前列。二是优化政策聚才。研究制定教育卫生人才专项政策和人才分类目录，出台企业实用新型人才评价认定办法，运用"薪酬+业绩"机制新评定实用人才81人，着力补齐区域人才短板。三是办好活动引才。举办国际青年英才产智对接、揭榜挂帅、"硬核杯"国际英才创业创新大赛等活动，"硬核杯"大赛征集参赛项目340个，评选获奖项目6个，已落地项目4个。开展"十城百校"巡回引才、技能比武等活动，全区全年新增

博士 207 人、硕士 1331 人、各类高技能人才 6598 名。

（二）坚持高能级提质，加快构筑开放协同人才平台

一是打造产智融合平台。推进数字经济一号工程升级版，深化"双招双引"联动机制，高标准打造芯港小镇集成电路产业平台，新引进力合博汇等海外高层次人才项目 5 个，启动第三批集成电路人才评价认定。二是升级高端创新平台。放大高端装备海外工程师协同创新中心功能，举办专项洽谈会、技术超市等活动 40 余场。成立俄乌特定国别专家引进工作专班，牵头区内主要高校科研院所平台、重点企业，联动集聚特定国别专家。三是提质企业育才平台。实施"百企百千百站工程"，发挥上市企业、单项冠军等重点企业主体作用，新增国家专精特新"小巨人"企业 9 家、国家级博士后工作站 2 家、省级博士后工作站 4 家、市级院士工作站 3 家，东方电缆获市科学技术进步一等奖。

（三）坚持高品质服务，加快打造近悦远来人才生态

一是优化升级创业环境。谋划筹建北仑区人才创投基金，加快构建"拨+投+贷"即"政府扶持+基金投资+银行贷款""人才+资本"融资服务体系。二是打造高效政务环境。开展"走百企访百人送服务"行动，走访企业 210 余家次。建立重点人才工作推进例会制度，解决难点、堵点问题 48 个。三是创造优质生活环境。健全领导联系服务专家制度，发放青年公寓购房码 600 套，升级医疗服务解决外籍人才"就医难"问题，为人才提供安居安心服务。

鄞州区

一、基本情况

2022 年，鄞州区人才总量达到 43.25 万人，国家级引才工程入选 16 人，入选市顶尖人才计划 1 人，新增高校毕业生 2.69 万人。

二、主要做法

持续完善制度体系。健全"1+N"制度架构，出台"智鄞未来"行动方案，完善"全区工业企业亩均效益综合评价办法4.0版"，增设人才加分项指标，制订"新时代民营经济新飞跃行动计划"，以及法律、卫健、金融等人才专项计划。完善"三会两评一考"人才工作机制，建立重点人才工作推进例会制，实行"一周一盘点、一事一专班、一月一例会"，分层分类破解缺场地、缺资金、缺人才、缺自评权等突出问题31个。创新揭榜挂帅机制，承办第2届宁波博士后"双百"对接会，推进450名博士揭榜180家企业技术需求。开展技术需求对接会，征集各类技术需求80余项，7个入选市重大技术需求榜单。深化授权松绑评价，新增14家职业技能等级认定试点企业。

稳步提升引育质效。深化校地合作，与浙江万里学院、宁波诺丁汉大学、浙大宁波理工学院共建研究院；承办东方理工"甬江论坛2022"、浙江数字文化高峰论坛等活动。开展"百校千企万才"等线上线下大学生招聘59场，吸收大学生就业2.69万。做强人才平台，城南智创大走廊新增省级以上博士后工作站9家、国家级科技众创空间1家、市级院士工作站4家。

不断优化人才服务。组织开展"进百企、访百人、问百计"行动，走访重点人才科技企业200余家，组建人才服务专员队伍，常态化开展智资对接等活动，为人才提供点单式、定制化服务达200人次。聚焦人才生活，推出"五优五遇"人才福礼，打造"一站、两场景、三服务"的社区人才服务微共体，为人才提供家门口服务。聚焦人才生态，制订人才集团组建方案，探索打造"政府背景＋市场运作"的全链式人才服务提供商、集成商。

奉化区

一、基本情况

2022年,奉化区新增各类人才2.01万人,其中,博士59人,硕士551人,自主培养入选国家和省级引才工程、甬江人才工程数创历史新高。

二、主要做法

"三管齐下"构筑人才工作新格局。一是统筹发力优化人才工作机制。建立重点人才工作推进例会制度,按分层、分类、分级和专题、专线、专项"三分三专"流程,实现问题及时发现和闭环解决。成立海外引才攻坚专班,抽调经信、人社、科技条线、驻外联络站业务骨干,通过线下集中办公,实现资源互通、人才企业精准匹配,专班推荐人才占申报总数三分之二。二是精准施策优化政策保障体系。迭代升级人才新政3.0版,更加注重以人才为中心,向用人主体充分授权,修订完善企业"三领"人才评审管理办法、人才住房保障管理办法,全年发放各类人才补贴超2亿元。出台新时代奉化工匠培育行动、乡村振兴人才实施意见,针对会计、法律领域出台专项人才政策,形成多元化、多层次的人才政策体系。三是多方联动优化人才梯队结构。聚焦重点人才、关键领域细化引才颗粒度,大力实施高层次人才招引和领军型创业项目招引两大攻坚行动,重点推进凤麓英才项目,2022年第一批入选项目中领军及以上人才领衔项目达到5个,实现两院院士领先项目"零的突破",通过面对面洽谈、点对点服务,项目落地率比上年翻一番。开展"金蓝领"职业技能培训30962人次,新增高技能人才4692名。加速教育队伍拔尖人才培养,新增省特级教师3名,入选甬江育才工程领军拔尖人才项目10人。

"三联行动"激发平台载体新动能。一是开展核心平台攻坚提速行动,扎实推进3号青创大走廊内平台载体建设。中交未来城、生命科学城等平台吸引集聚了一大批产业项目,成功引进纳米技术及应用国家工程研究中心浙江分中心、上海人工智能研究院等平台。二是开展企业创新平台能级提升行动，以"茗山智谷"创新综合体为辐射，推进企业研究院建设。深入推进博士后科研工作站建设，新增博士后工作站 5 家，新增院士工作站 6 家、博士创新站 23 家。三是开展多方联动平台优化提档行动。成立宁波市南片区首个人力资源服务产业园，新设 4 个驻海外人才联络站，聘请 5 位人才大使，构建海内外的人才招引网络。深化拓展"双飞地"人才和项目联动招引模式，西安中科创星科技孵化器建成运营，创新以"管理集中、空间分散"的轻资产合作孵化模式。

"三措并举"涵养人才发展新生态。一是以数字变革推动人才服务主动触达。自主开发"人才项目无感监管服务平台"，为全区 300 余个人才项目"立体画像"，动态收集企业发展问题，建立"派单—接单—评单"三环帮办模式。升级完善奉化"人才码"，放宽人才享受范围至本科，服务人才 15000 人次。二是以产才融合推动人才需求动态匹配。建立"创业创新赋能联盟"，推动人才链、产业链、资本链、服务链深度融合。依托"人才之家"，统筹整合服务资源，成立"人才创业创新服务综合体"，打造集双创孵化、人才引育、服务赋能于一体的枢纽型服务载体。三是以用户思维精准解决人才关键小事。丰富人才安居方式，大力推进"风华聚"人才公寓建成交付，提供精装修公寓 454 套，专门建设 AB 型"青年人才驿站"4 家。建立分层分类人才落户、人才子女入学协调机制，帮助解决人才落户、子女入学等问题 234 个。

余姚市

一、基本情况

2022 年，余姚市新入选国家重点人才工程 5 人，省级重点人才工程 4 人，宁波市甬江引才工程 22 个。

二、主要做法

（一）聚焦党管人才，加强顶层设计和统筹谋划，持续提升人才治理水平

一是优化党管人才工作架构。调整市委人才工作领导小组成员单位，制定印发领导小组工作规则和领导小组办公室工作细则，创新实施重点人才工作推进例会制度，推动成员单位切实履行职责。二是完善"争先进位"闭环推进机制。制定出台年度领导小组工作要点和"争先进位"重点任务清单，建立覆盖乡镇街道及重点人才工程责任单位目标体系，创新量化"使劲跳，够得着"的工作要点指标设置，实施通报督促机制，优化人才工作绩效考评体系，营造横向争先、纵向进位、比学赶超工作氛围。三是建强人才工作队伍力量。系统梳理人才工作队伍架构，建立分层分类沟通联系群组机制，加强与重点乡镇街道及重点企业人才工作联络员的业务对接，举办甬江引才工程申报业务培训、人才政策业务交流等活动，深化与余姚市人力资源经理人协会合作，召开重点企业人才工作现场推进会，首次开展优秀人才工作者评选，撬动人才政策覆盖面和知晓度，提升新时代背景下人才工作者对政策业务的理解力与参与度。四是强化人才工作服务大局能力。聚焦经济稳进提质攻坚行动部署要求，梳理全面撬动稳进提质的人才支点举措6项，建立"163"应急响应体系人才服务组，开展专精特新等重点企业纾困解难调研走访，实施"阳明故里 职邀你来"直播带岗、线上"创业集市"等活动，引导人才企业参与共同富裕、对口帮扶等工作，江丰电子资助横坎头村一期15亩蔬菜工厂已明确开工建设，总金额达1000万元"江丰"教师奖励基金正式设立。

（二）聚焦产才融合，优化聚才举措和队伍建设，持续提升人才集聚水平

一是用好重点人才工程牵引作用。聚焦关键领域、重点产业，全面开展上级人才工程的申报推荐工作，"点对点"精准辅导项目申报140余个；全面评

估本级人才工程实施情况，更新出台"姚江英才""优秀中青年"等本级人才项目政策，新立项"姚江英才项目"14项，新遴选产生"阳明学者"5人，入选优秀中青年人才培养项目24人，"阳明蓝领"20人。二是拓展市场化荐才渠道。与浙江省人才发展集团建立全链条战略合作协议，充分发挥高层次人才产业加速中心、科技人才超市等市场化机构作用，精心举办智能制造创业创新大赛、科技成果交流、"海智宁波之旅"暨全球招才引智等活动，推广使用宁波科技人才云图，常态化开展高端人才企业匹配对接，促成10余位人才与企业初步达成合作意向，不断提升人才资源路径源头供给能力。三是深化产业技能人才引育。出台《关于加快培育新时代余姚工匠队伍的实施意见》，完善高技能人才公共实训基地认定机制，开展市大工匠、杰出工匠等组织遴选，举办395位选手参赛的"技能之星"工业机器人系统操作员选拔赛，大丰实业获评浙江省唯一的国家文化和科技融合示范基地，机器人与智能装备产业创新服务综合体被认定为2022年度宁波市产教融合"五个一批"示范基地。四是统筹抓好人才队伍提质扩面。扩大急需紧缺人才引进政策覆盖范围，加大教育、文体、卫健等领域人才引育力度，支持市人民医院创建三甲医院人才引进，宁波职业技术学院阳明学院院长王正才老师入选国家级人才培养工程，"中国非遗传承人研修培训计划"姚剧培训班开班，市中医医院马伟明成为余姚市首位全国名老中医药专家传承工作室建设项目专家，艺术振兴乡村首席策划官、中国人民大学艺术学院副教授丛志强带领团队驻村指导袁马村乡村振兴建设。

（三）聚焦激发活力，强化制度供给和改革赋能，持续提升人才发展水平

一是做好人才政策的集成创新。深入评估现行人才政策绩效，在广泛听取各行业主管部门以及企业家、人才专家、人力资源经理等有关人士的意见建议基础上，结合人才工作的新趋势新做法，出台《关于实施新时代人才强市战略推进人才发展体制机制综合改革的意见》，配套人才工程支持经费管理办法等细则，基本构建形成"1+X"政策体系。二是推进人才发展体制机制综合改革。将省级人才发展体制机制综合改革试点列入重点人才工作交办清单，全面梳理舜宇集团在职称自主评审综合改革试点方面的现有基础、改革需求、工作体系、评价体系等内容，深化与上级对口部门对接联系，积极争取舜宇集团列入省级人才发展体制机制综合改革试点（光学与光电行业高级职称自主评审）。三是完善人才评价认定机制。深化人才评价"破四维"，突出业绩贡献导向，面向100余位重点人才计划专家和50余位企业家等赋予举荐认定权，优化修订余姚市人才分类目录，将在企业技术革新、管理创新等方面作出突出贡献，且工资性收入达到一定水平的在职人才认定为高级及以上人才，并给予相应政策支持。四是加快人才工作数字化改革步伐。主动对接宁波组织系统"三个一批"多跨应用场景工作需求，落实甬江引才工程和本级人才计划申报系统整合要求，打造宁波"人才码"余姚人才工作特色应用，"姚江英才计划"线上管理平台正式上线运行，青年人才租房补贴实现"人才码"线上办理，"人才码"领码量超4万人次。

（四）聚焦提能造峰，深化平台建设和矩阵打造，持续提升人才支撑水平

一是聚力建强重点功能平台。加快浙江余姚人才创业园、中意宁波生态园等产业平台建设，院士之家智能家居改造项目结算审计完成，机器人小镇探索产旅融合，以才创园为主体的智能装备高新技术产业园区成功获批创建余姚首家省级高新园区；中意宁波生态园人才企业发展持续加速，萨塞克斯人工智能研究院正式运营，中东欧中小企业集聚区一期项目完工。二是加速发挥新型研发机构作用。支持现有产业技术研究院与本地产业融合发展，指导塑料研究院制定高性能工程塑料科研基地建设项目可研报告，浙大机器人研究院与余姚市永创电磁阀有限公司等5家公司共建联合研发中心并积极创建省级新型研发机构，佳音科技与大连理工大学宁波研究院合作成立"电磁仿真联合实验室"，湾区机器人荣获"Leaderobot 2021年度中国机器人行业服务突出贡献机构"奖。三是不断激发企业主体作用。鼓励引导企业提升自主创新能力，江丰生物年产1000套数字病理智能诊断系统产业化项目开工并与华为开展数字化病理合作，数字切片扫描仪成功开辟南美市场；鑫高益医疗创新产品"无液氦核磁"通过国家药品监督管理局审查并成功上市，成为宁波市首个国家级创新医疗器械；智昌集团承担的国家重点研发计划项目验收通过；江丰电子国内最大热等静压工艺超大尺寸高温镍基合金出炉填补了国内行业空白，公司成为宁波唯一一家获"国家技术创新示范企业"的单位。

（五）聚焦生态最优，做优、做细、做实人才服务，持续提升人才服务水平

一是配强人才服务工作力量。建立企业服务经理人制度，协助做好宁波市法务专员、财务专员新联系企业对接沟通工作，选派103名经济管理部门市管干部到全市234家"大优强""专精特新""350"等企业担任企业服务经理人，落实第四批高层次人才创业企业助创专员12人结对服务人才企业14家。出台人力资源服务业扶持政策，市人力资源服务产业园顺利开园，12家机构入驻。二是优化金融服务要素供给。做好大学生创业政策情况排查，梳理全市重点人才工程资金兑现情况，提升政策兑现效率；揭牌成立市知识产权保护服务中心，创新设置总规模1亿元的政府引导基金，召开金融会客厅座谈会，举办人才企业上市财务讲座，持续强化优质资源要素导入人才项目，江丰生物完成超亿元C轮融资，创润新材料正准备启动股份制改造，智昌集团近期将提交上市申请，江丰电子圆满完成向特定对象发行股票项目，成功募集资金约16.485亿元。三是做实人才关键小事服务保障。全面落实人才子女入学、安居等各类人才优惠政策，办理高层次人才和特定企业骨干人才子女入学34人，对8名高层次人才在生日、解除隔离返岗等重要节点进行走访慰问；出台人才安居实施办法，配合做好人才用房保障情况专项审计相关工作，牵头召开全市商住用地竞配房管理与人才安居房配置协调会议，梳理房源筹集、竞价销售等细则。四是深化重才爱才氛围营造。召开高层次人才迎春座谈会、市海高会年会等人才活动，落实人才春节慰问走访，组织"海外高层次人才感受美丽余姚"，启动人才工作宣传月，累计在相关主流媒体发表报道10余篇，深化开展2022年度市人才奖荣誉评选，新产生市杰出人才奖5人，有突出贡献专家奖8人，重才爱才先进单位8个，第一时间为当选俄罗斯自然科学院外籍院士的专家送上祝福贺信，成功推荐 4 名人才担任宁波市人才战略咨询委员会委员。

慈溪市

一、基本情况

2022 年,慈溪市入选国家级引才工程项目 3 个、省级引才工程项目 5 个、甬江引才工程项目 30 个,人才资源总量达到 44.88 万人。

二、主要做法

(一)下好变革重塑"先手棋"

高规格召开市委人才工作会议,确立新时代人才强市战略的目标定位、实现路径。重塑人才工作争先进位考评体系,完善人才工作闭环推进制度,健全人才工作重点指标"以月保季、以季保年"对标争先工作机制,压实镇街、产业平台招才引智的主体责任。建立重点人才工作推进例会制度,聚焦上级交办的重要事项、本级明确的重点任务、重点人才引进服务、重大平台建设服务、重要政策制定落实等"五个工作重点",充分发挥组织优势加强统筹协调,推动人才工作高频迭代、高效协同。深化人才工作数字化改革,推进宁波"人才码"等应用场景落地,宁波"人才码"领码总数 58999 人、人才领码率 52.31%,两项指标均居各区(县、市)第一。

(二)打好人才引育"组合拳"

迭代升级高层次信息库和企业人才需求库,常态化开展企业人才需求比对,个性化做好项目对接服务,推动高端人才(团队)携项目、技术、资金落户慈溪市,国家、省级引才工程申报数实现"双倍增",慈溪医工所李娟研究员入选国家"优青",新入选国家级引才工程项目 3 个、省级引才工程项目 5 个、甬江引才工程项目 30 个，其中资本引才项目收获"三连冠"。启动卓越工程师后备人才引育三年行动计划，深化推进智能家电工程师协同创新中心建设、新创建分中心 2 家，支持宁大科院和行业龙头企业共同探索"产业教授""技术高管"制度，培养复合型产业工程师，推进新时代上林名匠培育，完善技能人才多元化评价机制，新增高技能人才 8341 人，居区县市首位。坚持人才培养引进向青年人才倾斜，支持在慈高校科研院所开展研究生培养教育，提高毕业生留慈率，深化生活补助、购房补贴、人才公寓等青年友好城建设专项政策举措，新增大学生 21043 人，宁大科院本科毕业生留慈率达到 10%，首次超过 300 人，在慈高校科研院所新招收研究生 270 名，在读研究生规模达到 610 名。

（三）打造人才发展"好生态"

升级优化"组团服务"模式，探索推出组团服务＋属地服务＋认领服务"三位一体"的闭环服务机制，更好发挥市级部门的职能优势，压实项目属地的管理服务责任，实现项目服务的全市域联动、全流程闭环，加快培育打造领军人才标杆项目，入库企业累计实现产值超 5 亿元、整体项目估值超过 30 亿元，入选国家级专精特新"小巨人"企业 1 家、"科技独角兽"培育企业 2 家，每万名就业人员 R&D 人员数增幅居宁波各区（县、市）首位。高标准构筑人才科创平台雁阵，推动慈溪医工所等重点科研平台提能造峰，推进博士后工作站、院士工作站以及企业研发中心等平台建设，慈溪医工所入选宁波市级产业技术研究院，新建博士后工作站 5 家，其中国家级 2 家，博士后工作站建设实现三年倍增目标，上林英才"慈星产业园"成功创建省五星级小微企业园，系年度宁波市唯一。建成投用宁波人才之家（慈溪），成功举办 2022 上林峰会及宁波人才日慈溪专场等系列活动，健全完善线上＋线下联动的全生命周期服务模式，聚力打造"最懂人才心思"服务生态。

宁海县

一、基本情况

2022年，宁海县自主申报国家级引才工程40人、省级引才工程39人，入选甬江人才工程项目10个，新建院士工作站（院士科技创新中心）2家，新增省级博士后工作站4家、市级博士创新站3家。

二、主要做法

（一）人才生态持续优化

一是工作机制更健全。发布人才发展"十四五"规划，出台人才工作领导小组工作规则和重点人才工作推进例会制度，聚焦人才资源总量提升、硕博招引、特定国别专家引进等专题，召开例会8次，进一步形成齐抓共管格局。二是政策体系更完善。坚持高端引领，出台高层次人才团队集聚意见，配套标准全市最高。结合宁海产业特点，在全市率先发布种业强县、文化兴县、旅游旺县人才保障专项办法，创新出台市场化引才和金融扶才政策，通过精准施策、力度叠加，提升引才竞争力和实效性。三是人才服务更优质。深入实施县领导联系人才制度，依托"企服通"线上线下平台，推行人才创业服务八条，发挥人才之家、高层次人才联谊会等载体作用，为人才创业创新提供全生命周期服务。四是活动品牌更有效。组织"智汇宁海·情满中秋"高层次人才联谊活动，20余名外来人才欢聚一堂。举办环三门湾新青年创新创业创意大赛、在读博士生暑期座谈会，全力打造青年人才创业创新活力之城。

（二）招才引智提质增效

一是紧扣特色产业靶向引。打好种业、生态、低碳、文化、健康五张特色牌，以各级人才工程为契机，开展差异化精准引才，申报国家级引才计划30人，入围6人，申报省级引才计划39人，入围4人，均创历史新高；申报甬江人才工程项目163个，入围10个；县级引才计划受理104个。二是拓展渠道全面引。借助乡贤引，举行百名侨商走进侨梦苑宁海中心活动，成立宁海中学杭州校友会，推动以才引才。借助市场引，对接优质第三方服务机构，合作开展人才招引服务，目前已有10余个项目正在洽谈。三是聚焦重点产业专项引。围绕千亿级"光伏＋储能"产业链布局，为东方日升、震裕科技等行业龙头匹配人才线索40余条，申报省级以上人才4人，入围国家级人才1人。落地总投资10亿元的光伏HJT电池智能产业设备项目，柔性引进中科院人才团队9人。举行"光伏＋储能"产业人力资本对接会，引育光储产业人才3000余人。

（三）人才培育务实有效

一是大力培育产业人才。举办"产教融合·赋能产业革新"产业人才发展交流大会，成立产业人才发展服务联盟，发布产业人才学院专项政策，推广政府、学校、企业、专业机构等"四方联动"技能人才培育模式，新增高技能人才6189人，新入选"浙江工匠"7人，被央视《新闻联播》《朝闻天下》等栏目多次报道。二是大力培育乡村振兴人才。举办"乡聚毕设"枫湖毕业季、村宝创业季，组建长三角艺术振兴乡村高校联盟，成立青年设计师人才实践基地，推广"艺起富"赋能乡村云平台，长三角12所艺术类高校、103名师生留下毕业设计情，57名青年大学生、乡建艺术家化身富村创业家，中国外文局、央视国际拍摄纪录片专题推介。深化实施"四名"工程，新培育名师、名医、名家、名匠36人，新增社工执证人数587人，民生服务能力有效提升。三是大力培育企业家队伍。深入实施新生代企业家培育行动，赴成都举办新生代企业家高级研修班，举办中小企业领军人才班，提升企业家的综合素养和人才意识。

（四）平台能级提升明显

一是推进海外人才合作平台建设"四个高地"。切实扛起国之大者，聚力打造中东欧新材料人才"蓄水池"，组建来华专家工作专班、关心关爱专班，制定县级专项政策，落实平台运行经费，与宁波大学签约共建高性能轻量化制造研究院。二是加快海洋生物种业研究院建设。主体工程通过竣工验收，引进博士后研发人员3名，有序推进"西店牡蛎"良种选育和缢蛏产业发展服务项目。先后举办种业强县人才发展论坛、成果展，揭牌国家级制种大县，发布种业强县发展规划。三是提升生物产业园平台承载能级。建成投产生物药中试公共平台，年合同金额可达3亿元，产值6000万元以上；举办第六届生物产业发展论坛，引进苏定冯院士团队，签约落地宁波临床前新药评价中心项目。四是助推中加低碳研究院建设。发挥浙大—宁海碳中和联合研究中心作用，建成徐英熙院士工作站，主导设计的双水未来社区"零碳建筑"展厅方案通过评审，举办国际大学生现代竹结构建筑设计竞赛和首届国际研究生现代竹结构论坛，助力打造低碳示范建筑。五是不断建强各类创新载体。深化与宁大校地合作，梳理对接平台共建、技术攻关、人才培育等合作17项。开工建设南宋红妆文化园，致力于打造宋韵文化"会客厅"、浙东文化新地标；中国照明学会宁波（宁海）服务站揭牌成立，宁波网易联合创新中心开园运行。

象山县

一、基本情况

2022年，象山县新引进高校毕业生8122人，同比增长11.4%，入选国家级引才工程、省级引才工程各2人。

二、主要做法

（一）坚持党管人才，强化人才工作统筹合力

2022年，在县委、县政府高度重视下，开年最高规格召开县委人才工作会议，增设经信、科技等7家单位分管领导兼任县委人才办副主任，旗帜鲜明

地表达县委对人才工作的极端重视。牵头起草出台《关于高质量建设新时代人才强县的实施意见》，提出高层次人才数、青年人才数、人才计划项目数等三大核心指标"三倍增长"目标，并逐年制定重点任务清单压茬推进。同时，建立县重点人才工作推进例会和县委人才办主任会议制度，全年组织召开会议7次，协调解决卫生系统博士引进等具体事宜17项，交办高层次人才过渡用房保障等重点人才工作15项。

（二）紧盯核心指标，人才引育成效明显

聚焦青年人才与海洋经济，实施"半岛"系列人才集聚行动，"半岛英才"计划项目申报数量呈现爆发式增长，全年遴选评定31个项目，当年落地13个。国家级和省级引才计划申报数增幅均名列全市首位，入选国家级和省级引才计划各2人，创历史最好成绩，扭转12年国家级引才计划零入选局面。申报市级重点人才工程39个，较上年增长56%，增幅列全市第二，成功入选2个，较去年增长100%。新增高级及以上人才74人，增幅达20.3%。近三年，大学生引进数保持两位数增长，增幅保持全市前列。另外，宏润集团获省科技进步一等奖，合力科技获得二等奖，国家级领军人才王一鸣获市科技创新特别奖，象山竹根雕代表性传承人张德和入选第八届中国工艺美术大师，成为宁波市第二位国家级工艺美术大师，合力模具刘永跃成为全县首位入选浙江省有突出贡献中青年专家。

（三）注重平台建设，做强人才支撑

重点平台建设有序推进，加快建设中国机械科学研究总院南方中心建设，一期中试厂房已投入使用，二期单体建筑已完成主体结构建设，新引进领军人才2人，集聚形成180人的研发团队，南方中心2022年以来净增38人，在全市所有28个重点平台中列第三位；象山县人民政府和中国科学院宁波材料技术与工程研究所签订战略合作协议，谋划推进中科院宁波材料所海洋材料试验场，进一步引导开展产学研联合技术攻关，引领海洋经济行业领域高质量发展。企业创新平台建设取得较大突破，中国机械总院集团宁波智能机床研究院有限

公司还成功入选国家级博士后科研工作站名单，成为象山县首家国家级博士后工作站；新建宁波威霖住宅设施有限公司、宁波工程学院象山研究院、浙江易锻精密机械有限公司3家院士工作站（院士科技创新中心）。创业平台建设取得实质性突破，新海洋科技创业园顺利通过工程验收，园区管理办法制定实施；筹建城西"青年与海"半岛英才科创园，37度湾县科创中心荣获省级双创示范基地。

宁波前湾新区

一、基本情况

2022年，新区全年自主申报入选省级重点人才工程1人、宁波市顶尖人才计划1人、国家级引才计划5人，创历史新高；新引进硕博1350人，超上年引进总量25%。

二、主要做法

（一）聚贤汇智，大力引培高端双创人才

全面排摸海内外高层次人才及项目，走访单项冠军、专精特新等重点企业16家，通过政策宣贯、上门指导等方式，深挖企业人才资源，各项指标取得新突破。一是高层次人才引进有新突破。2022年新区支持省KP计划1人、宁波市顶尖人才计划1人，双双实现"零"的突破；自主申报入选国家级引才工程5人，同比增长150%，到岗率为100%；入选省级引才工程2人，甬江人才工程14个；新增宁波市领军及以上人才17人，是历史累计数的77.2%。二是领军拔尖人才培养工程入选数有新突破。甬江育才工程领军拔尖人才项目入选15人，其中第一层次3人，第二层次3人，第三层次9人，同比增长200%，创历史新高。三是高层次人才认定数有新突破。新增高级以上人才181人，累计632人，总量居全市首位；引进高校毕业生10060人，其中硕博人才1350人，

同比增长 25%，位列县市区第二；人才码申领 21964 人，领码率 52.65%，位居各区县市第一。

（二）筑巢引凤，积极搭建引才聚才平台

依托新区产业基础、优质平台载体，将产业与人才有机衔接起来，加快产业提档升级，构建人才集聚强磁场。一是沪甬人才合作先锋区建设稳步推进。深度对接上海张江、临港、漕河泾等知名产业科技园区，开展人才项目对接 23 次。新引进沪上合作项目 4 个，带动人才集聚 897 人，柔性引用沪上人才专家 289 人。二是重点平台建设成效显著。复创科创园管理有限公司发挥"金融＋空间＋服务"三大特色优势，推出五大服务载体，2022 年以来，26 家企业成功入库国家科技型中小企业，园区成功入选国家中小企业公共服务示范平台的孵化平台（新区首家）。绿色智能汽车及零部件技术创新中心落户新区，总投资超过 6 亿元，是浙江省首批 6 家省技术创新中心之一，目前已集聚研发人才 100 余人。麟沣医疗器械科技园孵化的健世科技公司在香港挂牌上市，市值突破 100 亿元，成为新区首家上市的人才企业。杭州湾生命科技园孵化企业茂行生物与健信生物荣登"2022 中国医药创新种子企业 100 强"榜单，截至目前，园区累计引进孵化项目 20 余个，获社会资本总投资超 10 亿元。三是博士后工作站助企提效升级。全年新增博士后工作站 3 家（中科祥龙、复旦研究院、大发化纤），招收博士后科研人员 11 名。重点围绕高端装备、第三代半导体、新能源材料、智能驾驶等领域，开展项目攻坚。截至目前，科研成果转化为企业累计增加销售额超 13 亿元。

（三）精准发力，打好助企惠才组合拳

认真贯彻中央、省、市关于稳就业工作部署，坚持就业优先导向，落实落细各项稳就业举措。一是抓好助企纾困政策兑现。针对性研究出台招工补助政策，企业招用首次来新区就业人员，给予企业 1000 元 / 人的招工补助；参加赴外招聘活动，给予企业 2000 元 / 次的招聘活动补助，着力降低企业用人成本。累计兑现助企政策资金 9904.72 万元。二是努力保障企业人力资源需求。拓展

线下招聘渠道，开办世纪城中高人才专场招聘会；积极尝试抖音直播、校园云招聘等线上招聘渠道；全年共组织举办招聘活动64场（居各县市区第一），进场求职人数超过3.3万人次，达成初步就业意向人数1.1万人。推进校企、校地合作，以新区管委会名义和宁波工程学院签署全面战略合作协议，协同培养产业需求的专业人才，实现人才资源共享。指导上汽大众与23所职业院校举办"上汽大众产教融合研讨会"，全力保障区内重点企业技能人才需求。

（四）强化保障，持续提升人才服务效能

在做好人才引进培育工作的同时，着力提升人才服务水平，打造最优人才生态，厚植人才发展沃土，最大限度地激发人才创新创业活力。一是以数字化撬动人才服务。紧扣数字化改革，全域推广应用宁波人才码，推进人才服务"网上办""掌上办"，累计兑现人才政策经费2.42亿元，惠及人才7.6万人。组织实施高层次人才子女入学、健康体检、交通补贴、医疗保险等11项关心关爱举措，惠及高层次人才2200余名。二是深入实施人才"安居"工程。在市委组织部的牵头帮助下，及时解决人才安居房公积金贷款事宜，人才安居房顺利出售160套，助力人才在新区安居乐业。三是加强人才服务载体建设。宁波人才之家（前湾新区）正式挂牌运营，为新区各类人才搭建学习充电、交流联谊、政策咨询、项目对接的服务平台，打造"关心人才、爱护人才、成就人才"的服务环境，开展活动32场，服务创新创业人才一万余人。

宁波国家高新区

一、基本情况

2022年，高新区全年新增各类人才7600余人，其中海外人才、硕士（高级职称）及以上各类高端人才570余人。新引进、培育顶尖、特优、领军、拔尖人才32人。

二、主要做法

围绕核心产业聚高端人才。聚焦新材料科创高地建设，举办中国·宁波第九届全球新材料行业大赛、2022中国科技创业计划大赛暨天使中国科技创新大赛、第四届中国工业互联网大赛"工业互联网＋数字仿真"专业赛等各项赛事，吸引300多个创业团队参赛。

推动招商引资与招才引智深度融合，产业聚力与人才聚智捆绑联动，确保"大项目""大人才"两手抓。实施第八届高新精英系列项目，征集新材料、先进制造、信息技术、生命健康四大领域高端双创人才项目205个。

高质量建设专业双创载体。总规划面积19万平方米的宁波新材料联合研究院正式投入使用，总规划面积34万平方米的宁波鲲鹏生态产业园全面开工建设，其中鹏霄服务器生产基地预计年底达到竣工验收条件。产业园可容纳100余家鲲鹏上下游企业入驻，打造国产芯片产业链群，目前已有20余家芯片产业链、5G通信企业对接入驻事宜。

宁波市政府发展研究中心廖绍云根据各区（县、市）、
重点开发园区提供的相关材料整理

海曙区升级打造"工程师友好区"，着力构建人才"高品质生态圈"

为深入贯彻落实中央、浙江省委人才工作会议精神，打造人才引育更优生态，海曙区高标准打造"工程师友好区"，推进卓越工程师队伍建设，为建设现代化滨海大都市卓越城区夯实人才基础。2022年以来，海曙区以"工程师友好区"建设为抓手，以全区产业发展需求为导向，通过构建更优人才引育平台、提供更全人才服务保障、打造更快成果转化体系，全面释放人才创新创业活力，着力构建工程师"高品质生态圈"。

一、主要做法

（一）松土沃壤，构建更优的人才引育平台

发布卓越工程师人才培养行动指南，成立卓越工程师培养联盟，涵盖校企院三方七家成员，集合21名导师组成工程师资源库，为大学生、工程师提供知识交流与科研推广支持。创新"高校＋产业技术研究院＋企业"多主体联合工程师培养体系，推动建立"曙才学堂"联合实训基地，对标"卓越工程师"要求开设专题培训班。打造"曙里"工业互联网特色区，通过"平台引企业""专家引人才""名师带高徒"引育方式，吸引更多的产业相关人才和企业落户海曙，推动形成产业链、人才链。整合招商和引才两类政策资源，联动发力，建立"产

业链、专班化、领办式"引才新机制，选派产业链双招双引小分队赴重点城市招商引才。配套发布《宁波市海曙区工程师创新创业地图》，绘制宁波市首张区域人才双创地图，通过地域线路描绘和数据分析呈现，为海曙创新创业精准画像，为更多人才了解宁波海曙提供有形向导。

（二）浇水施肥，提供更全的人才服务保障

推行"工程师友好区"建设15条新政，在资助奖励、合作培育、项目孵化等方面为工程师提供保障支持。审议通过《海曙区优化"百创汇海"人才集聚工程加快引进集聚高端工程师人才和团队的实施意见》，"百创汇海"人才工程申报范围首次涵盖卓越工程师专项，面向高层次人才提出了直接认定、随到随评、青年人才绿色通道等条例。组建"技术经纪人""人才走走团"，建立专家技能库、企业需求库和联盟服务清单，为青年工程师解决专业领域上的技术难题，为优秀大学生提供就业研究指导。建立"才小二"专员服务制和上门服务制，通过设立政策咨询办理窗、专业中介服务、项目孵化、活动承办等项目，解决工程师创新创业后顾之忧。优化"一件事"服务机制，采取"前台综合受理、部门分类审核、对内跟进督查、对外专人帮办"模式，对工程师服务事项实现"一次告知、一站受理、一窗送达"。

（三）成荫结实，打造更快的成果转化体系

进一步打造翠柏里创新街区，启用甬水桥科创中心，吸引各类优质数字经济企业入驻，为产业工程师科技创新、成果转化提供良好环境，建立甬水桥基金，为科技成果转化、优质项目资本化提供资金保障。建立校院企三方供需对话机制，针对海曙区特色产业、重点企业共性技术需求"痛点"，对接导入工程师创新成果资源。鼓励企业建立特色鲜明、功能互补、错位发展的产业工程师协同创新中心，并给予运行经费奖励。对协同创新中心实行人才政策倾斜支持，加大工程师创新创业项目孵化力度，开设工程师项目评审认定"直通车"，对取得重大技术突破、解决重大技术难题的高层次人才，可直接享受区级相应人才工程政策。针对企业关键核心技术堵点，开展"揭榜挂帅""赛马"攻关，

建立征榜、张榜、揭榜、竞榜、奖榜等五大机制，积极推动不同创新平台间的有机互动、资源共享、功能互补，合作开展技术攻关。

二、实际效果

自2022年1月海曙"工程师友好区"建设启动以来，海曙区在工程师引进、培养、政策服务等方面全面发力，通过成立全省首家区级工程师服务中心，出台"工程师友好区"建设15条新政，举办第一届卓越工程师人才峰会，绘制宁波市首张区域人才双创地图等一系列举措，不断完善海曙工程师"高品质生态圈"，持续向全球工程师释放求贤信号，相关做法获得《光明日报》、人民网、《浙江日报》等媒体的转载肯定。

截至10月底，海曙全区新增青年大学生2.1万余人，新增54个市级以上重点人才工程项目，预计年底全区人才总量将超25万人，专业技术人才、高技能人才总数超16.5万人。翠柏里街区人才集聚效应明显，集聚各类工程师人才近4000人，35岁以下青年大学生和40岁以下青年人才占比分别超过4成和6成，远超全区平均水平，其中入选区级以上人才计划专家40名，约占全区总量的20%。卓越工程师培训班目前已面向宁波市内外企业、高校人才开展了近20场数字化赋能培训，涉及1100余人次。海曙区工程师（工匠）学院与区职业技能实训中心面向企业"招生"，邀请大师工作室、技工院校老师进行"套餐式"授课，开展培训班10次，合计402名学员。

三、特色亮点分析

依托宁波高校以及区内研究院所、重点企业，统筹区内"技术经纪人""人才走走团"等资源，打造海曙工程师人才培养平台。成立卓越工程师培养联盟，涵盖浙大宁波理工学院、宁波工研院、浙江蓝卓等校企院三方七家成员，集合21名导师组成工程师资源库，为联盟大学生实践、工程师在职培训及学历进修等提供知识交流与科研推广支持。推广"双元制""订单式"培养模式，大力弘扬"工匠精神"，与浙江工商职业技术学院合作成立海曙区工程师（工匠）

学院，针对海曙区中小微企业规模限制的问题开展联合培养。组建人才智库团，为海曙区青年工程师提供技术支持服务，解决专业领域上的技术难题，为优秀大学生提供就业研究指导。

中共海曙区委组织部

江北区以"产业教授"搭建人才流动"高速公路"

江北区坚持以建设产才融合引领区为牵引,以辖区高校、科研院所富集优势和战略性新兴产业强势崛起态势为依托,积极探索、先行先试,创新实施"产业教授"引育计划,开辟校企合作新模式,探索出了一条产学研深度融合发展的有效路径,在后疫情时期为破解技术瓶颈、提升企业产能提供了强有力的人才支撑和制度保障。

一、主要做法

(一)锚定需求、分类推进,因才施用强化最优方案

针对企业发展需求,选聘创新型"产业教授",推动高校、科研院所的专家到企业担任创新项目带头人,解决关键技术难题、促进科技成果转化,促进人才、技术等优质创新要素向企业生产一线流动。坚持数创赋能,选聘创业型"产业教授",鼓励高校、科研院所的专家到江北区成立人才科技企业,实现技术成果的转化和项目的产业化。针对校企学研合作需求,选聘应用型"产业教授",支持高校、科研院所从江北区选聘企业家、技术总监等兼职授课、实践教学,推动创新平台共建共享。

（二）强化统筹、闭环管理，聘用考评构建最全链条

全面排摸梳理企业转型难点、技术迭代痛点以及高校人才培养重点，在人才科技数字化系统中开发企业技术需求模块和高校、科研院所应用人才需求模块，精准高效地对接高校院所和企业间的问题需求，推动双方在技术攻坚、资源对接、合作共建等方面深入合作。同时，强化管理评价，牵头科技、经信、人社等部门制定产业教授履职考评办法，实施动态管理和目标管理制度，对考核优秀、表现突出的产业教授和工作出色的企业予以表彰。

（三）整合资源、优化生态，凝心聚力筑牢最强保障

研究制定产业教授实施意见二十条，加大对产业教授科技攻关、创业创新、生活安居的全链条、全周期保障。创新设立"江北人才院"并突破性建立高层次人才"编制池"，对全职落地江北的产业教授，审核后可纳入"编制池"。持续深化人才管家、健康专员服务机制，构建精准化、全覆盖的产业教授服务体系。在重点企业评价评选和人才工作服务站考核中，明确根据"产业教授"贡献度对其所在企业进行加分和奖励。

二、实际效果

启动"产业教授"引育计划，紧扣产业发展"需求端"和高校人才"供给端"，首批聘任涉及新材料、生命健康等新兴产业领域的"产业教授"14名，支持一批院校教授在江北区创业创新，鼓励区内创新创业人才到院校实践育人，打通人才流动"双通道"。成立"产才融合·创新赋能"产业教授赋能联盟，与宁波大学、中科院材料所、宁波工程学院等在甬高校院所签订产业教授合作项目，征集发布首批30条江北区创新技术榜单，带动产业化项目实现产值超2亿元。其中5位创业型"产业教授"创办企业在2022年前三季度共实现销售收入5.8亿元，在后疫情时期呈现逆势上涨的良好势头，也有效带动了全区产业提级迭代。

三、特色亮点

"产业教授"制度是江北区推动产学研融合从理念向制度落地的先行实践，通过构建"政府牵线搭桥—校企双向流动—产才融合提升"的多层次、全方位工作体系，加速了高校科研成果转移转化，也有效促进了院校人才培养、科技创新、社会服务能力的提升，在后疫情时期为破解技术瓶颈、提升企业产能提供了强有力的人才支撑和制度保障。

中共江北区委组织部

镇海区全力打造"甬江芯谷"人才发展新地标

镇海区深入贯彻党的二十大关于人才工作的重要精神，围绕宁波"一城三地"建设目标，聚焦集成电路产业全链条发展，在市委组织部（市委人才办）的指导下，市区两级启动浙江创新中心"甬江芯谷"建设，全力打造高素质人才集聚中心、高科技成果转化中心、高产出项目孵化中心、高品质人才服务中心，为推进"六大变革"、打造"六个之都"汇聚硬核力量。

一、坚持"规划引领"强统筹

一是高起点谋划战略定位。坚持"服务浙江省、融入长三角、辐射全国"，围绕宁波"一城三地"建好示范区、当好模范生，聚焦集成电路产业全链条发展，经市委组织部（人才办）指导，制定《浙江创新中心"甬江芯谷"建设方案》，明确"全力建设集成电路产业人才高地"战略定位，锚定"三年内集聚集成电路产业人才1000人以上"目标。二是高能级规划未来芯谷。前瞻布局"甬江芯谷"版图，实行"平台+园区+周边辐射"模式，总规划面积100万平方米，以核心启动区为中枢，与平台联动区、楼宇支撑区、产业配套区、生活服务区形成同频共振，并与7万平方公里集成电路产业园南北呼应，打造集成电路芯片设计、芯片制造、封装测试的全过程产业链。三是高标准筹划运营团队。组建以分管区领导为组长，区级部门、国资国企、属地街道为成员的"甬江芯谷"运营专班，选优配强招商引才干部队伍，负责"甬江芯谷"日常运营管理工作。

坚持"专业人办专业事",强化人才工作者能力重塑,已开展推进"甬江芯谷"建设培训班2期,带队前往嘉兴、北仑、余姚等地,走进海宁泛半导体产业园、芯港小镇、江丰电子等,系统掌握集成电路产业发展现状及知识,推进以学促知、以知促行。

二、坚持"重点产业"强聚才

一是构建芯谷引才联盟。发挥中科院宁波材料所、甬江实验室、新型研究型大学以及产业技术研究院等集群优势,联合12家市内重点高校院所平台,成立甬江科创区人才引育共同体,出台10条定制化举措,推动人才共引共育、平台共建共治、成果共创共享,正式投用质谱技术研究院、数字经济研究院,签约共建磁性材料应用技术研究中心,进一步织牢芯谷引才聚才"朋友圈"。二是探索芯谷引才专项。持续优化"雄镇英才"高端人才引进工作,在全市首推集成电路产业专项引才,先后落地万有引力、堂山科技、矽久微电子等高端项目,估值均超过亿元。聚焦芯片设计、芯片制造及相关上下游产业方向,发布"甬江芯谷"全球招引公告,诚邀海内外英才来镇创新创业,进一步提升"甬江芯谷"品牌影响力。三是厚植芯谷引才氛围。在宁波人才科技周期间,举办"芯谷论才"高峰论坛,集聚国内院士、鲲鹏人才、重点院所平台负责人,为"甬江芯谷"建设出谋划策,并向集成电路产业创新创新人才抛出"橄榄枝"。做优做强芯谷赛事——"奇思甬动"中国宁波创新创业大赛,在2022年遴选出的12个获奖项目中,集成电路领域项目占50%。

三、坚持"项目为王"强支撑

一是超常规政策赋能。经市区两级支持,"甬江芯谷"落地高端人才项目,将享受3年免租政策,并有机会享受市级"甬江人才工程"、区级"雄镇英才"绿色直通车,加快引进培育集成电路领域各类人才。二是超力度基金支持。鉴于集成电路产业项目早期投入大、融资需求迫切,配套"甬江芯谷"建设,由国资国企发起设立甬江科创基金,首期规模1亿元,正式运作3个月,已给予

2家企业总额1000余万元基金支持。正在推进总规模为2亿元的集成电路产业基金的设立，将由清华大学、韦尔股份、宁波通商基联合成立，届时将为集成电路领域高端项目提供专项基金支持。三是超集成服务保障。聚焦特定人才、特色需求，推广"雄镇英才"创业险，给予创业兜底、人身安全、研发设备等综合保障。持续完善创新创业、人才安居、子女就学等配套服务，2022年新建1718套人才安居专用房，保障50名高层次人才子女就读优质民办学校，人才幸福感、归属感得到提升。

中共镇海区委组织部

北仑区创新产业人才评价模式的实践探索

为创新产业人才评价模式，近年来，北仑区突出实用、贡献导向，以评价标准精准化、评价主体多元化、评价方式差异化为突破口，在塑机行业职称评审、模具行业工程师评审等方面作了实践和探索，取得了一定的成效，相关情况如下。

一、北仑对人才评价模式的探索与实践

（一）实施塑机行业职称评审制度改革

2015年起，北仑率先在全省试点塑料机械行业高级工程师评审试点工作，突出"业绩加能力"为导向的人才评价方法，截至目前，共有460人取得塑机高级工程师资格。主要做法有：一是突出科学化评价。创新性增加工作绩效考核和薪酬指标，对参评人员的科研项目承担、科技成果、专利授权等业绩指标进行量化考核和权重赋分。同时，将科研成果取得的经济效益和社会效益作为重要内容，建立"标志性成果"这一直接晋升标准。凭借国家科技进步二等奖，宁波海天塑机集团叶盛成为浙江首位不需评审，直接晋升高级工程师的专业技术人员。二是打破传统化评价。职称评审改革不再将职称、外语、论文作为硬性指标，鼓励更多在一线工作的专业技术人才申报职称。此外，为部分不具备规定的学历资历条件，但在塑机领域工作业绩和成果特别突出的专业技术人员

设立了破格申报途径，破格申报占比约40%。三是引入市场化评价。组建塑机行业高级职称评委会，将行业和龙头企业的技术标准纳入评价指标体系，鼓励引导用人企业根据职称评价结果合理使用专业技术人才。通过数据比对，年均塑机行业高级工程师申报人数从个位数增加到40名，得到行业和企业的高度认可。

（二）开展集成电路产业人才认定

为加快集聚集成电路产业高端人才，北仑区于2021年出台集成电路人才12条政策，推广"薪酬制""举荐制"评价遴选模式，48名人才已成功通过人才分类认定。主要做法有：一是坚持人才评价的贡献导向。研究制定区集成电路产业人才分类目录，采用年薪与工作经历相结合的方法评定人才层次，并把实用技能人才纳入目录。例如在相关领域工作满5年，拥有硕士学位或985、211本科学历，且年薪45万元以上技术或核心管理人才可认定为D类人才。二是坚持人才评价的举荐导向。通过人才、企业、行业协同发力，让政府选人转换为市场选人、产业和企业选人。赋予领军企业负责人和9名B类以上人才每年1名人才举荐权，对年薪45万元及以上人才可破格认定为B—D类人才。三是坚持人才评价的自主导向。按照谁用谁评的原则，充分赋予用人主体人才评价自主权。建立以同行专家评审为基础的业内评价机制，吸纳德图科技、甬强科技等业内专家28人组建集成电路专家委员会，同时对评审专家实行动态管理。

（三）开展模具工程师自主评价探索

为解决经验丰富、敢于创新的模具人才难以得到职称晋升的难题，北仑区于2021年推出模具行业工程师自主评审机制，当年共有67人获得模具行业专业工程师职务任职资格。主要做法有：一是注重行业参与。建立区模具行业工程师任职资格评审委员会，组建评审委员会专家库，邀请行业内知名专家、具有丰富专业知识和实践经验的高级技术专家、知名学者等参与模具工程师评审工作，确保评审工作专业可靠、公平公正。二是制定特色标准。坚持需求导向，研究制定具行业特色的模具行业工程师任职资格申报条件，涵盖评审适用范围和评审量化赋分标准。比如，在模具材料及处理、设计、制造及工艺等方面有贡献的，在"能力贡献"这一指标中最高可加30分。三是推动评价互通。全面推进专业技术人才与技能人才互通，扩大职称评价人员范围，畅通各类人才职称申报渠道，如市级技能大师工作室领办人、市"优秀高技能人才"获得者等技能人才，可直接申报工程师任职资格。来自浙江吉润汽车有限公司的市优秀高技能人才陆荣良，此前受制于高中学历无法申报职称，得益于这一突破，于2021年成功取得模具工程师任职资格。

（四）实施"港城能匠"实用人才评价认定

2021年，北仑区在走访企业时了解到很多无学历、无职称的一线高技能高薪酬人才缺少相应政策，经过论证分析，出台实施"港城能匠"实用人才评价认定管理办法，采用"企业选拔推荐+政府组织评审"方式，为400余家优质企业超万名一线优秀技术技能人才提供成长渠道。一是创新定位"好企业"。实用人才推荐企业主要布局于汽车及零部件、智能装备等先进产业及纳入国家或省市级引才计划的企业，设定大专以上学历、助理级以上职称、高级工以上职业资格人才占比35%以上的"人才队伍结构基准线"，确保现有优秀企业全覆盖，促进区域产业转型、升级和革新。二是创新定位"好人才"。注重企业人才评价，设定年薪超上年度市社会平均工资标准2倍且位于企业职工薪酬体系前1/3的硬性申报指标。注重不同行业不同发展阶段企业薪酬体系结构差异性，评价中采用的薪酬值是立足行业和企业规模对实际薪酬进行赋权后重新计算，大幅提高薪酬权重至40%。从首次申报情况看，约70%人才首次获得区级人才申报资格。三是创新定位"好政策"。发放工作津贴和培训券，优先参加专项提升培训，依申请可推荐家属就业、子女区内义务教育段学校安排就读，提高一线人才获得感与成就感。比如，宁波创源文化发展股份有限公司印刷机长郑小龙经评价认定后，成功将两位小孩从陕西老家接至北仑入学。

二、人才评价模式的经验总结

（一）优化人才评价标准

针对现行人才评价制度评价标准针对性、科学性、有效性不强等问题，探索以创新价值、能力、业绩等为评价重点，注重立竿见影的"显绩"和润物无声的"潜绩"，科学设置评价周期的全分类、分级、分层评价标准体系。结合人才成长规律，合理设置人才评价指标要素，提高评价的针对性和精准性。动态更新人才评价指标，持续追踪检验指标效度、信度，形成改革调整实施的正反馈良性循环。

（二）完善人才评价方法

为提高人才评价与产业发展的融合度，突出人才评价中人才实际贡献和实际解决问题的能力，鼓励采用考评结合、个人述职、实践操作等不同方式，坚持定性与定量相结合、当前与长远相补充、过程与结果相衔接，提升评价效率和质量。坚持问题导向，完善标志性成果评价方法，探索强调原创性、重大突破和"业界认可"，强化人才对产业发展的引领作用。

（三）突出用人主体作用

充分发挥用人单位作为人才的实际使用者和直接受益者的主体作用，避免出现"评在此岸、才在彼岸"的脱节现象，给予用人单位自主评价权限，进一步扩大企业自主评价试点实施范围，深化专业技术人才自主评价和直接认定工作，推动建立以"同行评同行、内行评内行"为基础的评价机制。对开展自主评价的单位，人才管理部门不再进行资格审批，通过完善信用机制、第三方评估、检查抽查等方式加强事中事后监管。

中共北仑区委组织部

鄞州区人才工作数字化转型成果初显

鄞州区将"数字赋能"思维拓展到人才工作领域，在围绕"热带雨林式"创新生态体系创建、推进"人才强区"建设过程中，以人才发展全周期过程中的切身需求和满意度为导向，针对公共服务过程中的痛点和堵点采取了系列数字转型尝试，成效初显。

一、聚焦人才招引数字化

一是"云招引"延揽人才。新时期人才工作触角已经从美国、德国等重点国家延伸到全球，鄞州区通过数字化手段，布局线下引才联络点，配合线上对接、招聘等形式，加强各级人才招引。针对高层次人才，通过已有的合作基础构建大数据，匹配筛选后邀请具有引才实力的机构和个人担任鄞州引才合伙人，优化引才矩阵，在海内外放大鄞州招才引智的声音。仅2021年发动分布在海外7个国家（地区）和国内8个城市的26名（家）人才使者、人才工作站和引才联络点，通过优选储备人才、精选举荐人才、发掘增量人才，实现申报各级重点引才计划项目430个。同时对引才矩阵推荐的人才项目实时"云对接"，构建全球引才网络平台鄞州人才项目库，将创新人才和创业项目不断引流到鄞州。截至目前，累计入库海外高层次人才892名，海外人才项目120个，引进落地海外高层次人才105名。聚焦疫情时代的青年人才招引，推出"浙江模范生·青年鄞未来"青年云聚平台2.0版、"鄞州云聘"小程序、"在浙里·甬抱你·鄞未来"云端招聘系统，云系统在招聘洽谈、人才求职、VR 体验基础上，新增匹配合适岗位、解读鄞州人才优惠政策等功能。为各地人才求职、企业纳贤提供洽谈和匹配的平台。平台已集结上市公司 20 家、重点企事业单位 600 余家，发布岗位 6500 余个，累计为企业引才 3500 余名。

二是"云评估"凝聚人才。各类人才项目评估是人才落地发展过程中的重要部分，疫情防控期间，人员出行受到限制，传统的线下评估方式受到冲击，为了破除这些不利因素，鄞州区以博士后人才群体评估为试点，于 2020 年起开展博士后项目"云上开题"，确保企业博士后课题项目如期顺利推进，承办全省首场博士后工作站联盟"揭榜领题"云对接活动。通过"云开题"、线上"揭榜挂帅"等方式促进博士后项目落地鄞州，促成企业与科研院所达成技术攻关方面的合作，力促成果转化，帮助企业抢占技术优势。在此基础上，2021 年全面建设了博士后数字化绩效评估管理系统，实现了设站单位博士后成果即时统计和管理，设站单位年度绩效量化考核、智能化算分，博士后扶持经费智能化计算与提示，出站博士后个人绩效智能化评估及存档等四大模块功能。在上述手段的支持下，博士后群体的发展得到保障，人才创新创业活力被充分激发，仅一年多以来，来鄞博士后在关键技术领域累计为企业获得发明专利授权 181 项，成功开发进口替代类技术/产品 63 项，已投产或转化的成果为企业新增产值 17.6 亿元。

二、聚焦人才服务数字化

一是人才码集成高层次人才服务场景推出。在鄞州区数字化改革整体构架中提出建立"鄞州人才创业创新码"应用建设，应用以市级平台功能为基础，以鄞州区高层次人才优惠政策为突破口，总体以"先试点、再铺开"的思路，按照办理事项先易后难，审批单位单一到流转的几个阶段分批开发。目前已完成在"浙里办"App 中"甬智通"市级人才服务平台上的"鄞州专区"入口的搭建，同时完成了"鄞州专区"中公租房、高层次人才租房补贴等五大人才政策申报模块的填充工作，并绘制了数据集成流程图和业务集成流程图。目前，该平台共受理全区高层次人才免费体检申报上千人，租房补贴申报 2700 余人。

二是基本人才服务"八统一"并网联办。人事档案管理服务、青年大学生就业协议鉴证、人才集体户管理等原省市区"八统一"事项，以及以基础人才购房补贴为主的宁波特有人才政策业务，已经通过浙江政务网（浙里办 App）或市级自有业务系统实现网上办理，相关数字化改革也是以市级部门为主牵头推进，改革方向主要集中在市级自有系统与省级平台的进一步融合、相关部门业务数据的进一步共享以及群众业务办理流程的进一步简化。截至目前，人才综合服务及累计办理万余件，均实现了"无差别服务"，80%的业务均通过网上申请、后台审核方式办理，办结时限节省70%，发放补贴超1亿元。据权威部门抽样调查统计，以上两类服务采取数字化转型后，人才留鄞率达92%，同比提高近9个百分点。

三、聚焦新项目管理数字化

一是加强项目申报落地管理。人才及项目的引进是后续发展和服务的基础，而各级重点人才工程是区县人才工作中的重要抓手，对这些项目申报的有效管理，是重点人才引进的第一步。为解决原有人才申报管理工作中，多部门信息分散、重点环节多且相对独立、时间跨度长等问题，鄞州区在参考省市人才项目申报系统，开发了区一级人才项目申报管理系统，该系统包含信息录、流程管理、项目状态等功能，各类项目一站式申报降低了人才操作门槛，大大降低了申报辅导的时间和人力成本，也实现了不同政府部门间数据共享。在2022年的"智鄞未来"人才项目申报使用过程中，申报截止时共收到257份申报材料，较系统开发前提升70%，获得了人才的一致好评。

二是加强项目发展后期跟踪。为充分掌握人才企业发展动态，及时提供针对性服务，助力企业做大做强，鄞州区启用鄞州人才企业数字平台（城南智创大走廊数字平台），前期已收录165家人才企业，对企业空间分布、产业类型、经营状况等信息直观呈现，动态监测、掌握全区人才企业产业链、供应链、资金链等情况，提前感知风险，并为新入驻人才企业选址、资源分配提供参考。

中共鄞州区委组织部

奉化区以产才融合构建
"链式发展"人才生态圈

一、形成支撑产业发展的人才管理体系

奉化区 2016 年撤市设区时人才总量只有 10 万人,人才数量与经济社会发展需求相比,存在较大缺口,成为制约经济社会发展的最大瓶颈。通过"人才+产业"同向发力,充分结合产业发展需求,完善人才管理体系,促进了奉化区产才融合发展。一是创新体制机制。构建人才项目联动招引模式,坚持"跳出人才招人才",变"单一引才"为"双招双引",重点推进高层次人才招引和领军型创业项目招引两大攻坚行动,发挥专业人才与招商部门的主导作用、职能部门的引导作用,实现更高水平的"握指成拳"。实行市场化引才,积极与科技服务机构合作,在全国 7 个城市和海外 4 个国家设立人才工作联络站,聘请人才大使,构建面向全世界的人才招引网络,实现人才引领产业、产业集聚人才、产才融合发展,成为新区产业与人才发展互动双赢的精彩诠释。二是坚持靶向引才。近年来奉化区系统谋划"1+4+X"全链条人才政策体系,全方位让人才引得进、留得住、用得好。聚焦"关键少数"引进了一批科技领军人才,针对新材料、工业互联网、生命健康等科技创新及科技服务、港航物流等城市经济领域,持续实施"凤麓英才"计划,评选项目 204 个,通过项目引进落地,集聚各类人才 2900 余人,企业产值总计达 12 亿元。聚焦"基础底盘"

培育了一大批产业实用人才。实施新时代奉化工匠行动、开展"技能兴奉"提升行动、高技能人才培养工程，为产业发展提供基础性人才；大力实施"乡土人才"百人计划在文化艺术、生产生活技能、经营管理领域选拔一批乡土人才106人；加快推进农业"乡创平台"建设，培育区级乡创平台11家，促进乡村振兴发展。三是创新产学研用。不断深化拓展，2021年以来新开展产学研合作和科技研发项目106项，新引进和研发科技成果128项，转化42项，科技成果转化率达29%。实施企业新型学徒制培养工程，采取"企校双制、工学一体"模式，开展订单培育、委托培养，区内两所职业学校（工贸旅游学校、区职教中心）已和38家企业开展校企合作，建设校内实训基地15个。创新企业、平台共建大学生实训基地模式，依托深兰研究院平台资源，推进产业急需人才实训基地试点建设。针对产业发展、科技创新等要素，把准产业方向，发挥市场"外力"作用，精准引进符合产业特色的优秀人才及项目落户，针对性地引进一批人才层次高、创新能力强、市场前景好的人才项目，通过引进一个人才、落户一个项目、带动一个产业的"蝴蝶效应"正在加速形成。

二、搭建会聚高质量人才的创业创新平台

大项目支撑大产业，大平台承载大发展，一方面要积极发挥产业虹吸效应，提升平台能级；另一方面也要发挥人才蝴蝶效应，以人才赋能增添平台产业发展新动力。一是着力发挥核心平台辐射效应。2018年，我们依托撤市设区优势，结合奉化区科创资源集聚的现实基础和发展潜力，借助宁波轨道交通3号线交通优势，整合空间资源，布局3号青创大走廊，并将其纳入全区重点规划，同时积极主动对接甬江科创大走廊，整合区域资源优势、产业优势、人才优势，合力推进技术、人才、项目、资金等要素的流动和共享。3号青创大走廊以轨道交通3号线为主轴，构建"一轴五城多点"空间布局（"五城"为生命科学城、中交智慧城、智能制造城、茗山科技城、滨海低碳城）。生命科学城依托宁波市第一医院及宁波大学医学部等平台，吸引了一批生物科技、医疗器械、基因检测等健康产业集聚，成功引入MAH持证平台。锋成先进能源材料研发中心、瑞凌总部及研究院、腾讯云启产业基地相继落户茗山科技城。大走廊沿线创新

平台共引进注册双创企业350余家，引育人才团队110余个。二是着力发挥企业平台头雁效应。发挥企业主体作用，推进瑞凌、锋成、海上鲜等重点企业建成企业研究院，推动本土企业与上海交大、哈工大等国内外高校院所合建研发中心，撤市设区以来新开展产学研项目200余个。建立麦博韦尔产业链协同创新服务平台，充分发挥产业龙头带动作用，聚焦产业链补链强链，促进电子信息产业上下游企业之间优势互补。三是着力发挥创新平台磁吸效应。实质运行启迪智能装备（气动）科技园、凤麓新材料加速器、58众创产业园等双创平台。构建"项目在飞地孵化、成果向奉化转化"的"双飞地"引才模式，在北上深杭4个"飞地"投入运营，国泰、经佳等5个"飞入地"落户奉化，"双飞地"平台内入孵项目110余个，以"人才飞地"促建"人才高地"。实施"小而美"平台建设，通过建立"企业主动、政府推动、政策助动"的培育体系，62家"小而美"苗子企业、6家创新孵化平台完成认定，"小而美"平台累计引进企业60余家，助推创新成果落地和产业转化。

三、营造激发创新活力的人才服务生态

人才竞争，说到底是人才生态的竞争，好的人才生态是人才集聚的最好"口碑"。奉化区持续优化人才服务，以精准服务吸引人才。一是升级数字赋能体系，解决人才急事难事。以数字化改革为牵引，打造奉化"人才数智大脑"，率先升级奉化"人才码"，实现42项人才政策一对一"精准推送"，17项人才服务多场景"一码享受"。2020年开通奉化惠企、人才政策兑现"一键通"平台，让人才政策兑现实现"零次跑""一键领"，两年来，共上线人才奖补事项53项，兑现金额超1亿元。2021年奉化依托全区产业数智平台建设，在全市范围率先搭建人才项目无感监管服务平台，依托103家人才企业大数据，为人才工作全过程感知、数字化监管、科学化决策提供数字支撑。优化产业赋能服务平台，拟组建区创业创新赋能联盟，入驻首批会员单位共计60余家，覆盖新材料、智能制造、信息技术等多行业领域，为人才企业和传统企业组建资源融合新平台，引进区博联专家作为智囊团为企业提供专业技术支持，通过线上线下联动、政府搭台、企业协作的方式，整合区域产业人才资源。二是构建金融支撑体系，

解决人才发展大事。成立"奉化人才银行",推出"英才贷"金融产品,对全区人才企业和个人整体授信2亿元。出台企业金融支持人才创业创新政策,助力人才企业发展,畅通企业资本对接渠道,开展"周周融"走进人才企业专场融资对接活动,为人才企业精准解决融资难问题。三是打造公共服务体系,解决人才关键小事。率先成立奉化区博士联谊会、设立人才服务联盟总窗,搭建高层次人才交流、服务平台。全市率先建立人才之家,成立"一站式动态服务",创新设立"奉麓青研院",已开设9期课程,营造"月月有主题、周周有活动、日日能咨询"的火热氛围。围绕破解人才迫切关注的安居问题,构建购租补"三位一体"的人才住房保障体系,总投资3亿元在3号线黄金地段建设高品质东部人才社区,提供精装修公寓454套,建文娱中心、健身房等配套设施,为人才提供高品质入住体验。

中共奉化区委组织部

余姚市柔性引进高层次人才的实践与思考

一、主要做法

柔性引才用才是人才资源开发的重要途径，也是带动、培养本土人才，提高人才队伍整体素质的有效举措。人才的柔性引进是指在不改变引进人才人事组织关系，也不调整其日常工作隶属的前提下，以提供智力服务为核心，不受工作时间、地点、方式等限制，充分体现用人单位自主权和人才个人意愿的一种人才引进方式，做到不求所有、但求所在，不求所在、但求所用。

余姚市一向高度重视人才引进工作，出台了一系列引才用才精准政策和措施。在引育高层次人才的同时，也在柔性引才方面推出了一系列举措。一是推出"阳明学者"项目，通过对专家进行直接补助的方式，帮助企业开展柔性引才，多年来累计柔性引进高校、科研院所等高层次人才100余名，为经济社会发展注入了强劲动力。二是开展柔性引才平台打造，通过加强与院士专家、博士后等群体的合作，推进用人单位建立院士工作站、博士后工作站等载体，进一步强化用人单位科研实力。

二、存在问题

（一）产业层次较低，柔性人才吸引力较弱

余姚现有产业依旧以传统制造业为主，在产业链和价值链处于相对弱势的

地位，因而对一些高端项目吸引不足，导致规模以上工业企业现有技术研发机构比例低，吸纳人才能力很弱，缺少与高水平大学、科研院所合作的产业空间。同时，还存在科研机构少、规模小、档次不高、高层次人才少的现象，研发力量薄弱，产学研合作停留在技术转让、合作开发和委托开发等层面，类似共建研发机构这样的高层次合作还比较少，吸引外来人才的平台不强。

（二）柔性引才市场化机制不完善

目前，余姚市各用人单位的柔性引才主要依赖政府的政策、项目和活动等，专业性的市场主体如人力资源服务机构、猎头公司等，在柔性引才中缺位明显。虽已有一些行业协会、交流会能为人才引进搭建交流平台，但在人才柔性流动市场中的作用比较有限，很多在一定程度上限制了双向选择范围，不利于人才与单位的充分对接。

（三）柔性引才的人才资本产权不清晰

在人才柔性合作过程中，人才产出的论文、专利、产业化技术等知识产权涉及人才人事关系所属单位、柔性引才用人单位和人才三方，三者间的利益分配不是非常明朗，有时存在着一定的矛盾。

（四）柔性引才支持激励不够精准

相较于刚性引才，柔性引才的弹性较大，导致其在支持和激励方面更难操作。用人单位难以建立有效的考核评价机制，对柔性人才的智力产出也难以评估衡量，导致"引""用"脱节，不利于柔性人才智力的发挥。

三、优化高层次人才柔性引进的建议

（一）突出柔性引才政策导向

政府和用人单位要正确认识到"柔性引才"是解决人才瓶颈的重要途径，要强化"柔性引才"意识，做到精准引才。要聚焦柔性引才周期短、成本低、见效快等优势，围绕"引育留用管"整合各方资源，出台专项柔性引用人才政策，形成柔性引才合力。逐步制定完善推进柔性引才工作的近期目标和中长期规划，征求急需高层次人才的重点产业、高新技术产业和金融服务业等的发展需求，健全人才需求目录，通过多种媒体广为宣传，加大宣传力度，定期发布高层次人才需求。要积极尝试建立"市场主导、政府鼓励、单位自主、逐年递增"的柔性引才引智经费投入保障，加大对柔性引进人才、创新团队的奖励力度，让企业成为引进主体。

（二）完善引才用才管理机制

加强柔性引进人才的事前、事中与事后考核，建立人才、项目备案制度。合理的考核机制将极大地促进人才作用的发挥。要遵循设岗的必要性、人才的专业性以及人才与岗位的匹配性原则，加强对柔性引进人才的事前评估。摒弃以前的重学历职称、发表论文数量等评价指标，建立以业绩成果为基础的，以人才的品德、知识、能力结构为核心的柔性人才评价体系。并可以考虑引入第三方测评机构，以前瞻性眼光评价人才，确立实用有效的引才标准。

（三）强化柔性引才平台打造

打造"人才+高校+企业"协同创新基地，紧盯产业创新发展重点、痛点、难点，以产业高端人才队伍为核心，依托高校和科研院所，吸引集聚产业发展急需紧缺专家，依托产业链重点企业搭建高层次人才作用发挥平台，着力破解用人主体全职引才难问题。要建立高层次人才信息库，将柔性引才意愿足、研发实力强的企业作为重点对象，定期对企业需求进行摸底调查和统计，掌握其对各类人才的实际需求，并以此定期建立、更新紧缺人才目录。此外，将企业发展过程中遇到的难以攻克的技术难题列成科研创新项目，通过"揭榜挂帅"的形式对外发布。

（四）拓宽柔性引才渠道

深化以才引才，主动构建人际网络，对现有社会网络进行深度挖掘，扩展柔性引进人才的范围。创新灵活引进人才的方式，通过特聘专家、兼职服务、项目合作、二次开发、技术入股、对口支持、挂职锻炼、人才租赁、互派培养等方式有效利用现有的人才智力。对成功柔性引进的人才进行跟踪调研，了解人才来源地及所属单位。在重点人才来源地加强同当地的社团组织、行业协会等社会团体的联系，提高整个行业的柔性引才精准度。利用地缘、乡缘、学缘、业缘等关系，邀请海内外高层次人才对家乡的发展建言献策，并促成与企业的对接。设立针对用人单位、柔性引进人才以及举荐人的专门奖项，形成外部溢出效应与示范效应。

中共余姚市委组织部

慈溪市做优"最懂人才心思"服务生态

近年来,慈溪围绕人才关注关心的"特色需求""关键小事",健全完善市镇联动机制,强化创业创新要素保障,用"真心、精心、诚心"做好人才服务工作,帮助人才解决创业之忧、后顾之忧,大力营造"最懂人才心思"服务生态,极力破解人才难留、作用难发挥的困局,实现了人才工作的量质齐升。全市人才资源总量44.88万人,居宁波区(县、市)第一,"甬江人才工程"资本引才项目入选数连续三年居宁波区(县、市)第一,十三年摘取国家科技大奖13项,全市建成院士工作站9家、国家级1家,博士后工作站22家、国家级6家,作为宁波唯一县(市)通过国家首批创新型县(市)验收。

一、主要做法

(一)"真心"引才,强化"主体意识"让人才放心落地

出台市委人才工作领导小组工作条例,成立镇街人才工作领导小组和人才办公室,选派专人担任部门联络员、选优选强镇街人才工作专职队伍,优化人才工作考核细则,制定镇街认领服务考核指标,压紧压实主管市级部门和属地镇街人才服务双主体责任。建立市委人才工作领导小组重点人才工作推进例会制度,组建部门+属地专项工作专班,实行"挂图作战、对表推进"机制,充分激活镇街道、产业平台和企业主体意识。

（二）"精心"育才，解决"特色需求"让人才顺心创业

搭建集研发、孵化、产业化"三位一体"的12万方上林英才链式平台，探索推出组团服务＋属地服务＋认领服务"三位一体"的闭环服务机制，发布人才和项目特色需求，共享共用全市人力、土地、厂房、上下游产业等资源要素。建成宁波首家由政府部门主导、企业参与运营的创业创新学院，组建创业创新导师团，设立创业创新基金，定期举办"才·富"对接会、产业链联谊会，实现人才与资本、科技与产业无缝对接。落实首购首用制度，鼓励优先购买、优先使用人才企业产品，提升人才科创成果本土转化率。

（三）"诚心"留才，办好"关键小事"让人才安心生活

成立副局级单位市人才服务中心，迭代升级宁波人才之家（慈溪），开通子女入学、配偶安置、安家落户、医疗保障等4大类生活配套审批业务，建成宁波"人才码"慈溪专区，系统梳理住房、就业、入学、健康等特色服务事项，打造一体化线上线下人才服务平台。建立分层分类人才子女入学协调解决机制，支持高层次人才自主选择就读学校，并将申请对象扩大到具备全日制本科学历或技师职业资格的基础人才，市镇两级保障人才子女"应入尽入"。

二、实际效果

（一）服务触角持续延伸，释放人才"磁场效应"

配备18位镇（街道）人才办专职副主任和19位市级部门人才联络员，明确专人负责辖区人才工作，将服务触角直接延伸至企业门口，建立完善了镇（街道）和部门重点任务清单共计40大项386小项，常态化做好人才项目和需求排摸服务，"地毯式"排摸出投融资、厂房租赁、专技研发人员招录等人才和项目企业需求156个，完成率超过95%。上级重大人才专项申报期间，及时启动应急响应，组建人才重大专项申报工作专班，实现对全市"大优强"企业、单项冠军企业、"专精特新"小巨人企业、上市公司走访服务全覆盖，2022年

国家级、省级引才计划申报数分别增长193.8%、186.7%，"甬江人才工程"资本引才项目入选数居宁波第一。

（二）服务效能全面提振，打响工作"品牌效应"

组团和认领两大服务模式为人才企业开展政策宣讲、项目申报、产品推广等服务388次，对接提供创业融资超6200万，协调解决生产场地超2万平方米，解决资金申领、注册认证、专家指导等项目个性化需求63个，满意率达100%。首购首用国家级引才工程专家张国旺团队研发的DOBI早期乳腺癌检查设备，在市妇幼、生殖保健服务中心和镇（街道）卫生院试点开展"两癌"检查项目，累计检查2021例，加快人才企业创新产品推广应用。征集青年工程师"揭榜挂帅"项目60余个，涵盖新材料、智能家电等重点产业领域，涉及榜金近3200万元，其中28个项目签约成功。分层分类解决人才子女入学、生活安居等"关键小事"，累计为超700名人才子女办理就读公办学校（幼儿园），推出人才公寓1385套，帮助人才解决各类生活问题近2000条次，国家级引才工程专家王鸣对此发出"此心安处是吾乡"的感慨。

（三）引领优势不断放大，凸显产业"集聚效应"

医疗器械产业已进入整体跃迁升级阶段，17个医疗器械领域人才创业项目累计吸引社会资本8.85亿元，项目投后估值达到46.25亿元，2021年产值达到8812万元，取得医疗器械注册证18张，推出了超声软组织切割止血设备、射频/微波消融仪、电子胸腹腔镜/腹腔内窥镜、超声高频外科集成手术设备、陡脉冲治疗仪、电动腔镜直线型切割吻合器、气腹机、动态光学乳腺成像仪等一系列高价值、原创性的成套医疗器械产品，以及输液给药、球囊导管、驱止血装置等高值耗材，不少产品为国内首创，填补了行业空白，实现了进口替代。新材料产业正在加速发展，27个新材料领域人才创业项目已累计实现产值50.85亿元，其中关键战略材料项目占比40.7%，并取得20余项核心技术专利，人才自主研发的燃料电池纳米电催化剂、特种铜合金、光刻机密封圈等产品正逐渐涉足新一代信息技术、航空航天、节能与新能源汽车等前沿产业领域，有望突破国外前沿新材料技术封锁。

三、特色亮点

在新时期"人才争夺战"中，慈溪充分发挥产业链完整、创业创新氛围浓厚等优势，以服务突围，用"真心、精心、诚心"打通人才服务最后"一公里"，以服务聚人才，以服务促发展，形成产业发展与人才集聚良性互动，打响"最懂人才心思"服务品牌，让人才在慈溪不仅"召之即来"，更"来之能安"。

中共慈溪市委组织部

宁海县智造种业"芯片"兴农共富

宁海县牢记总书记"只有攥紧中国种子，才能端稳中国饭碗"的殷切嘱托，坚持党政同责抓种业，以创新驱动种业强县建设，通过强化组织领导、人才支撑、产研融合，加快构建种业创新体系，助推乡村振兴、村民共富。

一、主要做法

（一）扛起政治责任，走稳"种业路"

一是全县"一盘棋"统筹抓。县委、县政府高度重视现代种业发展，"十四五"规划中将发展现代种业列入"366"乡村产业振兴重大工程，明确提出种业强县建设目标，县委一号工程"五大革新"中112项突破性抓手30项直接指向"三农"，重点发挥种业先行作用，全力实施"125N"现代种业工程，取得全省首个国家级水稻制种大县、全市唯一的国家现代农业产业园创建名单等两个"国字号"金名片。二是党政"一把手"示范抓。从严落实五级书记抓乡村振兴，县委书记牵头研究种业强县专项规划和人才保障办法，镇街书记季度例会首要主题聚焦"三农"，县长带队参与制种大县奖励政策和国家现代农业产业园创建答辩。抽调专业力量组建现代种业工作专班，四年共安排预算资金2500余万元，重点支持种质资源保护、开发选育、基地建设等18个项目。三是管服"一条链"全程抓。启动由农业副县长挂帅的农业全产业链育强工程，一个产业、一套班子、一套政策、一个团队，为培育壮大优势特色产业全环节服务。在全省率先将市场监管纳入大农口线，开发打造智慧种业综合信息化监管服务平台，全面落实种子管理、植物检疫、种子执法等相关职能，集成提供种子质量抽检、农技指导等服务，实现从田头到舌尖全流程保障。

（二）突出人才支撑，打造"强磁场"

一是专项政策招引专业人才。全市率先出台种业强县人才保障专项办法，细化4方面11条举措，对从事种业领域的科研团队、技术专家、乡土人才分级分层保障支持，特别是对顶尖人才采取"一事一议、一人一策"方式给予特殊支持。二是高峰论坛汇聚高端智慧。高规格举办种业强县人才发展论坛、成果展，中国工程院院士陈剑平出席，集聚种业领域专家学者、农技专家等100余人，以种业"最强大脑"助力宁海种业实力出圈，全域发布种业领域招贤令，签约落地总投资5亿元的铭治集团现代化养殖项目。三是国字号平台支撑种业创新。抢抓国家级制种大县和国家现代农业产业园创建机遇，积极引进和培育种业创新团队、科研平台，与浙江万里学院共建海洋生物种业研究院，建成包振民院士工作站，集聚院士、甬江人才工程等高层次人才27人，承担国家自然科学基金项目10余项，"缢蛏种质资源场建设项目"获"蓝色粮仓"国家科技创新项目。建成运行中国水产科学研究院东海所宁海试验基地，举办浙江区域水产种业及健康养殖绿色发展论坛、东海水产研究所种业创新行动计划现场推进会等系列活动，创新驱动宁海种业发展。

（三）强化产研融合，形成"共富圈"

一是培植特色产业"致富"。紧扣县产城共富试验区建设，重点突出田间水稻和海洋水产县域特色，推动特色良种现代化生产，如在国内率先破解青蟹育苗难题，孵化"蟹大人"青蟹品牌，推动青蟹产业三年翻番，1200余户青蟹养殖户平均年收入超30万元。二是培育公用品牌"创富"。布局打造"宁海珍鲜"公用品牌，建成运营珍鲜共富博士工作站，省农科院6位专家驻点服务，定期对整合纳入的蛏子、对虾等16大类农副产品提供现场指导和技术支持，保障联盟32家成员企业由单独"作战"转为"抱团"闯市场，辐射带动农民就业超8000人，"宁海珍鲜"农产品年销售额超10亿元。三是培树龙头企业"带富"。

发挥国家水产种业阵型企业华大海昌、宁波种业等"链主"企业作用，辐射集聚水产苗种企业27家，总水体突破6亿立方米，产值破2亿元。把甬优系列杂交水稻种子生产放到关键位置，建成以宁波种业公司为龙头，43家专业合作社、家庭农场、专业大户等50亩以上规模的专业制种基地为主体的全省最大的杂交稻种子生产基地，2022年，制种面积超过2万亩，亩均利润达1300元，超传统水稻2倍以上，培育形成亿元级制种共富新产业。

二、实际效果

（一）种业发展动能持续释放

以现代种业为乡村产业振兴的突破口，培育壮大华大海昌、宁波种业等行业龙头企业，甬优系列水稻制种面积占全市总制种面积70%以上，建成全省最大的杂交水稻种子生产基地，获评全省首个国家级水稻制种大县，入围国家现代农业产业园创建名单，全县现代种业年综合产值已近5亿元，主要农作物良种覆盖率达到98%以上，现代种业推动全县农产品生产总值年均增长近3%。

（二）种业核心竞争力不断提升

深化与中国农科院、浙江大学、浙江农林大学、浙江万里学院、上海农科院、浙江省农科院、宁波市农科院等高校院所产学研合作，引进海洋生物种业研究院、中国水产科学研究院东海所等8家高能级研发平台，推动高端人才、创新要素加速集聚，推进种业企业"研育繁推"一体化发展，企业含金量不断提升、优势不断厚植。

（三）种业创新成果不断涌现

农作物、畜禽、水产和林特等方面全面开花，文蛤"万里红"、缢蛏"甬乐1号"、拟穴青蟹"东方1号"通过国家水产新品种审定，"望海茶1号"获农业农村部品种登记，"岔路黑猪"和"振宁黄鸡配套系"列入国家畜禽遗传资源品种目录，成功突破日本囊对虾、银鲳、泥蚶、花蛤、蛏子、鲈鱼、鲻鱼等10多个野生种类的人工繁育技术难关，种业显示度和影响力有效提升。

三、特色亮点

种业是农业的"芯片",是建设现代农业的标志性、先导性工程,也是国家战略性、基础性产业。党中央、国务院高度重视种业发展,从中央一号文件到《政府工作报告》,均对全面实施种业振兴行动作出具体部署。宁海县锚定种业强县建设目标,立足产业基础、特色和优势,坚持创新驱动、科技赋能,突出组织领导、人才支撑、产研融合,依托行业龙头企业,积极培育和引进高能级平台和经营主体,加快构建"保育繁推"一体化现代种业创新发展体系,以"金种子"助推乡村振兴、村民共富。

中共宁海县委组织部

宁波国家高新区高新精英系列项目成果丰硕

高新区作为宁波市高端人才的核心集聚区，人才工作始终保持"三围绕"，做到"三个化"，抓住"一核心"：围绕建设目标、围绕核心产业、围绕人才需求；做到高标化、精准化、绩效化；硬核实施"高新精英"专项引才工程。经过近几年的持续引育，高新精英系列项目已累积一些初步成果，亮点总结如下。

一、主要做法与成效

（一）引进、集聚了一批高端人才和高科技项目，为区域储备了发展潜能，出色地完成了上级下达的指标

截至2022年年底，作为高新区专项引才的核心抓手，高新精英系列项目已实施了7届，其间根据产业和人才布局导向，丰富了资本引才计划和软件人才引进计划，累计入选各类创新创业项目257个，先后实际落地、运营176个，有效落地率69%。其中，近三届高新精英有效落地率75%，逐年提升。高新区已成为宁波市的人才创业高地。项目主要集聚在新材料、先进制造、生命健康、信息技术等高附加值、高成长性的领域内。在实现产业聚集的同时，通过高新精英的实施，为上级计划指标的完成打牢了基础。近三届入选的国家级、省级、市级人才项目中，由高新精英培育的分别占到了54%、62%和78%。

（二）培育了一批发展快、资本青睐度高的项目，储备了一批优质的拟上市项目

高新精英项目在评审之初即坚持资本导向，风投机构深度参与评选过程，项目落地后在资本市场上很受青睐。如聚嘉新材料、石生科技等项目融资额已超过3亿元；熙宁检测、卢米蓝、瀚晟传动、天擎航天等项目融资额已超过2亿元；德塔森特、恒普激光、博海深衡、麦思捷、致微科技、菲莫智能、浦诺菲新材料等项目融资额超过5000万元。德塔森特、卢米蓝、熙宁检测、恒普激光、天擎航天、宝服通诚、瀚晟传动等7家高新精英企业目前已经开始上市各项准备工作，有望在3年内实现IPO申报；麦思捷、聚嘉新材、数益工联、石生科技、致微新材料、菲莫智能、浦诺菲等7家高新精英企业目前已经计划启动上市筹备，有望5年内实现IPO申报。

（三）培育了一批成长速度快、有望成为区域新的增长点的项目

高新精英项目作为区内招商引资的重要抓手，评审和管理中坚持产业化导向，经过几年的发展，已经脱颖而出部分成长性好、未来有可能带动产业发展的项目。德塔森特、卢米蓝两家高新精英企业，已经入围国家级专精特新小巨人企业；浦诺菲新材料、聚嘉新材料、窦氏化学等6家高新精英企业列入专精特新小巨人培育，约占区里总培育数的20%；熙宁检测、恒普激光、维柔电子、宝服通诚等13家高新精英企业已列入规上企业。

（四）培育了一批具有全国影响力、有望引领行业发展的项目

部分高新精英企业不仅营收增长快，并已具备全国影响力。如德塔森特营收超过4.3亿元，已成为全国领先的模块化数据中心整体解决方案商；卢米蓝营收超过8000万元，已进入京东方、华星光电等半导体显示产品龙头企业行列，有望爆发式增长；熙宁检测营收超过1亿元，已成为国内大分子检测的龙头企业，有望持续翻番成长；浦诺菲新材料营收超过1亿元，已成为国内车膜、车衣龙

头制造商，有望持续替代 3M 产品；天擎航天已成为军民融合典范项目，拿到的航天领域资质牌照全国仅 3 张；宝服通诚营收超过 4000 万元，已成为国内保险创新业务的示范项目；恒普激光营收超过 7000 万元，已成为国内特种刀具龙头制造商，有望持续快速增长。

二、特色亮点

高新精英系列项目遴选中，始终坚持产业化导向，优先遴选出资本看好、与区域产业合作紧密的项目，优先支持能来有效落地、能将发展成果留在区内的项目，"高新精英"已成为区内招商引资的有力抓手。

中共宁波高新区（新材料科技城）党工委组织部

宁波前湾新区奏好引才用才"四步曲"

"功以才成，业由才广。"前湾新区坚持产业、人才、创新同频共振，深入实施人才强区行动，通过项目带引人才、平台吸纳人才、生态成就人才、服务留住人才"四步曲"，广聚四海英才。过去一年，引进入选省鲲鹏计划1人、市顶尖人才1人，双双实现"零"的突破；引进入选国家级引才工程5人，同比增长150%，且到岗率100%，创最佳成绩；新增高级以上人才181人，累计632人，总量居全市首位；引进高校毕业生10060人，其中硕博人才1350人，同比增长25%，位列县市区第二。

一、坚持项目带引人才，奋力打造人才智力湾区新优势

一是发挥项目引才集聚效应。深化全员招商体制改革，把招引人才和智力项目纳入全员招商绩效考核，通过招商引资与招才引智双向发力、全员用力，以引进大项目形成人才快速集聚态势。目前，引进的吉利汽车、康龙化成、上汽大众、方太厨具等4个项目拥有各类人才超过4万名，约占新区人才总量的40%。特别是布局汽车产业全链条，汽车人才集聚形成"马太效应"，得益于新能源造车蓬勃发展，极氪、拓普项目为新区净增人才5000名以上。二是发挥高端人才以才引才效应。实施高端人才"一人一策"支持，李琳的极端激光制造创新中心、陈新民的先进空天材料中心创新、张清纯的宽禁带半导体材料和功率器件创新中心快速推进建设，带引上级支持经费4亿元，并有一批产业化项目落户新区。同时，紧盯战略新兴产

业高端人才，通过创业资助、融资担保、基金跟投等举措，更大力度吸引人才携项目到新区创业，群芯微、中电化、云德半导体等人才企业发展迅速，2022年人才企业总销售突破10亿元，集聚各类人才超过1000名。

二、坚持平台吸纳人才，奋力打造高质量发展新引擎

一是持续做强研发平台。有效整合产业链、创新链和人才链，聚力打造汽车、生命健康、新材料三大创新平台。吉利研究院是国内最大、最先进的整车研发试制中心，集聚研发人才1.2万名，每年获得授权专利超过1500件。康龙化成研究院提供新药研发全周期服务，2022年净增研发人才1400名，人才总量突破4000名，其中本科及以上人才占比近85%。宁波杭州湾新材料研究院聚焦研究项目产业化、市场化，布局建设10个工程化项目，目前已入驻科研人员320名。二是加快培育孵化平台。麟沣科技园孵化的健世科技在香港挂牌上市，市值突破100亿元，是新区首家上市的人才企业，也是宁波首家上市的独角兽企业。浙江省绿色智能汽车及零部件创新中心正式挂牌，是浙江省首批打造的省级技术创新中心（宁波唯一），目前已经入驻研发人才近200名。复旦科创园成功入选国家中小企业公共服务示范平台。康汇生命健康园定位"小而精"人才项目孵化，配备风投、律所、会所等创业第三方服务机构，集聚创业人才100余名，已有4家孵化企业入选甬江引才工程。三是提档升级产业平台。在数字经济产业园布局建设沪甬人才合作先锋区和中关村信息谷长三角总部园，进一步加强沪甬人才合作交流，抢抓京津冀项目南下布局，引进人才项目4个，带动人才集聚近1000人。

三、坚持生态成就人才，奋力打造育才成才新高地

一是打造"青春湾区"。深挖青年人才"潜力股"，推出高校毕业生免费游学、实习补贴、生活补贴、购房补贴、"家乐红包"等政策举措，构筑了大学生来新区到留新区的全程支持体系，全年兑现青年人才政策经费1.72亿元，约占总经费的70%，千方百计为新区注入新鲜血液和创新活力。二是推进产学研融合。加快构建企业、高校、科研院所深度融合，建设院士工作站2家、博

士后工作站14家、技能大师工作室6个，2022年培养领军人才15人、博士后17人、高技能人才1114人，成为新区各产业企业转型升级的带头人。落户新区的浙江省汽车行业高级工程师评委会，每年培育高级工程师约200名，使得新区成为汽车产业人才的"黄埔军校"。三是建设校企命运共同体。研究出台校企合作示范基地建设方案，遴选一批中高职院校与新区"大优强""单项冠军""专精特新"企业联合开展产业学院建设，培育一批工匠、技师，帮助上汽大众与23所职业院校开展"产教融合研讨"，探索校企合作新业态，提高学校企业共同培养人才效率。

四、坚持服务留住人才，奋力营造安居乐业新家园

一是打造人才服务"湾区速度"。深化人才发展体制机制建设，建立重点人才工作推进例会制度，2022年召开重点人才工作推进例会5次，及时解决人才工作重大事项7项，形成湾区便捷、高效、一站式服务的"口碑"。二是实施"三心"工程。安心：分两次推出人才安居房160套，解决人才子女入学56人、人才配偶就业12人。暖心：推出高层次人才健康体检、春节慰问、交通补贴、医疗保险、免费疗休养等5项举措，惠及人才2426人次，全年支出暖心经费1024万元。舒心：选派助创专员4名，为人才企业解决政府对接、融资贷款等问题；在全市试点开展人才"绿卡"办理，大幅缩短办理周期，共办理认定外籍人才56人。三是推进人才服务阵地建设。运营人才之家、海外人才驿站，开展"登陆前湾"系列品牌活动32场，服务创新创业人才1万余人，收集招商引资、高端人才等项目信息130个，成为精准开展产智对接、人才招引的"重要窗口"。

中共宁波前湾新区党工委组织部

研究探索篇

宁波推进世界重要人才中心和创新高地战略支点城市建设研究

习近平总书记在党的二十大报告中指出，要强化现代化建设人才支撑，完善人才战略布局，加快建设世界重要人才中心和创新高地。当今世界，美国等西方国家不断在人才和科技上加大对我国的遏制打压，高端人才和科技制高点的争夺空前激烈，综合国力竞争说到底是人才竞争。当前，宁波正肩负着锻造硬核力量、唱好"双城记"、建好示范区、当好模范生、共同富裕示范先行的历史使命，面临推进"六大变革"、打造"六个之都"的重大战略任务。宁波要开创现代化滨海大都市建设新局面，走在"两个先行"最前列，关键是要认真学习贯彻党的二十大精神，全面贯彻习近平总书记关于做好新时代人才工作的重要思想，积极主动融入国家"3+N"战略布局，加快建设世界重要人才中心和创新高地战略支点城市，奋力打造高水平人才首选地、创新策源地、产业集聚地。调研期间，先后召开各类人才工作座谈会10余场，对全市约500家重点企业、71家产业技术研究、60家重点生产性服务业机构、16家在甬高校和100余位高层次人才进行问卷调查和调研访谈，深入研究宁波建设世界重要人才中心和创新高地战略支点城市的内涵特征、现实基础、重要意义，系统谋划建设路径和对策举措。

一、世界重要人才中心和创新高地战略支点城市的内涵特征

习近平总书记着眼建设世界重要人才中心和创新高地，作出"3+N"的战略布局，"在北京、上海、粤港澳大湾区建设高水平人才高地，一些高层次人才集中的中心城市也要着力建设吸引和集聚人才的平台，加快形成战略支点和雁阵格局"。战略支点城市是世界重要人才中心和创新高地的重要支撑，在深入实施人才强国战略中具有立柱架梁、落子成局的功能作用，一般应具备四个方面的内涵特征。

（一）具有较强的经济实力和辐射带动力

这是建设战略支点城市的现实基础。具体体现在：（1）城市经济总量达到一定规模，GDP跨过万亿门槛，财政收入对国家有较大贡献，先进制造业或现代服务业等特色产业在全国地位显著；（2）城市对内具有辐射力，属于都市圈中心城市，能够有力推进区域人才一体化发展，区域内人才交流紧密度高，对促进全国人才区域合理布局和协调发展，能够有效发挥支撑作用；（3）城市对外具有影响力，在塑造新发展格局中地位显著，对外开放优势明显，在引进海外高层次人才和外籍专家智力、促进国际人才交流等方面，具有重要地位。

（二）具有较强的承载能力和人才集聚度

这是建设战略支点城市的首要条件。具体体现在：（1）具有较强的人才集聚度，城市人才总量超过200万，人才占人口比重超过20%（截至2022年6月，全国人才资源总量2.2亿，占人口比重15.6%），且近年来持续保持人才和人口净流入态势；（2）人才结构科学合理，涵盖战略科学家、一流科技领军人才和创新团队、青年科技人才以及卓越工程师等国家战略人才力量，也具有一批大国工匠和高技能人才，以及乡村振兴、产业发展、医生、教师、企业家等各方面人才，每万名就业人员中研发人员数高于全国平均水平，高技能人才占技能人才比例超过30%，符合城市经济发展实际需求；（3）人才承载平台坚

实有力，区域内集聚一定规模的高水平人才承载平台，既有创新国家队，也有科研地方军，具有高能级的区域型人才集聚平台，以及各类高校、重点实验室、科研院所和科创企业人才密集，创业创新创造活力踊跃。

（三）具有较强的自主水平和创新贡献度

这是建设战略支点城市的使命任务。具体体现在：（1）具备推动高水平科技自立自强的能力，承担国家综合性科技创新功能，实施具有战略性全局性前瞻性的重大科技创新使命，积聚力量进行原创性引领性科技攻关，打赢关键核心技术攻坚战；（2）在若干特色领域、细分领域具备自主创新能力，推进重大科技攻关，开发关键共性技术，开展科技成果应用示范；（3）以企业为主导的产学研融合不断加速，企业科技创新主体地位不断强化，科技成果转化和产业化水平高，创新链、产业链、资金链、人才链深度融合。

（四）具有较强的比较优势和国际竞争力

这是建设战略支点城市的重要保障。具体体现在：（1）具备改革创新基因，能够积极开展人才发展体制机制综合改革，为国家探索积累可复制、可推广的试点经验和改革样板；（2）人才发展环境好，具有公平高效的营商环境、鼓励创造的工作环境、无后顾之忧的生活环境，能够为人才提供干事创业的大舞台、快速成长的大通道、宜居宜业的大生态；（3）能够与国际规则对接，形成国际人才竞争比较优势，具有高效汇聚全球高端人才、资本、技术等创新要素的政策和制度环境。

二、宁波建设世界重要人才中心和创新高地战略支点城市的实践探索

近年来，宁波深入学习贯彻习近平总书记关于做好新时代人才工作的重要思想，围绕推进"六大变革"、打造"六个之都"决策部署，强机制、强政策、强平台、强服务，推动世界重要人才中心和创新高地战略支点城市建设取得积极成效。

（一）构建高水平政策体系，人才竞争优势不断巩固

坚持面向经济社会发展主战场、科技创新主阵地，系统重塑"通则+专项+定制"人才政策体系，创新实施"一城三地"建设意见30条和顶尖人才、青年人才、科技人才、技能人才、高端医疗卫生团队、人才安居等一揽子专项政策，以及支持宁波大学"双一流"建设、甬江实验室11条、甬江理工大学集聚国际化人才等一系列定制政策，形成了覆盖"高端+基础""创业+创新""乐业+安居"的全方位人才政策体系，人才发展综合竞争力全面提升。

（二）构建高密度揽才网络，人才引育质效显著增强

迭代升级甬江人才工程，整合科技创新和城市经济两大领域，创新人才举荐制、认定制，组建人才战略咨询委员会，紧贴未来所向、产业所需，加快集聚高端人才和团队。创新建设全球科技人才云图，汇集10万名顶尖人才和3000万名高层次人才信息，持续延展"一带一路"、中东欧等国家引才触角，高效运行重点城市人才联络服务站，构建起线上线下联动的全球揽才网络。创新"揭榜挂帅·全球引才"模式，实现人才发展与科技创新、产业发展深度融合。顶尖人才、关键人才、产业人才、青年人才均呈加速流入态势，人才资源总量达236.6万人，累计引进支持全职顶尖人才项目16个，自主申报入选国家级、省级领军人才数分别达276人、594人，甬江人才工程遴选支持高层次人才（团队）项目数达2041个，年度新引进大学生数突破20万人。

（三）构建高能级平台体系，人才磁吸效应有力提升

紧扣重大战略部署、重大平台载体，以人才发展体制机制改革为抓手，率先开展"两个直接、三个自主"综合改革试点，优先配置政策资源、创新要素，大平台大企业人才集聚度不断提升。甬江科创区已集聚全市34%的市级人才、43%的省级人才、45%的国家级人才；甬江实验室成立仅1年，引进230多名高水平科研人才，90%以上来自世界顶尖学府和一流研发机构；中科院宁波材

料所集聚高水平科研人才1000余名，全职引进一批顶尖人才；甬江理工大学正式签约院士2名、国家级人才8名、国际著名学术组织会士10名；宁波大学密集引进7名力学领域领军人才；全市71家产业技术研究院已集聚各类人才3万多名，研发人才占比超70%；国家级制造业单项冠军企业达83家，位居全国第一，其中近1/3由省级以上人才创办，国家级人才上市企业累计达6家。

（四）构建高品质生态体系，人才发展环境持续优化

从人才最关注、需求最迫切的方面着手，建立人才需求及时发现有效解决闭环机制，打响做实"宁波五优、人才无忧"服务品牌。以数字化改革为牵引，高效运行人才创业创新服务联盟，全域推广建设宁波人才之家，升级宁波"人才码" 2.0版，集成近30项政务、生活、双创高频服务事项，每年为近60万人次提供"码上秒享"优待服务。着眼建设青年友好城，推出"与宁波·共成长"人才工作品牌，将每年的"谷雨"设为宁波人才日，连续4年举办宁波人才日活动，连续17年举办宁波人才科技周，向全球人才发出"谷雨之约""金秋之约"，宁波在人才群体中的城市美誉度和影响力显著提升。

（五）构建高效能工作体系，争先进位导向更加鲜明

坚持党管人才原则，市县两级全面建立由党政主要领导担任人才工作领导小组正副组长的领导架构，明确领导小组职责任务和运行机制，建立重点人才工作推进例会制度，压实职能部门"管行业就要管人才，抓项目就要抓人才"主体责任，形成横向到边、纵向到底、精准有效的工作推进机制。按照"精准、量化、刚性"原则，优化市县两级人才工作目标责任制考评细则，建立人才工作统计月报制度，实行重点工作实时督办、年底述职亮绩评议等机制，在全市上下形成对标追赶、争先进位抓人才工作的鲜明导向。

三、宁波建设世界重要人才中心和创新高地战略支点城市的重要性和紧迫性

（一）从国际人才竞争新趋势看，历史性机遇和变革性要求加速呈现，必须以战略支点城市建设为国家高水平科技自立自强贡献更多力量

1. 新技术新产业变革带来了历史性机遇

当前以人工智能、大数据、云计算、物联网、新一代生物工程技术、纳米材料等为代表的新技术快速发展，引发新一轮的科技革命，带动产业变革和人才流动新趋势。新兴国家在新一轮科技革命中，通过加大教育、科研创新投入，改变了传统人才向西方国家单向、永久性流动，中国、印度、俄罗斯等东半球国家正成为新的人才枢纽型国家。建设战略支点城市，就是为了迅速抓住新技术、新产业变革的历史性机遇，在新的世界人才格局逐步构建过程中占据有利位置，为世界重要人才中心和创新高地建设，实现高水平科技自立自强提供更有力支撑。

2. 人才竞争单元转变提出了变革性要求

2020年《全球人才竞争力指数报告》研究提出，近年来是城市（例如纽约、伦敦、新加坡、香港等）而不是国家，正逐步承担起强大的全球人才中心功能，城市及城市群是创新人才空间集聚的主要载体。在全球化进程中，全球城市也正在取代跨国公司成为主要驱动力。宁波作为我国长三角城市群南翼重要节点，建设战略支点城市，就是要围绕吸引集聚全球一流创新人才，在环境舒适度、公共服务、工作机会、制度环境、创新支持、文化归属感等方面变革突破、率先示范，不断增强城市单元的承载度、竞争力。

(二)从国家人才发展新方位看,人才工作站在一个新的历史起点上,宁波必须扛起新的历史使命,肩负起中央和省委赋予的使命重任

1. 国家"3+N"战略布局塑造人才发展新版图,需要宁波找准定位、争先进位

党的二十大报告指出,加快建设世界重要人才中心和创新高地,促进人才区域合理布局和协调发展,着力形成人才国际竞争的比较优势。当前的人才战略布局核心就是"3+N"。这次人才战略布局既是机遇,更是挑战,抓住机遇,将获得中央和省委在人才资源、创新要素和综合改革等方面的重点倾斜,占据人才竞争的首发位置、优势跑道。建设战略支点城市,就是要系统、准确、全面把握国家"3+N"战略布局实质要求,坚持国家所需、宁波所能、未来所需,采取超常规举措,为世界重要人才中心和创新高地建设做出应有贡献。

2. 省委"两个先行"确立战略支点新方位,需要宁波唱好"双城记",当好领跑者

省第十五次党代会,擘画了推进"两个先行"宏伟蓝图,确立"打造世界重要人才中心和创新高地战略支点"奋斗目标,明确提出支持杭州、宁波人才高地建设。建设战略支点是推进"两个先行"的重要支撑,关键是杭州、宁波唱好"双城记",以杭甬人才高地建设支撑浙江打造战略支点。建设战略支点城市,就是要聚焦智造创新的发展重点,厚植差异化比较优势,加快构建与杭州错位协同、联动创新、竞合共赢的人才发展格局,成为具有宁波特色、服务全省发展,为"两个先行"提供强有力支撑的区域人才中心。

（三）从现代化滨海大都市建设新征程看，宁波的人才量级、平台能级、创新层级还存在短板弱项，亟须以战略支点城市建设牵引人才发展大跨越、大提升

1. 现代化滨海大都市建设呼唤人才引领新作为，需要宁波聚焦重点、攻坚突破

人才是引领发展的第一资源，宁波建设现代化滨海大都市，离不开一支与大都市形态高度匹配的人才队伍。建设战略支点城市，就是要聚焦现代化滨海大都市建设需求，对标推进"六大变革"、打造"六个之都"，加快建设战略人才力量，努力培养造就更多大师、战略科学家、一流科技领军人才和创新团队、青年科技人才、卓越工程师、大国工匠、高技能人才，大力引育现代金融、涉外法律、高端咨询等高端服务业人才，以人才耦合推动形成先进制造业、现代服务业深度融合的现代产业体系，为宁波打造中国式现代化市域样板，强化人才支撑。

2. 新时代人才工作面临新形势新挑战，需要宁波拉长补短、变革重塑

近年来，宁波人才工作上升势头明显，人才加速流入、量质齐升。但也存在人才总量偏小、结构欠优，平台数量不多、能级不高，创新要素紧缺、不够高端等情况，与模范生、先行市等定位还不相称。同时，人才竞争白热化、人才流动高频化、人才诉求多元化、人才环境数字化等新形态交织叠加，科技创新的速度、广度、深度、精度显著提升，给传统人才工作带来深刻挑战。建设战略支点城市，就是要对理念、机制、手段、方法等进行系统性重塑，扬优势、补短板、强弱项，打造一批具有宁波辨识度、全国影响力的人才工作"金名片"，着力形成人才国际竞争的比较优势。

四、宁波建设世界重要人才中心和创新高地战略支点城市的目标思路

宁波建设世界重要人才中心和创新高地战略支点城市要认真学习贯彻党的二十大精神，全面贯彻习近平总书记关于做好新时代人才工作的重要思想，坚

持党对人才工作的全面领导，围绕未来所向、国家所需、宁波所能，深入实施新时代人才强市战略，以深化人才发展体制机制改革为总抓手，真心爱才、悉心育才、倾心引才、精心用才，加快建立具有国际比较优势的人才政策和制度环境，加快打造能够引领世界科技革命和产业变革的战略人才力量，为现代化滨海大都市建设提供更加有力的人才支撑。

（一）发展目标

到 2025 年，以人才为核心的创新创业生态基本形成，接轨国际、具有国际比较优势的人才发展制度环境有效塑造，顶尖人才、一流科技领军人才和创新团队等战略人才力量建设取得明显成效，成为新材料、工业互联网、关键核心基础件等领域全球人才蓄水池和重要创新策源地。甬江科创区建设取得突破性进展，在高能级科创平台建设、关键核心技术攻关、产学研深度融合等方面取得重要进展，推动城市综合能级和核心竞争力不断跃升。

到 2030 年，世界重要人才中心和创新高地战略支点城市的制度体系、引育体系、生态体系、智治体系取得全方位发展、整体性提升，形成一批具有宁波辨识度的首创性、标志性成果，创新人才自主培养供给能力显著提升，在新材料、工业互联网、关键核心基础件等领域集聚一批领跑者、开拓者。

到 2035 年，高素质人才队伍整体实力达到世界一流水平，在全球层面诸多领域形成人才竞争比较优势，成为国际人才蓄水池和科技创新重要策源地，进入创新型城市全国第一方阵，建成以新材料、工业互联网、关键核心基础件三大科创高地为支撑，具有全球核心竞争力和重要影响力的高水平人才首选地、创新策源地、产业集聚地。

（二）基本原则

1.坚持国家所需和宁波所能相结合

宁波作为全省人才高地，有基础、有条件、更有责任在国家人才战略布局中当好排头兵、争做领头雁。系统准确把握世界重要人才中心和创新高地建设，积极融入国家发展大局，采取超常规举措，围绕建设战略人才力量、关键核心技术攻关、重大原始创新等需求，在加强人才招引、激发人才活力、优化人才生态上下更大功夫，为全国人才发展大局和高水平科技自立自强做出更多贡献。

2. 坚持特色发展和协同发展相结合

立足宁波先进制造产业雄厚等现实基础，放大人才生态优、产才融合好、人才活力足、人才效能高等优势，在若干战略领域建立具有国际竞争力的人才方阵。围绕唱好杭甬"双城记"，找准"先进制造＋数字经济"结合点，在区域互动、平台互联、科技互助、产业互促、人才互认等方面建立高效协同机制，推动形成错位协同、联动创新、竞合共赢的人才发展格局。

3. 坚持集聚人才和成就人才相结合

按照教育、科技、人才"三位一体"战略部署，强化人才引领驱动作用，全方位培养、引进、用好人才，加速建设战略人才力量，着力提升人才集聚密度和创新水平。以数字化改革为牵引，高效链接"产学研用金、才政介美云"及更多要素，加快打造以人才为核心的创新创业生态，助力人才以更低的成本、更快的速度干大事、干成事。

4. 坚持扩大开放和改革牵引相结合

树立全球视野，对标国际一流，实行更加积极、更加开放、更加有效的人才政策，提升在全球范围内配置使用人才的能力。加快与国际规则对接，积极开展人才发展体制机制综合改革试点，不断丰富授权松绑改革工具箱，建立健全具有国际比较优势的人才政策和制度环境。

5. 坚持全域推进和重点建设相结合

优化空间布局，选择高端人才密集、高能级平台集中、基础设施条件优越的甬江科创区作为核心区，集中资源、集成政策进行重点建设。以点带面，扎实推进，以甬江科创区引领带动战略支点城市建设，进一步放大辐射效应，推动全市人才工作高质量发展。

五、宁波建设世界重要人才中心和创新高地战略支点城市的对策举措

（一）奋力打造更大创新承载度的聚才重大平台

1. 以世界一流标准打造甬江科创区

深化国家自主创新示范区建设，以甬江科创区为核心区，集中资源、集成政策进行重点建设，制定科创区专项人才政策，在高层次人才引育、人才市场化评价、海外人才停居留便利等方面开辟"直通车"，全方位提高政策供给、要素供给、服务供给水平，立体式提升人才密度、创新强度、发展效度、氛围浓度，将甬江科创区打造成为全市体制最灵活、人才最密集、创新最活跃的人才特区。争取中央试点政策在科创区先行先试，优先在科创区布局重大平台、重大项目，争取设立专项用地指标池，提高科研用地、建设用地供给，对用于重点科研平台、科技创业项目、人才住房等用地需求实行建设用地指标单列。面向重大战略、重点领域，加快打造浙江创新中心、沪甬人才合作先锋区、宁波人才之家等一批创新功能单元，努力形成若干个具有全球竞争力的人才高地和创新地标。

2. 建强新型研发平台矩阵

强化战略科技力量，构筑以甬江实验室、中科院宁波材料所为龙头的新型研发平台矩阵。全力推进甬江实验室建设，探索重大创新任务新型组织实施机制和研发机构新型组织范式，突破关键材料核心技术和未来颠覆性材料技术，力争在若干个材料方向占据技术制高点，争创国家实验室预备队，成为新材料领域国家战略科技力量的组成部分。支持中科院宁波材料所高质量发展，以构建"前瞻基础—工程化技术—系统集成技术"创新链为支撑，做大做强材料技术、先进制造、新能源、生物医学工程四大优势领域，在磁电功能材料与器件、海洋新材料与应用技术等优势领域进入国际第一梯队，努力成为新材料领域享誉全球的"金色大厅"。按照"一个细分领域、一条标志性产业链至少布局建

设一家产业技术研究院"目标，创新集人才引育、技术研发、成果转化、项目孵化功能于一体的建设运营模式，建成产业技术研究院100家以上。对接国家技术创新中心战略部署，聚焦工业互联网、智能汽车、新材料等领域，争创国家技术创新中心。

3. 建强高校人才蓄水池

加快建设高水平大学，持续提升高校承载人才、培养人才、服务人才等功能。全力推动宁波大学"双一流"高校建设，启动新一轮全方位、超常规支持行动，设立"双一流"力学学科支持专项，以世界一流学科建设带动学校整体提升发展。支持甬江理工大学以集成电路全产业链相关学科为核心，围绕集成电路、未来网络通信技术、人工智能等前沿领域，集聚一批世界顶尖学科领军人才，打造成为"世界一流、理工科特色"的新型研究型大学。支持宁波诺丁汉大学打造中外合作办学典范。推动浙江万里学院、浙大宁波理工学院、宁波工程学院等高校提升科技创新能力，建立健全高校之间、高校与科研院所之间学科协同和多学科交叉融合发展机制，集中优势资源打造一批优势特色学科。

4. 建强企业聚才主阵地

发挥企业在人才发展和科技创新的主体作用，深入实施制造业"大优强"企业、单项冠军企业、专精特新"小巨人"企业体系培育工程，壮大高新产业人才集群规模。加快构建龙头企业牵头，高校、科研院所支持，各方面协同配合的创新联合体、产业创新服务综合体、技术创新战略联盟等新兴产业创新组织。支持企业加大人才投入、研发投入，布局建设企业研究院、企业技术中心等研发平台。完善"亩均论英雄"，探索把人才密度、创新强度作为评价科技型企业的首要指标，加大科研人才和产业人才在企业人员中的比重，把企业人才集聚度作为申报项目、企业评定的重要指标，形成以创新人才为引领，管理人才、高技能人才、科技服务人才、优秀工匠等汇聚的产业人才集群。

（二）着力汇聚更多服务"国之大者"的战略人才力量

1.加快集聚顶尖人才和创新领军人才

围绕新材料、工业互联网、关键核心基础件领域重点产业链供应链发展所需，按照储存一代、研发一代、应用一代发展思路，动态编制人才招引目录，发布技术需求榜单，加快汇聚全球战略科学家、一流科技领军人才和创新团队。探索新型举国体制开展科技创新的宁波路径，围绕重大攻关任务，实行顶尖人才"一人一策""一事一议"特殊支持，量身创设新型研发机构，创新组织形态，支持跨体制、跨区域、跨部门整合资源，推动若干细分领域实现全球领跑。支持在甬高校院所、产业技术研究院等面向全球遴选学术校长、学术院长和首席专家。依托高能级人才平台，组织举办国际化高端学术产业交流活动。深化实施"顶尖人才集聚行动""甬江人才工程"等重大人才计划，在科研经费、团队建设、项目承担等方面提供稳定支持，每年新遴选支持领军型人才项目400个左右，其中三大科创高地领域人才项目占比60%以上，带动集聚高层次人才2000人以上。

2.加快集聚重点产业领域人才

推动制造业人才做大做强，动态编制制造业人才招引紧缺目录，深化实施制造业人才提升行动。创新面向智造创新需求的工程师定制化培养模式，支持制造业龙头企业与高校、科研机构、产业技术研究院等共建工程师联合培养基地，探索"校院专业导师＋企业实践导师"双导师制，着力锻造精于实操的工程技术人才、善于解决复杂问题的工程科学人才、引领产业变革的工程引领人才。推广"双元制"职业教育模式，全面推行企业新型学徒制，大力推进职业技能培训，创新新型校企合作模式，大力培育新时代宁波工匠队伍。推动服务业人才短板突破，把专业服务业人才引进摆在更加突出的位置，聚焦现代贸易、现代物流、现代金融、文化创意、旅游休闲、科技及软件信息、商务服务等领域，加大服务业人才全链条引进培养力度，探索建立服务业高层次人才信息库，构建统一、开放的服务业人才市场体系，定期组织开展服务业领军人才培训研讨和国际交流。加快集聚宣传思想文化人才、艺术体育人才和职业经理人、猎头师、律师、金融保险、会计审计、知识产权保护等专业人才。

3. 加快集聚优秀青年人才

升级完善集聚青年人才系列举措，建立阶梯式青年科技人才支持体系，在重点人才工程中设立青年人才引育专项，扩大支持规模，优化支持方式，打造具有国际竞争力的青年科技人才后备队伍。加大硕博士等高学历人才引进力度，支持高校院所、企事业单位建设博士后工作站，每年选拔一批国内优秀博士、优秀外籍博士进站从事博士后工作，提高博士后在站补助、科研资助、留（来）甬补贴等标准。持续迭代"甬上乐业"人力资源综合服务平台，组建百所高校毕业生就业联盟，强化大学生实习应聘、就业创新全链条支持。突出教育、科技、人才"三位一体"布局，推进宁波人才日、人才科技周活动丰富内涵、拉长周期、打响声势，全时段、滚动式开展留创行、高洽会、全国高校巡回招聘、产业行业专场对接等系列招聘活动，营造"全年有计划、季季有主题、月月有重点、日日见人才"的浓厚氛围，打造青年创新创业活力之城。

（三）率先推动具有首创度的人才发展体制机制综合改革

1. 改革新型研发机构人才开发机制

面向人才密集、管理规范、信誉良好的新型研发机构，率先开展"两个直接""三个自主"人才政策综合改革试点，允许新型研发机构自主界定高层次人才，对新型研发机构自主认定的人才可直接享受市级相应人才政策、自主遴选并择优推荐的人才项目直接认定入选市级重点人才工程，授予人才自主评聘、项目自主管理、经费自主使用等自主权。支持高校、科研机构、龙头企业等重点平台争取中央和省级人才发展体制机制综合改革试点。

2. 改革事业单位人才管理机制

面向高校、科研机构、公立医院等事业单位，试点开展岗位评聘、经费管理等"两自主、两不限"自主改革，支持在甬省部属高校、科研机构自主确定专业技术岗位结构比例，自主确定横向项目经费使用范围和标准以及分配方式，对事业单位急需紧缺或聘任特设岗位的高层次人才，可不受单位岗位总额和结构比例限制，可不纳入绩效工资总量。完善人才和科研项目经费拨付机制，加快经费拨付进度，改进结余资金管理。组建"宁波人才院"，创新留编引才模式，突破人才二元体制障碍，推动更多高层次科研人才投身智造创新一线。

3.改革海外人才引进机制

实行更加积极、更加开放、更加有效的海外人才引进政策，以"高精尖缺、全职、海外、青年"为重点，推行甬江人才工程"随到随报，即评即补"工作机制，项目申报全年受理，集中遴选频次从每年1次增至2次，创新"技术函评＋现场答辩＋走访评审＋咨询委专家评议"等多元化评审形式，进一步提升遴选工作的科学性、精准性。优化全市海外合作中心、驻外引才大使布局，重点向德国、加拿大、日本、新加坡等国家延伸，拓展以才引才、平台引才、柔性引才等模式，持续创新海外人才举荐制、认定制。做好特定国别专家来甬发展服务保障，全方位实行工作许可、薪资补助、家属无忧、专家服务等保障优待。完善海外引才安全"5S"工作机制，加强事前人才背景、尽职调查、敏感成果、风险等级"四评估"，完善专网申报、专线对接、专人跟踪、专项政策、专有服务等"五个专"链式引才流程，确保海外人才引得进、留得住、用得好。

4.改革科研人员使用机制

赋予科研人才更大项目决定权，创新以结果为导向的项目管理机制，推行首席专家负责制、"里程碑式"关键节点管理，探索赋予项目目标优化调整权。赋予科研人员更大经费使用权，在人才类和基础研究类科研项目中推行经费包干制，进一步提高间接费用提取比例，从科研经费中列支的国际合作与交流费用不纳入"三公"经费统计范围，不受零增长要求限制。赋予科研人才更大成果转化权，探索通过成果权益分享、约定收益等方式，推动科研人员依法享受职务科技成果所有权、长期使用权和转化收益权，提高科技成果转移转化净收益中用于奖励个人和团队的比例。支持高校、科研院所等事业单位科研人员兼职或离岗创新创业，其间取得的工作业绩，可作为职称评审、岗位竞聘、考核奖励等重要依据。

5.改革关键核心技术攻关机制

聚焦三大科创高地领域和10条标志性产业链，实施"关键核心技术登峰""前沿引领技术2035"和"重大场景应用"三大计划，建立关键核心技术"建档立卡"制度，构建国内尚无能力替代的"卡脖子"技术、正在研发有望实现进口替代的技术、已实现国产化替代的适用技术等红、黄、绿"三色图"模型，积极争取将攻关需求清单纳入省级以上科技计划布局范围。聚焦数字经济、智能智造、高端装备、新材料等领域和人工智能、量子计算、数字孪生等前沿性、颠覆性技术，每年立项市级重大专项100项以上，攻克关键核心技术100项以上。创新关键核心技术攻关组织实施机制，采用"揭榜挂帅""赛马""悬赏""联合出资挂榜"等方式，组建创新联合体，推动龙头企业、高校院所、产业链协同的方式联合攻关，努力实现更多"从0到1"的大突破、从"1到100"的大跨越。

6. 改革人才评用贯通机制

按照"人才谁使用谁评价"原则，扎实开展"唯帽子"问题治理，率先全省扩大职称自主评审试点范围，积极争取省级行业领域高级职称评审权限，支持新材料、石化等优势领域龙头企业组建高级职称评审委员会，实现有条件、有意愿单项冠军企业和重点龙头企业中级职称自主评审全覆盖。对完成重大技术装备国内（国际）首台（套）、新材料首批次、软件首版次的专业技术人员，优先推荐申报浙江省高层次创新型人才职称"直通车"评审。建立政企协同认定机制，赋予制造业"大优强"等重点企业更大人才举荐权，对在企业管理创新、技术革新方面作出突出贡献的在职人才，根据年工资性收入情况，可给予相应人才政策支持。建立技术技能人才互认机制，推动在工程、工艺美术等领域实现高技能人才与专业技术人才职业发展贯通，支持技师、高级技师在户籍、住房和子女入学等方面与中、高级专业技术人才享受同等待遇。

（四）聚力实施更具辨识度的人才五优无忧生态赋能行动

1. 实施政策优待赋能行动

持续完善"通则+专项+定制"人才政策体系，聚焦人才"育引用留"全环节，体系化、规范化推进人才政策的优化和创新，优化整合人才计划，把政策重心放在引海外、育高端、强保障上。面向重点群体、重点平台、重点领域实施特殊政策、特殊支持，对省部属高校、国有企业、重大科研平台实行同城待遇。积极争取高端人才和紧缺人才个税优惠政策。推进人才领域数字化改革，运用智慧技术实现人才政策"一码触达""一秒兑付"。健全完善党政领导直接联系服务人才制度，持续优化人才服务保障机制。加强全市人才政策统筹，稳妥有序开展政策宣传，在人才密集的重点平台、重点企业设立人才工作观测点，重点收集解决人才政策需求、服务诉求以及政策落实"最后一公里"的梗阻问题，常态化打好政策补丁、优化操作执行，推动各项政策举措高标准落地见效。

2. 实施创业优助赋能行动

发挥宁波国家保险综合试验区和普惠金融改革试验区先行优势，完善科技企业"投、贷、债、保"联动机制，创新推出人才贷、人才投、人才保、人才险，打造"投资人才是首选投资"的金融环境。全面推广首台（套）重大技术装备保险、新材料首批次应用保险、软件首版次保险，试点推广研发费用损失保险、知识产权融资保证保险、人才发展支持保险等保险产品。加快组建人才发展集团，探索设立人才基金，探索发行知识产权证券化产品，推进知识产权、商标权、专利权等质押融资增量扩面。

3. 实施权益优护赋能行动

深度参与全球知识产权治理，在浙江自贸区宁波片区、中国—中东欧经贸合作示范区知识产权治理中加快形成符合国际通行规则、公正高效知识产权制度体系，持续提升全球知识产权配置、涉外知识产权保护和服务水平。争创知识产权强国示范城市，围绕模具、磁性材料等产业建设一批国家级、省级高价值知识产权培育中心。探索国家海外知识产权纠纷应对指导中心宁波分中心建设，建立常态化知识产权海外服务机制。推进海外人才用汇便利化试点。优化海外人才安全事件应急预案和处置机制，成立协调应对工作指导小组，保护海外人才合法权益。

4. 实施子女优学赋能行动

建立基本公共教育资源均衡化动态配置机制，加大对重点人才开发区块保障力度，提升教育服务品质化水平。不断扩大优质教育资源供给，新建若干所外籍人员子女学校，支持高校院所、领军企业开办幼托机构。健全分层分类人才子女入学协调解决机制，支持优质民办学校单列高层次人才子女招生学额，让人才子女好上学、上好学。开展"名校长、名教师、名班主任"培养，探索建立一流大学建设高校、一流学科建设高校相应一流学科和教育部直属师范院校毕业的优秀研究生招聘"绿色通道"，加快建设一支高水平教师队伍。

5.实施安居优享赋能行动

优化人才落户流程，畅通高层次人才配偶、未婚子女、父母随迁落户通道，持续放宽人才落户条件。推进国际人才社区、未来社区、混合社区建设，构建集办公、生活、交友、休闲于一体的全链式人才生态圈。完善货币补贴与实物配置相结合的保障模式，支持符合条件的高层次人才优先购房，加大人才安居专用房配建力度，试点集中建设共有产权住房，可按程序优先或定向供应高层次人才，加快培育住房租赁市场，筹集建设保障性租赁住房，建立支持人才短期来甬、长期居留、在甬扎根的综合性安居体系。

中共宁波市委组织部课题组

宁波重点产业人才导向目录报告（2022）

人才是全面建设社会主义现代化国家的基础性、战略性支撑。党的二十大报告指出："必须坚持科技是第一生产力、人才是第一资源、创新是第一动力，深入实施科教兴国战略、人才强国战略、创新驱动发展战略，开辟发展新领域新赛道，不断塑造发展新动能新优势。"

为把握宁波重点产业人才供需情况，并深度分析疫情持续对宁波人力资源市场供需两端所造成的影响，宁波市人力资源和社会保障局针对宁波十大重点产业紧缺岗位进行建模分析，对重点产业进行紧缺程度评定，同时提取重点产业在全国其他重点城市人才分布的数据进行对比，为宁波的人才开发方向提供数据支撑，为宁波重点产业、重点人才开发相关政策制定提供参考。

一、重点产业紧缺人才情况分析

（一）各学历人才供需及薪酬情况

1. 企业需求集中大专，本硕人才需求持续提升

2021年，宁波重点产业紧缺人才岗位的学历需求集中在大专和本科。数据显示，企业对大专学历的人才需求最高，占比为48.47%，其次是本科学历，占比为38.15%（见表1）。近三年，企业对硕士及以上学历人才的需求持续上升。与2019年相比，硕士学历人才需求占比增长0.61%，本科学历人才需求

占比增长6.53%，表明宁波企业对于高学历"高精尖"人才的需求上升。

表1　宁波紧缺人才岗位对求职者的学历需求（2019—2021年）

年份	大专以下	大专	本科	硕士及以上
2019	11.86%	55.05%	31.62%	1.47%
2020	14.79%	47.70%	35.87%	1.64%
2021	11.31%	48.47%	38.15%	2.08%

2.本硕求职者比例上升，供给逐步倾斜高学历

所有紧缺岗位求职者的学历分布中，本科学历人才最多，占比为51.34%，其次是大专学历，占比为34.25%（见表2）。近三年，本科、硕士及以上学历求职者占比逐年提高，大专及以下学历求职者占比持续下降，宁波的人才供给结构持续向高学历发展。结合表1来看，求职者的学历结构能够较好满足企业需求。

3.学历水平与薪酬成正相关，企业高薪揽才意向愈加强烈

求职者的薪酬水平随着学历的提升而持续增长。宁波重点产业相关企业为硕士及以上学历人才提供岗位薪酬最高，平均基础月薪为13645元（见图1、表3）。企业为大专、本科、硕士及以上学历人才提供的岗位薪酬高于人才的当前薪酬，低于人才的期望薪酬，反映出宁波求职者对于薪酬的期待较高。近三年，不同学历人才的薪酬水平稳步提升。其中硕士及以上学历人才薪酬涨幅较大，与2019年相比，人才当前薪酬增长12.2%，企业薪酬增长17.5%，表明企业高薪揽才意向愈加强烈。

表2　宁波紧缺岗位人才的学历分布（2019—2021年）

年份	大专以下	大专	本科	硕士及以上
2019	9.74%	37.04%	46.78%	6.44%
2020	7.33%	36.49%	49.63%	6.55%
2021	6.66%	34.25%	51.34%	7.75%

宁波重点产业人才导向目录报告（2022）

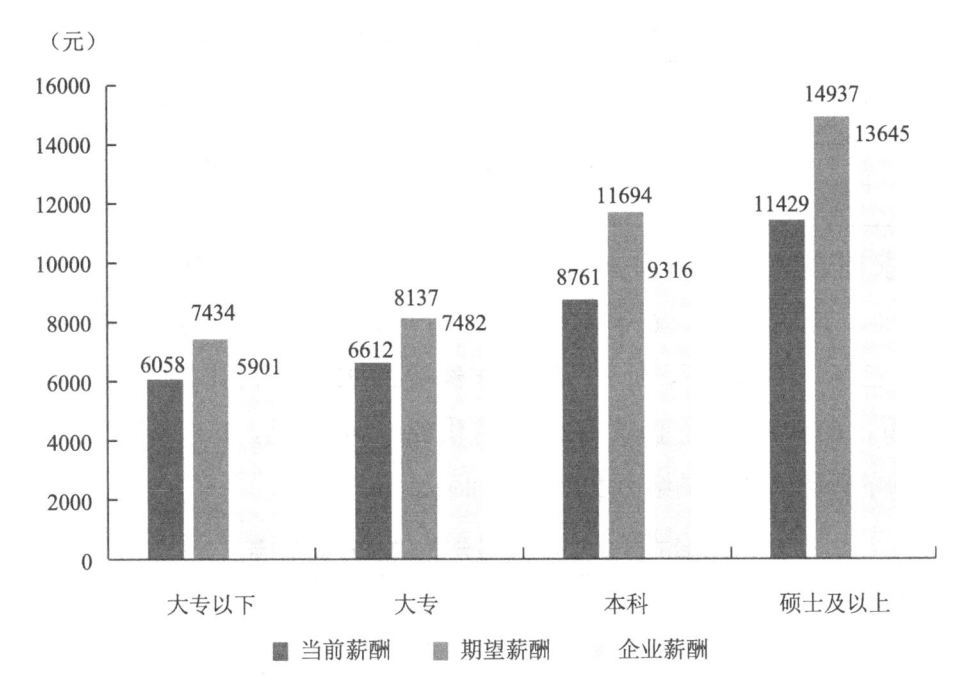

图1　宁波紧缺人才岗位各学历段平均月薪（2021年）

表3　宁波紧缺人才岗位各学历段平均月薪（2019—2021年） 单位：元

年份	大专以下 当前薪酬	大专以下 企业薪酬	大专 当前薪酬	大专 企业薪酬	本科 当前薪酬	本科 企业薪酬	硕士及以上 当前薪酬	硕士及以上 企业薪酬
2019	5990	5082	6286	6315	8330	8786	10184	11608
2020	6052	5752	6333	6699	8716	8857	10574	11592
2021	6058	5901	6612	7482	8761	9316	11429	13645

（二）各工作经验段供需及薪酬情况

1. 青年人才需求逐渐上升，存在供不应求的情况

数据显示，宁波重点产业相关岗位对青年人才的需求更旺盛，其中企业对于工作经验在1～3年的人才需求最高，占比为43.70%；其次是工作经验为4～6年的人才，占比为36.61%（见表4）。近三年，企业对于工作经验在1～3年的青年人才需求在持续提升。宁波致力于打造高水平创新型城市，急需青年人才为城市发展注入新思想、新动力。

表 4　　　宁波紧缺人才岗位对求职者的经验需求（2019—2021年）

年份	1年以下	1～3年	4～6年	7～9年	10年以上
2019	2.08%	37.89%	40.05%	18.24%	1.73%
2020	3.06%	40.60%	39.48%	15.19%	1.67%
2021	2.58%	43.70%	36.61%	15.97%	1.14%

从求职者的经验分布来看，1～3年工作经验的求职者占比最高，为35.14%，其次是4～6年工作经验的求职者，占比为26.69%（见表5）。近三年，1年以下、1～3年工作经验的求职者占比持续提升。结合表4来看，10年以上经验丰富人才的供给相对充足，1～3年、4～6年工作经验的青年人才的供给力度需持续加强。

表 5　　　宁波紧缺岗位人才的经验分布（2019—2021年）

年份	1年以下	1～3年	4～6年	7～9年	10年以上
2019	1.44%	29.97%	22.76%	16.12%	29.71%
2020	1.82%	31.25%	28.22%	11.41%	27.30%
2021	2.17%	35.14%	26.69%	11.98%	24.02%

2. 工作年限越长薪酬涨幅越快，应届生薪酬涨幅略缓

数据显示，工作年限越长，企业薪酬的优势越明显。其中，10年以上工作经验的人才，企业薪酬比人才当前薪酬高1910元，1年以下工作经验的人才，企业薪酬与人才当前薪酬基本持平（见表6）。与2019年相比，7～9年、10年以上工作经验人才的企业薪酬增速较快，分别为23.8%、16.7%，1年以下工作经验人才的企业薪酬增速略缓，为3.9%。

表 6　　　宁波紧缺人才岗位各经验段平均月薪（2019—2021年）　　　单位：元

年份	1年以下 当前薪酬	1年以下 企业薪酬	1～3年 当前薪酬	1～3年 企业薪酬	4～6年 当前薪酬	4～6年 企业薪酬	7～9年 当前薪酬	7～9年 企业薪酬	10年以上 当前薪酬	10年以上 企业薪酬
2019	6002	6294	6532	7077	7974	8770	9619	9609	11754	12153
2020	6458	6300	6800	7208	7999	8941	9726	9927	12016	13519
2021	6499	6541	6851	7529	8139	9129	9992	11894	12269	14179

(三)外来人才吸引力持续提升,主要来自长三角及北深

宁波紧缺人才岗位中,现居住在本地的求职者占55.4%,现居住地非宁波的求职者占44.6%。从近两年宁波人才流动趋势来看,宁波对于外地人才的吸引力持续不断提升,与2020年相比,外地人才占比增加了3.2个百分点(见图2)。

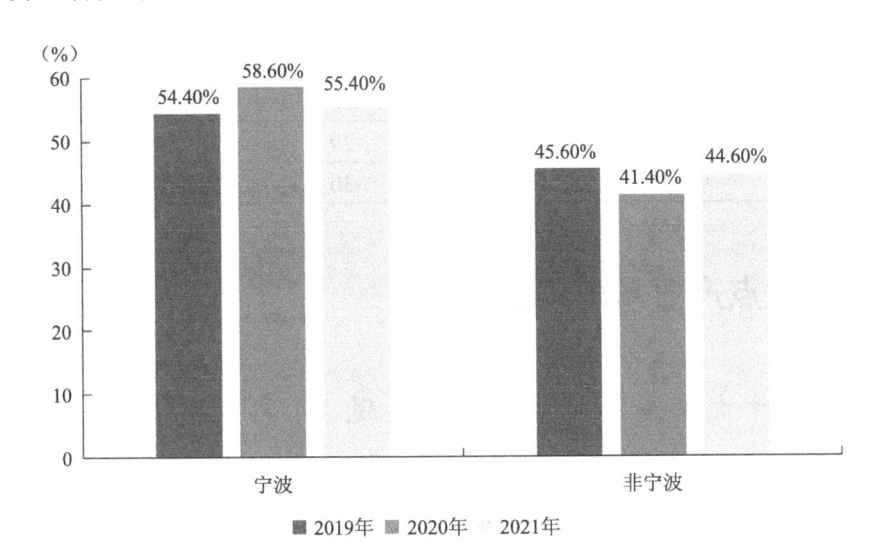

图2 宁波紧缺人才岗位求职者目前居住地区

通过对外来人才目前所在城市前30位进行分析,流入宁波重点产业的人才主要来自长三角地区。城市能级上,宁波也吸引大量来自上海、北京、深圳等一线城市的人才,以及来自杭州、苏州、郑州等新一线城市的人才。此外,宁波对人才的吸引力还辐射到珠三角、成渝双城经济圈、东北等各大城市(见表7)。

表7 宁波紧缺人才岗位流入人才来源前30城市

排名	来源城市	总占比	排名	来源城市	总占比
1	杭州	5.68%	16	金华	1.55%
2	上海	4.01%	17	哈尔滨	1.48%
3	北京	2.77%	18	长春	1.47%
4	深圳	2.54%	19	贵阳	1.40%
5	苏州	2.41%	20	成都	1.39%
6	绍兴	2.30%	21	合肥	1.39%

续表

排名	来源城市	总占比	排名	来源城市	总占比
7	郑州	2.22%	22	大连	1.29%
8	天津	2.14%	23	南昌	1.26%
9	台州	2.07%	24	南京	1.22%
10	西安	2.03%	25	广州	1.10%
11	沈阳	1.93%	26	保定	1.05%
12	武汉	1.85%	27	青岛	0.99%
13	温州	1.73%	28	长沙	0.98%
14	嘉兴	1.67%	29	芜湖	0.86%
15	重庆	1.61%	30	东莞	0.85%

二、重点产业紧缺程度分析

（一）十大重点产业紧缺程度呈现"4高4中2低"格局

研究显示，宁波十大重点产业中，4个为紧缺程度"高"，4个为"中"，2个为"低"（具体见表8）。

表8　宁波十大重点产业相关岗位人才紧缺指数

十大重点产业	紧缺指数	紧缺程度	产业排名前三的紧缺岗位
节能与新能源汽车	0.53	高	机械工程师、动力系统工程师、车身/造型设计
稀土磁性材料	0.45	高	材料工艺工程师、工艺/制程工程师、材料工程师
化工新材料	0.44	高	化学分析、生产技术员、材料工艺工程师
光学电子	0.42	高	激光工程师、半导体技术工程师、嵌入式软件开发工程师
智能成型装备	0.37	中	仪器/仪表工程师、电控工程师、C#开发工程师
智能家电	0.34	中	电子工程师、机械制图、系统工程师
高端模具	0.31	中	注塑工程师、模具工程师、机械研发工程师
特色工艺集成电路	0.31	中	半导体技术工程师、生产技术员、结构工程师
时尚纺织服装	0.29	低	服装/纺织品设计、服装质量管理、店长/卖场管理
机器人	0.22	低	集成电路IC设计、系统集成、IC验证工程师

节能与新能源汽车、化工新材料两大产业是宁波产业体量大、持续发展快的产业，产业的旺盛需求导致了整个产业的紧缺程度高。

新兴行业的快速发展导致稀土磁性材料、光学电子两大产业的人才有一定的紧缺度。稀土磁性材料产业中的材料工艺工程师、光学电子产业中的激光工程师等研发类工程师人才供给相对不足，加大了产业的整体紧缺程度。

表9　　　　　　　　宁波十大重点产业紧缺岗位主要数据

十大重点产业	紧缺指数	紧缺程度	学历倾向	工龄倾向	平均基础年薪（万元）	薪酬区间分布（万元）
节能与新能源汽车	0.53	高	本科	1~6年 部分7~9年	22.75	9.97~31.35
稀土磁性材料	0.45	高	大专	1~6年	13.39	8.11~16.50
化工新材料	0.44	高	本科	4~6年	15.25	8.01~20.92
光学电子	0.42	高	本科	1~3年	14.26	8.54~18.54
智能成型装备	0.37	中	大专 本科	1~6年	14.12	9.28~26.63
智能家电	0.34	中	本科	1~6年 部分7~9年	14.43	8.25~21.27
高端模具	0.31	中	大专 本科	1~6年	13.36	9.44~21.00
特色工艺集成电路	0.31	中	本科 大专	1~3年	14.34	9.16~18.80
时尚纺织服装	0.29	低	大专	1~3年	12.28	8.40~25.80
机器人	0.22	低	本科 硕士	1~3年	16.26	10.65~26.52

智能家电、高端模具、时尚纺织服装则为宁波传统优势产业，人才储备相对较为充足，产业紧缺程度相对不高。而机器人则是新发展产业，企业需求暂时较少，所以产业的紧缺程度相对较低（编制方法见附录）。

（二）紧缺指数趋势整体持平，部分紧缺指数下降明显

由于产业的划分标准变化，所以在十大重点产业中，稀土磁性材料、光学电子、特色工艺集成电路、机器人等四个产业没有之前对比的数据。剩余的六大产业中，化工新材料、智能成型装备、高端模具等三个产业的紧缺程度出现了明显下降，节能与新能源汽车产业的紧缺程度与2020年持平，智能家电、时尚纺织服装两个产业的紧缺程度出现了略微上升（具体见表10）。

表 10　　宁波十大重点产业相关岗位人才紧缺指数变化情况

十大重点产业	2022年紧缺指数	变化情况	对应产业（2021年）	2021年紧缺指数	2020年紧缺指数
节能与新能源汽车	0.53	持平	汽车	0.53	0.44
稀土磁性材料	0.45	无	无	无	无
化工新材料	0.44	下降	新材料	0.45	0.40
光学电子	0.42	无	无	无	无
智能成型装备	0.37	下降	高端装备	0.39	0.36
智能家电	0.34	上升	智能家电	0.32	0.32
高端模具	0.31	下降	关键基础件	0.48	0.30
特色工艺集成电路	0.31	无	无	无	无
时尚纺织服装	0.29	上升	时尚纺织服装	0.28	0.27
机器人	0.22	无	无	无	无

注：由于2022年产业的划分标准与2021年、2020年出现了较大的变化，所以各产业与对应产业的紧缺程度的对比并非统一标准下的对比，仅供参考。

三、重点产业人才发展的特点及问题

（一）重点产业人才发展主要特点

1. 人才结构持续优化，高学历人才供给趋势向好

数据显示，相关紧缺人才岗位的求职者中，硕士及以上学历人才占7.75%，且连续三年持续增长，表明宁波重点产业从业人员的学历结构向高层次发展的趋势越发显著，为优化完善顶尖人才和团队支持模式、培育领军型创新创业团队提供了良好的人才基础和支撑。

2. 城市吸引力不断上升，来甬就业人才辐射全国

2021年宁波新引进大学生21.6万人，同比增长30.7%，新增高技能人才8.16万人，同比增长21.2%。从人才流动趋势来看，2021年流入宁波的外地求职者占44.6%，较2020年增加了3.2个百分点。大量流入宁波重点产业紧缺人才岗位的人才，除了来自周边的杭州、台州、绍兴等城市，也包括上海、北京、深圳等一线城市的人才，以及来自珠三角、中西部、东北等各大城市的人才，辐射范围广，外地人才吸引力上升。

3. "老手"人才储备丰富,创新青年人才需求提升

从求职者的经验分布来看,工作经验在10年以上的人才占比最高,为39.02%,表明当前紧缺人才岗位中,求职者的工作经验比较丰富。值得注意的是,企业招聘需求主要集中在1～3年工作经验的青年人才,占比为43.70%,对10年以上工作经验的人才需求仅占1.14%。尤其是时尚纺织服装产业链和智能家电产业链,相关岗位对1～3年工作经验人才的需求高于其他产业,分别为61.7%、57.0%,急需青年人才来提供创新动力。

(二)重点产业人才发展主要问题

宁波在重点产业人才开发做了很多卓有成效的工作,为宁波经济发展提供了强有力的人才支撑。同时,宁波重点产业人才还存在一些与当前发展不匹配的问题,主要是:在急需高端技术类、研发型人才支撑背景下,相关人才供给较少;产业人才储备排名相比全国其他人口大省相比仍不够理想;特色工艺集成电路、光学电子,机器人等部分产业链薪酬竞争力还需增强,需要提升来吸引更多的人才。

四、重点产业人才发展对策建议

(一)全面覆盖重点产业,面向目标区域"靶向引才"

经过对全国各个城市的数据对比可以发现,一线城市在各个产业的人才储备均非常雄厚,是产业发展的重要支撑。建议针对宁波十大重点产业进行充分了解,以制订人才开发工作的计划。同时对于研发型、创新型人才进行重点引进,继续挖掘目前优势产业特色来加强人才吸引,对发展速度快的小规模产业的人才招引进行详细规划、提前布局。建议先从节能与新能源汽车、稀土磁性材料、化工新材料、光学电子4个紧缺程度较高的产业着手,定位优势引才区域。

(二)加强研究搭建平台建立品牌,强化产业人才储备

健全人才开发预测研究,引进具有国际视野和创新精神的海内外高水平青

年人才，同时将需求预测结果与本地高校人才培养结合起来，优化专业设置，培育本地急需紧缺专业型人才。建立人才大数据信息共享机制，搭建人才大数据服务平台，帮助政府、用人单位和高校实时了解人才市场供需趋势、提供决策帮助。建强城市雇主引才用才品牌，加大我市人才新政30条宣贯力度，塑造城市形象，提升对人才的吸引力。

（三）强化产业链薪酬竞争力，优化人才保障服务

牢牢把握企业用人主体作用，鼓励企业提高重点紧缺人才薪酬水平，加大对企业存量青年科技人才培育，适当提高在岗人才薪酬水平，筑强企业引才用才主阵地。对标国际一流、国内领先，进一步深化"宁波五优，人才无忧"城市人才品牌打造，着力打造人才友好型城市，为人才解决安居、子女就学、医疗保障等生活服务需求，做好留人"关键小事"，真正让宁波成为人才近悦远来之城。

附录：报告编制方法

一、数据说明

本次报告样本数据包含 2021 年 1 月 1 日至 2021 年 12 月 31 日期间宁波十大重点产业匹配的宁波市全部 B 端（企业招聘端）和 C 端（求职者端）数据。样本为宁波地区企业招聘的各个职位所收到求职者简历投递数据，既包含企业所在行业、招聘职位、企业薪酬等企业方维度，也包含求职者现所在城市、学历、经验、目前薪酬、期望薪酬等个人维度。

宁波地区总数据为 7642181 条，共 8316844 次投递行为，覆盖职位类别 1003 类。

全国总数据为 849837142 条，共 948247314 次投递行为。

二、编制方法

（一）编制模型

模型基于 CIER（中国就业市场景气）指数建立，该模型由中国人民大学中国就业研究所与智联招聘联合发布，反映就业市场的整体走势。指标采用智联招聘全站数据分析而得，通过不同行业、城市职位供需指标的动态变化，来反映劳动力市场上职位空缺与求职人数的比例变化。

（二）编制流程

1. 数据提取：提取各产业所有职业类别全部数据。
2. 需求排序：根据各职位招聘需求总人数进行排序，并选取排名前 60 位的职位。
3. 职位筛选：去除"行政文员""普工"等通用职能类的职位，保留 30 个职位。

4.衡量紧缺性：从供给与需求的比率、供给与需求的差额两个指标进行加权衡量。具体方法为：通过需求量减去简历投递量（需求量－简历投递次数），计算出供需数量的供需差额；通过需求量除以简历投递量（需求量／简历投递次数），计算出供需数量的供需比率。同时为方便进行加权计算，本报告通过对供需差额、供需比率进行极差归一化，将所有数值转化到 0 到 1 之间，计算方式如下：

$$x^* = \frac{x-min}{max-min}$$

5.计算紧缺指数：对归一化后的数据进行加权计算，根据模型对供需差额按照 40%，供需比率按照 60% 的权重计算并求和，最终计算出该职位的紧缺指数，计算方式如下：

紧缺指数 ＝ 供需差额（归一化）× 0.4 ＋ 供需比率（归一化）× 0.6

最后对数值进行排序，各产业取排名前 15 位的职位纳入目录，并按照统计学常用统计方法，取对位于 [0-0.20]，[0.2-0.5]，[0.5-1] 各区间的岗位，划分为"低""中""高"。

（三）产业整体紧缺程度评定

根据各产业所有的紧缺岗位的紧缺值取平均值，以此体现各产业所有紧缺岗位的整体紧缺程度。

针对各产业紧缺值，按照统计学常用方法，并结合模型调整，取 [0-0.30]，[0.31-0.47]，[0.48-1] 区间，对应评定整体紧缺程度为"低""中""高"。

宁波市人力资源和社会保障局课题组

在甬高校人才队伍建设现状调查研究

国以才立，业以才兴。重视人才工作是党的优良传统，习近平总书记在党的二十大报告中深刻指出，"培养造就大批德才兼备的高素质人才，是国家和民族长远发展大计"，并对深入实施新时代人才强国战略作出全面部署。2022年9月，市委书记彭佳学在人才工作领导小组（扩大）会议上强调，人才工作事关发展、事关全局、事关长远，要全力打造天下英才首选地圆梦地，为打造"六个之都"、推进"两个先行"提供强有力的人才支撑。

作为科技第一生产力、人才第一聚集地和创新第一动力源的重要结合点，高等教育的发展对城市发展至关重要，而高校发展的核心就是人才。为进一步精准排摸宁波高等教育人才队伍建设现状，市教育局历经两个多月时间，先后走访了宁波大学、宁波东方理工大学（暂名）、中国科学院大学宁波材料工程学院等18家高校与高等教育机构，深入调研各单位人才工作开展情况，并通过座谈交流、问卷调查、报告分析等多种途径，全面掌握人才需求、具体分析实际困难，并针对共性问题，拟订了解决方案。

一、在甬高校人才现状及需求分析

（一）人才基本情况

截至 2022 年 10 月，除武警海警学院之外的 15 所宁波高校以及浙江大学软件学院、中国科学院大学宁波材料工程学院、宁波东方理工大学（暂名）3 家在甬高等教育机构，共有专任教师 10201 人，其中正高职称 1529 人、副高职称 3151 人、博士 4256 人；共有宁波市分类认定人才 4347 人，其中顶尖人才 22 人、特优人才 113 人、领军人才 207 人、拔尖人才 709 人、高级人才 3296 人；共有高层次人才 518 人，其中全职院士 13 人（发达国家院士 7 人），非全职院士 6 人。2022 年累计引进高层次人才 295 人。

（二）人才需求分析

根据调研统计，在甬高等教育急需 45 岁以下工学和理学类教学岗位和研发岗位高级职称博士教师。

按岗位类型分，在甬高校目前需求最大的前三类人才分别是教学岗位、研发岗位和技术转化岗位（见表1），这与宁波高水平研究型大学较少，应用型本科与高职高专院校数量较多有关。本科高校中，宁波工程学院、宁波东方理工大学（暂名）、浙江大学软件学院对研发岗位需求最多，其次为教学岗位人才；宁波大学、浙大宁波理工学院、宁波诺丁汉大学、宁波财经学院等高校对教学岗位教师的需求超过了研发岗位；总体看本科高校更希望引进的人才能兼顾教学与科研，对专职研发岗位人才的需求并不算迫切。高职院校中，只有浙江工商职业技术学院对研发岗位的需求超过了教学岗位，这可能与该校师资队伍较为齐整有关，学校更希望在科研方面有所突破。

表1　　　　　　　　　　在甬高校人才需求的主要岗位

选项	平均综合得分	综合得分比例
教学岗位	5	43.06%
研发岗位	3.06	26.32%
技术转化岗位	1.61	13.88%
其他类型人才	0.78	6.7%
行政后勤岗位	0.72	6.22%
运行管理岗位	0.44	3.83%

按专业领域分，目前在甬高校需求最大的前三类专业分别是工学、理学和经济学（见表2）。专业性院校，急需专业类人才。宁波财经学院选择经济学，浙江药科职业大学、宁波卫生职业技术学院选择医学作为最急需专业，宁波大学因为要大力发展医学教育，因此对医学类人才也有较大需求。其他院校中，除了宁波大学和浙大宁波理工学院对理科专业人才需求最为迫切外，其他所有高校均选择工科类专业作为第一需求，这与宁波制造业强市的产业需求密切相关。

表2　　　　　　　　　　在甬高校人才需求的专业领域

选项	平均综合得分	综合得分比例
工学	5.33	36.78%
理学	2.72	18.77%
经济学	1.94	13.41%
其他专业	1.83	12.64%
医学	1.44	9.96%
法学	0.67	4.6%
文学	0.56	3.83%

按人才职称层次和学历分，目前在甬高校急需高级职称和博士学历人才。所有参与调研的高等教育机构中，只有宁波卫生职业技术学院需要中级职称人才、宁波开放大学需要硕士学历人才，表明博士和高级职称几乎是目前高校人才的基本门槛。

按人才年龄层次分（见表3），在甬高校更需要45周岁以下的科研和教学骨干。只有宁波诺丁汉大学和宁波东方理工大学（暂名）首选45周岁以上的人才，可能是因为两所高校对人才的要求相对较高，45周岁以下的普通研发或教学人员很难满足两所高校对顶尖人才的需求。

表3　　　　　　　　　在甬高校人才需求的年龄分布

选项	小计	比例
45周岁以上	2	11.11%
35周岁至45周岁	13	72.22%
35周岁以下	13	72.22%

二、人才工作各环节中的实际需求及主要困难

人才工作的"引、育、用、留"四大环节中，在甬高等教育机构普遍认为引才环节困难最大（见表4）。根据调查结果，四大环节中除宁波大学认为人才留用环节最重要、宁波东方理工大学（暂名）觉得人才培养环节最重要外，其他所有机构均认为人才引进环节最困难。宁波大学作为双一流高校，发展平台较高，人才引进相对容易，但是薪资待遇、职称发展等问题在一定程度上会影响高层次人才的留用。宁波东方理工大学（暂名）人才引进经费充足，薪资待遇竞争力强，人才引进可选择余地大，因此人才引进环节困难相对较小。如何能更好地培养人才，实现可持续发展，是其首要关心的问题。

表4　　　　　　　　　在甬高校人才开发工作的难点

选项	平均综合得分	综合得分比例
人才引进环节	3.56	45.71%
人才培养环节	1.89	24.29%
人才留用环节	1.22	15.71%
人才使用环节	1.11	14.29%

（一）人才工作四大环节中的主要需求分析

1. 人才引进中的需求分析

人才引进环节，给予引才补贴、组织引才活动和获取人才信息是在甬高校的前三大需求（见表5）。除了宁波大学亟须给予人才测评帮助、宁波职业技术学院和宁波卫生职业技术学院亟须组织引才活动外，其他所有高校均对给予引才补贴有着较大需求，其中宁波工程学院、浙江万里学院等6所院校将该项

列为第一需求。另外，宁波诺丁汉大学和浙江工商职业技术学院等高校对获取人才信息的需求最为迫切，宁波职业技术学院、宁波卫生职业技术学院亟须组织引才活动。宁波诺丁汉对引进人才的国际背景、学术能力、语言交流等要求较高，一般人才无法满足学校需求，因此亟须获取人才信息。而包括浙江工商职业技术学院在内的高职高专院校，与本科高校相比，发展平台不占优势，在引才补贴没有特别增加的情况下，一般并非人才首选单位，因此对获取人才信息、组织引才活动有着较大需求。

表5　　在甬高校人才引进中的主要需求

选项	平均综合得分	综合得分比例
给予引才补贴	4.11	30.83%
获取人才信息	2.89	21.67%
组织引才活动	2.78	20.83%
提供人才背景调查	1.39	10.42%
给予人才测评帮助	1.22	9.17%
其他人才引进需求	0.94	7.08%

2. 人才培养中的需求分析

人才培养环节中，在甬高校对搭建人才培养平台、给予培养培训补贴、组织参观学习学术交流有着较大需求，其中对搭建人才培养平台的需求最为迫切（见表6）。除了宁波诺丁汉大学亟须提供人才培训信息、浙大宁波理工学院、宁波财经大学、宁波大学科学技术学院首选给予培养培训补贴外，其他14家单位均将搭建人才培养平台作为首要需求。

表6　　在甬高校人才培养中的主要需求

选项	平均综合得分	综合得分比例
搭建人才培养平台	4.72	48.57%
给予培养培训补贴	2.89	29.71%
组织参观学习学术交流	0.89	9.14%
提供人才培训信息	0.83	8.57%
其他人才培养需求	0.39	4%

3. 人才使用中的需求分析

在甬高校对人才使用中的需求，相对较为分散，宁波诺丁汉大学、宁波东方理工大学（暂名）、宁波职业技术学院、浙江药科职业大学、浙江工商职业技术学院等5家单位选择赋予更大的人才认定自主权作为首要需求，希望通过此方法增加对顶尖人才和工匠型人才的吸引力；宁波大学、浙江纺织服装职业技术学院等高校对破除薪酬绩效制约需求最大，以期提升在校人才的薪资水平；浙江万里学院、宁波卫生职业技术学院和宁波幼儿师范高等专科学校选择支持人才成长升级作为首要需求，希望挖掘人才潜力，提升人才发展空间。宁大科技学院和浙大软件学院最希望打破岗位编制制约，解除因编制问题对人才进一步发展的影响。总体看赋予更大的人才认定自主权、破除薪酬绩效制约、支持人才成长升级是在甬高校的前三大需求（见表7）。

表7　　　　　　　　　　在甬高校人才使用中的主要需求

选项	平均综合得分	综合得分比例
破除薪酬绩效制约	4.28	22.19%
赋予更大的人才认定自主权	4.28	22.19%
畅通人才与政府、企业间流动	2.67	13.83%
打破岗位编制制约	2.56	13.26%
改革人才评价机制	2.39	12.39%
支持人才成长升级	2.39	12.39%
支持科研技术成果转化	0.72	3.75%

4. 人才留用中的需求分析

在甬高校对人才留用中的需求较为集中，解决人才安居问题和子女就学问题（见表8），大幅领先其他需求，成为能否留住人才的关键因素，其中子女就学问题对小学和初中的需求最为迫切。解决人才就医问题，也是影响人才留用中一大因素，宁波大学、宁波诺丁汉大学、宁波东方理工大学（暂名）等单位将其列为第二需求，这可能与这些单位45周岁以上年龄段人才占比较高有关。

表8　　　　　　　　　　在甬高校人才留用中的主要需求

选项	平均综合得分	综合得分比例
解决人才安居问题	6.39	41.37%
解决人才子女就学问题（注明小学、初中或高中）	5.39	34.89%
解决人才就医问题	1.61	10.43%
其他人才留用需求	1.5	9.71%

续表

选项	平均综合得分	综合得分比例
解决人才休闲娱乐	0.28	1.8%
解决人才婚恋问题	0.28	1.8%

（二）各类需求中的实际困难梳理

人才"引、育、用、留"四大环节中的各类需求彼此关联、互相影响，为了进一步明晰困难，更好地解决痛点问题，结合各校提交的需求研判报告，对人才开发中各环节的具体困难做系统梳理。

1. 人才引进环节主要需求中的实际困难

根据问卷及调研结果，人才工作四大环节中，引进环节困难最多。经梳理主要包括下面几大方面。

（1）高层次人才、紧缺人才引进困难。高校之间的竞争，实质是人才的竞争，而高层次人才的竞争是竞争的核心。当前，全国各地的高校对高层次人才的需求都十分迫切，相关引进费用也"水涨船高"。在甬高校除了宁波大学、宁波东方理工大学（暂名）和宁波诺丁汉大学等高水平大学可以开出有竞争力的人才引进费用和薪酬，而且具备较高的发展平台外，宁波其他高校人才引进待遇、发展平台等方面优势不足，面临着"抢人难"的挑战。

另外，宁波高校急需专业的前三位分别是工学、理学和经济学人才，但对于经济学和部分工学专业（如计算机等）高层次人才，由于到高校工作待遇低且发展周期长，一般并非其首选，因此引进相对困难。另外像艺术影视类、设计类等专业博士点数量相对较少，因此非常紧缺，引进难度更大。

（2）住房安居、子女入学、配偶安置等问题突出。人才安居问题、子女入学问题高居人才留、用环节需求的前两位，是影响人才能否安心工作的重要环节，其实也是能否顺利引进人才的关键，它们与配偶安置成为人才引进过程的核心因素。

宁波的住房均价一直高居全国前列，虽然宁波已经出台政策对引进的特优、领军、拔尖人才分别给予100万元、80万元、50万元的安家补助和最高60万元、40万元、25万元的购房补贴，但作为各高校人才大多数的普通博士人才的安家补助和购房补贴相对较低，与高昂的房价相比，还是显得"杯水车薪"。各校对人才房以及人才廉租房等均有较大需求。

目前人才引进过程中的子女入学，主要存在三大共性问题：一是市级人才无法享受区县（市）级人才的子女入读当地民办义务教育段学校的特殊人才政策；二是宁波急需的高层次人才年龄在45周岁以下，子女多还处于义务教育阶段，入学、转学需求量大，而优质义务教育段学校学额有限，因此很难满足所有需求；三是已经完成引进手续且经过高层次人才认定的人才子女才能享受入学政策，而人才引进过程中，往往需要先确认子女可以享受政策、入读心仪学校后，对方才能确认来甬工作，两者间面临"先有鸡还是先有蛋"式的现实困境。

配偶安置也是影响人才能否顺利引进的关键一环，主要存在两个共性问题一是按目前政策高层次人才配偶安置以引进单位负责为主，从政策上可以安排配偶择业的要求过高，引进人才配偶很多学历或职称不高，高校无法内部消化吸收；二是有些人才配偶原属市外在编人员，按照正常调动流程，档案、工资等很多手续需要原单位配合，原单位不同意则无法调入新单位，人才引进过程中面临的原单位阻挠比较多，往往无法正常调动。

（3）人才信息获取渠道单一，人才背景调查手段缺乏。在问卷调研及座谈交流中，高校反馈人才信息获取渠道单一，缺少市级层面的信息平台，主要通过校园招聘或人才自己投简历的方式获取人才信息，效率不高。尤其是应用型本科及高职院校，守株待兔式的信息获取方式，很难吸引到适宜的高层次人才。

另外，高校作为教育机构，对人才的背景情况调查手段匮乏，目前仅依靠单位政审和公安机关的无犯罪证明，很难展示拟引进人才的全面信息。

（4）国际化人才受疫情影响很难引进。国际化是高校发展的重要趋势，优化学源结构，提高具有国际教育背景的人才数量是学校的重要需求。但海外引才机制、引才联络网络构建还不完善，海外人才引进渠道还不够宽。加之最近几年受疫情影响，国际化人才引进难度进一步加大。

（5）省属高校人才引进政策同城待遇未能有效落实。宁波一直在推动省属院校享受同城待遇，但目前还未能完全落实。浙江万里学院、浙江工商职业技术学院等省属院校，目前还不能同等享受宁波市高层次人才引进的相关奖励政策（如普通事业编教师享受的市住房货币补贴，高层次人才的市内首次购房补贴），导致同城院校中存在较大差距，一定程度上加剧了人才引进的难度。

2. 人才培养环节主要需求中的实际困难

（1）缺少人才培育平台。目前的人才培养，以各校单独为政。教师单打独斗为主，缺少市级层面统一的信息共享、经验交流、互作互动的人才培育平台。

（2）高端人才培育不足。近几年，宁波先后培育了杨为佑、阮殿波等外籍院士，但与省内兄弟城市相比，还有待提高。浙江工业大学、浙江理工大学、温州医科大学等位于兄弟城市的院校都先后自主培养了国内两院院士，宁波国内院士培养至今没有获得突破。另外宁波高校在国家人才工程顶尖人才培养方面还存在不少空白，高端人才自主培养还有较大空间。

（3）分类培养力度不够。人才的成长是多方面、多维度的，但目前宁波高校的人才培养路径主要以学历和职称提升为主，在重大工程建设、科研开发、海外深造等其他类别上，参与的不多。加上高层次人才在取得相应的职称后，存在职业倦怠的现象，缺乏职业热情和积极进取的精神，这也限制了现有高层次人才的进一步成长。

3. 人才使用环节主要需求中的实际困难

（1）人才认定自主权不足。市里的引才平台对人才规格的要求较高，应用型本科和高职院校引进的人才，大部分无法达到市级平台的标准与要求，因此只能享受校级人才待遇，竞争优势不明显。另外，中外高校职称以及评价体系的差别，导致国外高层次人才引进后，在职称、工龄等方面很难用国内标准套用。

（2）存在引用脱节现象。部分在甬高校人才引用环节缺乏系统规划和顶层设计，高层次人才引进后，缺乏适合人才发展的平台，导致在科研项目、人才评比等方面的竞争力不强，造成人才科研动力不足、获得感不强，无法充分的"人尽其用"，造成人才浪费。

4. 人才留用环节主要需求中的实际困难

（1）绩效工资限制，教师收入水平偏低。除了宁波诺丁汉大学和宁波东方理工大学（暂名）等个别单位，包括宁波大学在内的多数在甬高校教师薪酬水平偏低。十几年前核定的绩效工资长时间没有变化，已与目前社会的经济发展水平严重脱节。尽管近年来高校教师收入水平有所提升，但受绩效工资总量限制，教师收入仍处于较低水平，导致学校难以通过薪酬来吸引人才、留住人才，激励教职工的积极性。

（2）岗位结构限制，制约人才发展。受高校高级职称比例限制，高校引进的年轻博士人才水平都很高，在职称评审中的业绩材料质量也很好，但由于受高级别岗位比例限制，晋升副高职称难度较大，一定程度上制约着教师队伍的成长与稳定。

（3）住房安居、子女入学、配偶安置等问题依旧突出。与人才引进环节类似，要想留住人才安心工作，住房安居、子女入学、配偶安置等突出问题依旧需要得到妥善解决，这部分问题与前文基本一致，这里不再展开表述。

三、问题解决的对策与建议

人才工作是一项复杂艰巨的系统工程，既有紧迫性又有长期性，而且需要其他部门的配合与支持，针对调研中的实际问题与需求，经综合考虑，系统分析，给出如下对策建议。

（一）扫清"绊脚石"，破除障碍引进人才

1. 保障高层次人才待遇

不断完善政府和学校层面的高层次人才引进制度，对标深圳、杭州等城市的人才引进标准，进一步提高人才待遇，在科研启动经费、安家费、购房补贴、医疗保障等方面提供针对性支持，逐步加大学校高层次人才吸引力度。对于紧缺专业人才，按照学校及学科专业双排名享受相应的引才待遇。

2. 出台住房安居、子女入学、配偶安置一揽子解决方案

在全市层面，出台高层次人才安居、子女入学、配偶安置等核心问题的一

揽子解决方案。为新引进高层次人才提供人才公寓、过渡房、廉租房等多种类型住房；打通区县（市）对市级人才子女入学政策限制的壁垒，开设入学绿色通道，切实保证子女迅速入校。对配偶安置建议按照双向选择原则，在教育系统内或人才市场中，提供用人单位与人才配偶双向选择的平台。

3.打造人才信息交流与背景调查的市级平台

针对人才信息获取渠道单一问题，成立宁波都市圈高层次教育人才发展联盟，整合宁波都市圈高校、科研院所、博士后工作站等资源，打造人才引进、发展和评价平台，打破人才信息不对称和人才信息孤岛，做到人才引进品牌化、人才发展一体化、人才评价精准化。针对人才背景调查手段缺乏问题，构建舆情、公安等综合协查系统，提供大数据综合查询平台供高校组织人事部门使用。

4.加强国际化人才队伍建设

建立海外引才基地，丰富人员引进渠道，绘制全球顶尖人才地图，主动出击对接，实时跟踪、动态联系。强化校地合作，充分利用区县（市）和企业的引才源头和渠道物色人才。

5.落实省属院校同城待遇

建议给予省属在甬高校与其他市属在甬高校在事业编教师队伍住房货币补贴、高层次人才引进安家补助等方面享受同等待遇，同时人才项目能从市人社局申报，以便相关高校能更好地开展人才工作。

（二）练好"基本功"，分层分类培育人才

1.搭建人才培育平台

搭建市级人才培育平台，加强在甬高校间的交流合作，为在甬博士点高校和其他高校之间牵线搭桥，运用平台思维和生态思维，推动在甬重点高校整合学术资源，打造"带徒传艺"、学术公关的平台，带动在甬高校人才水平的整体提升。

2.围绕重点领域，培育顶尖人才

围绕国家、省、市重点学科专业领域，采取"大师＋团队"模式，在引进顶尖人才团队的基础上，培育储备一批学术背景良好、发展潜力大的优秀人才，并给予经费、项目等专项补助，促进人才队伍整体水平再上新台阶。

3.加强人才分类培养力度

探索符合高层次人才发展需要的分类评价机制，科学设置评价标准，按照能力、实绩、贡献评价人才，注重考察各类人才的专业性、创新性和履职绩效、创新成果、实际贡献，鼓励人才在不同领域不同岗位追求卓越，做出贡献。

（三）授予"自主权"，跟踪服务用好人才

1.授予高校充分的人才自主权

授予不同类型高校充分的人才认定自主权，特别是基础人才的认定，保障高校能够根据自身特点、发展规律等因素，认定人才，使用人才。破除对特别优秀人才的薪酬绩效制约，最大限度地发挥人才的主观能动性。

2.做好人才的跟踪服务

关注人才的成长规律，制定有利于人才成长与发展的长远规划。做好人才的跟踪服务，给予人才充分的信任和支持，给予基础研究充分的时间与耐心，为青年人才发展营造良好的学术氛围与成长环境。开通杰出青年人才破格晋升通道，帮助优秀青年人才脱颖而出。

（四）破除"肠梗阻"，提高待遇留住人才

1.提高人才薪资待遇水平

积极争取减少绩效工资限制，稳步提高人才尤其是青年人才的薪酬待遇，充分调动人才的积极性和创造性。探索建立与国际接轨的多元化薪酬制度，从人才全球化视角出发，制定不同学科不同层次人才的薪酬标准，规范年薪制和协议工资制。

针对不同层次人才，打造与学校引才新政相衔接、与各级政府人才工程相配套的人才培养新政。给予校内存量的高端人才和引进的领军人才对等的薪酬待遇和培育政策。

2.给予人才充分发展空间

鼓励人才成长，对人才层次、学术地位提升的人才，从团队组建、实验空

间、科研经费、学术交流、津贴待遇等方面给予支持,保障人才的进一步发展。升级人才退出机制,提高人力资源配置与开发效率,为优秀人才引入与发展腾出足够空间。优化考核办法,分层分类首聘期考核任务,实现考核多元化,加强考核结果的应用,努力做到能上能下、能进能出的岗位聘任。

3.解决人才后顾之忧

搭建市级与区县（市）间的政策互通桥梁,最大限度地给予既有人才与引进人才的同等待遇,在人才安居、子女入学（特别是小学、初中）、配偶安置以及医疗救治等方面,给予实际的帮助,体现宁波的温度,解决人才的后顾之忧。

宁波市教育局课题组

宁波"两进两回"返乡人员赋能乡村振兴研究

"两进两回"返乡人员作为重要人力资源要素，在乡村振兴中发挥着举足轻重的作用。宁波如何推动"两进两回"返乡人员赋能乡村建设，高质量打造"三农"示范窗口，发挥先进模范作用，是宁波实现乡村振兴的重要命题。近年来，宁波深入实施"两进两回"行动，着力推动青年、乡贤返乡赋能，在乡村建设方面取得了一定成效，但依然存在较大困境与不足，亟须探索宁波"两进两回"返乡人员赋能乡村建设的新路子，助力宁波"三农"高质量发展。

一、宁波"两进两回"返乡人员赋能乡村建设举措

（一）出台相关扶持政策

宁波认真贯彻落实《浙江省人民政府办公厅关于实施"两进两回"行动的意见》精神，不断完善"两进两回"工作机制，全力畅通青年、乡贤返乡通道，提出一系列完善引导和扶持返乡人员的政策体系（见表1）。根据农业农村局相关资料显示，宁波市下拨2019年度农业生产领域就业创业大学生补助资金541万元，2020年对市农业龙头企业、合作社、服务组织、家庭农场、种猪场、规模猪场和45周岁以下的创业大学生，按照基准利率的50%、最高50万元的标准予以贴息补助，全年共计发放补助资金5304.01万元，极大地促进了乡村创新创业的良好局面。

表1　　2019—2021年宁波"两进两回"返乡人员相关扶持政策一览表

年份	相关政策文件
2019	《关于大力推进"两进两回"行动的指导意见》
2019	《宁波市乡村振兴人才发展规划（2019—2022年）》
2019	《宁波市人民政府关于做好当前和今后一个时期促进就业工作的实施意见》
2019	《宁波市人民政府关于推动创新创业高质量发展打造"双创"升级版的实施意见》
2020	《宁波市新型农业经营主体贷款贴息实施方案（试行）》
2020	《关于做好2020年度农业生产领域大学生就业创业扶持工作的通知》
2020	《关于发挥新乡贤作用助推乡村振兴的实施意见》
2021	《宁波市金融支持人才创业创新实施意见（试行）》
2021	《深入推进"甬上乐业"计划的若干措施》

资料来源：宁波市人民政府官网资料经整理而成。

（二）培育发展农创客

宁波积极贯彻落实省农业厅发布的《关于加快农创客培育发展的意见》，培育了一批充满活力有创意的农创客。自2018年以来，宁波市农创客呈现"稳中有进、年轻态、多样化"的发展态势（见表2）。从培育人数来看，2018年全市实现农创客培育244人；2019年549人，同比增长125%；2020年达到了779人，同比增长41.89%，保持稳中有升。从年龄分布来看，2018-2020年宁波市农创客集中在70后、80后以及90后年龄段，其中90后人数占比由2018年的25.40%上升至2020年的31.19%，逐步呈现年轻态趋势。从创业类型来看，宁波市农创客绝大部分为农业种植，同时创业类型呈现多样化，逐步从农业种植、养殖，加快延伸至农村电商、休闲旅游、社会服务等新业态。

表2　　2018—2020年宁波农创客培育情况一览表　　单位：人

年份	总数	同比增长(%)	70后	占比(%)	80后	占比(%)	90后	占比(%)	农业种植	加工	电商	养殖	休闲旅游	社会服务
2018	244	—	35	14.35	147	60.25	62	25.40	214	4	8	9	8	1
2019	549	125	73	13.3	327	59.56	149	27.14	436	13	20	31	45	4
2020	779	41.89	95	12.2	441	56.61	243	31.19	592	22	30	63	60	12

资料来源：宁波市农业农村局资料经整理而成。

（三）搭建双创平台载体

宁波近年来不断完善"两进两回"工作机制，通过搭建双创平台载体，营造创新引领创业、创业带动就业、就业促进增收的良好局面。一方面，积极打造创新创业集聚区，推进各类创业创新平台建设。截至2020年年底，宁波市已创建全国农村创新创业典型县1个，各类农村双创园区和孵化实训基地106个，其中国家级农村双创园区4个，创建青创农场72家，成功带动1500多人返乡创业，培训农村实用人才1.89万人次，培育高素质农民1203人。另一方面，充分运用媒体宣传，积极推介创新创业典型。广泛宣传大学生、农创客先进事迹，激发青年返乡热情，营造下乡创新创业良好氛围。2020年，宁波市积极推介第四批全国农村创新创业优秀带头人典型案例，推荐参加第四届浙江省农业农村创业创新大赛的4个参赛项目均有获奖。

（四）推进乡贤回乡工程

宁波在新乡贤工作方面系统部署，积极推进，构建市、县、乡、村四级联动工作体系，打造"小厉说乡贤"等乡贤工作宣传品牌，依托新乡贤联谊组织，进一步凝聚新乡贤智慧和力量，为乡村建设添砖加瓦。截至2020年年底，宁波市成功建立新乡贤组织209个，引进项目213个。此外，宁波自2018年以来连续三年举办世界"宁波帮·帮宁波"发展大会，会集乡贤共聚宁波，共同绘制宁波发展"同心圆"，续写乡情新故事。其中第一届参加人数784人，签约项目53个，总投资金额2091亿元；第二届参加人数1150人，签约项目52个，总投资金额1283亿元；第三届参加人数1600人，签约项目26个，总投资金额350亿元，极大地促进了宁波经济的发展。

二、宁波"两进两回"返乡人员赋能乡村建设困境

（一）返乡人员存在观念壁垒

宁波乡村人才要素依旧紧缺，大部分青年对返乡存在观念壁垒，不愿意投

身乡村建设。一是对人生价值的错误认识。部分青年认为生活在大城市才能体现人生价值，乡村发展空间小，各类资源匮乏，无法施展自身才能。二是对农业社会认同感不强。部分农村父母从小给孩子灌输从事农业没出息的教育观念，导致青年对从事农业生产产生错误认识。三是对农村工作环境畏惧。从事农业生产不仅要面朝黄土背朝天，接受风吹日晒，而且工作时间长，相比于其他工作会更加辛苦。

（二）农创客培育有待完善

宁波大力推进"两进两回"行动，以创新创业为导向，培育了一批农创客，但总体来看，农创客培育有待进一步完善。一是农创客培育数量过少。截至2020年年底，宁波市培育农创客779人，相比浙江省培育6000多名农创客的数量，宁波还远远不够，与实现下一步"万名农创客培育行动"目标仍存在较大差距。二是农创客学历水平不高。2020年宁波市农创客培育中专科及以下学历占比54.56%，本科学历占比41.85%，硕士及以上学历占比3.59%，总体学历水平偏低。三是农创客综合素质不强。与农学相关专业人数仅占5.91%，而有农学专业背景的农创客又缺乏实际操作能力，整体综合素质有待提升。

（三）乡贤回乡载体依然不足

2020年，宁波出台《关于发挥新乡贤作用助推乡村振兴的实施意见》，并成功建立新乡贤组织209个，引进项目213个，但总体来看，宁波促进新乡贤回乡的载体依然不足。一是在摸排新乡贤资源时如何扩大搜寻的广度和深度，建立好与乡贤之间的联谊。二是新乡贤沟通渠道单一，大部分新乡贤通过乡贤联谊会了解乡村情况，缺乏更多有效的交流平台和途径。三是如何进一步规范乡贤组织，更好发挥新乡贤在乡村建设中的作用。

（四）乡贤赋能模式有待创新

宁波高度重视新乡贤工作，通过挖掘新乡贤力量，积极探索打造"新乡贤+乡村振兴"。从目前来看，宁波新乡贤典型的发展模式有以下几种：一是乡贤"领头雁"工程,通过担任村社"第一书记"助力基层治理。二是招智引资,通过乡贤的回归进而带动资金项目的回归。三是文化引领,通过乡贤文化传承进一步传播良好风尚。但究竟如何更好通过新乡贤来促进乡村振兴,这其中的赋能模式需要进一步琢磨与创新。

(五)乡贤文化建设有待加强

目前,宁波各区域不断培育和践行新乡贤文化典范,也取得了一定成效,但总体来看,新乡贤文化建设还远没有达到"星火燎原"的效果。究其原因,一是大多数普通村民知识水平有限,无法达到对新乡贤文化自觉的认同与践行。二是部分乡村存在重"富乡贤"轻"文乡贤"的现象,忽略"文乡贤"对当地乡风文明以及精神文明建设所起的作用。三是弘扬新乡贤文化的方式过于单一,难以对当地村民起到营造作用。四是部分新乡贤自我认同感不高,对于返乡建设的归属感不强。

(六)乡村发展短板有待补齐

宁波近年来相继制定出台"两进两回"返乡人员的相关扶持政策,不断畅通青年、乡贤返乡通道,吸引回乡创业人数1500多人。但目前宁波城乡发展不平衡,农村社会保障体系较为薄弱,依然存在相关基础设施不完善、教育水平不高、民生福利不健全、医疗资源缺乏等问题,这使得青年、乡贤对于返乡存在后顾之忧。

三、宁波区域典型做法

为进一步深化"两进两回"返乡人员赋能乡村建设行动,宁波部分区域率先启动相关工作,积累了一定经验,为继续推进"两进两回"行动提供了借鉴。

(一)慈溪:打造大学生农业众创园,集聚青年乡贤返乡创业

慈溪紧紧围绕乡村振兴战略,创新探索建设大学生农业众创园,以现代都

市农业和精品农业为主导，打造农业众创空间，集聚农业"两创"人才，培育了一大批大学生农创客、新农人，积极打造"两进两回"宁波样本。截至目前，大学生农业众创园已建成农场58家，其中大学生21家，乡贤37家，总经营面积达到3280亩。2020年，众创园实现产值1.1亿元，同比增长32%，是浙江省首批五星级青创农场之一。

（二）北仑：建设青年北仑重大工程，促进青年乡村共同成长

北仑高度重视青年工作，以"青年北仑"建设为重要抓手，通过美丽乡村建设、农村基础设施提升、新型业态融合等手段，大力实施"两进两回"行动，积极吸引优秀青年返乡回流，共同参与北仑乡村振兴。截至目前，北仑年吸引青年人才回流约2万人，成功入选全国首批中长期青年发展规划实施试点。

（三）宁海：充分发挥乡贤优势能效，借势聚力推动乡村振兴

宁海深甽镇文化底蕴丰厚，鸿儒硕彦众多，县域外经商创业人口比例超过40%，乡贤资源极为丰富，是宁波较早成立新乡贤联谊组织的乡镇，其通过集聚乡贤力量，在促进全镇经济社会发展上形成了强大推力。截至目前，已成功吸引全镇528名海内外乡贤加入各类乡贤组织，同时组建乡贤智囊团、乡贤志愿者队伍等，以结对、组队等形式定期组织乡贤集体回乡，开展党员干部座谈、进村入户走访，并推行乡贤激励机制，创新实施"镇长顾问""挂职村官"等制度。

（四）鄞州：实施新乡贤领头雁工程，助力基层治理水平提升

鄞州历史悠久，人文荟萃，鄞州籍人士遍布海内外、享誉各领域。鄞州积极做好"乡贤+"文章，重视发挥新乡贤"领头雁"的示范引领作用，由乡贤担任村社"第一书记"，下沉一线积极助力基层治理现代化，依托平台发展，推动乡贤优势在赋能乡村建设方面全面发挥作用。

四、宁波"两进两回"返乡人员赋能乡村建设对策

（一）聚势多方协同，注重引导宣传

宁波应积极促进政府、高校、媒体等多方协同，消除观念壁垒，为青年返乡创业赋能。一是高校应切实对青年进行教育引导，培养青年树立正确的价值观，鼓励青年积极参与乡村振兴、电子商务、"互联网+"等创新创业竞赛，奠定创业基础。二是媒体应大力宣传青年返乡创业、乡贤返乡建设家乡的先进典型，广泛宣传大学生创业、农创客先进事迹，给更多想要创业的人员以榜样和信心。三是政府应扎实推进"两进两回"行动，吸引优秀人才回流，助推乡村振兴，同时与高校开展深度合作，充分依托高校资源，开展暑期社会实践、设计规划等活动，不断带动青年大学生为乡村建设做贡献。

（二）培育创业主体，优化营商环境

宁波应继续以创业创新为导向，培育创业主体，优化营商环境。一是加快引进农业高层次人才和农创客培育，为高水平推进乡村振兴提供人才支撑。二是开展分类分层培训服务，加强人才培育基础建设，组织学习农业专业技术、创业思维与管理等方面知识，推广"农民学校+产业部门+产业基地+农业企业"等多种组合培训模式，打造高端复合型人才。三是指导成立农村创新创业联盟，建立线上交流平台和线下组织服务平台，为广大农创客提供交流合作和服务，促进创新创业人才抱团经营、信息共享、渠道共建、取长补短。

（三）促进乡情反哺，增配实践载体

宁波应积极以乡情亲情为纽带，增配实践载体，进一步引导和支持乡贤在助推乡村建设方面发挥作用。一是完善服务载体。在对新乡贤层层摸排基础上，借鉴宁海相关做法，建立县、镇、村三级动态管理信息库，充分挖掘乡贤资源，尤其是"宁波帮"资源，同时为新乡贤搭建交流平台，通过建立微信群、微信公众号等方式，构建新乡贤沟通网络。二是健全组织载体。以乡贤组织建设为

抓手，构建县、镇、村三级联动推进的乡贤统战工作格局。三是创新引领载体。借鉴慈溪"贤人治村"做法，鼓励德才兼备的新乡贤担任乡村带头人或乡村振兴合伙人，为基层乡村治理开辟新路。四是探索建立新乡贤激励机制。广泛开展"最美乡贤"等评选活动，奖励具有突出贡献的新乡贤，为乡贤助推乡村振兴营造良好舆论氛围。

（四）创新发展模式，发挥乡贤作用

宁波应积极探索新乡贤发展模式，培育发展动能，进一步发挥新乡贤作用。一是创新"新乡贤+企业+合作社+农户"模式。通过新乡贤注册成立公司或引进企业，成立乡村大学生创新创业协会，建立农业基地，成立合作社辐射带动当地农户，推动农业发展。二是创新"新乡贤+商会+项目+农户"模式。通过成立商会吸引更多新乡贤返乡赋能，引进投资建设项目，发展"农业+旅游"一体化模式，充分整合农村资源，推进生态文明建设，实现乡村振兴。三是创新"新乡贤+村两委+村规民约+村民"模式。凭借新乡贤具有较高威望、社会地位比较高等优势，通过言传身教、典型示范在村民中起到带头作用，协调村两委事务管理，更好实现乡村治理。四是创新"新乡贤+基金+扶贫帮困+村民"模式。以成立贫困、助学、医疗基金等形式，扶贫济困，激发社会正能量。

（五）弘扬乡贤文化，营造示范效应

宁波应大力弘扬乡贤文化，营造示范效应，进一步推动乡村文明建设。一是建立乡贤馆等阵地。通过著作陈列、图文展示、漫画导引等形式，宣传新乡贤事迹，培育新乡贤文化。二是举办乡贤活动。通过开展学术论坛、诗歌会、故事会等接地气的文化活动，全方位解析新乡贤学术思想和治学精神，营造良好氛围。三是打造乡贤文化步道。通过聘请专家授课等形式，使得乡贤文化内涵深入人心。四是重视爱护乡贤。通过"回乡建设""回乡光荣"等社会舆论，以乡情亲情为纽带，大力提高新乡贤返乡归属感和自豪感。

（六）夯实基础设施，加强政策保障

宁波应夯实乡村基础设施，进一步加强政策扶持和社会保障，吸引"两进两回"返乡人员返乡赋能。一是完善乡村基础设施和相关配套服务，继续深入开展"未来乡村"建设，加快建设农业农村现代化先行市。二是打造回乡创业创新平台，积极建设国家级、省级"星创天地"，提供一站式科技创新创业服务。三是拓宽融资渠道，为返乡青年提供多元互补的金融支持，借鉴慈溪首创"大学生农业创业综合保险"，提供"基础保险＋自选保险＋资金灵活融通"自由组合方式，提高风险抵御能力。四是完善社会保障体系，确保"两进两回"返乡人员及其子女顺利享受医保教育等相应待遇。

宁波市农业农村局

国内重点城市招才引智工作新举措及对宁波的启示

中央人才工作会议以来，为加强把控新形势下人才工作发展新趋势，提升宁波的城市人才竞争力，市人民政府发展中心联合鄞州浙江清华长三角研究院宁波创新中心课题组，深入分析人才发展动态趋势变化、比较宁波与国内主要竞争对手城市差距，并结合宁波产业、教育、合作基础，重点借鉴对标城市的招才引智新举措，提出了若干可落地、重实操的建议。

一、当前处于招才引智工作的"关键窗口期"

（一）从国家战略看，世界经济金融形势、国际科技竞争态势恶化，中央人才工作会议和党的二十大将人才工作提到新的战略高度

当前，欧美国家为遏制中国科技发展，实施了中方企业制裁、对华出口禁令等关键技术封锁举措，制造了如芯片"硅幕"系列事件，要求我国人才战略加快转型，中央人才工作会议、党的二十大会议以四个"第一次"[①]将人才工作提到新的战略高度，并提出"聚天下英才而用之""建设世界重要人才中心和创新高地"的战略目标。与之对应，受全球疫情、中美脱钩、俄乌冲突等叠

---

① 党的二十大报告第一次将人才工作提升到一级标题作专章论述，第一次将"教育、科技、人才"作为一个整体进行表述，第一次提出"人才引领驱动"理念，第一次将"充分发挥人才作为第一资源的作用"写入党章。

加影响，华人、外资都有向我国集聚的趋势，如我国出国留学人数由1978年的860人增至2021年的52.37万人，同期学成回国留学人员数由248人增至104.9万人，特别是在2020年、2021年，当年留学回国人数首超当年出国留学人数；再如德国巴斯夫集团出于能源危机和产业链安全考虑，不顾德国政府的反对，决定在中国广东湛江投资100亿欧元建厂。此外，欧美发达国家的大部分科技创新由外籍人才完成，而我国外籍人才占比仅为0.1%，不仅远低于欧美发达国家，也低于同是人口大国印度的0.5%，增长空间巨大。

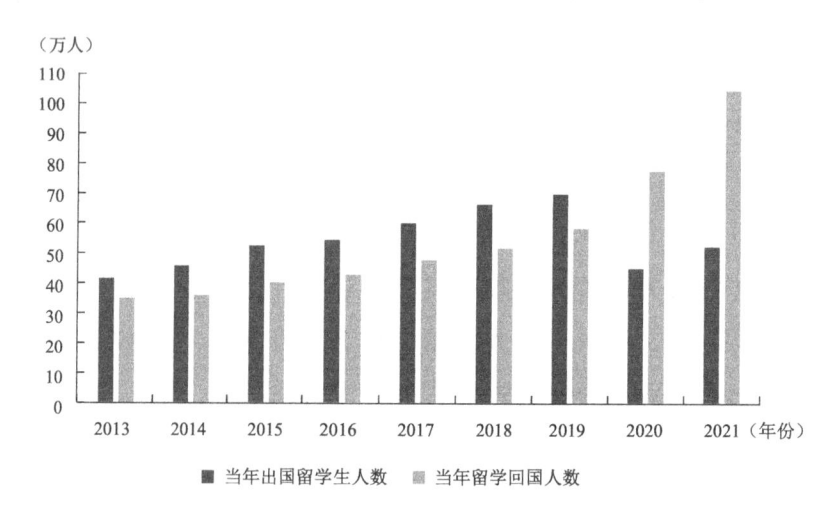

图1　2013—2021年我国当年出国留学和学成归国人员数

（二）从区域竞争看，国内重点城市经济发展、城市建设进入后半程，呈现人才逆流、城市群集聚流动等人才竞争新态势

近年来，随着各地人才政策不断加码及其导致的政策效力减退，越来越多的地方政府摒弃同质化政策比拼，以质为优替代以量取胜，基于城市发展和定位制订人才发展计划和人才引进政策。在我国人口结构局部失衡、经济模式提质变频、人才制度体系优化转型等大前提下，由于人才流动遵循"人往高处走"规律，生活成本、发展空间被人才综合考虑，一线城市人口管控政策和二线城市经济科技水平提升，共同导致人才逆流、向城市群集聚趋势，2017—2021年，长三角、珠三角人才净流入占比分别从4.6%增至7.4%和从2.0%增至4.1%，京津冀人才净流出放缓，成渝基本平衡。同时，除北京外，上海、深圳、广州、

杭州等城市群核心城市已从以往的内部"虹吸"逐渐转向内部"辐射",承担人才"中转站"作用。

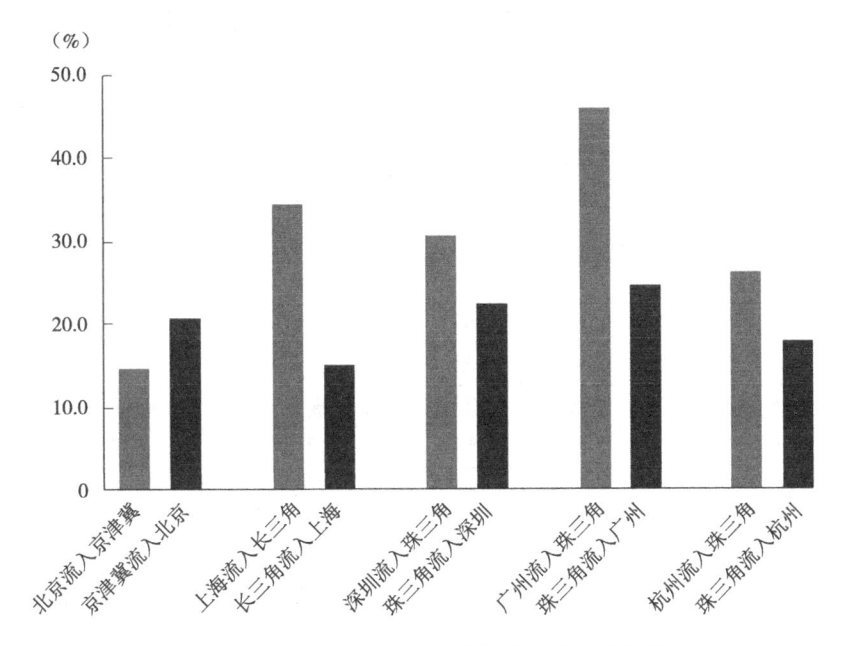

图2 2021年中国部分城市群人才流动趋势

(三)从宁波自身看,创新平台能级不足、人才对流机制不畅等短板,将导致人才总量、高端人才数量跟不上经济进位的目标需求

对比南京、无锡、青岛、佛山、成都、西安等国内重点城市,宁波既有引进力度,又有市场承载能力,如宁波最高给予顶尖人才直接奖励800万元、项目资助1亿元,而其他城市最高仅为500万元;再如上市企业、单项冠军企业、"专精特新"小巨人企业数量,宁波都排在前列。但是,宁波创新平台能级不足,如高校、新型研发机构、国家重点实验室、国家级科技企业孵化器等数量,处于倒数位次,高层次人才在甬发展空间受限;同时,户籍、待遇、户籍、地域、身份、学历、人事关系等人才一体化制度障碍仍未打通,导致宁波并未享受到长三角核心城市"人才辐射"的红利,如宁波不在上海人才对流前十城市之列,与杭州人才互动也不够紧密,反观北京与天津、

广州与深圳、上海与杭州、重庆与成都基本都为各自双向人才对流首城。

表1　　　　　　　　国内主要城市人才流入与流出前十城市

北京		天津		上海		杭州		深圳		广州	
来源	去向	来源	去向	来源	去向	来源	去向	来源	去向	来源	去向
天津	天津	北京	北京	北京	杭州	北京	上海	广州	广州	深圳	深圳
上海	上海	郑州	上海	苏州	苏州	上海	苏州	北京	东莞	佛山	佛山
廊坊	深圳	沈阳	深圳	南京	北京	郑州	绍兴	东莞	北京	北京	东莞
保定	廊坊	保定	石家庄	杭州	无锡	西安	北京	上海	惠州	东莞	珠海
郑州	石家庄	石家庄	成都	郑州	南京	南京	宁波	武汉	上海	长沙	北京
石家庄	郑州	唐山	杭州	深圳	深圳	成都	南京	长沙	长沙	上海	上海
沈阳	杭州	廊坊	廊坊	成都	郑州	武汉	广州	惠州	佛山	成都	杭州
成都	济南	太原	广州	武汉	合肥	哈尔滨	嘉兴	成都	武汉	武汉	惠州
西安	成都	哈尔滨	青岛	西安	扬州	宁波	湖州	佛山	成都	惠州	中山
深圳	广州	上海	济南	合肥	西安	深圳	无锡	西安	郑州	杭州	长沙

二、新时期国内重点城市招才引智的新办法、新举措

（一）贯彻中央文件精神，加强海外"高精尖缺"人才引进力度

一是京沪深等城市放宽外籍人才认定与评价标准。北京、上海、深圳、广州、重庆、杭州等6个城市启动外籍"高精尖缺"人才认定标准试点，分别按照各自的外籍"高精尖"人才认定标准（试行）和外籍"急需紧缺"人才岗位目录（试行），进一步扩充外国高端人才（A类）和外国专业人才（B类）的认定范围；西安接轨国际人才评价指标，如在金融领域新增了具备国际投资分析师（CIIA）、国际金融理财师（CFP）等执业资质的高端人才，涉外法律领域新增了取得2国以上执业证书，并具有10年以上专业从事涉外诉讼工作经历的律师等。二是重庆探索人才双向离岸机制。重庆围绕离岸人才及项目引、育、留、用、转等环节，叠加市区两级优势资源，制定了5个方面19条措施，探索与国际接轨的"区域内注册、海内外孵化、全球化运营"的人才双向离岸创新创业新机制，多渠道建立离岸基地海外站点，建立与国际接轨的人才招聘

机制，拓展海外人才免签入境渠道，推进职业资格国际互认，打造离岸人才项目孵化载体集群，建立离岸人才及优质项目资源库。三是汕头、江门实施华侨华人投资便利化专项改革试点。广东省指导汕头、江门两市实施华侨华人投资便利化专项改革试点，如江门围绕投资便利化、强化要素支撑、激发市场活力三方面提出15项改革举措，其中纳入合格境外有限合伙人（QFLP）试点城市、便利"外国人来华工作许可证"申办两项成果已率先落地，并创建了全国首个便利华侨华人投资税收服务中心，预计到2023年基本完成试点改革任务。

（二）促进人才柔性流动，加强制度机制创新改革

一是粤港澳大湾区城市试点实施往来港澳人才签注政策。粤港澳大湾区内地城市试点实施往来港澳人才签注政策，对符合资格的6类人才，可以向内地相关部门申请有效期5年、3年或1年的人才签注，在签注有效期内多次往来香港，每次在香港逗留不超过30天，相较目前商务签注的7天逗留期限，人才签注将大大提高符合资格高端人才访港的便利性。此外，深圳市前海管理局开始面向前海合作区的香港人才常态化受理人才住房配租申请。二是京津冀五区两市成立京津冀职业技能发展联盟。北京通州和天津宝坻、武清、滨海新区、河北雄安新区、廊坊、唐山7家人力社保部门共同发起成立京津冀职业技能发展联盟，将设计、组织京津冀区域性职业技能大赛、论坛、讲座；搭建"互联网＋"职业技能平台；搭建产教融合、校企合作平台，打造技能人才培养项目；推进"互联网＋"职业教育智慧校园建设；搭建专属人才服务中心，成立职业人才信息对接平台，实现岗位信息共享，协同做好技能人才就业前心理测评及职业生涯规划等工作，带动并助力职业技术人才就业。三是黄浦区、姑苏区互授"黄浦·姑苏创卡"。黄浦区和姑苏区聘任了首批创新创业人才导师，组成长三角创业导师团队，两地还进行了"黄浦·姑苏创卡"互授。该卡可提供共享办公设施、培训课程、创业政策三大类服务，帮助持卡者实现创业"零成本"，营造良好的沪苏创业生态圈。

（三）立足本地产业需求，加强特色人才培养力度

一是大连、苏州常熟出台支持女性科技人才发展政策。大连政策包括 16 条主要任务和 2 项保障措施，如对女性科技人才在生育周期内存在申请科研课题、申报科研奖项时常错过 2～3 年的最佳时期、在争取科研资源上处于不利位置、决策参与度有待提高等难点问题提供政策支持。苏州常熟政策为 12 条举措，如同等条件下对女性科技人才申报"东南英才"优先立项，选树优秀女性科技人才典型、开展"科技创新巾帼行动"、加强女性科技人才创业服务、搭建女性科技人才交流平台等。二是山东设立地方博士后科学基金。山东省人力资源社会保障厅联合省财政厅设立山东博士后科学基金，逐步推行普惠制与个性化相结合的支持模式，分为博士后创新种子培养和博士后创新人才支持计划科研资助、博士后设站招收补贴、博士后交流活动计划等项目。其中，博士后创新人才支持计划聚焦国家和省重大发展战略、战略性高新技术和前沿科技领域，依托国家和省重点科研创新平台、特色优势学科和新兴交叉学科、重点科研转化项目设立创新岗位，每年择优遴选一批新近毕业的国内外优秀博士，专项资助其从事博士后创新研究工作。三是宁夏对优秀在读博士硕士实施"预引进"。鼓励企事业用人单位与高校、科研院所签订预引进协议，1～3 年内按博士每人每年 3 万元、硕士每人每年 2 万元，自治区财政一次性拨付预引进单位，再由预引进单位逐年全额拨付给预引进的优秀在读博士、硕士研究生，预引进人才入职时直接办理聘用手续，并通过"先进后出"解决无空编问题。预引进到事业单位工作的优秀在读硕士研究生，入职时通过面试、考核、考察等方式和程序办理聘用手续。四是长沙、西安给予企管人才和文创人才高层次人才待遇。长沙将企业董事长或总经理纳入 A、B、C 类高层次人才评价范畴，以企业上市市值、企业实缴税收、企业研发投入、企业固定资产投入、最近一轮实际融资、企业高层次人才总量等 6 项指标考评认定，将其在长沙缴纳的个人所得税实际税负超过 15% 的部分给予财政奖励。西安以展示西安城市形象、创造旅游收入贡献的多少作为标准，将"互联网＋文化"新业态人才纳入高层次人才确认范围。

三、对宁波招才引智工作的建议

（一）修订完善海外人才认定标准

一方面，参照京沪深等外籍"高精尖缺"人才认定标准试点城市做法，加快制定宁波版外籍"高精尖"人才认定标准（试行）和外籍"急需紧缺"人才岗位目录（试行）；另一方面，借鉴西安国际人才标准的做法，根据宁波金融、法律、航运等实际需求，增列相关行业专业人才。

（二）探索人才双向离岸机制

一方面，聚焦美国、英国、澳大利亚等中国留学生主要去向国家以及金砖国家、宁波"16+1"中东欧友好国，加大力度支持科研院所、双创载体、企业出海建立海外人才离岸创新创业基地；另一方面，借鉴重庆做法，依托宁波国家海外人才离岸创新创业基地，探索与国际接轨的"区域内注册、海内外孵化、全球化运营"的人才双向离岸创新创业新机制，建立与国际接轨的人才招聘机制，推进职业资格国际互认等。

（三）提升海外人才签证便利度

一方面，借鉴粤港澳大湾区城市做法，面向港澳台以及宁波的主要华侨国，建立6类科技交流人才备案库，定向发放有效期5年、3年或1年的人才签注，将逗留时长由1周提升到1个月。另一方面，借鉴上海浦东做法，建立宁波外籍高层次人才永久居留推荐制度，探索外国高端人才确认函、科技人才居留许可、外籍人才口岸签证等出入境和停居留制度改革试点，优化留学回国人员落户审批机制。

（四）开展华侨华人投资便利化专项改革试点

借鉴汕头、江门经验，围绕投资便利化、强化要素支撑、激发市场活力等领域提出改革举措，重点学习纳入合格境外有限合伙人（QFLP）试点城市、便利"外国人来华工作许可证"申办、建设便利华侨华人投资税收服务中心等已落地经验。

（五）提高宁波与长三角城市人才互认共享水平

一方面，借鉴京津冀做法，推动宁波与上海、杭州、绍兴、舟山等人才流动密切城市共建人才联盟、人才信息共享平台等，并结合"黄浦·姑苏创卡"互授经验，在赛事活动举办、就业创业指导等方面实现互联互通、共建共享；另一方面，依托宁波前湾沪甬人才合作先锋区、甬绍合作创新园、浙江创新中心长三角一体化发展飞地园、甬舟合作区等平台，实施互认海外高层次人才评价标准、探索户籍准入年限同城化累计互认、试行以经常居住地登记户口制度等举措。

（六）加强特定人才群体的引育力度

聚焦女性科技人才、企业管理人才、新业态人才等政策关注较低群体，借鉴大连、苏州、长沙、西安等市做法，出台人才认定细则或专项支持政策，通过专项政策引导方式，加强特定人才群体的引育力度。

（七）提高硕博人才的资金扶持力度

一方面，建议设立宁波博士后科学基金，以普惠制与个性化相结合的支持模式，扶持博士后创新种子培养、博士后创新人才支持计划科研资助、博士后设站招收补贴和博士后交流活动计划等项目。另一方面，通过市财政资金支持企事业单位优先对在读博士硕士的"预引进"，对省属高校优质学科建设、获得国家级和省部级重大奖项、主持国家重点科研项目、培养和引进高层次人才给予编制支持，并建立编制收回机制。

（八）建设高层次人才健康服务基地

建设实体化的高层次人才健康服务基地，为在甬高层次人才发放健康服务卡，向人才本人及家属提供每年最高3000元家庭体检补助，3年内每年最高2万元健康补助，以及在甬重点医院的VIP健康管理中心的门诊预约、导医、体检等优质服务。

明文彪

宁波招才引智与招商引资互动机制研究

当前及今后一段时期，宁波正聚力"两个先行"，深入推进"六大变革"，全力打造"六个之都"，加快建设现代化滨海大都市，打造中国式现代化的市域样板，奋力"打造一流城市 跻身第一方阵"，走在新时代新征程的前列。以现代化滨海大都市建设的生动实践打造中国式现代化市域样板，其关键一环就是要持续增强经济转型发展、内生增长、跨越提升的新动力，这就需要源源不断的项目引擎和人才技术支撑。招商引资可以对宁波经济发展起到"输血强身"的作用，招才引智可以起到"造血强身"的功效，推进招才引智与招商引资相互互动融合是贯彻落实党的二十大精神、党中央决策部署、扛起全省"两个先行"使命担当的重大举措，是增强城市能级、支撑城市发展的重要基础，也是加快新旧动能转换、实现高质量发展的必由之路。

近年来，宁波市委、市政府高度重视招商引资和招才引智工作，特别是在推动两者互动融合方面取得了一定成效，但对照中央和省委要求，对标对表先进城市的做法和成效，还存在短板弱项。因此，在新时代背景下开展本课题的研究，以招商引资和招才引智两者的互动融合作为突破，积极探索两者互动融合的新模式、新路径、新机制，对全市上下积极投身招商引资主战场、招才引智第一线，放大优势、创新打法，全面掀起"双招双引"攻坚热潮，为推动新时代宁波经济社会高质量发展注入澎湃动能。

一、现状及问题分析

（一）做法成效

近年来，宁波市委、市政府高度重视招才引智和招商引资工作，深入贯彻落实党的二十大和省、市党代会精神，聚力护航"推进两个先行、经济稳进提质、创新驱动发展"中心大局，统筹推进"双招双引"工作，取得了较为明显的成效，主要表现在以下几个方面。

一是强化统筹谋划，健全"双招双引"工作运行新体系。树立全市"一盘棋"的工作新格局，构建优化招才引智和招商引资工作新体系。招才引智方面，创新制定新时期人才工作整体架构、市级职能部门党管人才责任清单、市委人才工作领导小组工作规则，创新建立市县两级重点人才工作推进例会、重点人才指标月度通报等制度，有效构建"周盘点、月例会、季督促、年考评"的人才工作推进闭环机制；招商引资方面，建立"1+12+N"全链条工作体系，完善谋招一体推进、项目流转共享、要素优化配置、难题及时解决的全链条全周期立体化招商机制，放大引资引才引技术的综合效应，形成全市各级各部门合力。

二是强化渠道拓展，构建"双招双引"互动融合新网络。树牢"人人都是招商员"的理念，拓宽渠道网络，主动抓、抓主动，实施全球"双招双引"推广行动。优化全球驻外"双招双引"网络，提升驻国内重点城市人才联络服务站功能，在北京、上海、深圳等10个国内重点城市，德国汉堡、美国旧金山、英国伦敦、日本东京等若干境外重点城市设立"双招双引"联络站，以及依托宁波驻中东欧国家9家联络处，开展招商引才工作。同时，整合各类资源，统筹全市各区域驻外招商招才人员力量，瞄准央企和大院大所、跨国公司和上市企业、创新型企业和创业团队，积极开展"双招双引"工作。推进全球"双招双引"合作伙伴计划，遴选一批知名国际中介、高端咨询公司、头部投资基金等机构以及大院大所专家等专业人士担任全球招商合作伙伴，落实中介奖励政策，单个项目最高给予250万元人民币。办好全球"双招双引"推广活动，主动对接全球头部企业，举办境内外"宁波周"，跨国公司高管圆桌会等活动。发挥"宁波帮"独特资源优势，以乡情亲情为纽带，开展以商引商、以情招商。

专栏 1：2022 年各区（县、市）产业引才创新举措

海曙区举办第一届卓越工程师人才峰会，面向海内外高层次人才，展示"工程师友好区"建设现状与成果，发布宁波市卓越工程师培养行动指南，启动第四届中国工业互联网大赛·宁波赛站，在建设卓越工程师队伍中推出宁波先行方案。象山县主打海洋经济"招牌"，召开全球海洋经济高层次青年人才创业总决赛暨首届"万物开源"海洋双创大会，以青年人才为主体、海洋经济为主题、创业创新为主线，签约落地一批人才项目，着力打造象山城市品牌新 IP。宁海县举办"产教融合·赋能产业革新"产业人才发展大会，依托全省首创的宁海产业人才学院，组织举办产教融合成果展示交流、应用云平台发布演示、产教服务联盟成立等系列活动，推动"四方联动"订单式培育工匠的宁海模式走向省市乃至全国。江北区聚焦产业升级，举办产业教授聘任仪式暨技术对接会。镇海区围绕半导体产业发展，组织"奇思甬动"中国（宁波）创业创新大赛。北仑区突出临港产业，举行"硬核杯"青年人才创业创新大赛。鄞州区针对产业需求，开展海内外青年才俊宁波民企行活动。奉化区结合纺织服装产业需求，举办人才供需对接会。余姚市瞄准智能经济，举办人才峰会。慈溪市立足智能家电行业发展，举办工程师高峰论坛。前湾新区根据汽车产业需求，开展硕博英才洽谈对接。高新区紧盯新材料行业组织全球大赛。

三是强化平台支撑，创新"双招双引"互动融合新模式。以人才特区建设推动项目和项目团队引进。比如，聚焦甬江科创区建设，2022 年 9 月宁波人才科技周期间，镇海联合中科院宁波材料所、甬江实验室、宁波东方理工大学（暂名）、宁波大学等 12 家市内重点高校院所平台，打造甬江科创区人才引育共同体，并出台覆盖创新创业全链条的 10 条定制化集成举措，在制定甬江科创区重点平台专项支持政策基础上，举行甬江科创区重点平台新引进人才团队集中签约，致力将甬江科创区打造成"人才特区"，为宁波未来的发展注入强有力的人才"源动力"。

四是强化产才融合，打造"双招双引"互动融合新空间。加强与国内外知名科研院所、人力资源机构、创投机构合作，紧扣各区（县、市）产业发展需求，按照"一县一产业"组织开展专场活动，精准开展人才招引、产智对接活动，进一步助推各地特色产业创新发展。启用宁波全球科技人才云图，聚焦新材料等重点领域，运用数字技术打通需求端、供给端、服务端，智能匹配宁波产业发展需求和"双招双引"人才需要，实现"产业链、创新链、人才链"融合发展。

（二）主要问题

目前，宁波在推进招商引资和招才引智两者的互动融合方面虽然取得了一定的成效，但总的来看，仍处于初步探索阶段，还存在明显的短板差距。主要表现在以下四个方面。

一是"双招双引"理念认识有待深化。目前，宁波的招商引资和招才引智工作都有各自的规划蓝图，招商引资方面，已经形成了较为完备的"1+12+N"的工作体系，特别是进一步强化了招商引资的规划设计、政策完善、要素保障和项目统筹，各区（县、市）根据年度中心工作基本上都出台了具体的实施方案；招才引智方面，形成了一系列卓有成效的做法，比如在全省率先组建人才战略咨询委员会；系统重塑"一城三地"人才新政30条，创新构建"通则+专项+定制"人才政策体系；迭代深化甬江人才工程，创新开辟10类人才直接认定入选、10类人才直接进入终评的"10+10"申报"直通车"；在全省省率先打造科技人才云图；在全省率先探索运用数字技术招引全球高端科技人才等，特别是聚焦产业、项目和人才"三个维度"，将招商引资和招才引智同步谋划、同步推进。但总的来看，宁波的招商引资和招才引智在互动融合发展方面还没有完全形成深度融合的发展理念，以及成型成熟的经验做法。

二是"双招双引"协同联动有待强化。目前，宁波对"双招双引"深度互动融合尚未形成系统、长远的统筹部署，没有将二者放在一个视域下进行统筹规划、统一推动。突出地表现为市县两级联动不够、横向部门协同不够、政府与市场联动不够，招商引资和招才引智两者"割裂"现象还较为明显。比如，部分项目落地却没有相应的人才匹配，项目成为无本之源；花了大力气引进来的人才，没有合适的产业承载，既留不下也留不长。

三是"双招双引"融合平台有待建立。目前，宁波尚未建立统一的"双招双引"互动融合平台。招商部门主要负责项目和资金的招引，招才引智部门主要负责人才的引进，两者还尚未实现资源的有效整合和合力。比如，招商人员外出招商时没有专门的人才引进计划，对于招才引智任务重视不足，有的也仅是洽谈项目时捎带提及人才引进问题，加之招商人员对人才引进政策不精通，导致有合适的产学研项目时往往不能及时把握住，而招才引智时，也不完全了解招商引资的实际需求，两者信息不能实现及时互通和精准对接，不利于招商引资与招才引智互联互促。

四是"双招双引"能力建设有待加强。难以有效激发队伍的主动性、积极性和创造性，懂招商的不精招才，懂招才的不精招商，复合型、一专多能型人才相当缺乏。此外，"双招双引"互动融合发展方面推进措施细化不够，在实践中突破性发展动力不足。特别是关于招才引智与招商引资相互融合的考核奖励办法，以及针对"双招双引"面临的新形势、新问题，政策制定的目标导向性、前瞻性、精准性、协同性有待提高。

二、典型区域的做法及经验借鉴

（一）典型区域的主要做法

杭州、青岛、苏州工业园区等是国内推进"双招双引"互动成效较好的区域，其创新的做法对宁波具有一定的指导和借鉴意义。

1. 杭州

一是创新"双招双引"有机结合方式。举办"杭向未来"人才成果"云享会"。"云享会"活动将招才引智和招商引资有机结合，通过"线上发布+云上连线"的方式，积极促成人才、项目、资金、产业资源等多种元素充分碰撞，为广大人才发挥作用、成就事业搭建舞台。"云享会"活动突出产业导向、聚焦发展需求，紧紧围绕打造"全国数字经济第一城"、世界级生物医药产业创新高地，以及建设国内顶尖、国际一流的人工智能产业集聚高地等目标，开展形式多样的专场对接会，做好人才招引新篇章。同时，"云享会"还将集中展示杭州市的科研平台和创新活力。目前，杭州已集聚浙江大学、西湖大学、之江实验室、国科大杭州高等研究院、阿里达摩院、华为杭州研究院等一批知名高校和科研机构，拥有国家级实验室13家、国家级众创空间79家，为吸引更多优秀人才来杭干事创业提供了发展的平台。

二是加大"双招双引"政策支持力度。如杭州临安区出台"双招双引"18条政策，包含人才住房保障、重点产业项目经营贡献奖励、各类发展空间支持、产业基金引导、中介引资引智奖励等六大方面。在加大对各类人才和重大项目的住房保障力度方面，对经认定的A类人才给予最高800万元购房补贴；B、C、D类人才分别给予最高不超过200万元、150万元、100万元的购房补贴；在加大对新引进重点产业项目的经营贡献奖励方面，对符合条件的新引进制造业重大项目，自投产运营第一个完整年度起三年内按最高不超过其地方经济发展贡献给予全额奖励。在进一步发挥产业基金的引导带动作用方面，以政府产业基金助推产业发展和项目落地，由区国有公司出资，新设立20亿元的"临安智造产业发展基金"，支持重点产业项目引进，助力企业发展。

三是完善"双招双引"互动融合路径。建立综合平台。完善全市项目和人才信息库，构建城区工业、孵化项目承接园区等平台，为精准招引、科学招引提供决策依据，为全市"一盘棋"招引统筹协调提供支撑。制定"两张清单"。制定目标清单，谋划引进一批引擎性项目、核心项目和高峰人才、关键人才。制定责任清单，市委人才办、市投资促进局落实主管抓总责任，产业主管部门、科技部门及其他职能部门共同推进工作体系。实施三项攻坚计划。实施招大引强攻坚计划，把招大引强作为培育产业链的核心、招商引资的重点。实施高端制造业招引攻坚计划，围绕主导产业补链、强链，充分发挥钱塘新区、城西科创大走廊等平台，千方百计引进"大好高"项目。实施高峰人才集聚攻坚计划，聚焦"高精尖缺"人才，通过引进一个专家，带来一个团队，振兴一个产业。建立健全考核激励机制。充分发挥考核"指挥棒"作用，建立全市招商引资、招才引智工作"红黄黑榜"制度，及时更新、定期通报各级各有关部门"双招双引"进展情况，形成比学赶超浓厚氛围。

2. 青岛

青岛始终把将"双招双引"联动作为经济工作"第一战场"和"一把手"工程，其主要做法表现为以下几个方面。

一是推动招引主体市场化。建立和扩大社会化招商网络，制定社会化专业招商促进办法，鼓励社会力量设立专业化招商公司。鼓励著名大公司利用在青落地大项目实行平台招商。支持各类协会商会、本地大企业和企业家等开展"双招双引"，根据实绩兑现奖励政策。加快设立山东城市"国际客厅"。搭建专业化招商支撑体系，改革市级"双招双引"工作促进机制，建立"招商中心+招商公司"运行模式，青岛招商促进中心承担市招商引资招才引智指挥部办公室重点项目对接服务职责；依法成立混合所有制的青岛招商促进有限公司，承担专业化产业链项目招引具体工作和服务职能，建立全国一流的招商专业化促进队伍。

二是推动招引服务科学化。改进"双招双引"信息化管理体系，建立"一网三库"工作促进系统，把全市存量资源、人才纳入一个统一智能平台。"一网"：建立各职能部门、区（市）信息共享、协调推进的海内外"双招双引"工作促进网络。"三库"：建立"双招双引"项目和人才信息库、活动信息库、项目储备库，收集全市可供外商投资和合作的项目、载体资源，列出目标人才分布清单，选择重点项目和人才入库。改进"双招双引"网络推广体系，开设青岛"双招双引"微信公众号，做好投资推广移动应用软件的发布，提升政府门户网站国际化水平，利用数字化平台推广"双招双引"品牌和理念。完善招商人员专业化能力提升体系，在院校创新设立"双招双引"能力提升中心，开展项目评估师专业培训，提升招商人员项目研判能力，开阔专业招商人员眼界，增强专业本领。搭建专业招商决策咨询服务体系，市、区（市）建立招商顾问群，调动社会各界人士资源，为招商工作建言献策；建立项目研判专家群，借助外脑力量对重大项目进行认定，为项目引进及专项政策支持提供参考和依据。

三是推动招引渠道全球化。面向全球拓展招引渠道，深耕重点国别、地区，吸引国际优质资源，举办"六国双周"系列经贸活动，为企业搭建对接平台，推动双向贸易投资合作。借助国际平台展示青岛形象，推动资本和人才聚集，通过博鳌亚洲论坛全球健康论坛大会、跨国公司领导人青岛峰会、全球（青岛）创投风投大会等高端展会，做好项目策划和对接。积极与著名媒体机构沟通，掌握全球最新经济动态。强化境外工商中心力量，逐步形成覆盖海外主要资本和人才集聚地的工作网络，更好发挥招商作用。深化开展"千企招商大走访"活动，实施世界500强企业、央企、省企和外地著名国企、民营500强企业招商走访行动计划，开展精准定向招商。扩大与国际友好城市交流合作，深化与友好城市、友好合作关系城市、国际经济合作伙伴关系城市（机构）间的交流合作，精准高效对接，促成合作项目。

四是推动工作落实责任化。压实招商引资主体责任，制定和分解落实全市利用内外资工作目标，强化对市直部门引进大项目、区（市）实际到账资金考核，形成区（市）、部门合力，提升项目签约率，促进项目落地。落实招才引智工作责任，实行"职能部门抓产业人才"考核，实施"双招双引"联动，人才政策和人才服务同步介入招商团队项目对接、谈判、引进、落地等各环节。对定向招商专业团队设置人才工作目标任务。

五是推动项目促进顶格化。加强组织领导，市招商引资招才引智指挥部加强对全市"双招双引"工作的组织领导，全维度推动"双招双引"攻势；指挥部办公室统筹协调、调度各攻坚板块推进情况。建立重大项目顶格推进制度，总投资超过100亿元的重大项目、超过1亿美元的外资企业项目及其他重大项目，由市委、市政府主要领导牵头推进；总投资超过10亿元的重点项目、超过3000万美元的外资企业项目及其他重点项目，由副市级领导牵头推进。各区（市）、功能区参照市级办法建立重大项目推进制度。建立市领导督导机制，重大项目由市领导包干推进，明确责任部门和区（市），及时研究解决突出困难和重大问题。建立挂图作战机制，明确路线图、时间表、责任状，推进工作量化、细化、目标化，确保重大项目提速落地见效。各区（市）、功能区定期将在谈或签约的重大项目进展情况报市委、市政府。

3. 苏州工业园区

苏州工业园区作为中新政府间重要合作项目，坚持把"双招双引"互动融合作为园区建设的核心引擎，取得良好成效。2021年，园区实现地区生产总值

3330.3亿元，同比增长10%，在国家级经开区综合考评中实现六连冠。其主要做法表现为以下三个方面。

一是注重"筑巢引凤"。通过院校聚才，建设国家高等教育国际化示范区；通过产业聚才，加快发展"四新经济"，推动向"制造＋研发＋营销＋服务"转型，引进具有原创成果、能够突破产业核心技术的创新团队。通过平台载体聚才，依托中科院苏州纳米所等平台集聚高层次人才。

二是注重体制创新。探索市场化人才评价机制，让企业有更多话语权；创新外籍人才就业创业许可政策，建设离岸创新创业基地、海外孵化器，促进高端人才"带土移植"；发挥开发区创新资源、科研院校、创投机构集聚等优势，推动更多科技成果加快转化。

三是注重生态优化。坚持政府招商与市场化招商相结合，多部门、多平台、政企校研互动融合，形成大招商的格局和氛围。坚持营商环境优先，全面开展开放创新综合试验，探索外商投资管理制度、贸易监管制度等改革创新。坚持产城融合、环境引人，完善人才安居、医疗、落户等政策。

（二）经验借鉴

一是要加快推进"双招双引"互动融合的顶层设计。通过对比典型城市和地区的做法来看，宁波市亟须在推进招商引资和招才引资两者互动的顶层设计上下功夫，破解条块分割、各自为政的难题，从顶层设计上进一步明确招商引资和招才引资两者互动的主要目标、突破方向、重点领域、主要任务、保障措施等。

二是要积极搭建"双招双引"互动融合的统一平台。进一步强化招商引资和招才引智的工作统筹，根据推动两者互动融合的实际需求和面临问题，积极搭建全市一体推进的工作推进平台、供需对接平台等，为高质量推进两者的互动融合提供支撑。

三是要大力优化"双招双引"互动融合的要素保障。进一步加强招商引资、招才引智的政策集成，强化对相关政策的全面梳理、综合评估、动态修订，提升政策的精准性和落地性。加大专业人才队伍建设力度，引进和培养一批既懂招商又懂招才的专业化队伍。强化对重大项目的用地、用能等方面的要素保障。

三、对策建议

（一）建立健全多方齐抓共管机制

一是加强统筹领导。建议明确由市委组织部（市委人才办）、市投促署联合牵头抓总，市级有关部门全力配合，进一步理顺"双招双引"组织架构；建立健全产业部门与人才部门共同参与的联席会议制度，推动"双招双引"规划同步制定、任务同步分解、活动同步开展、工作同步推进。二是强化责任落实。构建主要领导负总责、产业链"链长"直接负责、招商人员受领引才任务的"双招双引"责任体系，借鉴青岛模式，积极推动人才政策和人才服务同步介入招商团队项目对接、谈判、引进、落地等各环节。三是优化激励引导。探索实行招商引资与招才引智协同考核，将技术先进性、人才集聚度纳入项目质效评判范围，对有高端人才支撑的产业项目优先供地，加大对人才直接投入高的项目考核奖励力度，对引进行业领军人才创业的给予考核加分，形成"大抓项目、大引人才"的鲜明导向。

（二）建立健全产才深度融合机制

一是加大支撑型产业人才引培力度。围绕宁波市现代产业发展需要，建立健全重点产业、重点领域、重点行业急需、急缺人才需求清单，积极搭建"政府引导、校企合作"联动平台，探索创新产业人才培训、硕博研究生联合培养等模式，解决部分产业人才引育难的问题。通过开放实习场景、提供培养经费、发放补贴等措施，吸引海内外青年人才来甬、留甬实习就业。开展科研经费使用"包干制"试点，落实科研人员兼职创新、在职创业、离岗创业等各项鼓励政策。二是创新重点产业高端人才引进方式。瞄准处于产业前沿的项目和人才，通过搭建研发平台、提供孵化空间、产业引导基金扶持等招引方式，完善重点产业高端人才认定标准和契合产业发展需求的人才评价新体系，推动产生"引进一支人才团队、带动一个产业、形成一个集群"的裂变效应。三是加强资源统筹利用，整合国内外招商引资力量，利用招商引资渠道、招才引智工作阵地、各类社会中介组织以及行业协会等资源，分产业领域统一部署、联合举办双招双引活动；建立完善"以赛引才"机制，分产业举办一批创新创业大赛，遴选支持一批符合产业发展规划、填补技术链短板的高端人才项目。

（三）建立健全供需精准匹配机制

一是建立完善"双招双引"精准政策体系。加强政策集成，梳理形成从支持产业发展、投资优惠、科技创新、民营经济、税收优惠到招才引智等系列政策组合，通过"甬易办"、8718企服平台等载体对外发布，发挥好政策激励作用，打造最优投资环境；提高政策精准度，对发布的"双招双引"系列政策进行梳理，建立健全政策评估和动态调整制度，对实用性不强、兑现率不高的政策予以修订。二是建设"双招双引"数字化平台。探索打造重点项目调度平台和招商资源信息化社交平台，发挥平台投资对接作用，在平台上发布重点招商载体项目，促进项目落地；拓展提升平台功能，打通税务、发改、财政等多部门数字平台，推进多领域多部门数据资源信息共享，畅通投资对接渠道加快项目落地，为"双招双引"赋能增效；创新平台线上线下联动招商，强化投资咨询和互动对接机制，形成招引工作合力；搭建创新创业要素集聚平台，迭代升级宁波"人才码"数字化平台，加大项目路演、风投创投、猎聘配置、大数据服务等要素供给；开发"无感"服务平台系统，实现人才服务需求的精准匹配、无感办理、智慧分析和征信迭代。三是发挥高水平重大活动平台作用。探索推动举办跨国公司领导人宁波峰会、中东欧企业家峰会、全球独角兽企业500强大会等重大活动，加快聚集优质投资项目、资本、人才聚集；发挥进博会等国家投资贸易平台作用，将"展商"变成"投资商"；丰富宁波人才创新创业周人才活动平台内涵，统筹办好"高洽会"、人才科技周、"云端"宁波人才日等系列活动；探索建设"国际会客厅"，全力促进名企名人驻甬，吸引世界500强和中国500强来甬投资。

（四）建立健全综合保障支撑机制

一是建立健全产业招商路线图。制订出台市级重点产业链推进方案，围绕强链、补链、延链、稳链，绘制优化产业链发展全景图、现状图。精选建立市级优选客商库、项目库，打造产业链高质量新发展。推动市县产业上下衔接，推动各区市、功能区由下到上与全市产业规划进行衔接，与市产业部门联动开展产业链规划和设计，推动对产业链薄弱环节强链补链，推动主导产业差异化招商，培育特色鲜明的产业集群。二是加强"双招双引"专业化队伍建设，建立健全区市、功能区、市直部门等招商团队名册，探索推进市级"双招双引"能力提升中心建设，开展系统化、专业化培训。对主导产业、投资趋势、项目评估洽谈，签约及注册服务等环节，开展实战化训练；发展招商"合伙人"，营造社会化招商环境，激励各类社会化招商机构向宁波介绍投资信息，增强全市商会、行业协会招商动力，把市场化专业化社会化招商机构作为招商引资的重要"合伙人"；提高招才引智队伍水平，定期召开市人才工作领导小组成员单位联席会议，调度推进重点工作，提升人才工作标准化、科学化水平；建立人才发展统计监测联动机制，构建人才发展指标体系。三是强化资源要素保障，完善"要素跟着项目走"机制，推动资源要素向投入产出比高的项目集聚、向重点产业链集聚。深化"标准地"供给改革和"亩产效益"评价改革，加快国际招商产业园"标准地"改革试点，推动"带标出让"，提高项目落地成效；加大批而未供和闲置低效土地处置力度。用能方面，探索开展用能权交易工作，用市场化方式推进能耗、煤耗等指标优化配置，优先支持省市重点项目建设。环保方面，统筹使用污染物排放总量指标，压减腾退指标，优先保障市新旧动能转换和"双招双引"重大产业项目。

冉红艳

新形势下宁波引进国际化人才的对策研究

如今，国际人才竞争越发激烈，海外引才的战略、结构、方式及服务都亟待调整。在国际引才引智层面，中外合作大学孵化平台凭借海外名校品牌效应、高度国际化的师生构成、遍及全球的创新创业资源以及浓厚的国际化创新创业氛围，在培养国际创新创业人才、孵化引进海外优质人才项目方面有较大优势，对服务地方产业转型升级、推广城市人才引智政策、助力当地发展区域创新高地起到重要作用。

作为目前宁波唯一以"国际引才"为主题的市级高校孵化园，宁波诺丁汉大学李达三孵化园（以下简称李达三孵化园）在打造国际创新创业生态和国际引才引智方面具有得天独厚的优势。本课题围绕如何赋能李达三孵化园，打造宁波国际创新创业全周期生态体系，进一步发挥李达三孵化园国际引才主体作用进行深入探讨，提出新形势下宁波国际引才引智的新思路、新对策、新举措。

一、李达三孵化园运作机制及成效

（一）概况

宁波诺丁汉大学李达三孵化园，原名宁波诺丁汉国际创新创业孵化产业园，2017年12月，香港著名实业家、慈善家、"宁波帮"杰出代表李达三先生向宁波诺丁汉大学捐赠1亿元人民币，用以推动宁诺师生创业创新、顶尖人才培养、促进学校建设一流学科、拓展国际合作以及服务地方经济。为了致敬李达三先生，宁波诺丁汉国际创新创业孵化产业园更名为宁波诺丁汉大学李达三孵化园，并沿用至今。

作为宁波诺丁汉大学国际创新创业人才引育的重要载体，李达三孵化园志在成为"通往全球市场的桥梁"，打造面向国际的创新创业社区和国际技术及创意交流平台。孵化园为国际创业者提供项目制、跨学科、体验式的创新创业实践和从孵化到加速的全周期创业服务，服务对象包括优秀学生创业、校友回归创业、学校技术孵化、国际项目落地和合作企业入驻。立足于宁波，孵化园连接全球创新资源，推动宁诺师生、校友、创意实践者、科创公司、业内精英、政府官员多方思想碰撞、交流和合作，助力"宁波本土企业走出去、国外优秀企业走进宁波"。

（二）资金组成和运营机制

李达三孵化园是宁波诺丁汉大学直属的、受学校科研与知识交流委员会管理的非营利性专业服务平台，由专业的团队为园内企业和在校师生提供免费的创新培育和孵化服务。孵化园的资金来源主要包括宁波诺丁汉大学教育发展基金会（用于李达三创新基金的专项资助）、大学科研与知识交流专项经费、入驻企业缴存租金以及政府一次性奖励经费。宁波诺丁汉大学教育发展基金会专项资助来自李达三先生捐助的宁波诺丁汉大学教育发展基金，是孵化园最大的经费来源。孵化园的其他三块资金主要用于孵化园运营和全职员工的工资支付，其中，经费占比最高的是宁波诺丁汉大学提供的科研与知识交流专项经费，其次为入驻企业缴存的租金，政府一次性奖励经费占比最低。

在支持国际人才创新创业方面，2019年，学校成立"李达三创新基金"专项，以提交年度申请的方式得到宁波诺丁汉教育发展基金每年不少于300万人民币的经费支持。在2019年至2022年间，李达三教育基金注入孵化园资金总额达1255万元人民币，直接用于支持宁诺在校教师创新、学生创业以及学生创新实验室建设。由孵化园定期组织评审基金申请，符合要求的人才或团队可获得基金资助。

在孵化园运营方面，宁波诺丁汉大学承担了绝大部分运营支出，包括 7 名研究生以上学历且具备海外留学工作经验的孵化园专职员工的薪酬支出和水电网络费用等常规费用，以及支持创新创业的行政费用和运营开支，包括聘请校内外创业导师为孵化园企业提供专场服务的专家费用、支付开设学生创新创业实践课程以及各类创新创业活动的行政支出。从成立至今，李达三孵化园累计获得政府一次性奖励金额为 185 万元人民币，其中包含获批市级孵化器时的一次性奖励费 100 万元和鄞州区 A 级孵化器年度考核奖金。这些奖励经费全部直接投入孵化园日常运营，助力孵化园提升国际人才服务水平、拓展创新创业资源。

（三）人才项目入驻标准和流程

孵化园每年向社会和校内师生开放入驻申请，组织专家对申请项目进行严格的入驻评审。作为市级孵化器，李达三孵化园由大学直属管理，其整体发展需与大学的战略规划保持高度一致。因此，在评审入驻项目申请时，孵化园首要考虑项目是否属于大学科研与知识交流发展优先领域、与大学连接的密切程度以及价值观理念的匹配程度。同时，作为一家以"国际引才"为主题的大学孵化园，项目的知识密集度、国际化属性（比如主要创始人的国际化背景、项目的国际化程度）以及该项目是否能与大学的科研开展合作与交流、是否能为大学的学生创造实习或就业的机会等方面也会被重点考量。通过申请的项目将按孵化园相关流程洽谈入驻类型、缴存租金并在孵化园工作人员的指导下办理入驻手续。入驻园区的企业须遵循宁波诺丁汉大学相关管理办法，享受孵化园入驻企业专属商业服务及学校配套服务，可申请使用学校基础设施，并按相关规定接受孵化园的年度考核。

（四）李达三孵化园引才引智成果

作为宁波市唯一以"国际引才"为主题的市级科技企业孵化器、浙江省高校唯一的台湾青年创新创业基地、宁波市侨界创新创业基地以及鄞州区人才工作站，李达三孵化园利用其得天独厚的国际资源优势，筑巢引凤，吸纳了一批优秀的国际青年创新创业人才，汇聚了优质的国际创新创业智力资源。

目前已经入驻孵化园的38家企业中，8家为宁诺校友创业企业，11家为在校学生创业企业，4家为学校科研专家技术孵化企业，5家为引进的国际项目企业。截至2022年12月，入驻企业累计提供全职岗位167个，实习岗位150余个，超过九成的实习岗位聘用了宁诺在校学生。

从当前人才引进数据看，孵化园的国际人才含量极高，已经汇集了包括港澳台在内10多个国家和地区的百余名国际创新创业人才。38家入驻企业中，28家企业创始人或股东为华侨华裔、港澳台或海外留学归国人员，其中9家为外资企业。就人才类别看，孵化园引入的人才多为高层次、科技型创业人才。园区共有宁波市甬江引才工程创业团队4个和鄞州区"万有鄞力"引才工程创业团队1个，入驻企业获得政府人才项目经费共计600万人民币，获得风险投资2000万元。就企业行业类别看，目前入驻企业中，六成为高新技术领域创业企业，其次是文创类以及可持续和数字经济类企业。现有高新科技企业中，14家入选宁波市创新型初创企业暨浙江省科技型中小企业业名单。截至2022年，园区企业累计生成知识产权106件，其中发明专利12项，外观及实用新型20项，软件著作权23项。

除了直接引入校友企业和促进外部国际科创项目落地外，李达三孵化园通过自主培养国际创新创业人才，成功帮助在校师生完成从0到1的项目孵化。自2019年设立李达三创新基金以来，孵化园共获得资金支持1255万元人民币，资助了29个在校师生创新创业项目，产出30多个专利、29个样机、25个合作机构或企业，吸引了200多万元科研经费以及上千万潜在投资。李达三创新基金还为首批大学衍生公司五轴机床和诺运驱动提供了种子资金，为它们早期加速产业化发挥了从0到1的重要作用。

在引智层面上，李达三孵化园积极推动国际交流与合作。通过举办全球创新大赛、中东欧青年创客论坛等国际创新创业人才活动，吸引了多国人才和项目来孵化园发展。以2018年举办的第一届Ingenuity国际创新创业大赛全球总决赛为例，由孵化园联合印度昌迪加尔区域高等教育创新联盟、英国诺丁汉大学海顿绿色创新创业学院、鄞州区科技局共同承办，获得了全球32所高校和研究院的积极响应，征集项目600多个、吸纳创新创业人才超1000名（高层次人才800多名）、产出专利200多项，广泛联动了英国、印度和中国的国际高校创新资源。为了进一步发挥国际引才引智职能，孵化园与海外创新创业平台保持良好合作关系，先后与英国生命科学孵化园及多个欧洲企业家协会建立合作，促成了浙江省科技厅—英国中部引擎科技人才合作协议的签订。借助诺丁汉海外平台资源，孵化园将进一步扩大引才引智力度，推进国外政府/平台项目互荐和人才交流。

二、李达三孵化园的国际引才优势

（一）国际人才基础优势

作为全国第一所中外合作大学，宁波诺丁汉大学始终致力于培养立足中国、具有国际化视野和综合素养的国际化创新型人才，在校学生和校友群体的国际化程度高，为李达三孵化园国际引才提供了强大的国际人才基础。

孵化园引才的第一大国际人才基础来自诺丁汉广阔的校友资源。自2004年成立至今，宁波诺丁汉大学累计培养了本硕博人才18000余名，7名学生/校友入选"福布斯30岁以下全球商业精英"（"30 UNDER 30"），超过80%的本科毕业生在海外排名前100高校深造，具有丰富的海外留学工作经历。为了增进海内外校友与母校的关联，大学在全国和世界多地成立校友会，覆盖国内一线城市（北京、上海、深圳、杭州）、港澳台地区、主要留学国家（英国、美国、加拿大、澳大利亚、欧洲国家）以及宁诺国际生主要来源地（如印度尼西亚、韩国）。出于对母校的深厚情感以及对诺丁汉国际平台的认可，校友更愿意选择学校孵化园作为国内创业的首站。除了宁波诺丁汉校友网络外，孵化园与诺丁汉全球校友关系紧密，正在成为诺丁汉大学英国和马来西亚校区校友来华创新创业重要的服务窗口，进一步发挥其汇聚全球创新创业青年的引才优势。

孵化园引才的第二大人才基础是宁诺在校学生群体。在宁诺，学生从入校开始，便接受系统的国际创新创业教育，创新创业意识和能力不断提升。在李达三创新基金的资助下,学校正着力孵化一批高潜力学生创新创业项目。随着学生创新创业教育的广泛开展,未来会有更多宁诺学生投入创新创业工作,为孵化园注入新鲜血液,进一步扩大孵化园的国际人才蓄水池。

孵化园引才的第三大人才基础来自宁诺的高层次国际师资团队。宁波诺丁汉大学现有教职员工中,国际化人才占比80%,近六成教研人才拥有副教授及以上级别职称,具有市级及以上人才头衔的人数占比11%。一部分高层次国际科研团队已经在孵化园内完成科技孵化,成功注册科技型企业。由已经在国内外学术界获得较高声誉的学术专家领衔的科技企业能够对接到优质的国际科技创新资源,有利于吸引到高端国际化科技型人才参与创新创业。

孵化引才的第四大人才基础(也是目前尚待充分挖掘的资源)是慕名英国诺丁汉大学国际声望主动联系孵化园来甬创业的海外高科技型企业。例如苏格兰智慧农业企业埃伍畜牧科技有限公司(Peacock Technology)的核心技术"Ai5奶牛乳头消毒机器人"是当前国际上最先进的奶牛乳头清洁消毒方案,已在欧美多地牧场示范应用,拥有全面的奶牛乳腺健康数据库。公司计划将此项技术在中国进行商业化推广,在与英国诺丁汉大学取得联系后由英国校方牵线对接到李达三孵化园。在与李达三孵化园服务团队的工作接洽过程中,孵化园工作人员的国际化专业能力、热忱的服务态度以及精准的一站式服务和本土资源链接能力,大大增强了公司来宁波办企业的信心和意愿。埃伍畜牧于2019年年底入驻孵化园,正式落地宁波。在进入孵化园后,团队获得宁波市泛3315现代农业类C类创业团队荣誉,并作为英国代表企业参展进博会,顺利获得雀巢奶业示范项目订单和上海益和200万元意向投资。在孵化园未来的发展规划中,将针对有来华创新创业需求的海外国家企业进行系统的引导和服务,促进这些企业和人才项目来甬发展,实现招才引智与招商引资同频共振。

(二)国际平台优势

在科技创新方面,宁波诺丁汉大学具备一流的国际化学术科研平台,能够为孵化园入驻企业在科学研究、知识创新、技术转移、人才培养方面提供深度支持,扩大"平台聚才、育才、用才、留才"的优势。学校现有1个国际科技合作基地、2个浙江省重点实验室和3个宁波市重点实验室，先后成立了诺丁汉宁波新材料研究院、空客—宁诺绿色材料技术研究中心、诺丁汉余姚电气化研究中心、诺丁汉大学卓越灯塔计划（宁波）创新研究院等多个科研平台，在能源技术、电力电气、绿色化工和能源、智能制造、先进材料、人工智能、生命健康等产业领域具有强大的科研实力和资源，并且已经与顶尖国内外高校、学术机构、知名国际企业、国际政府和社会组织（如欧盟和英国工程和自然科学研究理事会、波音—诺丁汉大学生未来航空工程师俱乐部）建立了深层次科研合作关系。宁波诺丁汉大学的国际科研实力和资源将进一步推动政府、企业、高等院校、科研机构交流合作机制以及国际创新创业人才交流实训实践培养机制的建立和完善，形成科技成果转化、创新平台，集聚更多国际创新创业人才和资源。除了引聚人才外，平台的建立有助于发挥专家技术引领作用，帮助入驻企业培育科技创新团队，实现科研专家及其创新团队与企业技术研发团队的结合，产生更大的科技创新价值和经济效益。

在创业孵化方面，宁波诺丁汉大学拥有自己的国际创新创业资源网络，包括全球诺丁汉创投校友网络、24个全球校友联络站、100多个海外创新创业合作平台以及海外创投基金合作伙伴（如与泛太创业投资平台、海顿创业基金、罗马Laudto Si加速器等全球投资平台合作），可以为入驻孵化园的企业提供一个广阔的国际舞台，帮助企业对接海外资源，扩大引才范围。同时，作为诺丁汉大学创新创业生态体系中的一个重要组成部分，李达三孵化园与英国诺丁汉大学创客实验室（简称英诺创客实验室）及其运营方海顿绿色创新创业研究学院（Haydn Green Institute for Innovation and Entrepreneurship）保持紧密合作关系。作为成果最出众的英国大学孵化园之一，英诺创客实验室在2016—2022年吸引了3000多名学生校友参与创新创业大赛，并成功创建了400多家学生和校友企业，在2021—2022年度，诺丁汉毕业生创业公司的营业额位居英国第二。英诺创客实验室的全球创新创业资源与诺丁汉大学中国和马来西亚校区的学生、校友、孵化企业共享，将助力李达三孵化园在全球范围内开展创新创业人才引育和项目孵化。

（三）国际环境优势

孵化园的硬件设施和配套服务国际化程度高，能够为海外创新创业人才提供优质的国际创新创业环境。

在硬件设备方面，孵化园所在国际创新创业大楼由英国著名建筑设计公司宝麦蓝（Broadway Mayln）设计，是宁波最大的绿建三星项目（绿色建筑最高评价等级）。建筑采用可再生能源、立体绿化、BIM建筑信息模型、装配式幕墙等前沿技术塑造，功能涵盖餐饮、接待、孵化创业办公、配套办公管理等，为入驻园区的国际创新创业人才提供了一个优美、舒适、功能齐全的国际化办公环境。在配套服务方面，孵化园提供全方位双语服务，包括创业服务（如提供注册、税务、法务、贷款等方面支持）、人才服务（如政策普及、协助人才项目申报）、创投服务（如提供风险管控和投融资）以及商务服务（包括资源对接、党团管理、后勤支持等）。整个运营团队工作人员都精通英语，具有极高的国际职业素养，在与外籍人才沟通方面没有语言障碍，能够为初来乍到的国际创新创业团队注入信心，帮助海外创新创业人才规避因语言沟通障碍产生的市场信息、经营和法律问题，快速高效地开展各项工作。此外，孵化园还定期提供项目落地咨询、人才培训服务，并根据人才和企业需求，配备国际创业导师，协助对接国际和地方创投资源，充分发挥了孵化园"国际化枢纽"作用。宁波诺丁汉大学的多元国际文化氛围和享誉国际的学术成就为孵化园营造了非常鲜明的国际创新创业创业氛围，对回甬创业的海外人才或首次进入中国市场的国际商业化项目具有强大的磁吸效应。

更为重要的是，位于宁波唯一一所中外合作大学内，孵化园具有得天独厚的地理优势，能为国际创新创业人才提供一个纯正的国际文化环境。得益于宁波诺丁汉大学自身的高度国际化程度，孵化园为海外创新创业人才落地宁波提供了一个熟悉的国际化环境，有助于缓解海归和外籍人才因文化冲击引起的水土不服，帮助他们尽快融入地方文化。最新数据统计显示，宁波诺丁汉大学师生来自全球70个国家和地区，其中，外籍及中国港澳台地区教师约占教学人员总数的六成，七成以上的中国大陆籍教职员工拥有海外留学或/和工作背景，外籍及港澳台学生约 8%。校内国际化学习文化氛围浓厚，常年开展各类高层次公益类国际学术讲座、会议、交流分享活动，为国际创新创业人才提供了一个交流、学习、分享、成长的国际平台。置身于国际化校园内，国际创新创业人才能够找到背景相似、志同道合的国际伙伴，个人的社交需求获得满足，国际人才的归属感更高。

入驻的校友企业"翼鲲体育"创始人指出，选择学校孵化园的原因除了对母校的支持外，也是希望能够依托宁诺的国际化平台和资源去开拓国内外销售渠道、对接国内外投资机构对接并扩大海内外影响力。而身处宁诺的国际校园有助于"翼鲲体育"更好地宣传、推广和发扬"翼鲲体育"的飞盘文化，使这项国际体育项目更好地融入地方体育文化。"翼鲲体育"创业团队在入驻园区 4 年后，新创了"翼鲲体育科技"，并再次入驻孵化园，以实际行动反馈对孵化园的高度认可和支持。

三、李达三孵化园国际引才未来发展的主要瓶颈

（一）缺失政校联动的国际引才机制，孵化园的国际引才优势未能充分发挥

凭借诺丁汉的国际化品牌效应和平台影响力，在过去的 5 年时间里，李达三孵化园吸引了来自 10 多个国家和地区 120 多个国际创新创业人才项目入驻申请。经过校内专业评估，最终入驻孵化园的企业为 38 家。从申请数量和最终入驻情况来看，超过三分之二的人才项目未能进入孵化园。这些未能通过评审的项目中有相当一部分优质项目，但由于与大学联系度、优先支持领域或价值文化体系适配度不高，最终未能入驻孵化园。虽然孵化园有意向帮助这些未能入驻的人才项目寻找匹配度更高的孵化基地，但当下所有运营资源仅够支持孵化园入驻企业，没有额外资源对这些溢出的优秀创新创业人才项目进行二次挖掘，帮助他们对接宁波其他的创新创业资源。针对这些溢出创新创业人才项目，由于没有相关机制渠道进行跟踪、对接、引导匹配市内更为合适的孵化平台，最终导致优秀人才和项目的流失。

除了通过国际化影响力吸引到高质量国际创新创业人才项目，孵化园依靠诺丁汉的国际教育和科研平台，不断扩建国际人才网络以及海外创新创业资源和渠道。孵化园的管理团队全部具备国际教育背景和跨文化商业服务能力，能够为宁波引入更多符合本地产业发展需求的优秀国际人才和创新创业资源。然而，由于缺乏政策层面的引导、激励和扶持，以孵化园现有资源只能专注于服务已经入驻的企业以及培育宁诺师生创新创业，未能将诺丁汉丰富的国际人才和创新创业资源运用到宁诺以外的引才场景。以创新创业活动引才为例，在过去5年里，孵化园成功举办过包括国际创新创业大赛全球总决赛在内的多项国际创新创业活动，吸引到大批海外人才携带创新创业项目参加。然而，因为活动组织方主体是大学孵化园，没有一个政府层面的后续人才追踪机制，开展系统性的沟通、对接、引导、开发和培育，因此，部分海外人才参加完活动后没有转换成实质性项目，落地到孵化园以外的宁波其他场地。此外，出于对诺丁汉国际专业能力的信赖，一些外籍人才主导的创新创业项目主动通过诺丁汉国际网络，找到孵化园对接宁波创新创业资源。然而，根据现有资源和职能定位，孵化园只有足够的人力和财力提供给外籍人才项目有限的信息资源和项目推进渠道，无法直接参与到外籍人才与宁波相关机构平台的沟通、协商和项目推进的全过程。一些有潜力的外籍人才项目，因为语言沟通障碍、对市场进入和行业规范的不熟悉、对文化差异的不适应和缺乏与本土机构打交道的经验，未能进一步推进落实。

（二）缺少人才覆盖面更广的配套孵化资金，孵化园引育国际创新创业人才的范围未能扩大

在政策资金扶持方面，孵化园获得的政府经费资助包括获批市级孵化器的一次性奖励费和鄞州区A级孵化器年度考核奖金，两块经费全部用于孵化园的两位全职人员的工资和日常运营。此外，孵化园共有5个高层次创业团队获得政府人才项目经费，由获批项目团队各自使用。在现有资金框架体系下，唯一用于创新创业孵化的经费来自李达三先生的捐助，但根据捐赠协议，此项经费仅用于宁诺师生创新创业培育和项目孵化，无法支持非宁诺在校师生的创新创

业团队和项目。据孵化园最新的校友创新创业调研数据显示，在 99 名被调研的校友中，三分之二的校友表达了想要创新创业的意愿，并希望获得相应的支持。然而在现阶段，孵化园只能提供专业的指导和服务，没有对应的孵化资金提供给有意向来孵化园或者宁波创新创业的校友人才和团队。除了诺丁汉自身的创投校友群体外，宁诺已在全球建设了 24 个校友联络站。通过校友网络，可以进一步发现海外创新创业人才群体，帮助宁波市对接到更多全球创新创业人才和项目资源。孵化园有计划运用自身专业能力和资源，开展国际创新创业人才培育和项目孵化，并在这一过程中加强与海外人才的深层次连接，促成人才引进和项目落地宁波。然而，由于缺乏对口的配套孵化资金，此项"以育引才"的计划至今未能延伸到孵化园以外的场地，引育群体仍然局限于在校国际师生。

（三）缺乏针对国际引才的绩效考核指标，孵化园的国际引才成效未被全面考量

当前市区孵化器的考核标准主要包括服务绩效、孵化绩效、孵化产出、建设成效等类别，对孵化器的孵化绩效和产出的考核比重较大。在引才方面，主要关注创业企业的人才层次（即学历层次和是否纳入宁波市高层次人才项目），对海外创新创业人才的引进和培育、海外项目的孵化、落地和毕业没有特别清晰的考核标准。作为宁波市唯一一家"以国际引才"为主题的大学孵化器，李达三孵化园为中外创新创业人才提供非常专业的国际孵化服务，对国际创新创业人才极具吸引力。在目前的入驻企业中，创始人或股东为华侨华裔、港澳台、海外留学归国人员的企业超过八成，由此可见，孵化园在国际创新创业人才引育方面优势明显。然而，目前对海外创新创业人才项目孵化的考核以企业实际落地数量为基准，对海外人才引进和项目孵化并不完全适用。相较于本土创新创业人才项目，海外人才对本土情况的了解甚少，更需要通过一个国际孵化平台帮助他们获得地方政策信息，打通相关资源渠道，完成落地准备工作。扎根在宁波本土且具有国际专业服务能力的李达三孵化园往往是很多海外人才项目的首选接洽方。一些海外人才项目在获得孵化园提供的前站式专业服务后，在宁波找到更合适自身发展的落地场所。还有部分优秀的入驻海外人才

项目在李达三孵化园取得初步孵化成果后,收到宁波其他孵化器的加入邀请,转投更符合项目未来发展的其他市内孵化器完成后期孵化。由于当前对孵化器的考核只关注人才项目实质落地情况,李达三孵化园为海外人才(项目)提供的入甬前站式服务、入甬后首站式服务及其成效无法在年度孵化器绩效评估中呈现,孵化园团队在海外人才及项目落地宁波的前期过程中所付出的努力并未得到认可。

此外,相较扎根于国内的本土创新创业人才团队,长期在海外发展的创新创业人才团队在来到国内创业初期,因为信息不对称和文化差异问题,需要花更多时间去熟悉和适应国内的创业环境。算上前期的融合时间,海外人才创业企业实际产出周期可能会比本土团队企业长,因此,部分海外人才创业企业无法在考核规定时间内完成毕业。但目前的考核期为统一标准,并未考虑到海外创新创业企业的差异性,导致孵化园在绩效考评时反而不占优势,在申请额外政策支持时遇到困难,所得资源不足以支持孵化园更大化发挥其海外引才引智的能量。

四、宁波国际化引才机制构想

新形势下国际人才引进工作正逐渐从"政策吸引"向"生态吸附"转变。近年来,多地政府纷纷提出以环高校创新创业生态圈推动促进城市产业链、创新链、人才链深度融合与发展的政策方案。针对这一引才引智新趋势,建议围绕宁波诺丁汉大学李达三孵化园,构建宁波国际创新创业人才引进新机制,重点打造一个"从前期海外人才培育、项目对接到后期引进落地、孵化加速"的全周期国际创新创业生态体系,联动起诺丁汉全球创新创业资源,充分发挥李达三孵化园的人才、平台、环境和文化品牌优势,扩大李达三孵化园国际引才规模、服务职能范围和人才辐射效应。可在李达三孵化园现有功能定位基础上,加入"国际人才海外引育前站"和"国际创业者首站"两大国际创新创业人才站功能,营造国际引才引智新生态。

(一)设立宁波诺丁汉国际人才海外引育前站

借助诺丁汉丰富的海外资源,成立宁波诺丁汉国际人才海外引育前站。宁波诺丁汉国际人才海外引育前站的核心理念是将人才引进工作前移到海外阶段，由李达三孵化园国际专业服务团队直接参与管理和运营，依托诺丁汉的国际品牌、全球校友网络和海外政商教沟通渠道，会聚有意向来国内创新创业的诺丁汉校友群体和各类海外人才团队，由大学孵化园团队开展宣传、培育和引导工作，循序渐进地推动海外创新创业项目落地宁波。可实施的具体举措包括以下几个方面。

一是以诺丁汉全球校友联络站和国际合作平台为支点，在全球创新创业活跃度高的国家和地区，建立海外创新创业社群。社群由当地诺丁汉校友或者合作方运作，孵化园全权监管，紧密关注、跟踪社群中海外人才的创新创业动向，定期向海外人才发布宁波经济社会发展情况、重点产业布局和产业政策信息，宣传创新创业环境、人才发展环境和吸引海外高层次人才的政策举措，积极做好人才政策咨询和相关服务，有针对性地引导海外人才来甬创新创业。

二是以英国诺丁汉创新创业生态体系为支撑，以英国为轴心辐射到欧美其他国家，推进国际创新创业教育和实践，帮助有意向来宁波创业的诺丁汉海外校友和处于起步阶段的海外创新创业人才完成从 0 到 1 的海外项目孵化。定期举办以宁波引才引智为导向的国际创新创业人才大赛、青年峰会等全球创新创业活动，挑选出有发展潜力的国际创新创业项目，并根据项目发展的不同阶段，提供前期人才培育、项目孵化、政策指导、行业分析以及宁波本土资源对接等跨境服务，推进项目的前期开发，在项目孵化时机成熟时，再引入宁波进一步落地深耕。这种"在海外先培育后引进"的模式一方面能够帮助宁波精准引进城市发展急需的国际创新创业人才和项目，避免本地项目的同质竞争；另一方面，协助海外创新创业人才在回国前与国内创业生态系统建立联系、开启合作，这一做法既大大提高了创新创业人才与项目落户宁波的可能性和可行性，又能在源头上规避直接引入海外人才项目可能产生的"水土不服"问题，提升回国创业人才与项目在国内产业化成功率。

（二）打造李达三孵化园国际创业者首站

与前站对应，成立李达三孵化园国际创业者首站，其核心职能是对接来甬创新创业意向比较明确、发展已较为成熟的海外创新创业项目和企业团队，提供国际化一站式服务和本土资源链接。

首先,在现有孵化功能基础上,孵化园可以强化在市级层面的引才服务力度,通过与在甬创新创业机构(如浙江创新中心)、周边高校、产业园区、创投机构等展开深度合作,打造集学术交流、成果转化、项目路演、决策咨询、国际合作、联谊沙龙等多功能于一体的在甬海外创新创业人才和外商企业集聚平台和综合服务平台,为来甬创业的海外人才团队提供落地前、落地中、落地后的持续政策资源、产业化资源导入服务。

其次,凭借诺丁汉鲜明的国际品牌优势、孵化园的专业化服务以及国际化创业氛围,李达三孵化园国际创业者首站可以发挥文化缓冲器作用,为初来乍到人生地不熟的海外人才团队提供心理和情绪支撑,为外商投资项目提供中国市场调研咨询。扎根宁波,李达三孵化园国际创业者首站能够帮助海外人才项目迅速融入宁波市创新创业系统,并能在其产业化过程中持续为其提供创新资源支持,建立沟通渠道,进一步促进人才与本地文化的深度融合、项目与地方发展的紧密连接,实现国际人才从海外到宁波的"安全软着陆",更好发挥海外高层次人才(项目)引进对宁波市经济发展、产业转型升级的促进作用。

最后,李达三孵化园国际创业者首站可以成为海外人才(项目)入甬后的主要枢纽站。通过诺丁汉的资源、平台和声誉,首站在对接到优质的人才和项目后,以多元灵活的引才引智方式(包括柔性引才)将海外优秀人才智力和项目引到宁波。经由孵化园服务团队对人才和项目的专业评估,精准将人才和项目推送到宁波合适的科创平台,促进海外人才资源在宁波创新创业生态内部循环,防止人才和项目向外流失。加强首站的枢纽功能,在很大程度上能够解决当前孵化园溢出项目无处引荐的问题,充分赋能李达三孵化园发挥国际引才引智优势,在为孵化园引入优质海外创新创业项目和人才的同时,更是通过诺丁汉在甬国际创新创业生态圈,为宁波引荐和输送更多高质量、高潜力海外人才项目,成为宁波极具活力、引领未来、享誉海外的国际创新创业高地和展示窗口。

五、宁波国际化引才政策建议

发挥中外合作大学孵化园在国际创新创业人才引育中的主体作用,打造国际创新创业人才集聚高地是一项系统工程，需要一整套政策机制，从联动协调、资源配置、考核激励、宣传力度等多个维度提供有力支持。

（一）构建政校企社联动的国际引才机制

构建高效能的政校企社联动的国际引才机制，由政府引领、李达三孵化园主导、企业和与创新创业相关社会力量共同参与，营造多方联动、协同合作、互惠共赢的良性国际创新创业人才生态环境。在这个机制中，政府机构发挥重要的沟通桥梁作用，同时也是联动各方资源、促进合作共赢的主要推动者。作为沟通桥梁，应联合市区各相关职能部门，畅通沟通渠道，与李达三孵化园保持密切联系，实时了解李达三孵化园及其主导运营的海外引育前站和国际创业者首站的引才动态、人才流向，根据需求，及时提供相应的服务和对策。作为地方资源的统筹协调方，政府应进一步扩大资源集聚效能，联合宁波各大科创平台、企业、商会、资本，与李达三孵化园共建科技创新创业与宁波重点产业、新兴产业融合发展的全生态系统。通过李达三孵化园创新创业生态体系（包括孵化园、海外引育前站和国际创业者首站），在推进扶持政策落实、建立国内市场关系、寻找商业合作伙伴、对接创投资本等多个方面为海外人才项目和企业提供全方位专业服务。在完善孵化园在甬生态体系搭建的同时，政府应与孵化园共同确定海外人才（项目）引流方案，针对不适合入驻李达三孵化园的海外人才项目、在海外前站完成初步孵化的未来入甬人才项目以及通过创新创业赛事、活动或其他诺丁汉途径计划入甬创业的人才及项目，进行深度挖掘，帮助这些人才和项目对接合适的宁波创新创业平台，带动海外人才、技术、项目和宁波本地企业、科创平台双向流动，确保优质的人才和项目流入宁波、留在宁波发展壮大，促进宁波市经济发展和产业优化升级。

（二）提供国际创新创业引才专项资金和配套支持

设立国际创新创业引才专项资金和政府性创业投资引导基金，用于支持两大国际引才站的人才引育工作的开展，推动创新创业企业在宁波落地发展。

一是支持宁波诺丁汉国际人才海外引育前站和李达三孵化园国际创业者首

新形势下宁波引进国际化人才的对策研究

站的日常运营。两大国际人才站是孵化园服务职能的衍生部分，需要聘用额外专业人才，提供海外创新创业人才培养、人才项目的海外前期孵化以及海外创业企业、外资企业的对接、引进和落地的全链条一站式专业服务。

二是支持开展海外人才培育、项目孵化和海外创新创业人才活动。可以提供和李达三创新基金相对应的配套孵化资金，用于宁诺在校师生群体以外的海外人才创新创业培育和项目孵化，帮助海外人才项目完成从0向1的转变。在完成相关孵化指标后，将项目引入宁波，并提供配套资金资源，帮助项目和企业在宁波起步发展。提供组织海外宁波引才引智活动经费，由诺丁汉国际人才海外引育前站联合海外创新创业平台，定期举办国际创新创业大赛、国际创新创业训练营、海外宁波政策产业宣传会和海外人才对接会等国际引才引智活动，发掘宁波所需的海外人才（项目），并由诺丁汉国际人才海外引育前站做好长期追踪、交流、宣传、对接工作，加强海外人才到宁波创新创业的意愿和信心，最后促成人才携带项目落地宁波。

三是给予宁波重点产业发展领域及人才紧缺领域的海外创新创业人才团队创业起步资金，在落地后，根据后续产出成果及对宁波经济发展的贡献情况进行经费嘉奖。

除了提供专项资金外，政府方面还可按需为两大国际人才站提供配套资源，比如为两大国际人才站提供专属场地，用于进行各类创新创业实践活动以及开展相关咨询服务；配备助创专员，给予政策指导、资源对接等对口服务支持；将国际创新创业人才路演、创新创业大赛等市级整套资源导入李达三孵化园，通过前站和首站，吸引更多海外创新创业人才参与，汇聚优质国际创新创业项目。

（三）制定更能体现国际引才成效的考核指标和激励政策

针对宁波诺丁汉国际人才海外引育前站和李达三孵化园国际创业者首站的特殊国际引才功能，建议对当前通用的孵化器绩效考核指标做适当调整，更好体现双站国际引才的实际成效。比如，在考量李达三孵化园落地企业情况时，可以综合考虑由孵化园前站和首站渠道进入宁波的国际创新创业人才和项目的数量、层次和国际化程度，无论人才和项目最终入驻孵化园还是选择落地宁波其他的孵化器或者创新创业平台，均可视为李达三孵化园引才成果。对于经由李达三孵化园国际创业者首站完成落地和初步孵化的企业，在未毕业前因为自身发展需要前往宁波其他孵化平台完成后期孵化并且毕业的企业，应该认可孵化园前期的前期工作付出以及对宁波引才的整体贡献值。鉴于海外人才项目需要一些前期准备时间，可以酌情适当放宽海外人才创业企业毕业年限。

在评估孵化园前站引才成效时，可以加入海外社群发展情况（包括社群数、人才覆盖面和社群活跃度等二级指标）、参与创新创业培育实践的海外人才数量、前期孵化项目数量、海外引才专题活动及创新创业大赛数量、规模和参加者的国际化背景和层次等量化指标，辅以整体引育孵化效果、影响力等定性指标，突出李达三孵化园在国际人才引育、国际项目孵化、国际招商引资方面的实际效能和对宁波的综合贡献程度。

基于调整后的绩效考核标准，制定激励政策，在孵化园完成或者超越既定指标后，给予资金补助和奖励，推动孵化园创新创业体系的良性发展。

（四）加强对李达三孵化园国际引才引智品牌的宣传和推广

树立宁波诺丁汉大学李达三孵化园国际引才引智特色品牌，使之成为宁波市引才引智宣传中的一个重要亮点。可在政府官方媒体、政府主持的引才引智、创新创业活动和其他宣传平台上对李达三孵化园在引育国际创新创业人才方面的优势、功能和成效进行系统展示，将李达三孵化园以及诺丁汉创新创业生态体系打造成一张新形势下"宁波国际引才引智"的城市名片，吸引更多海外高层次创新创业人才关注宁波、了解宁波、来到宁波投入创新创业事业。

冯　昢

国内外重大科创平台人才集聚
及对甬江科创区启示

推进甬江科创区开发建设是宁波建设现代化滨海大都市，锻造创新发展硬核力量，推动发展模式转型的战略部署，也是促进宁波市域空间重构和功能优化，引领宁波向更高质量、更高能级发展的核心抓手。我们对国内外重大科创区域集聚人才、推动区域创新发展的主要做法和政策进行了梳理分析，并对甬江科创区的各类创新主体和平台进行了梳理，在比较分析基础上，提出对甬江科创区人才政策创新的启示。

一、国外重大科创区域集聚人才主要做法

（一）美国硅谷

硅谷是随着20世纪60年代中期以来，微电子技术高速发展而逐步形成以附近一些具有雄厚科研力量的美国一流大学斯坦福大学、加州大学伯克利分校等世界知名大学为依托，以高技术的中小公司群为基础，并拥有谷歌、脸书、惠普、英特尔、苹果公司、思科、特斯拉、甲骨文、英伟达等大公司，融科学、技术、生产为一体，集结着美国各地和世界各国的科技人员达100万以上，2022年硅谷不到全国的1%的人口，创造了5%的GDP。①充分依托高校院所供给人才。以斯坦福大学为代表的一批高校院所在硅谷发展过程中起到了重要

的推动作用，为硅谷的发展提供了充足的人才资源，上千名美国工程院和科学院院士在此工作，诞生了50多位诺贝尔奖获得者，6000多名博士，20多万名大学毕业生。②企业与高校院所密切互动合作。硅谷内的企业与高校院所存在着密切的互动合作关系，企业的经营领域、技术发展方向大多与高校的优势学科保持一致，以便能及时获得高校的高新技术知识，为自身发展提供动力。如斯坦福大学每年技术转移成果稳定在6000万美元左右，技术成果转化率达到80%左右。③领军企业网罗各类优秀人才。硅谷不断诞生领军企业，从最初的仙童、惠普、英特尔到后来的谷歌、雅虎、苹果等，它们在不同时期对硅谷发展起到了创新引擎作用，这些大公司在不断壮大和收购的过程中，也为硅谷带来了各类优秀的人才和创业者。④完善的科技金融和中介服务体系。美国超过50%的风险投资机构设在硅谷，硅谷第一代成功的创业者和风险投资家成了之后创业者的"天使"，在资金投资的同时传授自己的创业经验，吸引着各地的优秀创业人才来到硅谷。硅谷还有完善的人力资源服务机构、会计师事务所等中介服务组织，为人才创业创新提供帮助。⑤鼓励人才创业的良好氛围。硅谷的大学实行宽松的教学制度和灵活的学生管理制度，学生可以随时中止课程去创业，并在自己认为合适的时候回校继续攻读学位。企业也鼓励员工自主创业，谷歌、英特尔、思科等公司都是靠前"东家"的宽容，才有创立的机会，最终实现成功。⑥政府大力保障支持。在硅谷发展初期，美国政府通过订单的方式向硅谷内的公司进行直接采购，极大地促进了硅谷创新速度的提升。硅谷所在的加州政府，还制订鼓励微电子业发展的计划，对高等院校微电子相关研究提供资金支持，还设立科学技术办公室鼓励发展技术教育，对高校的科技发展提供直接的资助。

（二）日本筑波科学城

筑波科学城是日本政府学习美国硅谷经验，转移并更新东京地区研究机构和设施，在"技术立国"理念下重点建设的科学园区，占地280平方公里，如今已发展成一个以筑波大学为依托，汇集了日本全国30%科研机构、40%科研人员、50%政府科研投入，人口已达24.8万，成为日本最大也是全球闻名的高水平科学中心。①政府主导人才等创新要素迁移集聚。1974年，日本政府将下属的9个部（厅）的43个研究机构，共计6万余人迁到筑波科学城，形成以国家实验研究机构和筑波大学为核心的综合性学术研究和教育中心，打造成为日本最大的科学技术创新与人才培养的集聚地。②政府主导的高标准园区建设。筑波科学园区的发展动力更多的依靠政府主导推进，采用政府直接管理体制，设立了"科学城推进本部"，并设置研究机构联络会议。通过引进技术—研究学习—激发创新的模式，形成产学研的科研生产线。③高校院所与企业密切互动。高校院所向企业输送优秀人才和创新思想，企业为高校院所提供科研资金，吸引高科技人才进行创新创业。园区的高校开设大量有关创新创业科目，加强学生的创新创业能力。④完善的法治体系保障。日本针对筑波科学城出台专门的法律——《筑波研究学园都市建设法》，是一部由国会直接通过的全国性法律。还通过立法确立多种优惠政策和措施，如在土地拍卖、税收、外资引进等方面进行政策优惠。⑤完善的科技中介与咨询组织。筑波科学城构建了多层次的科技中介与咨询组织体系，面向不同规模的企业，有不同的咨询机构提供管理建议服务。同时，筑波科学城对科技中介与咨询机构实施特殊的激励政策，大多数科技中介与咨询机构收取技术转让费为销售额的4%，其中3.6%为技术所有者享有，中介机构仅得0.4%，赋予科研人员不断进行科技创新的动力。

（三）新加坡裕廊工业园区

裕廊工业园区位于新加坡西南部的海滨地带，占地面积超过60平方公里，是世界的"花园工业镇"，只占用不到全国1/10的国土面积，却贡献了新加坡超过25%的GDP，吸收了全国1/3以上的劳动人口。①大手笔规划提升区域能级。裕廊工业园区以"高起点规划、高水平建设、高质量建设"为发展理念，推行政府主导的开发运营模式，在整个开发过程中，园区管委会拥有规划审批、资金筹集、土地运作、招商引资、公共服务、政策制定等职权和责任，统一规划开发建设，并配合市场化运作，降低园区租金和共用设施成本，使得区域的竞争力得以有效提升。②引进领军企业带来优秀人才。裕廊工业园区是由大量石化产业跨国企业进入开始，随着美国埃索石油公司、埃克森美孚公司入驻，同步带来了世界领先的技术和人才。这些领军企业凭借自身在业界的领先地位，为园区集聚了一大批产业上下游大中小企业，并通过科技和人才的溢出效应推动企业间的人才资源、技术资源的交换与整合。③加强高校办学培养集聚人才。秉持"为产业办教育"理念，裕廊工业园内建设大学教育区，汇聚了新加坡国立大学、新加坡理工学院等世界一流综合性高校。裕廊工业园还通过合作办学，设立了德国—新加坡学院、法国—新加坡学院，引进海外人才和智力资源。新加坡政府还在裕廊成立了新加坡裕廊初级学院，为园区内的大学输送优秀人才，主要招收高中在校优秀学生，提供两年制的大学预科课程。④实施精英人才战略。在园区建设过程中贯彻精英人才战略，不断加强对优秀人才的引进、培养和服务。在人才引进方面，以市场化为导向配置和管理人才，在全球范围内广泛吸纳优秀人才。⑤建立总部基地集聚一流人才。裕廊工业园区吸引了一批跨国公司的区域或国际总部。这些跨国公司将最复杂的生产程序和最先进的生产技术放在园区内，给园区带来了资本、技术与智力资源，并创造了许多工作机会。

（四）法国索菲亚科技园

索菲亚科技园是法国最具国际化的地区，25平方公里范围内聚集着来自全球80多个国家的2500多家企业，已形成信息技术、生物医药两大高新技术产业集群。①引入高校院所培养集聚人才。索菲亚科技园从发展初期就着重引进知名教育和培训机构，建设了集学位教育、职业教育、培训咨询于一体的多层次人才培养机制，为园区企业培养了大批管理型、技术型人才。②领军企业集聚人才。索菲亚科技城重点发展信息技术产业，全球300多家信息技术公司地区总部设在这里，园区拥有来自80个国家的2500多家公司，其中40%涉及研发业务，53%涉及高科技，市值超过56亿欧元。园区企业提供了超过4万个工作岗位，其中有来自50多个国家2万多名工程师。③发达的社会组织集聚人才。法国文化传统中，各类行业协会、俱乐部等社会组织扮演了重要的地位。比如最有名的"电信谷协会"，拥有各类雇员近万人。

（五）印度班加罗尔科技园

班加罗尔面积174.7平方公里，人口1050万，有印度的"硅谷""花园城市"之誉。印度35%的IT人才都在班加罗尔打拼，IT企业将近5000家，是全球第五大信息科技中心，被印度人称为印度的"IT首都""科学技术首都"，有大约30万软件专业人员。①政府给予园区建设大力扶持。印度政府给予班加罗尔科技园特殊的优惠政策，对入住园区的企业给予优惠政策，大力扶持信息技术产业。政府部门还大力投资园区的基础设施建设，用于园区软件开发基础设施和条件建设，特别是用于建设先进的中央计算机数据处理系统和卫星通信系统。②充分依托当地科教资源。班加罗尔云集了国家高级研究院、印度信息技术学院等名牌大学以及292所高等专科学校和职业学院、77所工程学院，每年可为社会输送3万名工程技术人才，其中1/3为信息技术人员。③构建多层次合作网络。高校和企业的有机连接，在班加罗尔科技园内，不少高校都设有董事会，其中吸纳了企业背景的成员，教师队伍中也有不少一线的专家，形成了企业向大学反映企业用人需求的有效机制。④培养形成层次合理的软件人才队伍。班加罗尔不仅重视中高级软件人才的培养，更重视软件蓝领的培育。成功探索出一套国际公认的软件人才培养模式，软件人才形成了合理的金字塔结构。在班加罗尔，除了高校培养信息技术人才，中学、大专院校也开设不同层次的电脑软硬件课程，满足印度软件产业多层次需求。

比较结论：国外重大科创区域的专项性政策不多，主要在建设过程中依托政府主导力量和自身的科教资源优势，不断发挥作用，吸引更多世界各地的优秀人才集聚。但是在建设过程中，有一些共同的特征，比如政府有倾向性的采购、政府主导的创新资源迁移布局、有意识地集聚高水平的高校与领军企业、推动高校院所与企业的互动协同、发达的科技金融和中介服务体系以及良好的创业创新生态氛围等，这些特点有力推动各科创区域人才、技术等创新要素集聚，成果转移转化，带动重大科创区域的快速发展壮大。

二、国内重大科创区域人才创新政策比较分析

我们对北京中关村、上海张江科学城、西部（重庆）科学城、深圳前海、杭州城西科创大走廊、武汉东湖科学城和东莞松山湖科学城等对标对表的重大科创区域进行比较分析，认为国内重大科创区域人才政策创新呈现四大特点，人才政策聚焦六大方面。

（一）区域重点人才政策创新呈现四大特点

1. 锚定人才集聚目标精准施策

国内重点科创区域将人才集聚作为区域发展核心要求，并根据人才集聚目标配套实施相关人才政策。如杭州城西科创大走廊明确到2025年人才总量达到70万人以上，国家级研发机构平台50家以上，省、市、区三级财政每年安排13.5亿元支持创新发展工作。东莞松山湖科学城明确，从2021年起，5年计划引进市级及以上人才500名，各类高层次人才和紧缺急需人才1万名。上海张江科学城明确到2025年，企业外籍常驻人员和留学归国人员占比达到2.8%。西部（重庆）科学城着眼于建设"人才特区"的目标，2020年开始计划未来3年快速聚集高层次人才2万名以上，并针对人工智能、微电子、生物医药等研究方向靶向招才，3年内招募博士后500名以上、博士3000名以上、硕士15000名以上。

2. 重大科创区域集聚人才举措各有侧重

通过比较分析可以发现，国内七大科创区域，由于城市能级和地位不同，各地集聚人才的主要举措各有特点。第一类是面向国际人才，主要在人才出入境和体制机制改革方面发力，以北京中关村和上海张江科学城为代表。由于北京、上海均被赋予代表国家参与国际人才竞争的重任，作为这两地的人才高地自然定位为国际人才集聚高地，在人才政策制定方面更倾向于提供一些国际人才往来的便利举措和国际化人才服务。第二类是面向区域型人才集聚，主要在人才互通互认和高层次人才集聚方面发力，以西部（重庆）科学城和深圳前海为代表。立足于成渝双城经济圈和粤港澳大湾区这两大国家级战略，这两个科

创区域在人才政策创新方面兼顾了高层次人才集聚和区域人才互通互认，比如深圳前海对引进香港、澳门青年人才给予特殊的支持政策，推动各类现代服务业执业资格互通互认等。第三类是面向各类高层次人才，在争取建设重大科创平台和提高人才创新创业支持资金方面发力，以杭州城西科创大走廊、武汉东湖科学城和东莞松山湖科学城为代表。这三个科创区域在人才集聚方面都给予相比于城市其他区域更高的支持力度，比如杭州城西科创大走廊对出站来（留）大走廊工作的海内外博士后研究人员在市、区资金补助基础上追加给予40万元专项补助。

3. 重大科创区域都会配套专项人才政策

人才是第一资源，人才引领驱动发展。比较七大科创区域，一般都会配套出台特殊人才支持政策，有的甚至经历了多轮的政策迭代，从而确保科创区域高质量发展。比如北京中关村实施了多轮政策创新试点，自2011年中央人才工作协调小组决定在中关村建设全国首个国家人才管理改革试验区、实行13条特殊政策以来，每年都在中关村试点一批人才改革举措。武汉光谷2012年开始实施"3551光谷人才计划"，打破引才年限及人数限制。重庆针对西部（重庆）科学城，单独实施金凤凰人才政策10条，实施金凤凰人才引育专项计划，建立金凤凰人才库，单列金凤凰人才目录。

4. 设立专项资金模式支持人才发展

分析发现，这是重大科创区域支持人才集聚的特殊机制。目前上海张江科学城、杭州城西科创大走廊和深圳前海都采用了专项资金模式引育人才。具体方式是在专项资金管理办法中明确对特定人才引育的支持力度和支持方式。比如上海张江科学城专项资金由浦东新区政府设立，2021-2025年按累计不低于50亿元安排。专项资金根据年度支持项目的实际需求分年安排，年度预算额度可在政策期内滚动使用。杭州城西科创大走廊专项资金管理办法也明确包括用于大力招引海内外高层次人才、全球优秀青年科技人才和支持高层次人才创新创业等方面。深圳前海设立支持人才发展专项资金，用于支持前海人才引育用留，并实行全过程绩效管理。

（二）人才政策聚焦六个方面

1. 支持建设重大科研平台集聚人才

在重大科创区域内布局建设重大科研平台，形成重大平台、高层次人才集聚的马太效应。比如上海张江科学城布局了上海光源、硬X射线自由电子激光装置等重大科技基础设施，形成了全球规模最大、种类最全、综合能力最强的光子重大科技基础设施集群，产出了一批国际领先的原创成果。西部（重庆）科学城对新认定的国家产业创新中心、国家制造业创新中心、国家医学中心等高能级科创平台，按其"十四五"期间研发投入、设备购置、团队引进等实际投入30%的比例，给予最高1亿元的支持；对新认定的其他"国字号"科创平台，按其"十四五"期间实际投入30%的比例，给予最高3000万元的支持。东莞松山湖科学城布局建设中国散裂中子源、松山湖材料实验室，中科院人才团队成建制入驻松山湖。其中，中国散裂中子源共吸引了近400名高端科研人才长期在莞工作；松山湖材料实验室揭牌成立仅3年多，已集聚双聘和全职科技人员近1000人。

2. 对特殊人才给予大力度支持

一是支持集聚全球顶尖人才。杭州城西科创大走廊鼓励攀登世界科技高峰，力争在更多领域引领世界科学研究方向，对国家最高科学技术奖和国家科学技术进步奖特等奖获奖单位（人），以及诺贝尔自然科学奖、图灵奖、菲尔兹奖等国际重大奖项获奖者，给予1000万元支持。对获得国家科学技术奖（自然科学奖、技术发明奖、科学技术进步奖）一、二等奖的，分别给予500万元、200万元支持。二是支持引进主导产业人才。东莞松山湖科学城对于符合区域重点产业紧缺专业人才目录且所在单位属于园区双倍增试点培育企业，在市级引才支持政策基础上再配套给予2万~3万元的资助，博士3万元，硕士、本科2万元。三是大力吸引优秀青年人才。杭州城西科创大走廊面向全球排名前百强高校，积极招引优秀基础研究人才和青年科技人才，对出站来（留）大走廊工作的海内外博士后研究人员在市、区资金补助基础上追加给予40万元专项补助，对来（留）大走廊工作的海内外博士毕业生在市、区资金补助基础上追加给予5万元生活补贴。上海张江科学城评选杰出创新创业人才，2021年评选100名，约1/3为青年人才。四是引进特定区域人才。深圳前海对在区内全职工作的香港青年，自2021年1月1日起按照博士10000元/月、硕士7000元/月、学士5000元/月的标准给予生活补贴，补贴期限不超过3年。

3. 探索有突破性的体制机制改革试点

各重大科创区域在建设过程中，除了投入真金白银建平台、引人才，还在体制机制改革发展中加强创新，形成引才聚才的独特引力。在人才引进方面，创新市场化人才引进机制，运用市场力量引才聚才。如武汉东湖科学城设立10亿元光谷合伙人投资引导基金，并与投资机构、龙头企业等共同设立市场化运作子基金，对子基金投资和引进的人才企业，给予实际投资金额2.5倍的权重加成认定，并给予让利。东莞松山湖科学城明确以投代补，通过设立天使基金，扶持引进符合松山湖主导产业方向的种子期、初创期人才项目。在人才评价方面，西部（重庆）科学城优化高层次离岸人才评价体系，根据职称评审权限，对入驻离岸载体的专业技术人才，可按需不定期开展职称评审；依托高技能人才国际合作先导区建设，制定外籍"高精尖缺"技能人才地方认定标准。武汉东湖科学城探索企业家职称评审直通车制度。在激发人才活力方面，重大科创区域往往高校科研院所聚集，为此激发高校院所研发创新活力，激励参与研发的科技人才（团队）成为政策创新重点。如西部（重庆）科学城规定，高校、科研院所转化职务科技成果所获收益95%划归参与研发的科技人员和团队。在人才创业创新领域方面，允许国际人才更大范围参与区域各类创新研发活动，如北京中关村允许取得永久居留的外籍人才在中关村示范区内担任新型科研机构的法定代表人，允许取得永久居留资格的外籍科学家领衔承担中关村示范区内国家科技示范项目。

4. 建立基于人才收入贡献的激励制度

各重大科创区域为集聚优秀人才，纷纷建立基于人才收入贡献的激励制度，根据优秀人才工资薪金，按比例给予专项奖励。如深圳前海按照年度工资薪金给予奖励，对年工作薪金40万元以上的，给予1万元以上奖励，个人最高奖励150万元。深圳前海还围绕国家重点领域、重点产业，构建以人才价值、社会贡献、创新能力为导向的综合评价体系。对经认定的科技领军人才、青年科技人才、卓越工程师，分别给予324万元、216万元、36万元的人才奖励。武汉东湖科学城对在企业和研发机构中从事科技创新和成果转化等工作的优秀人才，税前工资性收入所得不低于武汉市上一年度城镇单位就业人员年平均工资10倍的人才，给予专项奖励。

5. 大力推动区域内人才等创新要素流动。

重大科创区域都是创新要素集聚的高地，推动区域内创新要素流动，实现更为有效的人才引领驱动发展，成为各地重大科创区域的普遍做法。如武汉东湖科学城支持高校院所选聘100名企业高端人才担任光谷产业教授，支持重点企业、重大创新平台选聘100名高等院校、央属科研院所科研人员担任光谷产业教授，推动开展双向科技合作、联合培养人才。对光谷产业教授给予30万元资金支持。西部（重庆）科学城促进高校与科学城之间的科研人员流动，市属高校对科研人员兼职创新创业的工作量和相应绩效给予同等认可。同时规定各类人才以科研成果在科学城创办企业的，根据实际需求3年内免费提供创业场地或全额房租补贴。深圳前海推进建设粤港澳人才合作示范区，争取放宽港澳执业资格条件。争取中央和省、市支持，将深圳前海作为港澳与内地执业资格制度相衔接的试点基地，率先建立港澳专业人士执业"深港通"机制，允许港澳专业人士经备案后，在深圳前海直接提供服务。

6. 构建最优质的人才服务体系

优质的环境是人才创业创新的根本保障。各地建设重大科创区域，纷纷将构建优质的服务体系作为提升区域人才吸引力的重要手段，不断提升服务标准、创新服务模式，让人才后顾无忧、近悦远来。如北京中关村聚焦国际化人才出入境，允许来京的外籍知名专家学者及中关村企业分支机构的外籍员工换发多次入境有效的访问签证，为外籍专家学者到中关村高校院所、科研机构交流访问提供便利。对来京探亲等处理私人事物的外籍华人也将签发5年以内多次出入境的有效签证。深圳前海允许取得永久居留资格的外籍人才在前海创办科技型企业，担任科研机构法人代表。在人才生活服务方面，武汉东湖科学城对高层次人才子女在政策范围内优先安排相应学校就读，就读区内非公办学校的，学费最高按照30%的标准予以补贴。上海张江科学城开展区域内乡村人才公寓模式试点，探索将农村闲置宅基地房屋改造成人才公寓，周边不少企业白领成了乡村里的"新主人"。杭州城西科创大走廊实施差异化购房，适度放松高层次人才购房限制条件。深圳前海探索港澳已上市但内地未上市的药品、医疗器械在前海特定医疗机构适用。在人才金融服务方面，如西部（重庆）科学城对科技含量高、成长潜力好的项目，政府产业引导基金可直接投资；获得创业投资的，政府产业引导基金根据企业意愿跟投；获得银行贷款的，享受首笔贷款政府全额贴息补助。另外，各重大科创区域还在创新人才商业保险保障、加强人才法治保障创新等方面，推出一批高含金量的服务举措。

三、国内外重大科创区域比较分析启示

（一）科创大平台需要人才大投入

综观国内外重大科创区域建设经验，无论是引入重大研发创新平台，还是吸引集聚高层次人才，都离不开专项资金保障。有的重大科创区域还建立了专项发展资金，出台专门管理办法，充分说明了区域型科创大平台建设需要大量的人才投入。打造"人才新高地"是甬江科创区的三大定位之一，这就需要出台超常规的人才引育举措，用有力政策吸引人才、优质生态涵养人才、创新体制激活人才，实现甬江科创区"人才新高地"建设目标。为此，必须研究推出更有竞争力的人才专项政策，深入贯彻落实党的二十大关于人才引领驱动的发展战略部署，统筹推进教育、科技、人才"三位一体"布局发展，增强区域引力、改革体制机制、涵养人才生态，以政策优势垒筑人才高地。

（二）科创区人才政策要突出定制化要求

国内的各大重大科创区都出台定制化的人才政策，尤其是北京中关村、西部（重庆）科学城和武汉东湖科技城等地，量身定制人才政策，作用效果发挥良好。甬江科创区要按照彭书记关于"通则+定制+专项"的人才政策制定要求，实施定制化人才政策，并配套推出专项人才政策。具体来说，就是要在全

市人才政策通则基础上,根据甬江科创区发展定位和发展要求,推出相关定制人才政策,如围绕科创区打造科学港、数创港、青创港和总部港的定位要求,谋划推出有针对性、差异化的人才政策,对于基础研发人才、数字经济人才、青年科技人才和总部经济人才等要实施专项政策。比如对于基础研发人才加大政策改革突破力度,对于数字经济人才给予专项支持,对新迁入的总部机构人才,按照薪资额度给予人才返还奖励,设立不同的返还标准。

(三）深度促进高校院所与企业融合

分析国内外重大科创区域建设经验,尤其是国外的重大科创区域,推动高校院所与企业的联动,促进科技成果转移转化是非常重要的内容。一方面,鼓励高校院所人才到一线创办企业,推动科研成果就地转化；另一方面,吸纳企业人才进入高校院所,调整教育和研究方向,使得科创区域创新活动高度活跃。甬江科创区高校院所、领军企业也非常集聚,要实现跨越式发展,必须要在促进高校院所与企业深度融合上发力。通过政策设计,让科研院所、高校的科技成果有效转化,让有能力、有才干的人才出来创业创新。也要推动吸纳企业人才进入高校院所,助力高校院所调整教育和研究方向。

(四）大力营造一流的人才生态环境

比较各地重大科创区域,拥有浓厚的创业创新氛围是重要的特征。营造一流的人才生态环境,尤其需要不断完善人才服务体系,以"一流服务聚一流人才,一流人才建一流科创区"。要健全科技中介服务体系,要大力推动金融投资、科技成果转移转化、会计师律师事务所等各类高水平生产性服务机构在甬江科创区入驻,形成全链条的人才创业支持。要完善人才安居服务体系,在教育、医疗、住房等方面提供最优质服务,打造高端、基础全覆盖的服务体系,比如既要有高品质的人才社区,也要有适合拎包创业的青年人才公寓。

(五）人才政策要考虑全市区域平衡要求

甬江科创区的人才定制政策,在具体点位上不能只是简单的政策叠加,或是简单的"无中生有",必须要考虑政策的传承延续、与周边区域的平衡等,比如可以考虑推广原先在高新区、镇海区实行的一些针对数字经济(软件)、青年人才的专项人才政策的升级扩面。对于一些试行有效的政策,要同步考虑在其他联动区域进行推广,消除其他区域(重点平台)发展焦虑。要避免市内人才(项目)的恶性竞争,对于其他区域招引的项目,如果更适合落在科创区的,要建立人才(项目)考核平衡机制,在利税分成、考核加分等方面给予倾斜照顾。

李 政

宁波创新企业与高校院所合作研发模式研究

党的二十大报告强调要深入实施创新驱动发展战略，不断塑造发展新动能。创新型企业是国家创新体系的重要组成部分，也是城市竞争力的重要表现。当前宁波科技创新型企业数量不断攀升，但同时这些创新型企业普遍存在创新人才缺乏、创新团队力量薄弱等问题。高校院所是创新的重要源头，企业是创新的重要实体。提升高校院所与企业合作研发，打通企业承接转化重大创新项目的通道，推动技术优势向产业优势转化，对宁波提升企业科技竞争力、加快建设全球智造之都、率先建成科技强市、打造中国式现代化市域样板具有重要的意义。

一、宁波创新企业与高校院所合作研发现状

（一）政府支持力度不断加大

为助力企业创新发展，宁波在创新载体上持续发力，积极布局建设甬江科创大走廊，加快引进共建了一批优质产业技术研究院，目前已累计引进产业技术研究院71家，实现区（县市）和重点产业集群"两个全覆盖"。积极推动企业与高校院所、产业技术研究院共建实验室等研发机构，联合开展前沿技术、产业链关键核心技术、应用场景计划等重大科技计划"揭榜挂帅"攻关行动，

合力推动产业链上下游、大中小企业融通创新，加强基础研究、技术攻关和创新生态建设。

（二）企业主体地位明显增强

近年来，宁波市创新企业越来越重视技术创新，研发投入不断加大。2022年宁波市有13家创新企业研发投入跻身2022浙江民营企业研发投入100强。创新企业与高校院所等的合作研发得到迅速普及，目前宁波已有百余家企业与多所高校和科研院所建立了稳定的科技合作关系，其中一些大中型企业与多所优势高校和科研院所结盟，承担了一批国家重点科技攻关项目，已成为企业产品更新换代和技术进步的主要推动力量。如江丰电子联合企业、高校院所共同承担"超大规模集成电路制造装备及成套工艺"国家科技重大专项。永新光学与浙江大学合作共建浙江大学宁波研究院光电分院。

（三）研发合作模式更加多元

创新企业与高校院所之间的合作研发已经由单纯的技术转让向委托开发、联合开发、共建研究开发、组建产业技术联盟等方向转化。研发单位已从原先的松散型模式向紧密型模式转变，转向以资产为纽带，以技术为依托，以现代企业制度为规范，建设稳固的联合研发平台。如宁波鸿腾精密制造和浙江大学合作成立"高端机电液元件与系统联合研发中心"、宁波广新纳米与宁波材料所共建"先进能源材料与储能器件研发中心"、乐歌与宁波大学联合共建"宁波大学—乐歌智慧大健康研究院"等，这种稳固的联合，将资产、市场和技术有机地结合起来，充分发挥企业和高校院所等科研机构的积极性，在企业产品开发和技术进步方面起到了重要的推动作用。

（四）本地校企合作成果卓著

虽然宁波的高等教育明显落后，缺少国内具有影响力的高水平大学和学科，特别是同比其他几个计划单列市，高校数量和层次均处于劣势，但宁波高校在服务地方科技、经济方面发挥了巨大作用。如宁波大学积极发挥学科优势，与地方政府共建地方研究院 11 个，与企业共建校企研究院 14 个，与地方政府、企事业单位共建校企（地）科研合作平台 180 个。宁大科研团队与中铁大桥勘探设计院集团合作共同承接港珠澳大桥防船撞大型项目。宁波职业技术学院与宁恒河材料科技股份有限公司合作研发共获得 45 项发明专利，协同创新研发了 20 余个石油树脂新产品，突破国外技术封锁和市场垄断，推动国家乙烯副产物综合利用行业的高质量发展。

二、存在的问题

（一）合作研发数量需求与供给不匹配

宁波工业基础雄厚，高新技术企业超过 5000 家，近年来不断扩大有研发活动企业规模，2022 年有研发活动的规上工业企业数超过 4000 家，位居副省级城市第二。企业越来越重视研发投入，部分企业实际研发人员不足，高学历研发人员较少等自身研发基础薄弱，与高校院所联合研发的需求强烈。但宁波科教资源薄弱，仅有 15 所高校，在同类城市中处于劣势，无法为科技创新提供足够的动力源泉和知识基础，也无法满足企业大规模的研发合作需求。

（二）合作研发能力需求与供给不匹配

当前高校院所服务地方产业意识不断增强，但地方高校科技成果有效供给不足。办学层次以新建的本科、高职高专为主，高端人才集聚、高端科技成果引领等明显不足，仅有 1 家国家级重点实验室，且发展领域主要集中在农产品质量安全方面，与宁波重点发展产业不匹配，而同级别的青岛拥有 9 家国家级重点实验室。宁波多所高校以"高水平应用型大学"为办学定位，但教师目前参与服务企业、行业的创新能力仍然偏弱，尤其是在推动成果转化方面，力量不足，导致宁波很多创新型企业不得不舍近求远，寻求与市外高校院所合作。引进的 71 家产业技术研究院虽然发展领域与宁波主要发展产业方向匹配，但大多成立时间不长，水平也参差不齐，助力企业研发成效还未充分发挥。

（三）合作研发质量需求与供给不匹配

当前企业与高校院所合作研发多停留在个别项目或短期项目上，研发合作层次不高，深度不够。有些企业在与高校院所合作研发时，不敢把核心技术放在高校院所，只把前期研究或后期测试放在高校院所，中试阶段还是自己完成；部分企业与高校院所合作研发只是名义上的研发，仅仅是为了提高公司声誉、配合政府政策或者申报相关技术进步奖项，缺乏实质合作。有些企业希望能够在相关领域的前沿技术方面与高校院所进行合作，但部分高校院所闭门造车，研究观念不够创新大胆，出现一个问题就解决一个问题，研发产品没有考虑系统匹配情况，导致企业不敢与高校院所进行实质性的合作。

（四）合作研发资金需求与供给不匹配

合作创新与其他技术创新活动一样，合作各方都存在相当大的风险。企业在合作创新中承担高风险的巨大压力，往往对很多高新技术望而却步。在中试阶段资金需求量大，但由于技术不成熟，产品市场前景不明朗，导致企业不会对中试进行投资，高校院所本身科研经费主要来自政府科研投入和合作企业科研投入，对合作项目也不会有相应的配套措施，且当前风险投资机构、金融机构等融资体系还未成熟，校企合作研发投入经费有限，存在"量少面广"的问题，政府扶持资金分配缺乏创新，补贴形式也相对单一。

三、先进地区提升企业与高校院所合作研发的主要经验借鉴

加强校企联合研发，增强企业创新能力，是提升区域产业竞争力的重要引擎。深圳、南京、苏州、广州等先进地区在推进校企联合研发中的典型经验，可以为宁波进一步提升企业、高校院所合作研发提供借鉴和思考。

（一）加大高质量创新资源引进

当前政府非常重视创新载体建设，积极与国内高水平高校、科研院所建立

合作，引进共建产业研究院等高端创新载体，助力本地企业研发。比如苏州与深圳，针对自身科教资源薄弱的短板，多年来积极引进高端创新资源，努力"补短板"实现产业高质量发展。苏州不断深化与大院大所合作，不断拓展合作模式，着力适应创新需求，提升创新浓度，厚植创新土壤，仅中科院在苏州载体机构超过中科院在全国布局的20%，涵盖生物医药、人工智能、纳米技术、新一代信息化技术等新兴产业、先导产业。深圳积极布局基础研究平台，建设有14家国家重点实验室，为满足区域内企业研发需求夯实基础。

（二）积极出台合作扶持政策

在创新企业与高校院所合作研发过程中，政府是参与者、服务者、引导者。在这些城市中政府都非常重视创新与高校的合作研发，出台一系列的政策文件来推动合作研发。如深圳聚焦关键共性技术和基础共性技术的研发，在项目选题上既考虑企业需求又结合政府布局，引导构建产学研联盟，力争突破关键卡脖子技术，促进产业结构转型升级。如南京专门出台文件支持高校院所服务专精特新企业创新，对相关创新项目最高给予2000万元支持，大大提高了高校与企业联合研发的积极性。

（三）组织开展合作对接活动

高校院所创新资源与企业研发需求由于信息不对称导致无法精准对接，为促进校企合作研发成效，各地政府积极举办"走出去"活动推动高校院所、企业精准对接。如苏州开展"技联苏州日高校"活动，由政府主动带队企业赴国内各大知名高校开展合作，并对合作成功项目给予补助。杭州则从市内、市外高校双发力，举办市属高校科技成果推介会，将高校成果进行展示，由企业挑选合适的创新项目。从2023年起，开始邀请国内高校、科研院所携带成果来杭对接，丰富技术创新成果供给，为本地创新企业开展合作研发提供了积极的渠道。

（四）加快完善科技服务体系

科技中介服务机构在技术创新服务、专利服务、信息咨询等方面具有优势，各地也注重发展科技中介的桥梁和纽带作用，促进企业、高校院所的合作研发。如深圳推动高校、科研院所建设技术转移服务机构，推动高校院所成果转化，提升科研人员转化积极性，为企业高校成果落地企业提供支持。如广州高标准运营广州（国际）科技成果转化天河基地，为科技型中小企业提供找技术、找资金、找市场、找人才、找场地等"五个找"全方位创新创业服务体系。

（五）注重创新联合体建设

创新联合体能够突破企业边界协作创新瓶颈，促进联合体内企业与高校院所优势互补、资源共享、协同发展。当前各地都积极支持创新联合体建设，推动大中小企、高校院所融通创新发展机制。比如，苏州积极鼓励创新联合体建设，发展出市场驱动型、平台支撑型、战略引领型三种各具特色的创新联合体发展模式。如深圳"科创中国"大湾区联合体配套建立了相关产业发展基金，通过"1个联合体+n个中心+1个产业基金"的运营模式，为创新联合体的技术攻关和成果转移转化提供强大资金保障。比如，广州成立区域类创新联合体，将分散的创新资源和创新要素组织起来。

四、提升宁波创新企业与高校院所研发合作的对策建议

（一）强化政府精准扶持

一是加强研发载体建设。统筹推进区域科技创新的空间布局，继续加大与国内头部高校等共建产业技术研究院引进力度；建立共建科研院所评价体系，定期发布评价报告，推动共建科研院所切实发挥科技创新能力；加快甬江实验室、东方理工大学等的建设进度，借鉴深圳构建"楼上楼下"创新创业综合体经验，加强创新企业与高校院所的沟通交流。二是出台专项扶持政策。尽快出台促进合作研发的政策意见，围绕宁波市重点支柱产业、战略性新兴产业及专

精特新企业发展需求，建设一批高校与创新企业协同创新平台，聚集一批高层次产学研合作创新团队，实施一批产学研合作项目，推动取得一批重大产学研合作成果。支持与高校联合开展关键技术攻关的专精特新中小企业优先申报市级专精特新企业，同时在申报市级重大科技专项时予以优先支持。三是推介本地高校院所成果。借鉴杭州等地经验，举办宁波高校科技成果推介会，加强高校院所与企业对接，使高校院所的科研成果走出深闺大院，为地方技术创新和产业发展提供有力支撑。四是实施"宁波企业高校行"行动。每年定期组织一批有研发需求的创新企业赴市外985高校或宁波重点产业对口高校开展科技对接活动，积极借助校友会资源，由科技部门组织招募企业，校友会负责带队与高校进行对接，对达成研发合作的给予相应的补贴，提升研发合作成功率。

（二）强化企业创新组织

一是加强创新联合体建设。选拔一批研发投入高、创新意愿强的科技领军企业或高科技"潜力股"作为创新联合体的牵头方，针对不同发展程度、不同发展模式的产业，借鉴苏州经验，采取市场驱动型、平台支撑型、战略牵引型等不同的创新联合体发展模式，对创新联合体设定科学的绩效评定与监督管理制度。二是建立市场导向创新驱动机制。充分发挥市场机制配置资源的决定性作用，建立健全企业主导产业技术研发创新的体制机制，充分发挥企业在技术创新决策、研发投入和成果转化中的主体作用以及在创新目标、资源配置、组织实施过程中的主导作用。三是采用多元化研发合作形式。根据企业创新需求，积极探索不同类型企业的合作研发形式。对技术创新需求比较强的企业，加强关键技术和重大技术联合攻关、合作开发，增强企业核心竞争力；对创新基础条件比较好的重点企业，要积聚利用和引进科研成果，加快高校院所成果引进吸收再创新；对一般企业，要紧紧抓住技术升级瓶颈，充分利用高校院所成果转让、购买服务和技术外包等形式，引进和利用适用技术、共性技术，加快企业工艺革新、技术改造。

（三）强化高校院所创新供给

一是强化需求牵引的科研导向。开展有组织科研创新，瞄准国家和地方重大需求，组织重大任务，长期持续攻关，以实现重大原创突破，为建设创新型城市奠定坚实基础。聚焦新材料、工业互联网、数字经济、高端装备、生命健康、新能源等重点产业关键核心技术和共性技术，构建产业链、部署创新链、梳理出关键核心技术问题，引导科学研究，让科技创新融入产业升级和社会发展中，增强高校院所原始创新能力。二是建立双向交流机制。鼓励学校教师走出学校，积极选派科研人员赴企业交流锻炼，培养一批了解企业情况、具有一定解决实际问题能力的教师，可以根据企业规模与创新基础，选择长期、中期、短期等不同形式进行交流。鼓励高校设立一定比例的特设岗位，吸引具有创新实践经验的企业家和企业科技人才兼职，强化学校与企业之间的联系，加强合作研发的紧密性。三是优化高校评价体系。完善高校科研管理体系，建立科学合理的评价、激励、协作机制。切实改革高校科研评价体系和方法，建立相应的人才、教师考核评价和激励机制，转变一味强调科研课题与经费数量、论著数量的评价体系和方法，更多地强调科研成果的质量及转化效果。在岗位设置上支持设立社会服务岗，在职称评价中将高校与企业合作研发成效纳入评价体系。

（四）强化中介组织服务

一是发展专业化科技服务机构。重点发展一批市场化、企业化运作的专业科技中介机构，以促进研发、技术转移、技术交易和技术服务社会化发展为核心，分产业、分领域培育专业化、规范化、社会化的服务组织和专业化运营团队，实现大领域跨界协同、小领域精准对接。二是构建"平台型"市场服务体系。加强多层次多元化的科技创新"平台型"服务体系建设，深入跟踪梳理企业创新需求，持续开展前沿技术征集发布，建立产业共性技术指南，引导企业创新发展方向，加快建立产业应用场景平台，以问题库、项目库、成果库、人才库等数据库为内核，以应用场景驱动，推动高校院所与企业创新要素集成，实现精准对接，形成便捷下沉通道，促进企业与高校按需合作，按需制造。三是加强服务人才队伍建设。加强职业技术经理人技能培训，完善技术经纪人培训制度，加强与国内外优秀科技中介机构的业务交流与合作，努力提高从业人员业务水平。健全科技服务业人才评定体系，完善职业资格评定制度，畅通科技服务人才职业发展和职称通道。四是强化科技服务机构绩效管理。根据提质增效、优胜劣汰、持续发展的动态管理原则，定期对全市科技服务机构开展资格认定和审查、提升中介服务机构技术水平和服务质量、强化中介服务机构的人员培训和日常管理，根据科技服务机构在促进创新企业与高校研发合作服务的实效给予补助。

（五）强化研发合作保障

一是强化体制机制改革。进一步深化"放管服"改革，清除制约产学研合作的壁垒障碍，精简各类科研评估、检查等工作，保障在甬高校科研人员把主要精力投入科技创新和研发活动。二是加大多元化创新投入。在财政科技投入中安排专项资金，重点支持创新型企业与高校院所合作重大平台、重点项目和重要活动。拓展研发合作投融资支持渠道。引导市场化金融机构加大投资，创新推出特色化科技金融产品促进合作研发。在涉及企业与高校联合研发的技术创新重大项目中，鼓励金融机构在落实资本金的前提下优先安排承贷。三是构建利益风险共担合作机制。鼓励合作研发各方主动探索建立合作研发中的利益分配与风险共担机制，在分配中减少先期技术转让费预付的金额，实行提成、技术入股、技术持股等多种分配方式相统一的分配制度，将高校和科研机构应得的报酬与企业的经济效益挂钩，形成风险多方共担、利益多方共享的分配机制。四是营造良好氛围。充分发挥报刊、广播、电视、网络等媒体的作用，积极倡导鼓励探索、务实创新、宽容失败的理念，选树一批合作研发典型案例、总结合作研发典型经验进行宣传推广，营造创新企业与高校合作研发的良好环境。

王山慧

宁波搭建企业与高校院所人才合作平台研究

高校院所和企业利用双方人才在队伍特点和知识能力结构上的差异性和互补性实现共享，能充分发挥人才的"乘法效应"，通过人才共享汇聚智慧已经成为组织创新发展的重要手段。本研究报告通过分析宁波和相关城市企业与高校院所合作机制，对宁波搭建企业与高校院所人才合作平台激发人才创新活力的路径进行探析，助力宁波打造人才与产业融合发展的良好环境，实现经济高质量发展。

一、宁波现行企业与高校院所人才合作体系

近年来，宁波市以建设国家产教融合试点城市为契机，坚持服务型教育体系建设，高校院所积极参与区域协同创新，形成协同创新中心、产业学院、订单班等多种校企合作平台，推进地方高校产教融合发展，高质量服务城市发展。宁波市现行企业与高校院所人才合作模式主要有以下几种方式。

（一）区域引才共同体

区域引才共同体是宁波市探索校企联合引才的新模式，即入职人才由校企双方共同聘请，享受高校的事业编制、科研经费和企业给予的高额薪酬，共同开展"基础科研＋产业化"的多重培养和发展。以宁波市鄞州区为例，鄞州区与宁波大学、浙江大学宁波校区、浙大宁波理工学院、宁波诺丁汉大学等高校

院所合作交流，签订战略合作协议，打造"战略协同、平台共建、人才共享"的"区域引才共同体"，就人才引育、科技创新、文化教育等方面开展全面合作。区校通过成立战略工作领导小组、建立战略合作联席会议制度、设立战略合作领导小组办公室等形式，强化政策衔接联动，破除体制机制障碍，实现优势互补，形成人才引育一体化的发展新格局。2022年，在鄞州区牵头推动下，区内上市企业美康生物科技股份有限公司与浙大宁波理工学院发布联合引才公告，创新推出"高校给编制、企业给薪酬"的校企联合引才模式。依托中科院宁波材料所、宁波大学等高校院所，通过"入职在高校、落地产业化在鄞州"模式，联合引育海内外高层次人才和领军团队。近3年，该区已与各高校院所共同引进院士等顶尖人才2名、省级以上人才15名，共建各类省市级实验室5名。

此外，鄞州还探索人才协同发展专项支持政策，鼓励区内企业与高校院所联合引才育才，区内企业乐歌股份、宝兴智慧与宁波大学、浙大宁波理工学院等共同设立智慧大健康研究院、省信创联合实验基地等研发平台；联合诺丁汉大学举办横跨中、英、印三地的全球创新创业大赛、李达三孵化器全球引才创业项目路演等活动，吸纳高层次创新创业人才超过1000名。

（二）校地合作研究中心模式

校地合作研究中心是以地方政府为主导，联合高校合作共建的国企性质的科研机构。以2020年宁波工程学院与宁海县政府合作成立的宁海县应急管理研究中心为例，通过校地合作，夯实安全生产技术服务和应急管理研究基础，提升基层治理水平。在人才发展方面，该中心依托工程学院人才优势，积极推动宁海安全生产和应急管理人才智库建设。除工程学院派驻6名博士和副高以上职称专家外，中心还根据相关需求，招聘工程师、评价师、建造师等持证人员，成立一支专业顾问团队，由16名专家组成，服务宁海县道路交通、消防安全、企业安全、建设施工管理、城市公共安全、自然灾害防治、水利防洪等领域。同时，这批专家也被聘为工程学院的专业导师，参与学校人才培养方案制订和专业课程教学，以及学生毕业实习和毕业论文联合指导等工作。在人才培养方面，由专家带领工程学院安全专业学生组成"专家随行团"，直接参与地方企业安全生产和应急管理工作。如参与日常巡检后,"专家随行团"针对检查结果主动对接受检企业,帮助企业完成整改,完善日常管理机制。

此外,还有一种模式是以地方—高校人才联合培养基地为契机,引入企业,形成"校—县—企合作"模式。以宁波大学的"天台实践模式"为例,宁波大学天台研究生联合培养基地以企业为基石,搭建完善的联合培养平台,并提出产业升级需求。在此基础上,高校师生有针对性地根据上述产业需求,提出可行性解决方案,深化产业链对接,促进校企合作。政府在校企合作中起到协调、引导作用,为双方合作共赢提供政策激励与支持,促进双方优势互补。

(三)产业大学(学院)模式

近几年来,在高校和龙头企业分别成立了一批以行业企业为主体的产业大学(学院)。产业大学(学院)是专门为整合学校—企业/行业/政府单位间内外资源以培养优秀应用型人才而设置的新型组织,是服务型高等教育发展的"宁波新现象"。例如,与宁波职业技术学院联合办学的"海天(产业)大学",正相继成立或筹备成立的"航天云网工业互联网产业大学""拓普汽配模具产业大学""博洋家纺创新创业大学""模具行业协会宁波模具产业大学"等。目前建有独立型产业学院(大学)和半依托型产业学院(大学)两类:前者是面向全校所有学科专业开放的独立性人才培养机构,如宁波大学科学技术学院建立的"公牛精益管理学院""芸济无人机学院""小家电新电商学院";后者的学科专业资源依托特定学科性学院,如宁波大学科学技术学院建立的"慈星智能制造学院"依托宁大科院信工学院、"新海医疗器械学院"依托宁大科院机械学院、"福山纸业学院"依托宁大科院设计学院。二者权限和功能上无实质性差异,都拥有相对独立的组织机构及人事、财务、教学和管理权限。

以宁波大学科学技术学院2019年与宁波公牛集团股份有限公司、领誉(北京)管理咨询有限公司联合成立的公牛学院为例,三方整合各自教学、管理和人才优势,打造复合应用型管理人才培养"公牛模式",创新人才供给侧体系,三方秉承"共建、共管、共育、共享"的原则,开展联合授课机制,引入精益行业人才认证标准,构建起"学科+行业"的双标准人才培养评价体系。在人才发展方面，公牛学院形成"优势互补、联通协作"的双师资培育机制，采用"校企互动"的师资团队打造模式，包括"引企入校""校企共训"等。首先，"引企入校"模式是指公牛学院的教学实践与学生管理引入企业力量，企业的BBS部门以及领誉咨询主要对接精益教学任务，人力资源部门对接学生"员工化"管理和企业文化宣讲普化。其次，"校企共训"指学校共同参与企业的精益人才内训制度，选派教师参加企业精益高管训练营，提升教师企业实践经验和精益工具认知；学校为企业提供企业教师课程技能培训，提高企业教师教育教学和科学研究能力。建立企业导师资源库，由一批具有丰富的技术应用经验和深耕市场一线的资深企业高管担任公牛学院的课程、论文、实践指导教师，通过校企教师互访交流，依托企业精益内训师培训机制和学院教育教学实践，组建一支全价值链覆盖的高水平企业导师队伍，不断打磨和研究公牛学院的课程和培养方案，使课程设置和人才培养要求不断紧跟企业要求和精益技术发展。

（四）产业班（订单班）模式

产业班（订单班）是指高校与企业双方协商一致，通过签订校企合作培养协议，明确合作原则、培养目的等相关内容，实现校企双方产教融合、优势互补的校企共育人才培养模式。传统意义上的产业班（订单班）是"1∶1"模式，即一所高校对接一个企业。随着高等教育的发展，这种一对一模式不仅难以满足复合型人才培养目标，更难以寻求到非常合适的合作企业，因此，宁波市部分高校开始探索1∶N模式。以宁波职业技术学院为例，模具专业与模具园区的整体合作，一个模具订单班同时为园区N家企业提供模具人才，学生实训实习可以选择N个企业，减轻了企业实训场地和实训师父的压力，学生毕业拿到相应的上岗证书后可以到N企业中的任意一家上班，增加了学生选择弹性，避免了对单个企业的岗位依赖。

产业班（订单班）的人才培养模式，在一定程度上缓解了学校师资不足和设备不足的问题，企业的技术人员和高管人员以及先进的机械设备可以作为学生的实训教师和实训设备。同时，产业班（订单班）也在一定程度上为学校"双师型"培养打通通道，对高校自有教师的培养也有极大的帮助。

（五）职教集团模式

职教集团是一个由若干具有独立法人资格的职业学校、相关企事业单位，以龙头企业或高水平院校为核心，以契约或资产为联结纽带组成的不具法人资格的办学联合体。职教集团并不是一种新型产教融合模式。早在2004年，宁波就有职教集团的先例。2021年宁波市有4家职教集团入选全国示范性职教集团培育单位，这是对宁波市产教融合模式的肯定。在人才合作方面，职教集团还有多种形式，如校企共建共享人才资源库、互聘兼职人才、学校开展企业员工在职学历教育和非学历培训、企业提供教师专业实践锻炼岗位等形式。

2022年，由宁波鄞州职业教育中心学校牵头，汇聚4家行业协会、30家知名企业、8家高校、19家省内外中职学校，成立"宁波智能制造产业职教集团"，整合行业、企业和职业院校资源，打通产业链、人才链和创新链，在产业服务型高等教育上做了一系列新尝试，为服务区域经济、培养企业急需的技能人才搭建平台。职教集团的出现不仅推动人才培养产教融合基地的建立，更是形成一系列与人才队伍建设相关的平台，如校企共建"双师型"教师培养培训基地、教师企业实践基地等。

（六）校企联合育师工程

当前宁波市校企合作育师模式相对固定，即组建由产业导师、团队负责人、技能大师、骨干教师、双师素质教师和兼职教师组成的"双师型"团队。创新"双轨发展、梯队培养"团队培养模式，通过校际交流、主持科研项目、企业锻炼、聘用企业技术骨干与能工巧匠等方式，提升团队教学教改能力、专业能力、实践能力、科研创新能力、社会服务能力和国际服务能力。校企共同打造一支具有文化品牌的师德高尚、专兼结合、高水平、高影响力的教师教学创新团队。聘请行业企业专家、领军人物作为主干专业课程、实践课程的产业导师，加强产业知识和技能教学，不仅要对学生开展教学工作，还要对高校现有师资开展培育工作；聘用工程技术人员、能工巧匠等兼职教师，形成相对稳定的兼职教师库。安排青年教师以博士后等形式在政府、企业兼职挂职工作，为地方政府服务，为企业搭建桥梁。这些举措帮助校企构建了双向互动、双方互利的良性人才交流机制。

此外，形成校企合作育师基地，如浙江纺织服装职业技术学院的"经纬融合"校企育师工程，与雅戈尔、博洋等纺织服装龙头企业建立校企培养培训基地，开发分层分类培训课程，打造"双师素质培养、双师结构优化、双师资格认证"为主线的"双师型"教师队伍。

二、相关城市企业与高校院所人才合作机制

（一）建设企业校区

企业校区是指政府提供部分资金、企业提供场地和设备、学校提供专职教师在企业共同建设的集生产实践、课堂教学、实践实习、休息生活于一体的，由企业和学校共同管理的类似校区的一种大型校外人才培养基地。企业校区集合了学校与企业两个教育主体，与上文提到的产业大学（产业学院）最明显的区别是主体的不同，产业大学（产业学院）的人才培养更多依托高校的场地资源，而企业校区则更多依托企业的场地资源；与校企共建实训基地的本质区别在于实训基地的主要作用在于实践、实习、培训，而企业校区则可根据学习者的需求不同分别开展实践、实习、学习和培训等人才培养活动。2021年1月，《教育部　广东省人民政府关于推进深圳职业教育高端发展争创世界一流的实施意见》（粤府〔2020〕63号）明确提出创新产教融合体制机制，加快国家产教融合型试点城市建设，进一步完善"政府出补贴、企业出场地、校企共建共享"建设模式，支持校企共建企业校区。以广东新安职业技术学院（以下简称"新安学院"）华南城企业校区为例，2021年，广东新安职业技术学院与华南电商产业科技（深圳）有限公司依托深圳华南城电子商务产业园区，共同建设了"华南城电子商务企业校区"，采用"1+1+N"模式协同育人。华南城电商企业校区主体包括学校、牵头企业和用人企业。"1+1+N"模式是指"1"个学校（广东新安职业技术学院），"1"个公司〔华南电商产业科技（深圳）有限公司〕，以及华南城电子商务产业园区聚集的"N"个电子商务中小微企业。华南城企

业校区由华南电商产业科技（深圳）有限公司提供场地、实践设备和企业导师，学校提供专职教师，在华南电商产业科技（深圳）有限公司共同建设集生产实践、课堂教学、实践实习、休息生活于一体的，由公司和学校共同管理的企业校区。

在学校顶层设计下，企业校区成立管理委员会、综合办公室和教学与研究办公室，政、校、企多元协同办学，形成了校企"人才共育、过程共管、成果共享、责任共担"的紧密型校企合作命运共同体。同时解决了企业参与教学、教师互派互聘、先进技术进入教学内容、实习实践基地建设、学生就业等问题。"1+1+N"企业校区模式，为众多中小微企业提供了校企合作路径，也为实现大规模校企合作提出了实践路径。

（二）建设工科大学

工科大学本质上是指企业主动寻求与高校的合作，以期通过高校的教学资源对企业职工进行培训提升。以苏州工业园区职业技术学院的SAMSUNG工科大学模式为例，三星半导体工科大学是由学院与三星电子（苏州）半导体有限公司联合创办的，是政府、学校和企业多方协同创新合作的职业教育培训项目。该模式充分体现了双元制的职业教育理念。自2012年成立以来已经举办十届，目前累计培养高级工近千名、技师学员近200名，取得了丰硕的办学成果，为企业高技能人才培养探索出了一条行之有效的道路，获得了教育部及各级政府的肯定和表彰。工科大学依托校企双方优质资源，导入半导体尖端设备厂商，在工科大学基地构筑尖端设备维修中心，实现尖端技术零距离，培养优秀技术人才，促进学历及技术提升。学院依托工科大学构筑职业资格内评机制，保证职业教育的教学水平和质量。实践证明，三星半导体工科大学是成功的产学研合作的职业教育新模式。企业生产方面，工科大学促进了智能产品研发、尖端技术实训，解决企业难题，实现智能制造；职业教育方面，工科大学促进了人工智能应用、系统开发等方面的教育体系的完善，有利于行业高技能人才的培养；技术研发方面，工科大学完善的教育培训课程，促进了自主技术开发、技术专利申报，对于打造未来技术，建设半导体技术标杆基地提供了有力保障。

（三）开展校企互培互聘

以苏州工业职业技术学院的"精密制造学院"为例，苏州工业职业技术学院的数控技术专业与新加坡全资拥有的安德科技（苏州）有限企业按照"联合培养联合管理、共建共享"的原则，在项目开发和生产管理中，将紧密合作的企业纳入专业人才培养团队体系，努力打造专兼职校企结合的"双师"结构团队：人才引进方面——校企联合招聘人才，打造创新研发团队。在解决企业高层次人才发展问题的同时还将科研成果研发、学科发展设置为主要目标，为高校申请高端科研项目奠定基础，实现校企与人才双赢的目标。在博士等高层次人才的招聘过程中，邀请企业参与，将院系讲师的建设目标与知名企业的研发需求联系起来。各部门和企业共同制定招聘条件，明确专业管理，共同担任招聘考试考官，建立学习能力评估环节和结构化面试环节，对应聘者的教学和研发能力进行考核；人才培育方面——建立教师培训基地，共同资助教师培训。在关于产业学院建设项目的协议中，以条款形式明确约定，由学校和企业共同建设教师培训基地，共同培养教师。拓宽教师在企业兼职的渠道，明确其在企业的工作岗位，推动教师掌握与其工作相适应的特殊技能。帮助高校教师增强自身技能水平的同时，聘请企业教授以提高教学质量，增强校企间的人才交流沟通频率，提升企业专家研究水平和教学能力。

（四）推动师资共建

以山西大学杏花村学院为例，山西大学充分发挥学科优势和山西大学科研实力，依托汾阳市政府与汾酒集团的资源优势，以新工程理念为指导，以区域产业需求及学生培养为驱动，以政府及相关政策为保障，以校企合作培训为主体，打造人才培养新模式，成立杏花村学院。该学院充分利用"政校企"合作平台，整合资源，支持企业参与学校的人才培养，形成多赢的新局面。将大学教师送到企业生产线进行临时培训，改善教师的素质与技能结构，同时，通过自身的一线实践锻炼经验，了解毕业生未来应该具备的知识和素质，进一步优化教学模式。邀请企业高管或技术人才与高校自有高水平教师联合教学，在教学过程中相互学习，推动高校教师努力获得相关行业的准入资格证书和专业技术职位。通过对学校和企业的专业资格、岗位和职责的评估与认定，优化教师结构，从而更好地培养全面的"双师型"教师素质，促进现代产业健康有序运行，促进高职院校内涵式发展。

（五）外引内培、校企团组

以苏州工业职业技术学院为例，苏州工业职业技术学院完善教师队伍管理制度，改革高层次人才引进和考核管理机制，引培并举，优化师资队伍结构。其一，创新高级人才引培制度，与地方企业合作，建立兼职教师高级人才库，特聘高级人才，培育"苏工大师"和骨干教师，"共聘、共用、共享"行业领军人才、技能大师、产业教授等。其二，引导企业兼职教师参与专业人才培养方案的制订，并且兼任专业带头人、团队负责人，成立大师工作室，进一步完善"项目共建、技术共研、成果共享、服务共担"的人才共用机制。其三，深入实施《深化新时代职业教育"双师型"教师队伍建设改革实施方案》，建立产教融合、校企融合、理实融合的"双师型"教师培养机制。在此过程中，苏州工业职业技术学院制定了人才培养基地管理制度，结合教师在企业实践中收获的技术研发、产品升级、项目建设等方面的成果，建立量化评价体系，加大奖励力度，科学地体现教师的服务贡献值。其四，加大专业教师参与企业实践和国内外培训的力度。在此过程中，专业教师"带项目、带任务、带学生"进企业，需要完成每五年不少于6个月的企业实践，以有效提升自身的理论水平与实践能力。通过实施教师"十个一"工程，制定具有激励性、合作性、示范性的教师发展与管理机制，构建教学、科研、创业"三位一体"的教师发展模式，打造德技并修、专兼结合的高水平结构化师资队伍。

三、宁波搭建企业与高校院所人才合作平台对策建议

（一）创建行业人才联盟，形成行业人才集聚效应

行业人才联盟由政府组织，以人才为核心，以高校为主体，以企业需求为导向，人才为核心的联合开发、优势互补、利益共享、风险共担的技术创新合作组织，实现了联合引智，人才共享。人才联盟是推动产业高端化从量的转化向质的转变的重大举措；产业结构的调整决定了对人才结构需求的变化，而合理的人才使用则为产业高端化提供了人才支撑的平台；人才联盟为产业集聚了人才，加速了区域的发展，维护了社会的稳定；人才联盟可以在一定程度上缓解人才"私有制"引发的人才短缺的问题；人才联盟的不求所有、但求所用机制保证了企业人才的充足，使创新拥有了源泉。

由于人才联盟的建立需要更广泛、更开放的人事制度、薪资制度、户籍制度、成果分配制度等，需要政府积极做好相关政策的支持和协调。参与人才联盟的人才是通过契约为多个组织共用，只是通过组织自身去寻找相关人才的供求状况不仅效率低、不及时，而且还会造成其他资源的浪费。此时，政府应调控市场创建全面共享的人才联盟信息库，形成集人才动态信息、管理服务于一体的信息交换模式。一是逐步统一衔接区域内、区域间的人才流动政策、引进政策和培训政策，在人才评价、户籍管理、资格认定、劳动报酬等人才政策上互通互容，消除城市之间的差异和壁垒，为人才跨地区从事智力服务、科研合作、投资创业提供宽松环境；二是建立统一的人才安全保障制度，联手进行区域性人才市场监管，共同构建公平竞争的人才法治环境和人才生态环境；三是创建人才资源共享、信息资源联动的有效载体，构建促进科技创新和科技成果转化的平台。在人事代理、人才档案管理、人才联合招聘等合作基础上，加快人才信息网建设。加强人才资源信息库的分类工作，建立起覆盖全区域的党政干部人才、职业经理人、企业工程技术人才、科研人才、技能人才、教育培训人才等信息数据库。在此基础上，健全和完善以人才供求为核心的信息交换和发布机制，

借助运用网络技术，贯通省、市、县三级人才市场，实现区域内所有人才信息的互联互通，形成覆盖面广、时效性强的人才资信共享平台。

（二）多措加强协同创新，实现人才资源共享

探索高校与政府、科研单位、企业进行人才和合作的新途径。建立虚拟大学城（城中城），由高等研究院、校企合作建设专业硕士点、现代产业学院、协同创新中心、博士后流动站等组成虚拟大学城，形成人才集聚高地，以产业为支撑，带动整个宁波的经济和科技发展，产生一定的集群效应。高校院所可以向企业推介自己的科技成果和合格的智力劳动者，也可以通过企业的反馈，调整自己应用研究和人才培养的方向；企业既可以获取院校的技术成果和技术人才以提升自己的研发实力、产品结构和经营能力，也可以向院校传导市场的前瞻信息，引导院校提高应用研究和人才培养的针对性。虚拟大学城开放式管理、集群式技术转移、多层次科技孵化模式等特色的组织形式和运行机制，可以有效打破传统意义上的异地办学和大学科技园常规做法；科研成果转化成市场，市场拉动科研成果转化，"产学研政资"的多位合作也变得更加紧密。作为新兴产业的发源地和集聚区，依托优质高校院所资源，将高校院所具有前沿性的科研成果和创新人才与宁波相对发达的优势产业市场机制结合，催生出具有广阔市场潜力的人才和具有竞争力的产业集群，最终形成有创造力和生命力的产业创新生态系统和行业聚才高地。虚拟大学城的定位是复合型的，可归纳为高教体制改革的试验区、新型科研机构的集聚区、特色人才培养的引领区和高端科创人才的栖息地。

（三）形成产才良性互动、校企优势共融发展格局

充分发挥人才引领支撑作用，创新人才政策协同联动机制，建立互助共用的高端智库。坚持以需求为导向、以共享为核心，共享成员单位实验室、设备仪器和高素质人才，推动提高科技资源使用效益。营造良好创新环境，充分发挥"联盟工作矩阵"功能，拓宽人才交流、融资对接和项目撮合渠道。分类建立经营管理、产业技能、专业技术等专家人才库，探索专家人才柔性交流制度，

通过"双聘"、项目委托、外聘顾问、专题咨询等方式推进专家人才资源共享共用。发挥人才联盟集聚效应，重点是突出优势特色，坚持错位发展，精准引进人才，精细培育人才，共同打造聚才"洼地"。同招共引人才，协作编制行业发展急需紧缺人才目录，联手举办大型引才推介会、招聘会。互训共育人才，充分发挥现有人才在经济发展和科技进步中的主导作用，依托高校、职业技术（技工）院校和大型企业等建立或共享人才培养、实训基地，协同开展重点产业、行业急需紧缺人才培养，推进培养、实训成果在两地互认。通过联建师资库、课程库，联合办学办班，跨区域、跨组织开展现场教学、党性教育、实岗锻炼等。互派共用人才，探索建立"合作共享、互派互助、共促发展"人才交流机制，不断推进跨领域、多层面、项目化的人才交流合作。

（四）强化人才服务保障，优化人才发展环境

加强行业人才联盟的政策性保障，建立多元化服务功能的价值纽带联结，建立全方位互动沟通和支撑服务，为人才才华施展搭建"梧桐树"，为产业集群发展引来"金凤凰"。提升人才联盟的服务质效，必须坚持人本理念，共同营造"近悦远来"人才生态，全面加强人才服务保障，最大限度解决人才后顾之忧。建立人才评价共通机制。健全突出创新价值、质量、实效、贡献导向的人才评价体系，畅通区域间在人才层级、人才资格等方面的阻隔，建立人才公共服务共享机制。组建专业化人才服务团队，设立专门办事窗口，提供"一站式"服务。完善区域人才公共服务清单，扩大服务事项，简化办事流程。推动人才联盟内部人才流动公共服务便利化，多渠道解决人才阶段性居住需求。妥善解决人才子女入学、医疗服务、社会保险、住房等问题，为流动人才提供优质高效的服务保障。

构建立体化人才服务体系。开展"进企业、送政策、问需求、解难题"等系列活动，深入调研相关行业的特点和需求，汇总成员单位的共性问题和需求，探索建立信息交流互动平台，定期发布"技术清单、需求清单、问题清单"三张清单。常态化举办专业学术会议、人才沙龙、对接会等主题丰富的相关活动，为人才联盟成员进行政策解读、技术研讨、项目推介。加强定期与人才联盟内

高水平专家的沟通联系，进一步发挥专家集聚整合、创新资源和引领作用，带动产业人才成长，提升人才自主创新能力。在支持产业人才定向培育、学历教育提升、业务能力培训、高端人才培养等方面积极推荐专家导师，为人才提供政策咨询、项目申报等服务。整合国内外最新科技动态、科研资讯、大赛项目等信息，及时为人才提供多层次、全方位的信息。推动解决制约行业发展的痛点难点问题、建立探索常态化的可持续服务发展的机制，切实解决人才关切的实际问题。

吴双燕

宁波发挥重点产业创新平台集聚人才作用研究

一、宁波重点产业创新平台集聚人才状况

根据《关于促进新型研发机构发展的指导意见》（国科发政〔2019〕313号）、《中共宁波市委关于深入实施人才和创新"栽树工程"，加快建设高水平创新型城市的决定》（甬党发〔2020〕26号）等文件精神，目前，宁波30家重点产业技术研究院在新材料、工业互联网、关键核心基础件三大科创高地、"246"万千亿级产业集群及五大新兴产业发展导向的领域，开展了卓有成效的技术研发、成果转化、产业孵化等方面工作，在某些关键技术核心领域形成了突破，推进了宁波传统产业数字化发展和智能化转型。

综合来看，宁波产业技术研究院在高端人才引育等方面取得阶段性成效。主要体现在以下三个方面。

一是高端科创人才集聚效应初显。精准引才、系统育才、科学用才，营造一流人才生态。自2018年以来，宁波累计建有产业技术研究院达到71家，集聚各类人才3万余名，科研团队中具有硕博学位或高级职称人员占比超60%，研发人员占比超70%，其中院士（兼职）6名，长江学者4名，国万1名，教授36名，领军人才领衔团队21个，承担或合作实施科技项目134个，孵化或在孵企业21家。中科院宁波材料所、兵科院宁波分院、宁波工业互联网研究院等新型研发机构给地方经济社会发展带来了巨大的推动作用。而宁波与乌克兰国家科学院共建的宁波弗兰采维奇材料研究所已集聚11名海外院士，实现

了自主培养院士零的突破。

二是企业研发机构建设不断上台阶。目前全市共有省级以上企业技术中心163家，其中国家级32家，省级企业研究院148家、省级高新技术企业研发中心598家。创新创业载体方面，宁波新材料产业创新服务综合体等17家产业创新服务综合体列入省级创建与培育名单，推动成立石墨烯国家级创新中心，智能成型技术、磁性材料、电驱动等43家省级制造业创新中心，西北工业大学宁波研究院等11家单位获批省级工程研究中心。累计拥有新型"双创"载体平台500余家、国家双创示范基地4家、国家小型微型企业创业创新示范基地11家、省级双创示范基地9家。

三是人才培养载体建设不断加强。据统计，2022年宁波全市实现工业总产值约2.4万亿元，规模以上工业企业数量在1万家以上，战略性新兴产业增加值占规上工业比重提高到27.9%，拥有国家级专精特新"小巨人"企业283家。为提升产业人才供给数量，打造产业高能级人才发展平台，宁波市先后引进北京航空航天大学、国防科技大学、浙江大学等一批重量级大学落户宁波市，帅特龙集团有限公司、拓普集团股份有限公司、圣龙（集团）有限公司等数家企业拥有省级企业技术中心，国家级汽车检测机构——卡达克机动车质量检验中心有限公司（宁波）、吉利汽车（杭州湾）研发中心、中国汽车技术研究中心华东分中心等加速了产业科技成果的转化效率，这些都成为吸引创新人才聚集的专业平台。

二、问题和困难

（一）产业创新领域高能级承载平台少，专业人才严重不足

创新平台和专业人才是支撑智能制造发展的重要依托，但从宁波实际看，还存在以下问题：一是国家级创新平台数量少。宁波是副省级城市中唯一没有国家级实验室布局的城市，省部共建国家重点实验室也仅有1家农业领域平台，甬江实验室还处于启动阶段。二是战略科技力量还比较薄弱。新型研发机构、

技术创新中心等数量还比较少，国家重大科技基础设施还处于空白。三是高端人才严重短缺。根据问卷调查显示，产业技术研究院对高层次专业人才需求占比均超过40%，"一多三少"现象普遍存在，即柔性引进的多，全职落户的少，总部引进的少，领军创新型团队更少。产业技术研究院集聚人才规模还偏小，人才引进的力度还需要加强。另外软环境支持力度不足，现代化治理能力有待提升。对行业领军人才和专业技术人才的引进乏力，本地人才的培养和支持不足，人才供给的保障不到位，使得产业技术研究院面临缺人少人的问题。而调研中甬江科创区反映建设碎片化明显，目前缺乏高端城市配套，如首批入驻企业对2～3年短期内转移并安置众多研发人员压力巨大。

（二）支持产业技术研究院人才集聚的生态还有待培育

产业技术研究院人才集聚需要有良好的生态系统，但宁波距离优越的人才生态系统还有较大的差距，产业技术研究院人才集聚生态体系建设目前面临四大困境。

一是企业创新能力不足，难以承担起技术创新主体责任。随着市场经济不断完善和发展，企业的技术水平难以支撑不断增强的市场竞争力，这就需要以科技创新打造企业核心竞争力。但是企业自主创新的高投入、长周期和高风险等特征，严重阻碍了企业的自主创新之路。

二是高校和科研院所存量科技成果难以产业化。近年来，随着经济的持续快速发展，对科学研究和创新的需求不断增长，国家和地方政府也逐渐增加了对科学研究的投入。在大学实施知识创新工程建设，虽然卓有成效，但是高水平的创新不等于有效的技术创新，更不能直接转化成为生产力。高校和科研院所的研究主要包括基础研究和应用基础研究，很多科技创新并不能用于企业，因此很难进行有效的技术创新并将其转化为实际的生产力。如宁波2021年技术合同登记为3000余项，成交额为260余亿元，低于大连、青岛、深圳等计划单列同类城市。

三是资金不足。其一，政府拨款不够快。一些产业研究院没能按照协议约定，准时获得财政奖励或补助资金。其二，合作单位投入不及时或力度不够大。诺丁汉（余姚）智能电气化研究院因余姚姚江科技投资开发有限公司出资未到位，研发活动受限。其三，自我造血的长效机制没能建立。不少产业研究院的运营模式设计，就决定了需要长期大量"输血"，在当前研究成果转化为商业价值的渠道还不够多、机制还不够顺畅的环境下，这一问题更为突出。

四是城市整体创新生态还有待提升。根据《国家创新型城市创新能力监测报告2021》和《国家创新型城市创新能力评价报告2021》显示，宁波创新能力仅居第15位，排在无锡、合肥、济南等城市之后。

（三）企业市外设立研究院所情况较为普遍

宁波目前127家重点企业在市外（境外）布局有研发机构155处，其中91家企业存在市内外双研发机构的布局。国内分布在31个城市，其中主要集中于上海（28处）、深圳（17处）、杭州（17处）、北京（9处）、武汉（9处）等城市；国（境）外主要集中于日、韩、德、意、美等国家，布局了35处。总体来看，布局了市外研发机构的127家企业中属于新材料、工业互联网、关键核心基础件三大科创高地领域的有57家，占到44.89%，其中新材料领域企业有19家；属于宁波十大标志性产业链领域的有79家，占比62.3%，其中节能与新能源汽车23家、智能成型装备14家、智能家电13家、化工新材料10家；属于宁波"246"万千亿级产业集群的有121家，占比95.3%，其中汽车制造18家、高端装备18家、新材料17家、智能家电14家。调研发现，宁波重点企业设于市外的研发机构规模总体偏小。

机构场地面积不足500平方米的有70处，500～2000平方米的有59处，超过2000平方米的有26处；机构研发人员数量不足50人的有116处，50～100人的有24处，超过100人的有15处。研发场地和研发人员均具备一定规模的市外研发机构有大丰舞台设计院、美诺华药物研究院、博菱科技（印尼）有限公司、东莞维科电池研发中心、音王（北京）信息技术研究院等。

127家企业中仅有6家企业表达了将市外研发机构迁回宁波的意愿，分别是：宁波新芝生物科技股份有限公司计划于2025年将位于杭州的研发机构迁回宁波，并意向在甬江科创区内落户；爱柯迪股份有限公司计划于2023年将位于深圳的研发机构迁回宁波，规划6000平方米空间用以集聚研发人员；锦浪科技股份有限公司表示将根据宁波人才政策吸引力来决定回迁的进度；浙江孚邦科技有限公司计划于2023年将位于深圳的研发机构迁回宁波，并意向落户甬江科创区；音王电声股份有限公司计划建设企业研发大楼，将位于北京、深圳、上海等地的研发人员迁回宁波；浙江钰烯腐蚀控制股份有限公司计划于2023年将位于西安的研发机构迁回宁波。

有72家企业明确表示没有回迁意愿，原因主要包括客观因素和主观选择两个方面。客观因素包括：一是企业在国（境）外设立研发机构涉及国外客户和雇员，如浙江夏厦精密制造股份有限公司在东欧设立夏厦东欧研发中心，其中研发人员多为当地雇员，难以跨国搬迁；二是为了服务配套上下游客户的需求或方便利用当地环境资源，如宁波韵升股份有限公司在包头市设立研发机构主要是当地具备的天然环境更有利于稀土永磁材料的制备；三是企业已在宁波和宁波市外同时设有研发机构，形成内外互补配合的双研发机构格局。持以上三个原因的企业客观上难以关闭当地研发平台。企业所述的主观原因聚焦于市外研发机构所在地科教资源、人才资源较为充足，便于人才招募和研发活动的开展。

三、对策建议

（一）提升创新平台辐射加快人才引流

一要加速创新资源集聚。优化布局实验室体系，积极发挥甬江实验室龙头带动作用，聚焦新材料、工业互联网、生物医药等优势领域，引育一批重点实验室和产业技术研究院。加强发改、经信、科技、教育、人才等市级政府部门与镇海、高新区、江北、鄞州等区域的协同，形成合力，集聚整合科创资源，依托甬江科创大走廊、前湾新区、南湾新区等重大平台建设，积极引进高水平研究院，布局完善技术创新中心、公共科研平台等高能级创新载体。加快推动大科学装置等重大科技基础设施落地，引导相关科研力量协同开展具有重大引领作用的跨学科研究，加速科技成果产出，全面增强创新策源能力。

二要完善公共服务平台。按照"一个产业至少一个服务综合体"的原则，加快建设集创意设计、研究开发、检验检测、标准信息、成果推广、创业孵化、国际合作、展览展示、教育培训等功能于一体的产业创新服务综合体。围绕新一代信息技术、新材料、高端装备制造等重点领域优势行业转型升级的重大共性需求，加快推进以龙头企业牵头、协同产业链上下游企业和科研院所联合组建制造业创新中心。加快建设和完善宁波科技大市场、科技资源开放共享平台等综合性服务平台，加强技术供需信息库与科技信息网络等基础设施建设，鼓励科研院所、企业、科技中介机构等参与建设一批专业技术服务平台。

（二）创新高端人才要素市场化配置方式

完善技术要素市场化配置机制。开辟战略性新兴产业创新主体绿色通道，加快知识产权备案和预审效率。深化科技成果产权制度改革，完善职务科技成果转化收益分配制度，从源头激发科技人员创新活力。完善科技创新资源配置方式，加快科技项目经费使用"包干制"改革，赋予科研人员更大的人财物自主支配权和技术路线决策权。依托宁波科技大市场和线上数据平台，常态化开展科技成果征集、发布和路演对接活动，建立市场化社会化的科研成果评价制度。

创新人才要素市场化配置机制。聚焦战略性新兴产业高质量发展需要，通过全职聘用、"双聘双挂"等多种形式，大力引进海内外高层次创业创新人才和团队项目。拓宽高校、科研院所与企业人才流动通道，支持和鼓励事业单位科研人员创新创业。完善国有企业市场化选聘优秀经营管理者机制，推行职业经理人聘任制和市场化激励约束机制。加快实用技能人才的产学研联合培养。建设一批人力资源产业园，推动人力资源服务业高质量发展。

（三）做好宁波企业在外研发机构反哺对接

宁波制造业的转型升级需要强大的研发能力支撑，创新产业的持续向好需要源源不断的研发与人才资源供给，加大宁波科教科研资源集聚，优化城市人文环境的建设，从系统层面上缩小人才（人力）资源与其他发达地区的差距。聚焦宁波重点产业、特色产业，鼓励宁波企业在外设立的研发机构回归或与市外创新资源提高联动频率和效率，辐射带动上下游产业链，将研发与生产紧密结合，缩短产学研流程，实质提升企业研发创新发展水平。对有条件的龙头企业与国际研发机构开展跨国研发、国际合作、技术研讨等活动，提升宁波大型企业境外研发机构反哺市内产业研发院的能力和效能。

加强创新国际合作，大力支持"一带一路"中意（宁波）园区、宁波诺丁汉中英科技创新园、中瑞（宁海）生产技术中心、鄞州中德工业园等国际产业科技合作基地建设，鼓励高校、科研机构、企业等参与国际大科学计划和大科学工程，推动创新孵化中心、创业投资孵化机构等载体向海外拓展布局，吸引美国、欧盟、以色列等国家一流研发资源在宁波设立总部基地和分支机构。充分发挥长三角区域内智库优势，依托智库合作示范区建设，推动创新平台与上海、杭州、台州等城市联动发展，加强与外市科研院所和创新型企业合作，以"科技飞地"、技术创新联盟等方式，开展委托或合作研发。积极争创浙江（杭甬）国家综合性创新中心，主动承接北京、上海两大科技创新中心和北京怀柔、上海张江、安徽合肥三大综合性国家科学中心科研成果输出。从而使得重点产业技术研究院成为人才集聚的高地，科技创新成果的孵化地，新型智力的策源地。

郭　跃

宁波创新卓越工程师培养机制研究

一、卓越工程师的概念与主要特征

（一）概念

卓越工程师是与普通工程师相区别的一个概念，是工程科技人才中出类拔萃的佼佼者。卓越工程师需要有扎实的理论基础、极高的创新能力与宽广的知识面，并且善于解决复杂的工程问题。唯有达到以上要求，才可能从普通工程师中脱颖而出，被称为"卓越工程师"。

（二）主要特征

1. 知识结构上，应当是强调多元交叉的复合型人才

在"卓越工程师培养计划"推进的过程中，教育部的领导与教育界专家多次强调对卓越工程师复合能力的要求，怀进鹏就曾强调，"培养卓越工程师，需要强化育人能力建设，注重科学基础、工程能力、系统思维和人文精神的交叉融合"，这无疑是对卓越工程师的复合型能力提出了明确的要求。这一点与其对工程教育培养方式的要求也相吻合，"要实现工程教育办学方式从学科专业单一性和独立性向学科大类交叉转变"。华中科技大学校长尤政也曾表示，"卓越工程师培养中，除了要重视基础理论、创新、工程方面的素质，还要有学科交叉融合思维"。全国政协委员，上海市政协副主席钱锋对于卓越工程师的培

养方面也曾表示，"要探索'工科+人工智能''工科+医学'双学位、主辅修等多元化人才培养模式。培养既掌握工业生产、工艺、研发、质量检验等专业知识，也了解物流、法律、环保、安全、项目管理等多学科知识的复合型人才；推动人工智能、大数据等与工程学科融合"。由此可见，对于卓越工程师复合能力的要求方面，无论是教育部的管理视角还是相关专家的认识是高度统一的。新的科技时代，对培养复合型的工程技术人才提出了更高的要求，唯其如此，方能符合时代的要求，符合竞争的需要。

2. 能力结构上，应当是具有创新能力的实践型人才

2021年，习近平总书记在中央人才工作会议上的重要讲话中强调，"要培养大批卓越工程师，努力建设一支爱党报国、敬业奉献、具有突出技术创新能力、善于解决复杂工程问题的工程师队伍"，对工程技术领军人才培养提出了新要求、新期待。这正是习近平总书记针对卓越工程师的创新能力以及实践能力提出的明确要求。也就是要求卓越工程师从唯理论转向突出解决现实问题，提高实践能力，直面一线、解决问题才是工程师的核心要义。直面一线，要求工程师要以技术立业，身在车间、实验室、班组前沿；解决问题，要求工程师以业绩为先，以效益为先，以产品为先；这些目标的实现都要求卓越工程师有突出的解决实际问题的能力。因此，培养卓越工程师一定要聚焦实践，培养卓越工程师一定要注意从实践中来到实践中去。

3. 视阈范围上和能力标准上，应当是满足国际化标准的通用型人才

要培养面向未来、具有国际竞争能力的卓越工程师，人才的视阈范围与能力标准就不应当仅仅局限在一国的范围内。所谓的国际化，本身包含很丰富的内容，具体可以指向国际通用，国际认可。也就是在卓越工程师的培养过程中，通过国际化的培养环境，国际化的交流途径，国际化的培养标准，促使工程师个体能力素质不断提升，最终适应国际化工作要求，获得国际认可，最终使得培养出的卓越工程师能够实现无障碍的跨国流动。具体来说，卓越工程师国际化的内涵可以表现在以下几个方面。

（1）从素质能力角度来看，卓越工程师的国际化意味着不同国家或地区

的工程师能力水平具有等效性，使得跨文化、跨地域的交流合作成为可能。

（2）从精神气质看，国际化意味着注重国际化视野、国际化观点以及国际化精神的培养，使得工程师具备国际化的战略意识与战略眼光。

（3）从卓越工程师的培养过程来看，国际化要注重工程师人才开发环节、评价标准与管理体系与国际通用惯例对接，加强国际交流与合作。

（4）从活动空间来看，卓越工程师的国际化意味着此类人才未来的流动区域与工作范围并不局限于一国的范围内，而是以全球区域为活动空间。

毋庸置疑的是，为了更好地融入国际社会，赢得国际竞争。卓越工程师的培养目标理应使被培养的工程师具备国际化视野、满足国际化标准。在这一指导标准下，国家《专业技术人才队伍建设中长期规划（2010—2020年）》提出要"建立和完善与国际接轨的工程师制度，提高工程技术人才职业化、国际化水平"。教育部正在与中国工程院合作，制定中国工程人才培养通用质量标准，参照国际通行标准，评价"卓越计划"的人才培养质量。而参与"卓越工程师培养计划"试点的高校，也几乎都将培养"国际通用型工程人才"作为重要目标。

二、卓越工程师的培养目标

卓越工程师的培养应当对标其主要特征，以培养和塑造满足卓越工程师标准的人才为目标设置培养模式与培养计划，并针对现有工程师培养模式的缺陷与不足加以改进、提高，做到有的放矢、以终为始，培养适应现代化竞争环境的卓越工程师。

（一）对标卓越工程师特征，培养多元交叉复合型的工科人才

据统计，近25年诺贝尔奖中，学科交叉合作的研究成果比例高达47%，这足以凸显学科交叉在前沿科技竞争中举足轻重的作用。而我国的传统工程教育由于教育定位不准确、对接社会需求意识不强烈，导致人才培养以科学教育模式为主，往往关注学科、产业的单一性，学科专业划分过细，强调人才培养闭环的独立性，培养主体普遍遵循"设置院系—开设专业—人才培养"的路径，

在培养过程中以教为主，重视理论知识传授而轻能力培养，以至于教育实践中结合现实需求的工程教育特色不鲜明，培养出来的学生知识面过窄，且知识结构单一，这种状况既与国际先进工程教育理念存在较大差距，也无法适应新科技革命和产业升级的快速发展。显然这种培养方式已经无法适应当前工程科技领域交叉融合、综合发展的新趋势与要求。学科交叉融合是工程教育创新的基石。现代工程作为多种基础技术与核心技术的组成和集成，在面对错综复杂的现实问题时更需要多学科与跨学科知识技能的综合融通。这就要求卓越工程师培养主体适应国家与地方新兴战略产业发展要求，整合学科资源培养具有多元交叉知识结构的工程技术人才。在学校培养环节，突破传统学院学科边界，以解决产业共性技术和需求创新问题为导向构建课程体系。由此可见，培养卓越工程师就是要使工程教育的教育方式实现从学科专业单一性和独立性向学科大类交叉性转变。

当然，将卓越工程师定位为多元交叉复合型人才也不仅是一个学理上纯理论的定位，同样也是日趋激烈的国际国内竞争形势下，企业经营主体为满足现实实践需要，提升自身竞争力以迎接现实挑战的结果。陶永建、冯军等学者组织浙江省软科学重点课题——基于卓越工程师培养的校企合作模式和企业参与动力机制研究课题组，对浙江省内11家企业、1家政府机构进行了实地调研。受访企业中，接近40%的企业认为工程师应该是复合型人才，包括不同学科、领域知识之间的复合，管理和技术的复合，比如机械行业的工程师应该是机电一体化人才，化工行业的工程师也要掌握金属材料的知识等。相关企业认为工程师应该以工程型为基础，同时又需要具有较强的综合素质和能力，各有专长，而不是一个模子浇铸出来的。可见，对于卓越工程师复合型能力的要求也是企业经营主体在现实竞争压力与一线用人实践中得出的实践标准。

从卓越工程师的培养主体角度，应具体如何实践才能满足复合型人才培养的要求呢？实现这一目标的主要责任在于作为培养卓越工程师重要主体之一的高校，最亟待解决的是改变高校传统的培养方案与课程结构设计问题，建立符合复合型人才培养目标的课程体系。在打造培养卓越工程师的学科专业体系方面，理应从现实情况与国家战略出发，从事关发展要义和国家安全的关键领域出发，从制约我国高水平科技自立自强的关键核心出发，对高校现有的工科培养方案作出有针对性的调整，对标卓越工程师的特征，健全在校生的培养体系，构建符合现实要求与时代发展需要的课程体系。以解决实际问题为目标，面向未来，面向科技前沿培养工科学生的专业能力。在能力架构方面，突出卓越工程师能力的复合性。具体应包括工程知识、问题分析能力、设计/开发解决方案的能力、研究能力、工具使用能力等。在学科融合方面，着眼未来实现跨学科知识教育。为主动应对互联网信息技术变革的挑战，要运用新一代信息技术改造升级传统的学科专业体系，促进理工融合、医工融合、文理融合，深入推动跨学院、跨专业、跨团队的工程人才培养，主动前瞻布局人工智能、量子信息、集成电路、先进制造、空天科技、新材料等前沿领域的新工科专业，抢占未来科技发展和产业变革的战略制高点，形成更加注重产业需求、更加注重交叉融合、更加注重服务贡献的工程教育学科专业体系。

（二）对标卓越工程师特征，培养具有创新能力的实践型人才

传统工科教育以教为主，重视理论知识传授而轻能力培养，这一现状从作为用人单位的企业角度进行评价结果会更为直观。据一项对浙江省内101家企业进行的现有工程师培养质量评价、校企合作有效模式、企业参与动力因素等内容的问卷调查，其中63.64%的被调查企业认为工科毕业生实践能力薄弱，44.44%的企业认为所学专业知识与实际工作需要脱节，42.42%的企业认为技术知识不扎实，40.40%的企业认为缺乏行业背景知识。不难看出，现行高校的工科教育培养内容、人才素质结构与用人单位工程技术类的实践要求还存在不小的距离。这种培养状况既与国际先进工程教育理念存在较大差距，也无法适应新科技革命和产业升级的快速发展。

实现培养实践型人才的目标，要从以下三方面入手开展工作。

（1）开展项目化教学，提升工科学生的实践能力。高校培养工科生要注意实践能力的培养，要不断创新教学方式，打造"真刀真枪"的实践平台，将课堂和实验室开设在工程与产业一线，将真项目、真课题转化为学生实操的"练兵场"与"磨刀石"，让学生在工程现场锻炼发现问题、分析问题和解决问题

的能力，强化多元思维能力养成。

（2）进一步提升高校教师队伍处理工程实践问题的能力。纯理论型的教师很难教育出实践型的学生，因此迫切需要提升高校工科教师解决实际工程问题的能力。清华大学曾与德国亚琛工业大学开展过联合培养，让清华教师感受颇深的一点是，同一门课程，两国的教材差不多，但讲课的理解程度相去甚远。在德国，一些教授来自企业，能结合自己的体会把教材讲得很活。但国内的老师则是按照教材，从科研角度出发多，落在工程上就很难讲透。可见，我国工科教师的实践能力与德国这样的工业强国还有不小的差距，提升工科教师解决工程实践问题的能力迫在眉睫。要实现这一目标，一是要出台政策，鼓励企业、科研院所高层次工程科技人才到高校任职或兼职，引进和培育具有工程实践经验的教师；二是鼓励制造业和信息技术领域教师对于工程技术难题开展跨学科研究；三是将教师解决企业实际工程问题作为岗位考评的重要指标。以此来提升教师队伍的实操能力与实践技能，拥有了强调实践的教师才能教出具有实践能力和解决问题视野的学生。

（3）建立健全校企协同育人的教学模式。要提升学生的实践能力，最后还需要发挥企业在人才培养中的重要作用，创立高校与行业企业联合培养人才的新机制，实现企业的角色转变，由单纯的用人单位变为联合培养单位。高校和企业共同设计培养目标，制订培养方案，共同实施培养过程。推进产教融合、协同育人，在这一过程中尤其要注意调动企业主体参与卓越工程师培养的积极性。工程实践活动、项目化学习对提升学生的创新思维能力、动手能力和解决复杂工程问题的能力有着毋庸置疑、不可替代的作用。因此，校企共同设计培养目标，制订培养方案，并利用产教融合搭建实践平台，以加强工程类学生的实践动手能力的培养已经成为卓越工程师教育的关键环节之一。通过产教融合的方式，让学生的创新能力与工程实践结合，最终培养成为具有实践能力、符合"卓越"标准的优秀工程师。

除了以上以高校为主体的卓越工程师培养模式，个别地区也另辟蹊径走出了由政府部门主导的有本地区特点的卓越研究生校企联合培养模式，这种模式摆脱了学校主导、以培养和教育为出发点和落脚点的合作模式，反其道而行之。由政府汇集企业需求，确定需求项目和资金，再去寻找符合需要的联合培养人才。其中比较有代表性的有东莞市科技局主导设立的东莞新一代信息技术卓越工程师创新研究院。东莞市从推动支撑科技企业和研发机构的高水平发展出发，自2017年起就以研究生联合培养为切入点，通过一线科研项目带动，推动校企紧密合作培育研发工程师。经过5年的积累，东莞共征集了400多家科技企业、研发机构共800余个一线研发项目以及5000多个研究生联合培养岗位需求，以此吸引集聚清华大学、北京大学、澳门科技大学、香港城市大学等160多所国内外高校院所的3000多名研究生到东莞开展培养实践活动。

（三）对标卓越工程师特征，培养具有国际化视野与水平的工程人才

衡量国际化的关键指标，在于是否具有和国际接轨的工程教育理念与培养模式，培养和认证标准是否国际化。最终通过人才培养和开发国际化的途径，实现培养素质能力与价值回报国际化人才的目的。卓越工程师培养高校通过国际交流与合作办学等方式，"引进来"与"走出去"的双向流动方式并举，吸收国外工程教育先进理念，推进教师海外培训计划，实现教师队伍来源的多样化，拓宽学生的国际视野，努力使人才培养方案与国际先进水平接轨。

由于国际通用标准的工程人才培养模式更为强调高等教育培养阶段的实践能力养成，在培养工程人才国际化的过程中，实际上也使得所培养人才的实践能力得到了跃迁与提升，在这个意义上卓越工程师培养的国际化与卓越工程师培养的实践型在培养结果上具有趋同性。

同时，中外合作的国际化办学模式往往会根据某种国际认证资格要求来对标培养具有国际化视野与水平的工程师，这就使得经历过国际化背景教育的工程师在达到毕业标准时就满足了某种国际认证资格的资质条件，培养出工程师个体能力的提升以及与国际要求的接轨，无疑为我国接下来在工程技术人才方面采取对标国际的注册认证制度做好了铺垫。

培养具有国际化视野与水平的工程师，具体有以下几种方式。

（1）聘请海外工程技术专家、工科教师参与国内高校教学培养过程，采

用项目指导、课堂授课、开设讲座等方式传授其在工程技术领域的知识与经验。

（2）选派优秀教师赴国外高校学习交流，学习国外高等工程教育、产学合作教育等方面成功的模式与经验，并逐步建立起制度化与常态化的教师境外学习交流机制，以拓展教师的国际视野，作为提升学生国际视野的前提和基础，只有具有国际化视野和水平的老师方能培养出具有国际化视野和水平的学生。

（3）中国高校与海外高校开展中外联合培养办学，引入国际通用的培养模式与培养标准，培养满足国际化认证资质要求的工程师人才。

（4）中国高校与海外知名企业开展国际化产学研合作项目，通过合作共同完成课题研究与工程实践，深入一线，解决企业实际问题。

（5）开展海外学习、交换学习与联合毕业设计等海外学习项目，为学生创造更多的海外学习机会，通过长短期合作项目交流、学期排派出与暑期项目等方式，促使学生学习专业课程与开展文化交流。

三、卓越工程师培养的宁波实践——以宁波工程学院为例

（一）宁波工程学院"卓越工程师教育培养计划"实施情况

2010年，中华人民共和国教育部和行业协会组织实施"卓越工程师教育培养计划"，宁波工程学院作为浙江省唯一一所地方院校被列为首批"卓越工程师教育培养计划"实施高校。该校的化学工程与工艺、材料成型及控制工程、电子信息工程、计算机科学与技术4个专业成为学校首批卓越工程师培养试点专业。

"卓越工程师教育培育计划"实施以来，对标"卓越工程师"培养的标准与要求，在课程改革、课外实践、师资建设、海外实习、实验室建设等方面积极开展了一系列行之有效的具体举措，取得了一定的效果。具体举措如下。

1. 实施课程体系重组等第一课堂改革工程

学校依据"卓越计划"培养标准，遵循工程集成与创新的特征，重构课程体系，改进教学内容，推动专业课程和公共课程教学改革。着力推动CDIO、

项目式教学、案例教学等先进方法，进行教学方式改革。灵活安排教学计划，适当加大学生选课的自主性。改革学生学习和教师教学效果评价方式，开展考试形式改革试点。加强"卓越计划"配套教材和教学资源的建设，加强教学改革成果的培育。

2. 实施企业实习实践等第二课堂改革工程

联合行业企业建立工程实践教育中心，探索学校企业政府合作教育机制，为学生提供获取工程经验、工作经历的工程环境。鼓励教师学生在工程实际中提炼毕业设计（论文）选题，在工程实践中完成毕业设计（论文）任务，奖励解决工程实际问题的教师学生。

3. 实施学生社会实践等第三课堂教育工程

大力开展以社会服务、创新创业、专业训练、社会调研、生活磨砺、思想政治理论课实践活动、青年领袖培养计划等为载体的社会实践教育活动。通过服务教育、体验教育，培养学生在社会主义核心价值体系框架下，勇于担当、善于合作、敢于吃苦的完善人格，并将各社会实践载体纳入卓越人才培养方案，实行团队化组织、项目化运作、课程化管理和学分化考核，实现学校学习和社会学习，第一、第二和第三课堂的全面联动。

4. 实施工程师资引进和培养工程

通过"聚英100"计划，引进国内外的优秀工程师和有工程背景的博士、教授。柔性引进国内外有丰富经验的优秀工程师担任兼职教师，承担校内专业课程、实习实训、毕业设计、开设讲座等教学任务，适当提高企业兼职教师的薪酬水平，建立兼职教师数据库。出台了《宁波工程学院关于外聘工程实践教师的实施办法》，加大具有工程实践能力的优秀外聘师资力度，课酬比一般外聘教师提高20%。通过"育英100"工程，实施"青年访问工程师"等计划，提高教师工程素养和工程能力。通过实施"双合作"战略，提高教师解决工程实际问题能力，带动学生工程开发能力的提高。

5. 实施校内工程技术教育环境建设工程

以工程技术人才应用能力培养为目标，加强校内公共基础实验室、实习实训基地建设，加强公共共享的教学实验配套设施建设，加大校内实验、实习场所的开放力度，同时按照相关规范和行业标准，统筹考虑不同课程体系实验教学和科研训练的需要，积极推动与企业合作共建的专业实验室，为学生核心应用技术能力培养创造更为真实的工程环境。

6. 实施工程实践教育中心建设工程

积极参与和推动校、市、省、国家等不同层次的工程实践教育中心体系构建。学校与企业共建工程实践教育中心，为学生提供真实的工程实践环境，保证"卓越计划"学生一年左右在企业学习的条件，同时也为企业提供智力支持。中心负责学校与企业共同制定培养目标，共同建设课程体系，共同重组教学内容，共同实施培养过程，共同评价培养质量，共同承担学生在企业学习期间的生活、安全保护、劳动保护等各项管理工作，共同承担对学生进行专门的安全、保密、知识产权保护等教育，以创立高校和企业联合培养的长效机制。

卓越工程师培养学院与相关专业在学校整体布局的背景下，大力推进校企协同育人与海外交流等工作，重点关注在校学生工程实践能力与国际化视野的培养。其中，作为试点专业，化学工程与工艺专业与宁波本地石化龙头企业建立了长期稳定的人才培养合作关系，在校企协同育人理念的指导下，目前建有企业合作学生创新实践基地 8 个，具体包括：中石化镇海炼化股份有限公司——宁波工程学院国家级工程实践教育中心，镇洋化工——宁波工程学院浙江省重点化学化工示范实验室，及其他企业实习基地 6 个。合作企业深度参与本专业人才培养，为学生提供任职实习、生产实习等实践机会，提供化工产品领域的生产、检测、研发等实习岗位，承担实习指导、管理和考核工作，为专业人才培养发挥了重要作用。在推进校企合作、协同育人的同时，积极拓展境外合作交流渠道，提升学生的国际化水平。化学工程与工艺专业与境外的多所高校建立了交流合作关系，这些学校包括韩国庆北大学、韩国岭南大学、日本大阪府立大学、台湾南台科技大学、高雄第一科技大学等。其中交流内容不仅包括学业学习，甚至还包括境外实践项目，该专业与台湾南台科技大学和台湾龙华科技大学建立联系，化工专业学生暑假期间可以赴台进行为期一个月的专业实习。除此之外，海外学习项目还有爱因斯特海外专业交换实习项目等。这些项目都有利于学生了解海外工程师培养内容、了解新科技动态，提升综合竞争力尤其是学生的国际化水平。另外，宁波工程学院电子与信息工程学院也先后与中软国际、达内科技、微软、柯力电气、奥克斯三星、汉普工具等知名企业，签署校企合作协议，校企双方共同制订"电子与信息工程学院学生企业学习阶段培养方案"。

（二）宁波工程学院"卓越工程师教育培养计划"保障情况

卓越工程师的培养涉及教师、学生、企业联培单位等多个主体，事关硬件提升、环境改善、海外培养、课程体系改革建设等多方面内容。要想切实提高卓越工程师培养的效果，达到培育符合国家标准与要求的"卓越工程师"，除了理论的研究与实践的探索之外，必须有资源上的跟进与保障，才能使提升卓越工程师教育培养的理念、设计切实有效地落到实处，因此资源保障在卓越工程师培养过程中必不可少。宁波工程学院在卓越工程师培养过程中在资源保障方面，具体做法如下。

1."卓越计划"专项资金保障

学校每年给予"卓越计划"500万元以上专项经费，重点支持卓越专业海外实习、课程重构、教学方法改革、工程实践教育中心、工程师资引进培养、教材建设等相关事项。

2."卓越计划"考核激励机制保障

学校支持各试点专业对"卓越计划"教师进行选拔，并给予教学改革课程适当补贴。对于申报成功的省、市、校等教改教研课题在经费、考核等方面给予科研课题同样的支持力度。对于教学改革、教学研究有显著成果的教师在职称聘任方面给予适当倾斜。对进行"卓越计划"教学改革教师的教学业绩考核适当倾斜等。适当加大学生课程自选力度，将对学生的考核从侧重知识考试转向侧重知识应用、工程开发能力等，激发学生将知识内化为工程素养的热情。

3."卓越计划"教师培养保障

"卓越计划"教师培养保障包括教师海外培养和国内教师培训保障。海外培养保障包括学校优先资助"卓越计划"试点专业的教师参加出国访学、留学、进修、实习、学术交流等国际合作交流。优先支持"卓越计划"试点专业青年骨干教师到海内外工程名校、跨国公司研修。国内培养保障包括学校优先支持"卓越计划"教师参加工程师继续教育，优先支持"卓越计划"教师实施"青年访问工程师"等计划，逐步提高培训期间教师的工资津贴等待遇。

4."卓越计划"服务保障

全校教职工要紧紧围绕学校发展大局、学生成长成才、教师教学科研等，强化服务意识、完善服务条件、优化工作作风、提高服务能力和效率，以高度的责任感和事业心，共同为卓越工程师教育培养工作做出贡献。

（三）宁波工程学院"卓越工程师培养计划"实施以来的困难和问题

1.学校的教学方式与教学体系仍有待改进与完善

传统教育理念在学校教学具体操作过程中还有较大的惯性，学校相应的教学管理人员与教师在旧有的思维模式的作用下未能实现教学与实践导向的根本转变，实践教学环节仍然比较薄弱。表现在课程设置与教学方式上重理论轻实践的倾向依旧非常明显，对工科专业仍采用纯理科的教学模式和理论主导的授课模式，实践课程较少，而理论课程内容也与实践脱节，学习结果的可迁移效率低。学生在学习的过程中单纯的理论课程过多，而对理论的运用和操作很少，不知道相关理论在实际中如何使用的问题比较突出，以致学生对于实践能力的认识不到位，重视度不高。学习比较偏重理论学习，不能认识到实习实践的重要性，在实习过程中难免流于形式，甚至参与实践的动机仅仅是满足学校教学学分要求，被动实践现象突出，从而影响了实践教学的效果。在培养过程中试错与创新机会少，学生的自主性很少，只限于选题，至于如何具体做，完全按照老师的指导，缺少试错和创新的机会，不能发挥学生参与教学实践活动的主动性与创造性，以致学生解决实际问题的能力、创新能力与自主规划设计能力不足。

2.企业参与校企合作协同育人的积极性有待进一步提高

校企联合培养是实现卓越工程师实践型人才培养目标的主要方式和重要前提，这一培养方式对于改变我国传统的工程人才培养过程中重理论轻实践、重知识轻能力的状况，提升工科大学生的实践能力已经取得了一定的成效，但对于企业来说，由于其主体的特殊性，深度嵌入人才培养的积极性还有待提高，产教融合培养机制尚待健全。

由于企业是以营利为目的的经营实体，追求经济效益才是企业主体最重要的目标。企业出于自身经济效益和核心技术安全考量，对学生的工程实践安排与项目教学参与的积极性自然就达不到学校和社会期待的标准。另外，学校因在教学内容、课程设置方面某些旧有的惯性尚未及时改变，在教学内容与教学目标上依然有重理论轻实践的倾向，导致教师参与实践指导的能力不足，学生的能力结构也不能满足一线工程实践的要求，这些因素均导致教师指导实践与学生参与实践流于形式，满足不了企业对于实习生的期待和要求。而企业方面也存在因生产规模、实践计划等原因客观上没有大批量接收学生实习的现实需求，而为了满足生产经营需要企业能够抽调给学生提供实践指导的工程技术人员数量上不足的现象。再加上学生参与实习的目标不明确、主观意愿不强烈等原因，这些制约因素进一步导致企业参与积极性下降。以致现实中校企合作未能满足企业的诉求、考虑企业的现实需要，也无法解决企业亟待解决的问题，校企合作关系的推进往往依靠个人关系建立和维持，最后导致学生企业实践流于形式，效果大打折扣，满足不了培养实践型工程人才的初衷。

3. 旧有评价机制不能适应新形势下卓越工程师人才培养的需求

首先，学校现有的教师考评机制突出论文在职称晋升、物质奖励与精神价值方面的权重，从技术层面上讲，人才培养的指标考核的周期太长，学生的优秀与否很难体现在量化指标上。因此，很难将教师在教学与实践上的精力投入、教学效果以及学生评价与现实的教师评价完全挂钩。相比之下，发论文成为高校教师更显性的衡量指标。最终导致教师的主要精力都投入在科学研究与论文产出上，不能发挥评价机制对人才培养投入的正向激励效果。这是一个亟须正视与亟待解决的问题。

其次，现有的学生培养方式、考评指标，体现在学生的成长成才、个人发展的各个阶段上，均有唯分数、唯升学、唯文凭、唯论文的价值导向，实践能力评价标准并不突出。因此，对于学生的评价指标建设，也同样需要加快建立以实际创新、解决问题与实践贡献为导向的评价标准。

四、宁波创新卓越工程师培养机制的对策建议

（一）建立健全校企合作机制，出台政策激励企业参与校企合作的积极性

如前所述，由于校企合作模式样板少、体制机制有待完善、校企双方权责存在不清晰，工程教育人才培养的产教融合模式仍处在不断摸索中。目前实践环节大多依赖于学校、教师与企业的"私交"，导致校企合作、协同育人环节不规范、无保障。宁波应出台相应的政策，系统重构工程科技人才的培养机制，建立健全校企合作机制，一方面，要求高校以满足企业需求、解决企业问题为导向推进课程改革与设置实践安排，以保障高校人才培养能够切实帮助企业解决实际问题，从而提高企业接收在校实习学生参与企业工程实践的积极性。另一方面，完善企业激励机制，在强调企业参与人才培养的社会责任感的同时，利用税收、奖励、补贴等方式，对于参与卓越工程师联合培养的企业主体给予一定的税收优惠政策、优先扶持政策，并对有重要贡献的企业予以奖励。以切实提升企业参与卓越工程师培养的积极性，使"让我培养"变为"我要培养"，使企业由单纯的用人单位变成共同培养单位，发挥企业具备真实工程环境和先进的工程实践条件的优势在真实环境培养学生的工程实践能力、工程设计能力和工程创新能力。提升校企合作、协同育人的实际效果，避免实践环节流于形式。最终通过激励机制与校企合作机制引导企业深度参与人才培养，高校与企业共同制定人才培养标准、共同建设课程体系和教学内容、共同实施培养过程、共同评价培养质量，集聚社会资源投入人才培养，实现人才培养与企业需求的有效对接。

（二）促进教育改革评价机制，调动教师、学生参与实践活动的积极性

现行的评价机制，一方面很难调动高校教师、学生参与实践活动的积极性，另一方面也很难吸引高水平的实践人才投身高等工科教育。要通过评价机制改革，让老师把培养学生作为第一目标。要通过评价体系的改革，让学生切实感到实践环节的重要性。要通过评价机制改革，发挥好企业人才在一线的经验，有利于卓越工程师培养的人才队伍建设。为了实现以上目标，就需要加快推进评价标准实现从唯论文、唯奖项等到以考察实际创新贡献为主的根本转变。要根据习近平总书记要求，对于人才要不拘一格，不以"一把尺子量人"。对于培养工程师的教师而言，将解决企业实际工程问题和培养出优秀的工程技术人才作为岗位考评的重要指标。如果整体的评价体系难以改变，至少对于参与卓越工程师培养的教师（工程实践、实验教学）要单列专门的职称评审办法和渠道。对于卓越工程师的评价标准而言，直面一线、解决问题和传承技艺三个要素，才是工程师的核心要义。直面一线，要求工程师要以技术立业，身在车间、实验室、班组前沿；解决问题，要求工程师以业绩为先，以效益为先，以产品为先；传承技艺，要求工程师秉承"师"的传道授业解惑之道，奖掖后进，不吝赐教。只有将以上要义作为人才评价的重要标准，方能提升工程师投入工程实践的热情。宁波需要积极推动评价方式改革，完善评价标准，加快破除唯分数、唯升学、唯文凭、唯论文、唯帽子的评价导向，加快建立以实际创新、解决问题与实践贡献为导向的评价标准。

（三）创新以企业为核心的项目制校企协同人才培养机制，促进产教供需双方的精准对接和有效匹配

这种创新机制主要参考前述东莞卓越工程师创新研究院的合作模式，在市政府的主动下成立卓越工程师创新研究院，并且将该研究院定位为项目人才合作平台，先从企业需要入手确定项目，再以项目为主体开展招才引智

工作，寻求符合项目需要的工程师人才（包括高校教师与学生）予以精准对接，提升工程师人才与项目企业的适配度，以此达到人尽其才、物尽其用的效果。在合作过程中既能充分发挥高校工程人才的理论知识与实践技能，又充分尊重了企业的主体选择性，最大限度地满足了企业解决实际问题的需求，有力地调动了高校、学生、企业三方的积极性，有利于学生与企业项目资源的优化配置。

这种创新研究院的合作模式无疑是推动校企合作方面的创新举措，从推动支撑科技企业和研发机构的高水平发展出发，通过一线科研项目带动，推动校企紧密合作培育研发工程师。在项目平台建设的基础上，可以建设研究生联合培养工作站，认定并聘用有资质、有能力且有意愿的企业导师投身项目指导，并以此为基础建立市级平台认证的企业导师库。有需要的高校可以与相应的企业导师联系参与长、短程的本校工程师培养过程，提升了企业导师资源的利用效率，并以宁波卓越工程师创新研究院为突破口，建设以产业应用为导向的人才培养体系、产学研协同科研攻关体系，在提升人才培养质量的同时将人才资源赋能科技创新，把使用人与培养人的过程统一起来。

秦旭翔

产才深度融合背景下"产业教授"选聘与评价标准研究

党的二十大报告明确提出,"教育、科技、人才是全面建设社会主义现代化国家的基础性、战略性支撑"。近年来,宁波积极开展人才政策与制度创新,将产才深度融合作为集聚人才、创新资源的重要路径。但在人才开发实践中,还存在人才供给与产业发展需求不匹配等问题,需要通过创新人才培养模式、引导支持复合型人才创业创新等方式,予以积极破解,"产业教授"制度提升人才培养与产业发展匹配度,激发人才一线创业创新的创新举措,是推动产业链创新链资金链、人才链、深度融合的有效探索。

一、相关区域"产业教授"的探索实践

(一)基本情况

2010年10月,江苏省为探索校企联合培养人才创新机制以推进产学研合作,由省委组织部、教育厅、科技厅联合启动了产业教授选聘工作,即从企业中选聘优秀的企业负责人、技术骨干等到具有博士、硕士学位授予权的普通高校担任"产业教授"。该制度自推行以来,得到了企业和高校的积极响应,取得了显著成效,建立了校企合作纽带,丰富了产学研合作内涵,为推动科教深度融合与提高研究生培养质量发挥了积极的作用。2017年为更好地培养应用型

人才，江苏省把这一制度推广至高职院校，至今已遴选459名产业教授分布在全省近90所高职院校，通过授课讲座、指导创新创业、推动项目实施等方式，每年使5万多名学生受益。开展这项制度的院校通过产业教授牵线搭桥与企业共建师生实习基地，加快了"双师型"教师队伍建设的步伐，有效破解了职业教育教师队伍来源单一、校企双向流动不畅、专业化水平偏低等结构性矛盾。

近些年来，江西省、湖北省等省份也相继出台这个制度。综合各方面的报道文献显示，产业教授在推行产学研培养人才导师制，解决学生实践能力培养，共建合作平台联合开展科研及成果转化，推动所在企业、科研院所与合作高校共建教学和实习基地等方面取得显著成效。

2022年4月，宁波市江北区率先在全省制定出台了"产业教授"专项意见二十条，通过政府牵线搭桥，推动地方人才链、创新链、产业链融合发展，对产业教授促进产才深度融合进行了有益的探索。

（二）主要特征

1. 顶层设计起点高

一是工作推进层次高。一般由省政府牵头，省委组织部（人才办）、教育厅、科技厅、人社厅、财政厅等多部门联合发文，组织选聘工作。二是任职条件要求高。产业教授除规定了政治素质、职称、年龄等要求外，大多还需满足"中华技能大奖""全国技术能手"、国家或省级非物质文化遗产传承人等条件要求，确保了聘用人员的专业化水平。三是岗位职责要求高。除规定了产业教授参与人才培养方案制订、指导学生实习实践、讲课讲座等具体职责，还要求推动所在单位与院校联合开展科技攻关、项目申报、成果转化、共建基地等宏观性、战略性任务，强化了其在校企合作过程中的桥梁作用。

2. 工作流程规范具体

依据"按需设岗、公开选聘、择优聘任、合同管理"的原则，产业教授通过岗位发布、个人申报、院校推荐、遴选认定4个程序进行选聘。院校首先根据给定的名额和学校实际，由人事、教务及二级教学单位商讨，提出产业教授岗位、数量和任职要求，报省产业教授选聘办公室审核并向社会发布；符合申报条件的企业候选人经所在单位同意后进行岗位申报；相关院校对申报人组织初审，通过初审的人员予以推荐；省人才办等组织专家进行遴选评定，对确定的人选经公示后发文公布并颁发聘书。

3. 教师身份认同感强

产业教授项目确立之初就确定了以问题为导向的工作思路，围绕如何激发企业高技能人才参与职业教育的积极性展开。政策上，正式发文认定"教授"资格，规定产业教授就是学校教授，在申报省级有关人才、科研项目时优先支持；院校可自主制定产业教授薪酬发放办法，其费用不计入单位的绩效工资总额，并可为其发放福利津贴和专项奖金。实践中，许多院校为产业教授举行隆重的聘任仪式，配备办公室，安排校内助教，给予其在学校发展、教书育人等方面和专任教师同样乃至更大的话语权，使产业教授能更好地融入学校的育人氛围，形成"教师"意识，增强了教师身份认同和工作成就感。

二、"产业教授"聘用实践中标准建设障碍分析

目前"产业教授"聘用项目由于聘用行为是实践先于理论，仍存在系统性制度设计缺失、产教融合生态建设考虑较少、任职条件针对性不强等问题。

（一）缺少系统性的制度安排，可操作性有待加强

产业教授作为产教融合、校企合作背景下的一项制度创新具有示范作用，承担着引领企业和院校兼职高管（或教师）聘用管理工作的功能，一套涵盖选拔要求、聘用流程、管理内容、考核标准及激励办法的系统化的制度设计必不可少。目前，产业教授的聘用都是通过部门发文的通知推进，尽管文件中专门列出了相关的聘用要求，但不少条目只是纲领性的规定，内容系统性不足，可操作性不强。

（二）产教融合生态建设涉及较少，企业激励制度设计尚显不足

产业教授要参与学校教育教学人才培养等工作,更要发挥桥梁与纽带作用,

推动企业以更加积极的姿态支持教育事业。现有的项目制度设计中，围绕"厚植企业承担教育责任的社会环境，推动院校和行业企业形成命运共同体"等的内容不多，没有利用产业教授聘用的契机在制度层面形成校企协同育人的良性互动。产业教授申报时虽然需要所在企业认可，但多数企业依然处于被动的态势。在应聘成功后，有的企业对其频繁参加院校兼职活动颇有微词，不少产业教授只能利用休息时间到校工作，在推进产教融合、校企合作方面难有作为。

（三）项目实施效果评价缺乏统一的标准，评价体系有待建立

各地产业教授相关文件中有的将聘期考核工作归口到聘用单位进行，有的没有提及考核评价工作，不免有严进宽出嫌疑，不利于聘任后工作落向实处。建立评价规范，有利于凝练形成广泛共识，统一各方职责，保证项目推进取得实效，确保产业教授项目实现良性循环。特别是建立评价体系，对类似人才类项目的评价提供一定的借鉴。

三、宁波市"产业教授"选聘和评价规范标准研究

按照"产业教授"类型并结合工作职责，构建以创新价值、人才培养、产业贡献为导向的产业教授选聘与评价体系。在把握科技创新规律和人才成长规律的基础上，坚持产业教授分类评价，合理设计选聘指标和评价体系，规范评价流程，以填补产业教授选聘与评价机制空白。

（一）内涵及类型划分

产业教授是指从企业、学校、科研院所等处选聘的既具备科技创新能力，又具备产业转化能力，兼有管理工作能力，能够推进校地企合作的复合型人才，可参与高校与企业、科研院所联合培养人才，共建各类研发载体、开展科研项目合作，并对科学技术事业及经济社会发展做出贡献的劳动者。

产业教授的类型可划分为两类。一是创新型：根据企业需求，受高校、科研院所选派到企业担任创新项目带头人，通过积极发挥个人和所在高校、科研院所的综合优势，在开展产学研合作、推进科技成果转化、引进培养人才团队、

完善企业创新体系等方面全方位服务企业，提升企业创新能力。二是应用型：根据校企学研合作需求，探索高校、科研院所与企业联合培养人才的新机制，支持高校、科研院所选聘创新创业人才担任应用型产业教授，促进人才在高校、科研院所和企业之间流动。

（二）选聘原则

1. 德才兼备

坚持德才兼备，把品德作为产业教授选聘与评价的首要内容，加强对产业教授的科学精神、职业道德、从业操守等评价考核，倡导诚实守信，强化社会责任，抵制心浮气躁、急功近利等不良风气，从严治理弄虚作假和学术不端、违反科技伦理等行为。

2. 科学严谨

产业教授选聘与评价遵循人才成长规律和科技创新规律，科学设立评价目的、指标、方法，以引导人才潜心研究、关注人才培养、追求卓越。

3. 公开公正

产业教授选聘与评价的过程公开，评价相关阶段的进展情况非涉密在一定范围及时向社会公开。评价过程由评价主体独立、客观、公平地实施。

4. 分类管理

根据评价目的和评价结果的应用方向，对产业教授人才实施分类评价，客观、真实、准确反映不同评价对象的实际情况。

5. 动态调整

聘用周期一般为三年，注重过程评价和结果评价、短期评价和长期评价相结合。突出中长期目的导向，要根据研究规律和成长规律动态调整评价考核周期。

（三）选聘基本要求

1. 政治思想

全面贯彻党的教育方针，政治立场坚定，具有良好的政治素质和职业道德，无违反师德师风相关问题。

2.年龄要求

身心健康，年龄一般不超过60周岁，国家级人才可放宽至65周岁。

3.学位职称要求

应具有拟聘任相关学科（领域）硕士及以上学位，或具有高级专业技术职称。

4.技术水平要求

应达到国家级或省（部）、市级专业及技术水平。体现具有国家级专业及技术水平的主要有院士、国家高层次人才特殊支持计划、长江学者、杰青、优青等。体现具有省（部）级专业及技术水平的主要有省高层次高技能领军人才、省主要学科学术和技术带头人、获得过省级及以上科技类奖项等；宁波市高级人才以上层次人才。

（四）选聘流程

1.在市级相关部门统筹协调下，高校、企业等用人单位根据实际需要，自主确定产业教授岗位需求，经人社部门审核后，统一对社会发布。

2.产业教授申报者经所在单位同意、在所在单位予以公示后，向用人单位提出申请。

3.用人单位组织专家评审，并将评审结果公示后，将相关申报材料报送至产业教授选聘办公室（以下简称"选聘办公室"）。

4.主管部门对上报人选进行遴选，将结果进行公示、发布，并为入选者颁发产业教授聘书。

5.相关单位与产业教授签订聘任合同，明确双方责权利。

（五）各方工作职责

1.产业教授

①参与高校学科与学位点建设、人才培养方案制订或修订、教材开发、教学改革等工作。②指导或联合指导学生，承担学生实践课程的建设和教学工作。③搭建行业企业与高校对接的桥梁，与高校联合开展项目申报、科学研究、科

技开发、成果转化。④推动所在单位与高校共建企业院士工作站、博士后科研工作站、博士后创新实践基地、工程技术研究中心、浙江省优秀研究生工作站、浙江省研究生工作站示范基地。

2. 高校

①制定产业教授选聘细则，明确产业教授岗位职责和权益，明确产业教授具体工作任务和工作量。②探索产教融合新机制，构建产教研一体化平台。③为产业教授提供必要的工作条件和经费支持。④组织产业教授中期考核工作。⑤与产业教授所在单位共建各类研发机构，引导和鼓励本校科研人员到企业创新创业，优先向产业教授所在单位转化先进科技成果。⑥为产业教授所在单位提供员工技术培训和继续教育。⑦推荐优秀毕业生到产业教授所在单位就业。

3. 产业教授所在单位

①支持符合条件的人选申报产业教授，支持产业教授参与高校人才培养、科学研究，支持科技成果在本单位的转化，参与对产业教授的考核工作。②为产业教授指导学生提供实习实践平台和条件，创造条件吸纳优秀学生在本单位就业。

（六）考核评价管理

1. 产业教授实施中期考核评价和期满考核评价。中期考核分合格、不合格。期满考核分优秀、合格和不合格。

2. 考核评价指标按图1的框架，由创新价值、能力和贡献等三个一级指标、若干二级指标和特色二级指标组成。

3. 产业教授中期考核不合格的，由聘任单位对其进行约谈并要求其整改。整改后半年考核仍不合格者，由聘用单位报主管部门审定后，予以解聘。期满考核优秀且符合申报条件的，经高校和产业教授同意，可直接续聘。期满考核不合格的，5年内不得申报。

4. 产业教授有下列情形之一的，自动解除聘任合同：①身体健康原因不能履职的；②调离浙江工作的或调离原工作单位不能继续履职的；③存在学术不端行为的；④有严重教学、科研、管理等方面事故的；⑤有其他严重影响聘任高校和所在单位声誉的。

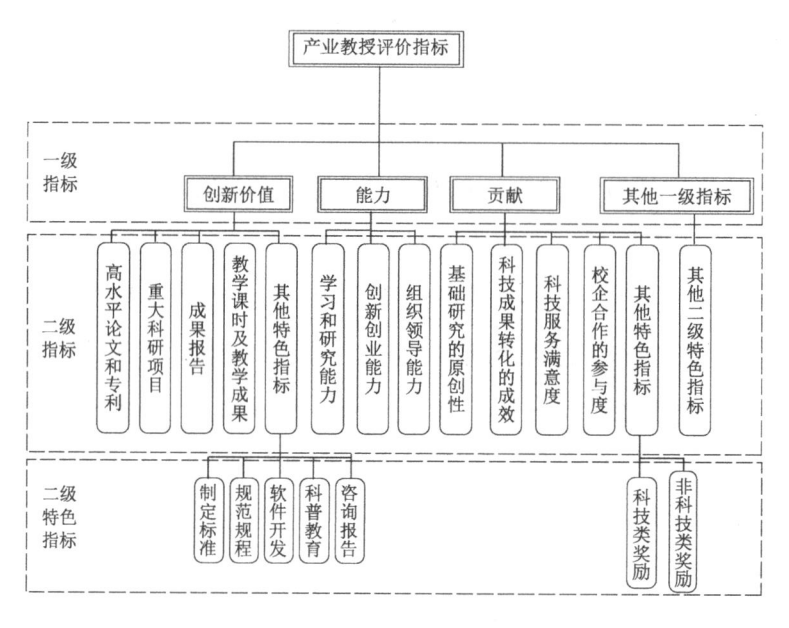

图 1　产业教授评价指标体系

李　菲

进一步推进软件和信息技术服务业人才开发对策建议

2022年度我国软件和信息技术服务业运行稳步向好，软件业务收入跃上10万亿元台阶，盈利能力保持稳定。2022年全年，全国软件和信息技术服务业规模以上企业超3.5万家，累计完成软件业务收入108126亿元，同比增长11.2%，增速较上年同期回落6.5个百分点。浙江完成软件业务收入9390亿元，位居全国第5，排名前4位的为北京（23912亿元）、广东（17413亿元）、江苏（13164亿元）、山东（10658亿元）。全国15个副省级中心城市实现软件业务收入53419亿元，同比增长10.0%，占全国软件业的比重为49.4%，宁波实现软件业务收入694.3亿元，同比增长19.5%，增速高于副省级中心城市平均9.5个百分点，发展势头迅猛。但对标《宁波市现代服务业发展"十四五"规划》设定的目标，"到2025年，基本建成特色型中国软件名城和全国工业互联网领军城市，软件和信息服务业业务收入力争突破3000亿元"，宁波软件和信息服务业提升空间仍然较大，人才效能有待进一步显现。

一、我市软件和信息技术服务业人才需求情况

根据前程无忧（www.51job.com）招聘网站上发布的招聘信息，截取2022年12月至2023年5月宁波、杭州、苏州、上海、深圳等城市围绕信息传输、软件和信息技术服务岗位，涵盖java、C++、.NET、Web前端等软件开发工程师、

结构开发工程师、信息化开发运维等类别，发布人才需求53594个，其中宁波3303个，杭州9293个，苏州9052个，上海15977个，深圳15969个。

（一）岗位供给处于较低水平

从岗位发布数据看（见表1），宁波人才需求数占5个城市发布需求总数的6.2%，是苏州（9052个）的36.5%，杭州（9293个）的35.5%，仅为上海、深圳的20.7%。宁波软件和信息技术服务人才需求数较同类型城市及一线城市差距较大，一线城市为该类人才提供了更多的就业岗位和发展机会。

表1　　城市间软件和信息技术服务人才需求岗位比较

名称	宁波	杭州	苏州	上海	深圳
需求数（个）	3303	9293	9052	15977	15969
平均薪酬（万元）	1.07	1.32	1.18	1.51	1.46
最低薪酬（万元）	0.2	0.2	0.2	0.2	0.3
最高薪酬（万元）	4.2	10	5	8.33	9

（二）岗位薪酬分布处于较低水平

从薪酬分布看，月平均薪酬从高到低排列依次为上海（1.51万元）、深圳（1.46万元）、杭州（1.32万元）、苏州（1.18万元）以及宁波（1.07万元），宁波的平均薪酬是上海的70.8%，是中位数杭州的81%。从岗位分布来看，5个城市软件开发服务岗位月薪酬分布跨度为0.2万～10万元。其中，月薪酬0.5万～1.5万元（不含0.5万元）区间的岗位占比宁波（78.72%）、杭州（74.86%）、苏州（77.32%）、上海（66.55%）、深圳（66.8%）；月薪酬1.5万～2.5万元（不含1.5万元）区间的岗位占比宁波（10.8%）、杭州（15.78%）、苏州（13.88%）、上海（25.48%）、深圳（23.29%）。从最高薪酬看，月最高薪酬从高到低分别为杭州（10万元）、深圳（9万元）、上海（8.33万元）、苏州（5万元）以及宁波（4.2万元），宁波依然处于最低水平，是杭州的42%，是中位数上海的50.4%，是同类型城市苏州的84%。最高薪酬在同类型城市中偏低，对于专业人才，特别是高层次人才的吸引力偏弱。

表2　城市间软件和信息技术服务岗位分布区间

月薪酬（万元）	宁波	杭州	苏州	上海	深圳
0.2	7	1	1	1	0
0.5	300	371	611	206	569
1	1803	3945	4332	5308	5583
1.5	797	3012	2667	5325	5084
2	272	1076	1037	2954	2695
2.5	85	390	219	1117	1024
3	13	339	99	694	647
3.5	16	62	55	153	100
4	5	32	28	122	107
5	5	53	3	83	141
6	0	9	0	9	9
8	0	2	0	1	9
10	0	1	0	4	1
合计	3303	9293	9052	15977	15969

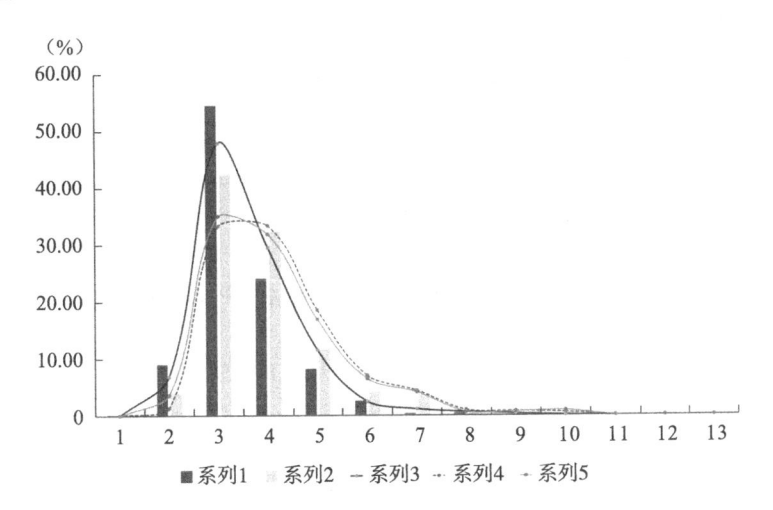

图1　城市薪酬分布图

二、需要关注的几个方面

（一）软件和信息服务业行业运营能力有较大提升空间

根据国家工信部发布的数据，2022年杭州全年实现软件业务收入8258.8亿元，同比增长1.7%，产业规模在全国15个副省级中心城市中仅次于深圳，位居第2（见表3）。杭甬软件业务收入合计占全省的95.3%，宁波实现软件业务收入694.3亿元（居于副省级城市末位），仅为杭州的8.4%，差距较为明显。间接反映宁波相关企业在规模及盈利能力上与相关城市存在一定的差距，这在一定程度上影响岗位薪酬水平。

表3　2022年前十位副省级中心城市软件业务收入情况

排序	城市	收入（亿元）	排序	城市	收入（亿元）
1	深圳	9983	6	济南	4382
2	杭州	8259	7	青岛	3672
3	南京	7408	8	武汉	2519
4	广州	6464	9	西安	2219
5	成都	4732	10	沈阳	1087

数据来源：《2022年软件和信息技术服务业统计公报》。

（二）承接"溢出"人才的吸引力有较大提升空间

根据"智联招聘"发布的《中国城市95后吸引力排名：2022》，宁波对95后的吸引力排名位居全国第20（北京、深圳、上海分别位居前3，杭州第5），处于长沙、西安、济南等中部省会城市之后（见表4）。同时从人才流动来看，对95后人才吸引力位列前4的城市（北京、深圳、上海、广州），流出目的地前10的目标城市均没有宁波，仅杭州流出的人才会把宁波选为继上海、北京、深圳之后的第4目标城市（见表5）。

进一步推进软件和信息技术服务业人才开发对策建议

表4 95后人才吸引力50强城市

排序	城市	排序	城市
1	北京	26	嘉兴
2	深圳	27	绍兴
3	上海	28	金华
4	广州	29	温州
5	杭州	30	湖州
6	南京	31	南通
7	苏州	32	镇江
8	成都	33	扬州
9	武汉	34	台州
10	佛山	35	福州
11	无锡	36	惠州
12	珠海	37	舟山
13	青岛	38	沈阳
14	东莞	39	泰州
15	天津	40	泉州
16	郑州	41	南昌
17	长沙	42	昆明
18	西安	43	石家庄
19	济南	44	三亚
20	宁波	45	拉萨
21	厦门	46	烟台
22	常州	47	太原
23	合肥	48	威海
24	重庆	49	丽水
25	中山	50	大连

数据来源：智联招聘，第一财经·新一线知城数据平台。

表5 相关城市95后人才流出TOP10城市

排名	北京	深圳	上海	广州	杭州
1	上海	广州	北京	深圳	上海
2	天津	东莞	杭州	佛山	北京
3	深圳	北京	深圳	东莞	深圳
4	成都	上海	苏州	北京	宁波
5	杭州	佛山	南京	上海	苏州
6	广州	惠州	广州	珠海	广州

续表

排名	北京	深圳	上海	广州	杭州
7	石家庄	长沙	成都	武汉	嘉兴
8	西安	武汉	武汉	杭州	南京
9	郑州	苏州	合肥	惠州	金华
10	南京	杭州	郑州	成都	成都
合计占比	43.9%	53.0%	50.0%	56.4%	46.6%

数据来源：智联招聘。

（三）本土人才培育造血力不足

我市现有中等职业（技工）学校32家，普通高等院校16所，其中全日制普通本科高校7所，软件信息类专业高校1所（浙江大学软件学院宁波校区），"双一流"建设高校1所，985、211高校仍为零。在专业结构配置上不够均衡，高端人才培育造血能力整体较弱，无法精准适配软件和信息服务业的高端需求。据调研企业反映，企业亟须相关领域专业人才，但应届毕业生存在专业能力较弱、工作不能立即上手、人岗不适配等情形。

三、相关地区推进软件和信息服务业人才发展比较

（一）加强产业人才引育

江苏在工程系列职称中增设数字经济工程专业。郑州对软件人才实施"郑州人才计划"和"青年创新创业行动"，支持高等院校、科研机构、企业在软件园区设立教学实习基地和软件人才培训中心，加快产业人才培育。杭州对软件企业中入选国家级专精特新"小巨人"企业、浙江省"隐形冠军"企业、杭州市鲲鹏企业等，给予企业授权认定人才名额。对软件企业引进的拥有关键核心技术解决卡脖子问题的高层次人才，可参加职称"直通车"评审。广州对软件和信息技术服务业入库重点企业高端人才（年工资薪金应税收入达到60万元以上），给予每人不超过10万元的奖励；对高端人才在申办人才公寓、子女入园入学、人才落户、人才绿卡、出入境、居留等方面给予综合支持。北京

优化行业高层次国际人才引进政策，简化工作许可、居留许可审批流程。明确对引进的行业人才，按人才住房支持政策做好保障服务。在全市非北京生源毕业生指标总量范围内，加大对软件人才的支持力度；对国家级"小巨人"企业招聘优秀毕业生给予落户支持。鼓励北京市属高校聚焦关键软件、前沿软件领域建设专业课程体系，与企业定向培养高层次专业人才。

（二）加强产业载体建设

广州按照"一区一特色"原则开展全市重点软件产业园区培育工作，支持各区把发展软件和信息技术服务业作为经济社会转型升级的重要工作任务来抓。郑州对首次获得国家级、省级软件类基地（园区）的运营主体，且基地（园区）内软件企业营业收入规模超过10亿元，届内每年给予150万元、100万元补贴，支持实体园区开展"云上园区"建设，对经认定的"云上园区"，每年增加50万元补贴。北京支持园区建设和运营，打造一批元宇宙、人工智能、网络安全等领域特色园区，支持园区建设产业支撑平台，按实际投入给予最高500万元资金补助，并根据服务绩效给予最高100万元奖励。

四、强化宁波软件和信息技术服务业人才开发的对策建议

（一）发挥平台人才集聚效应

推动甬江软件园项目快速建设，运用5G、云计算、大数据、物联网等新一代信息技术，实现园区智慧化运营，打造生态协同的软件产业集群。支持各类软件产业园区和企业深化高端智库的合作，引进建设国家级工程实验室、工程研究中心、院士工作站等研发机构，争创国家级创新平台。依托宁波工业互联网研究院、宁波数字孪生研究院等创新载体，进一步提升平台人才集聚效应。

（二）加快优质资源精准招引

充分发挥宁波宜游、宜业、宜居的城市优势特色，探索高层次人才安居多元化模式，多渠道多形式解决人才落户、创业、安居等问题。精准吸纳、招引

上海、杭州等地头部企业的"溢出"人才。深化与国内各大招聘网站合作，结合宁波产业发展实际和企业用人需求，精准锚定软件开发工程师、算法工程师、集成电路设计等相关领域专业人才。建立全球化人才服务工作站，提升政府服务水平和城市软实力，加大海外人才吸引力度。

（三）加大人才开发投入力度

借鉴北京、广州等地政策，探索设立软件和信息技术服务业人才专项资金。引导企业建立适合自身特点的人才开发投入体系，加快推进人才市场化配置。发挥政府投资基金作用，鼓励引导基金参与，加大人才创业长期资本引导支持。

吴　珂

宁波重点企业人才开发需求研究

党的二十大报告指出,强化企业科技创新主体地位,营造有利于科技型中小微企业成长的良好环境,推动创新链、产业链、资金链、人才链深度融合。宁波作为产业强市、制造大市,企业一直是人才开发的关键主体,是全市人才工作的主战场。近期以来,为切实掌握我市重点企业人才开发需求,课题组协同相关单位共调研全市各类重点企业 391 家,其中单项冠军和专精特新等制造企业 195 家,服务业企业 73 家,上市公司 123 家,排摸企业人才开发需求、查找堵点问题、创新解决机制,现将调研情况总结如下。

一、重点企业人才开发需求情况分析

(一)单项冠军和专精特新企业情况

1. 企业人才主要需求类型

从不同岗位类型人才需求看,单项冠军企业最紧缺的是研发创新岗位人才,需求权重比达到 41.58%[1];其次是技能操作岗位人才,需求权重比为 28.09%;第三是经营管理岗位人才,需求权重比为 14.36%。专精特新企业最紧缺前两

---

[1] 需求权重比由单项得分除以总得分所得,是由系统根据所有填写者对选项的排序情况自动计算得出的,它反映了选项的综合排名情况,比例越高表示综合排序越靠前。例如有 3 个选项参与排序,那排在第一个位置的权值为 3,第二个位置权值为 2,第三个位置权值为 1,假如一个题目共被填写 12 次,选项 A 被选中并排在第一位置 2 次,第二位置 4 次,第三位置 6 次,那选项 A 的单项得分 =(2×3 + 4×2 + 6×1)/ 12 = 1.67 分,再除以总得分得出权重比。由于是多选题,因此有可能超过部分比例相加超过 100% 的情况。

位与单项冠军企业相同，均为研发创新岗和技能操作岗人才，需求权重比分别为 40.58% 和 26.67%；第三是市场营销岗位人才，需求权重比为 16.37%。

从不同岗位层次人才需求看，单项冠军企业最紧缺的是一线研发人才，需求权重比为 29.38%；其次是中层管理和研发人才，需求权重比为 26.71%；第三是一线技能操作人才，需求权重比为 22.22%。专精特新企业最紧缺的是中层管理和研发人才，需求权重比为 30.74%；其次是一线研发人才，需求权重比为 28.52%；第三是一线技能操作人才，需求权重比为 21.33%。

从不同专业领域人才需求看，单项冠军企业和专精特新企业最紧缺的前三类人才完全相同，分别为工程技术领域、基础研发领域和贸易物流领域人才，需求权重比平均分别为 44.07%、33.46% 和 8.44%。

从不同学历层次人才需求看，单项冠军企业和专精特新企业最紧缺的前三学历层次人才完全相同，分别为大学本科、硕士和博士人才，需求权重比平均分别为 31.04%、26.76% 和 17.85%。

2. 企业人才引育用留需求

在企业人才开发引育用留四个环节中，单项冠军和专精特新企业最迫切优化的均是人才引进环节，需求权重比分别为 40.53% 和 39.52%，远高于 25% 的平均权重。

在企业引才环节，单项冠军和专精特新企业最迫切的需求前三完全相同，分别为给予引才补贴、搭建引才平台和获取人才信息，需求权重比平均分别为 26.35%、25.2% 和 23.42%。

在企业育才环节，单项冠军和专精特新企业最迫切的需求有所分化，单项冠军企业需求最迫切的为搭建人才培养平台、给予人才培养培训补贴和对接高校等人才培养资源，需求权重比分别为 24.65%、24.45% 和 22.04%；而专精特新企业需求最迫切的为搭建人才培养平台、给予人才培养培训补贴和获得人才培训信息，需求权重比分别为 27.58%、26.01% 和 19.2%。

在企业用才环节，单项冠军企业需求最迫切的分别是给予企业核心人才更大激励、赋予企业更大人才认定自主权和畅通企业人才与高校间流动，需求权重比分别为 28.41%、23.23% 和 18.25%；专精特新企业需求最迫切的分别是给予核心人才更大激励、畅通企业人才与高校间流动和支持企业人才成长升级，需求权重比分别为27.35%、25.51%和20.54%。

在企业留才环节，单项冠军企业和专精特新企业最需要前三类需求高度一致，分别为解决人才安居、人才子女就学和人才婚恋问题，需求权重比平均分别为43.41%、21.53%和13.13%。

3. 企业反映的主要问题

一是制造企业招人难现象仍然突出。企业反映当下就业招聘市场存在"就业难与招人难"结构性矛盾，数据显示每年大学毕业生数量在大幅递增，但由于"考研热、考体制热、慢就业心态"等因素导致每年真正进入就业市场的人数在减少，制造业企业招人还是难，真正懂技术、能沉下心与企业共成长的"技术人才"越来越难招。

二是实操型技术人才可享受政策较少。宁波企业普遍对实操型技术人才有着大量需求，较为看中工作经验及能力，不在乎学历职称，但现实是企业实操型技术人才可报享的人才政策较少，往往因学历、职称等硬性条件被拒之门外。

三是企业管理人才培育平台不足。企业普遍反映，针对管理型人才成长发展，企业培训资源无法满足。

四是对劳务派遣用工既爱又恨。企业对劳务派遣用工存在刚性需求，但劳务派遣机构质量良莠不齐，缺乏有效监管，部分派遣机构存在不正当挂靠、随意跑路、哄抬用工价格等不良行为，对企业用工造成较大风险。

（二）服务业百强企业情况

1. 企业人才需求主要类型

从不同岗位类型人才需求看，服务业百强企业最紧缺的是经营管理岗位人才，需求权重比达到29.56%；其次是技能操作岗位人才，需求权重比为24.43%；第三是市场营销岗位人才，需求权重比为24.2%。

从不同岗位层次人才需求看，服务业百强企业最紧缺的是中层管理和研发人才，需求权重比为29.72%；其次是一线运营人才，需求权重比为24.16%；第三是一线技能操作人才，需求权重比为23.13%。

从不同专业领域人才需求看，服务业百强企业最紧缺的前三类人才分别为贸易物流、工程技术和法律财务领域人才，需求权重比平均分别为32.11%、21.36%和13.61%。

从不同学历层次人才需求看，服务业百强企业需求最迫切的人才，分别为大学本科、硕士和大专人才，需求权重比平均分别为45.16%、25.59%和13.89%。

2. 企业人才引育用留需求

在企业人才开发引育用留四个环节中，服务业百强企业最迫切优化的是人才培养环节，需求权重比为31.65%，与单项冠军、专精特新等制造业企业更关注人才引进环节有所不同。

在企业引才环节，服务业百强企业最迫切的需求前三分别为获取人才信息、给予引才补贴和搭建引才平台，需求权重比平均分别为26.15%、24.07%和21.09%。

在企业育才环节，服务业百强企业需求最迫切的分别为搭建人才培养平台、对接高校等人才培养资源和给予人才培养培训补贴，需求权重比分别为29.46%、23.33%和22.02%。

在企业用才环节，服务业百强企业需求最迫切的分别是给予核心人才更大激励、畅通企业人才与高校间流动和赋予企业更大人才认定自主权，需求权重比分别为30.64%、25.65%和25.42%。

在企业留才环节，服务业百强企业最迫切的前三类需求分别为解决人才安居、其他人才留用问题和解决人才子女就学问题，需求权重比平均分别为43.56%、13.72%和13.19%。

3. 企业反映的主要问题

一是城市能级制约高层次人才引进。高端服务业领域在宁波未形成集群效应，高层次人才集聚困难。如2022年宁波银行对高层次人才需求量大约200人，春、秋招期间共面试通过百余人，入职不足40人且流失率较大。

二是企业新生代员工管理手段缺失。随着大批90后、00后进入服务业企业，企业缺乏有效的管理激励手段，企业运行效率有待提升。如近40%的服务业企业表示90后、00后员工个性鲜明、就业观念差异较大，现有人才管理手段无法有效激励年轻员工。

三是服务业不景气导致留才困难。由于近年来受疫情影响，大部分服务业企业营收下滑严重，在薪资待遇上增幅较为有限，在高企的生活成本压力下，服务业人才流失情况时有发生。

（三）上市公司情况

1. 企业人才需求主要类型

从不同岗位类型人才需求看，上市公司最紧缺的是研发创新岗位人才，需求权重比达到37.07%；其次是技能操作岗位人才，需求权重比为22.71%；第三是经营管理岗位人才，需求权重比为21.04%。

从不同岗位层次人才需求看，上市公司最紧缺的是中层管理和研发人才，需求权重比为27.94%；其次是一线研发人才，需求权重比为26.48%；第三是高层管理和研发人才，需求权重比为17.82%。

从不同专业领域人才需求看，上市公司最紧缺的前三类人才分别为工程技术、基础研发和贸易物流领域人才，需求权重比平均分别为37.89%、32.34%和35.57%。

从不同学历层次人才需求看，上市公司需求最迫切的人才分别为大学本科、硕士和博士人才，需求权重比平均分别为31.61%、28.31%和19.14%。

2. 企业人才引育用留需求

在企业人才开发引育用留四个环节中，上市公司最迫切优化的是人才引进环节，需求权重比为42.47%。

在企业引才环节，上市公司最迫切的需求前三分别为获取人才信息、搭建引才平台和给予引才补贴，需求权重比平均分别为26.67%、25.2%和21.5%。

在企业育才环节，上市公司需求最迫切的分别为搭建人才培养平台、给予人才培养培训补贴和对接高校等人才培养资源，需求权重比分别为28.33%、24.93%和24%。

在企业用才环节，上市公司需求最迫切的分别是给予核心人才更大激励、支持企业人才成长升级和畅通企业人才与高校间流动,需求权重比分别为27.37%、21.25%和19.51%。

在企业留才环节,上市公司最迫切的前三类需求分别为解决人才安居、解决人才子女就学问题和解决人才婚恋问题,需求权重比平均分别为42.63%、20.87%和12.5%。

3. 企业反映的主要问题

一是上市公司中新兴产业占比不大,高端人才引进困难。宁波上市企业多为制造业企业,部分高层次人才、研发技术人员偏向选择网络技术公司或者相关研发机构,制造业对其吸引力不足。如舜宇集团反映,企业有意向的优秀毕业生往往同时求职于上海、杭州的网络技术公司,企业成为"备胎",毁约率居高不下。

二是人才培养成本较高。不少上市公司技术人才培养周期较长,需要三到五年时间,甚至更长的时间学习、沉淀、磨砺,且培训费用较高。如鲍斯能源表示开展一次"质量五大工具"的基础培训就花费了14.6万元,给企业造成了一定的压力。

三是城市环境配套不足导致留才困难。如太平鸟集团反映北上广深等一线城市引进的高层次人才,认为子女教育质量无法保证,高层次人才家庭无法整体迁移过来,造成人才留不住,不稳定。

二、值得关注的重点问题

(一)不同类型企业所需人才有所差异

从岗位类型和层次看,宁波制造业、服务业和上市公司等不同类型企业,对于急需紧缺的人才(岗位),呈现出较大的差异。如单项冠军企业最需要的是一线研发创新岗位人才,服务业百强企业最紧缺的是中层经营管理岗位人才,而上市公司最渴求中层管理和研发岗位人才。其他较为需要的是一线技能操作、一线运营等岗位人才。从专业领域看,制造业企业和上市公司需求专业主要集中于工程技术领域、基础研发领域和贸易物流领域,而服务业企业则主要需求贸易物流、工程技术和法律财务领域人才。分析原因，宁波上市公司主要以制造型企业为主，因此人才专业领域需求与单项冠军等制造企业高度类同，而服务业企业则主要需要专业服务领域人才。

（二）重点企业对人才学历要求较为一致

就人才学历需求看，宁波制造业、服务业和上市公司的要求非常一致，大学本科学历是企业最需要的人才学历，且平均需求权重占比均超过30%，需求度较为集中。其次是硕士和博士人才，仅服务业企业将大专学历作为排名第三位的人才学历需求。

（三）重点企业人才开发侧重环节差异值得关注

调查显示，制造业企业、上市公司最迫切希望优化的是人才引进环节，而服务业企业最希望优化人才培养环节，选择占比均超过30%，充分说明不同类型企业对人才开发关注的重点不一样，制造业企业偏向于外部人才引进，服务业企业则更多关注自身人才培养。

（四）重点企业人才引育用留核心需求高度一致

比较分析四类企业在人才引育用留四个环节的核心需求，发现需求点高度类似。如人才引进，主要集中于给予引才补贴获取人才信息和搭建引才平台等；人才培养，主要集中于搭建人才培养平台、给予人才培养培训补贴和对接高校等人才培养资源等；人才使用，主要集中于给予核心人才更大激励、支持企业人才成长升级和畅通企业人才与高校间流动等；人才留下，主要集中于解决人才安居、解决人才子女就学问题和解决人才婚恋问题等。虽然不同类型企业对各环节具体需求，前后顺序和需求权重比例有所不同，但均集中于上述内容，值得我们关注。

（五）需求度比较集中的问题值得关注

对于需求权重比较高的部分人才类型和人才开发环节，尤其是需求权重比达到40%左右的，如单项冠军对研发创新岗位、工程技术专业人才的需求权重比超过了40%；服务业百强企业对大学本科学历人才、四类企业对解决人才安居问题的需求权重比也超过了40%，充分体现重点企业对特定类型人才和特定人才服务的需求度高度集中，回应和满足企业相关需求尤为迫切。

（六）企业反映人才问题具有部分共性

在企业走访交流中，有部分问题是各类型企业都有所提及，具有一定的共性。比如城市能级影响引才、引才信息渠道不足、人才安居、子女入学服务不优、企业实用人才政策覆盖不够等，或多或少被各类企业所提及，是我们需要关注的企业人才开发共性问题。

三、下一步工作建议

针对本次调研排查发现企业人才需求和存在的问题，我们要坚持企业人才开发需求导向、问题导向和发展导向，实施常态化、精准化、系统化企业人才开发机制，为我市人才事业发展奠定更为坚实的基础。

（一）坚持常态化开发，强化人才对企业创新主体作用的支撑

一要明确企业人才开发主战场。企业尤其是民营企业是宁波人才集聚的主要载体，全市90%以上人才集聚在企业，因此必须坚持人才工作企业需求导向，聚焦企业人才开发重点、难点和热点问题，推动人才改革创新。积极推动人才政策资源向企业倾斜，不断提高企业集聚人才的支持力度和覆盖广度。

二要大力培育企业人才承载"大母体"。着力培育人才集聚的新兴企业主体，要通过加快传统产业数字化智能化改造，把优势传统产业的更多企业，转化成为吸纳人才的新主体。支持企业设立研究院、重点实验室、博士后工作站等内设平台，引进高层次人才。大力引进创设平台型企业的高层次人才，通过平台型企业整合更多产业链上下游企业，吸引集聚电商直播、在线培训、物流服务等新经济领域人才。

三要开展涉企人才政策大宣贯。根据企业需要开展人才政策进企业专项活

动。市级层面统一部署实施,组建全市人才政策宣讲团,定期赴各区(县、市)、功能区开展人才政策宣贯活动,做到大优强、单项冠军、专精特新、上市公司和服务业百强企业等重点企业全覆盖。依托全市中小企业公共服务平台、各类企业行业协会等平台,明确要求在各级各类政府部门举办企业负责人、职业经理人以及人力资源经理培训中开展人才政策宣讲,解读现行人才政策。

(二)坚持精准化施策,提升企业对各类人才政策获得感

一要提高科学性。瞄准重点企业人才开发调查中发现的突出共性问题和行业个性问题,尤其是企业引才育才的信息渠道、成本过重等问题,实现精准施策、重点保障,着力降低企业用才成本和人才安居成本问题。进一步探索适当放宽补贴标准,对企业实际引进到岗年薪达到一定标准的人才,给予年薪补贴和猎头补贴等,实施更精准的企业人才安居服务,扩大政策覆盖面。

二要体现差异性。要聚焦制造业企业、服务业企业和上市公司等不同的人才需求,实施差异化人才扶持政策。如务求体现制造业企业注重人才引进,服务业企业更侧重人才培养;制造业企业渴求研发创新人才,服务业企业更想要经营管理人才等差异化需求。按照产业、领域等制定专项人才政策。当前要注重推动单项冠军和专精特新人才助力政策落地实施,加快推动服务业人才政策出台。

三要注重灵活性。大力支持企业柔性引用人才。改革开放以来,宁波企业就是坚持用市场机制柔性利用全国乃至全球人才发展起来的。要坚持这样的机制优势,在大力引进人才到宁波集聚的同时,提升企业的竞争力。我们必须建立健全企业在海内外设立研究机构、并购等多种形式柔性用才的支持政策,激励企业引才用才积极性。要大力提升企业实际引才期与人才政策申报期的适配性,比如人才子女就学政策,要设置弹性申报,靠前服务,解决人才落地刚性需求,助力企业加速引才。

(三)坚持系统化发力,凝聚激励企业人才开发的各方合力

一要牢固树立"大人才"人才工作理念。实现人才优先发展,推动面向企

业的产业政策、金融政策、税收政策与人才政策统筹融合，提高协同化发展水平。在政策谋划过程中优先考虑人才政策，特别是在谋划城市发展重大战略、重要产业政策时，同步谋划人才政策、人才举措，并加强相关政策之间的整体协同，实现各有侧重、互为支持；在政策操作过程中，要突出人才政策与产业等相关政策同步推进、同步宣传、同步落实，凝聚政策合力，实现政策之间的互相衔接，共同发挥作用；在政策跟踪评估中，要对人才政策与产业等相关政策共同评估，及时反馈结果，形成良性的政策互动完善机制，增强人才政策的统筹协调水平。

二要推动科技、教育和人才融合发展。创新落实党的二十大报告关于教育、科技和人才三位一体发展的要求，以企业人才开发为切入点，创新三者融合机制。注重发挥宁波国家产教融合试验区、国家科技成果转移转化示范区、职业教育试点示范等政策试点优势，在企业与高校人才配合培养、企业与高校联合研发创新方面探索行之有效的模式，打造更多具有宁波特色和宁波经验的试点成果。

三要切实凝聚部门人才开发合力。创新新时代党管人才机制，充分调动行业领域部门对企业人才开发的积极性和主动性。在人才支持经费使用、项目申报遴选和产业方向把控等方面，落实行业部门的主体责任性。推动行业部门人才管理模式创新，产业主管部门要明确人才开发职能处室，对口企业人才开发工作，加强对产业人才开发的底数基础、发展状况、前景需求等动态掌握和分析研判，真正做到人才引领驱动。

赵迎军

宁波单项冠军企业人才需求研究

作为制造大市、制造强市，宁波制造业向高质量发展转型升级的势头非常强劲。截至 2022 年年底，已累计培育国家级单项冠军企业 83 家[①]，数量居全国第一，并率先提出打造"制造业单项冠军之城"。人才作为单项冠军企业高质量发展的第一资源，对于企业高质量发展至关重要。研究单项冠军企业人才需求能够有针对性地进行企业人才开发，为增强企业人才活力动力提供有效支撑。

一、制造业单项冠军培育基本情况

我国已成为世界制造业第一大国，但大而不强仍是我国制造业发展亟待解决的突出问题。为此，2016 年工信部发布《制造业单项冠军企业培育提升专项行动实施方案》，提出要引导企业树立"十年磨一剑"的精神，长期专注于企业擅长的领域，走专精特新发展道路，从政策层面给予了制造业单项冠军企业以强有力的扶持。国家级制造业单项冠军包括单项冠军示范企业和单项冠军产品两类，申请制造业单项冠军须满足 5 项基本条件：坚持专业化发展；市场份额全球领先；创新能力强；质量效益高；具有独立法人资格，具有健全的财务、知识产权、技术标准、质量保证和安全生产等管理制度。要求企业从事相关领域达 10 年及以上，属于新产品的应达到 3 年及以上，企业申请产品的市场占

---

① 数据来源于宁波市经济和信息化局网站。

有率位居全球前3。

截至2022年年底,工信部在全国范围内已遴选出七批次制造业单项冠军,共计1187家。从城市分布来看,宁波累计入围单项冠军企业(产品)数量达83家,居全国首位;其次是深圳,拥有67家;北京则以56家排在第三位(见图1)。

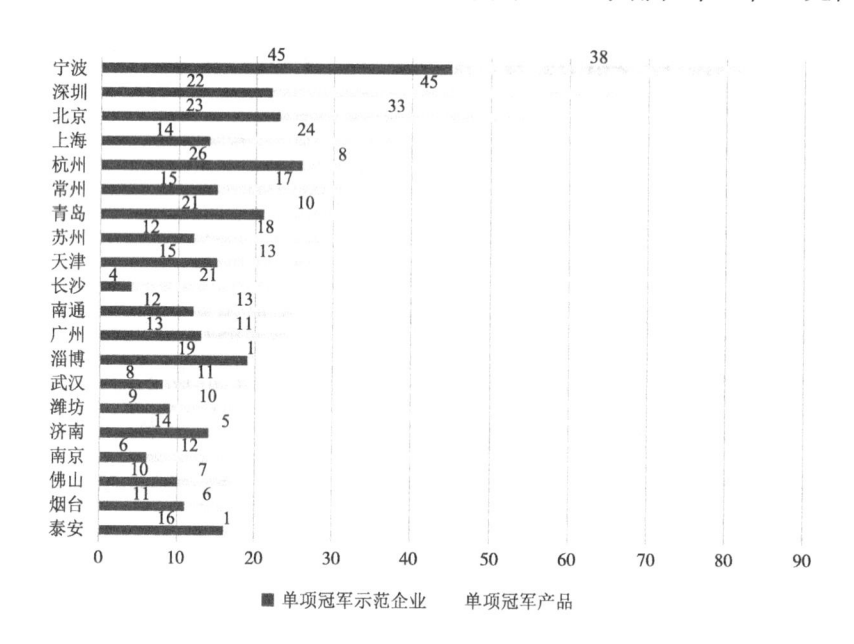

图1 制造业单项冠军企业(产品)TOP20城市(截至2022年)

数据来源:根据工信部公布名单统计。

二、宁波单项冠军企业人才基本状况[①]

宁波单项冠军企业共拥有员工14.8万名,平均员工规模为1965人,中位数为862人。其中员工规模超过1000人的大型企业占比46%;员工规模在300～1000人的中型企业占比44%;人数在20～300人的小型企业占比10%。其中大专以上学历人才6万余名,占就业人员总数的40.5%,单项冠军企业拥有各类中高级职称(技能)人才1.4万人,占员工总数近10%。企业中35周岁以下员工占比达到52.7%(见表1)。

---

① 数据来源:此文本处及下文所有数据来源于企业调研。2022年8月至2023年2月期间,课题组设计了调查问卷,内容包括企业人才的基本状况和企业人才需求调查2类27个问题,并通过问卷星发放至宁波83家单项冠军企业进行数据收集及整理。

表1　　　　　　　宁波单项冠军企业主要数据一览表

		员工规模	大专以上学历人数及占比	高技能人数及占比	中高级职称人数及占比	35周岁以下员工人数及占比	研发人员数及占比
平均数	人数	1965	704	83	46	1182	255
	占比	—	40.5%	6%	4%	52.7%	15%
中位数	人数	862	395	18	15	439	121
	占比	—	41%	2%	2%	50%	14%

三、宁波单项冠军企业人才具体需求分析

（一）企业岗位需求分析

从岗位类型看，宁波单项冠军企业最急需的前三类人才依次为研发创新类、技能操作类和经营管理类人才，企业综合需求程度占比分别达到40.80%、28.12%和14.80%（见图2）。企业最需要的是研发创新类人才，71.23%的企业将研发创新类人才列为最为急需的人才。其次是技能操作类人才，需求程度仅次于研发类人才。同时，企业对经营管理类和市场营销类人才也有一定的需求，而对行政后勤类及其他类人才需求较少。

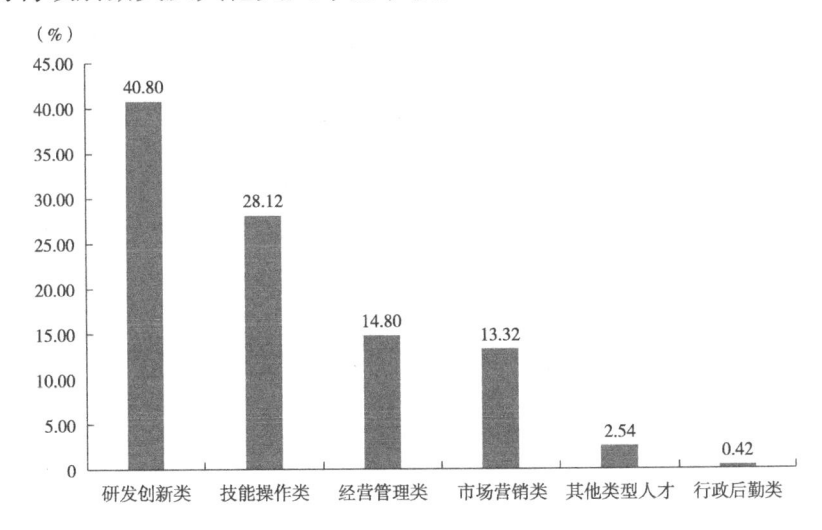

图2　企业最需要的岗位类型需求权重

从岗位层次看，企业最大的需求集中于一线人才，具体包括一线研发人员（29.38%）、一线技能操作人员（22.22%）和一线运营人员（4.49%），中层管理和研发人员的需求占比26.71%，高层管理和研发需求占比15.17%（见图3），关于其他层次人才，宁波方正汽车模具股份有限公司提出了博士后和院士的需求。

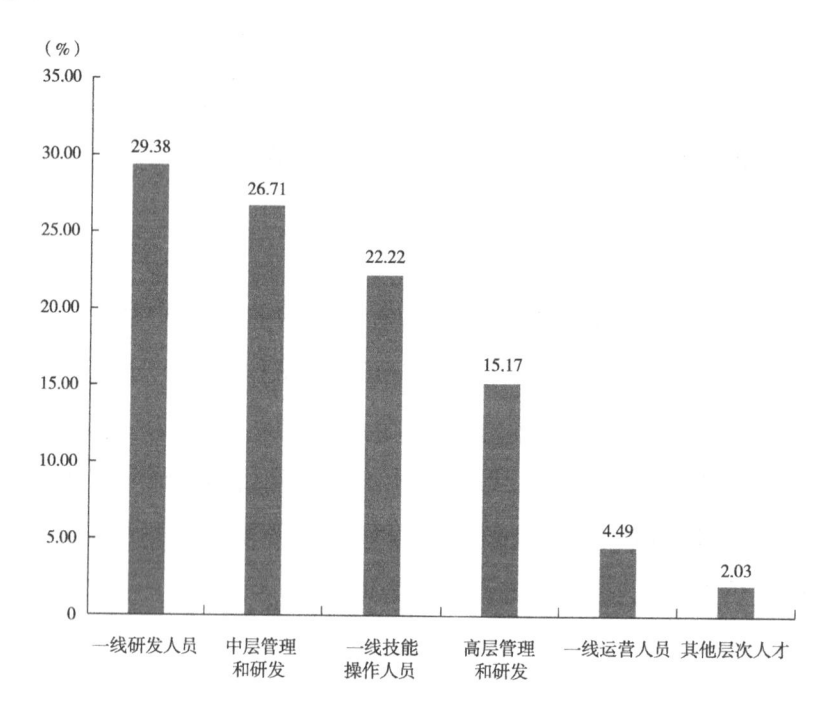

图3 企业最需要的岗位层次需求权重

从专业领域看，企业最需要工程技术领域及基础研发领域人才，占比分别为43.56%及32.34%（见图4），总计占比75.9%；而贸易物流领域、行政管理领域、法律财务领域也有少量需求，其他领域人才需求主要涉及专业技术领域如光学、化工、新能源、铝壳结构件、投资、电商、品管、语言等方面均有提及。

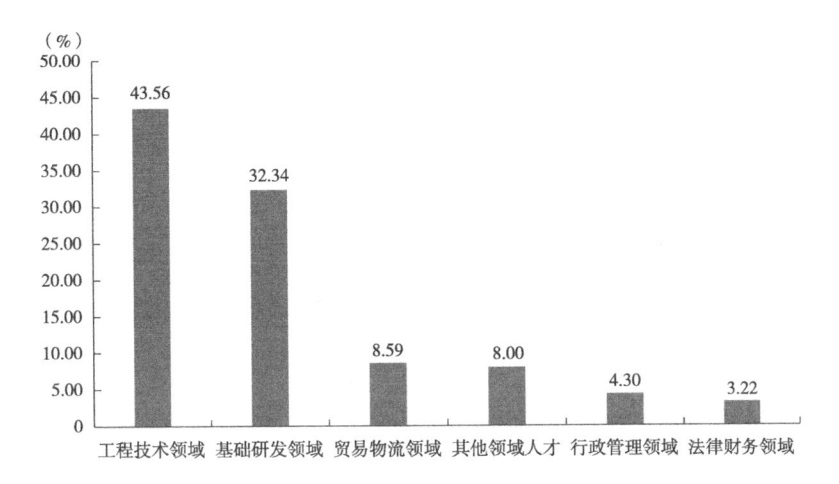

图4 企业最需要的专业领域需求权重

从学历需求看，就调研的整体样本而言，企业最缺乏的人才层次依次为大学本科、硕士、博士、高中或技工院校毕业生和大专生。然后进一步聚类分析，我们发现不同的企业规模对人才层次的需求有明显的区别。针对每年接收100人以上高校毕业生的大企业而言，博士、硕士是第1、第2需求，而本科生是最末需求（见图5）。原因可能是大企业的中高层管理及技术人员主要以博士、硕士为主，而一线员工则主要是技能操作人员，多来自技工院校或大专学生。针对每年接收0~20人高校毕业生的中小企业而言，本科生为主要人才需求，占比达到40.34%，而对博士及大专生的需求则远低于其他人才（见图6）。

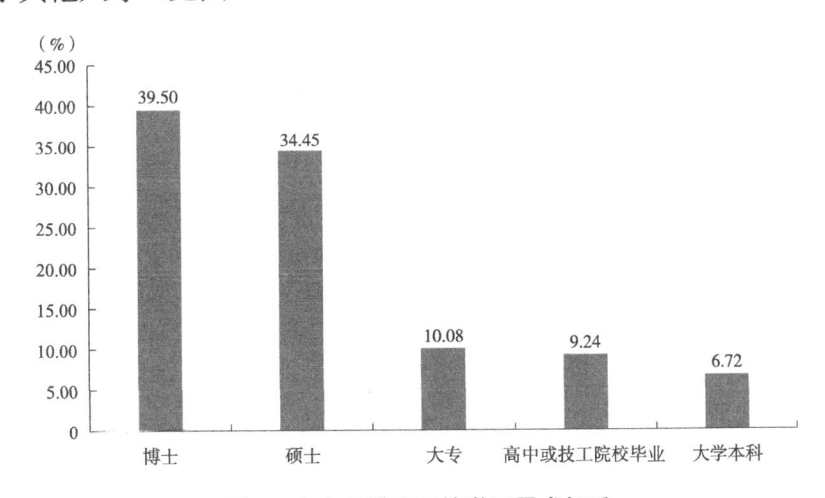

图5 大企业最需要的学历需求权重

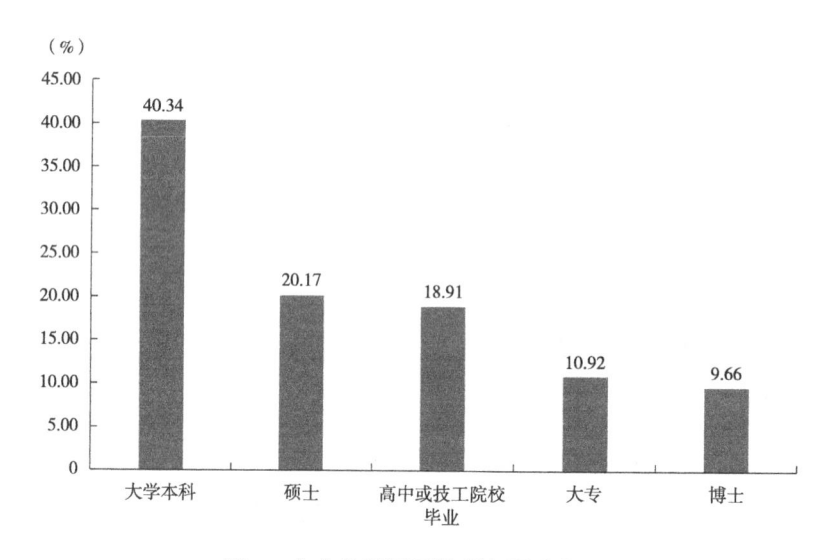

图 6　小企业最需要的学历需求权重

（二）人才开发环节需求分析

从人才引进环节看，企业引才最大的需求是获取人才信息，需求权重达到了27.79%；其次是给予引才补贴以及搭建引才平台，需求权重都超过了20%。其他的需求包括了组织引才活动、提供人才背景调查及给予人才测评帮助等（见图7）。在企业引才方式方面，最希望组织线下市场招聘会，综合需求权重达到了31.50%；其次是希望举办高校专场招聘会，权重达到28.74%。对于网络招聘、猎头招聘等方式也有一定的需求（见图8）。

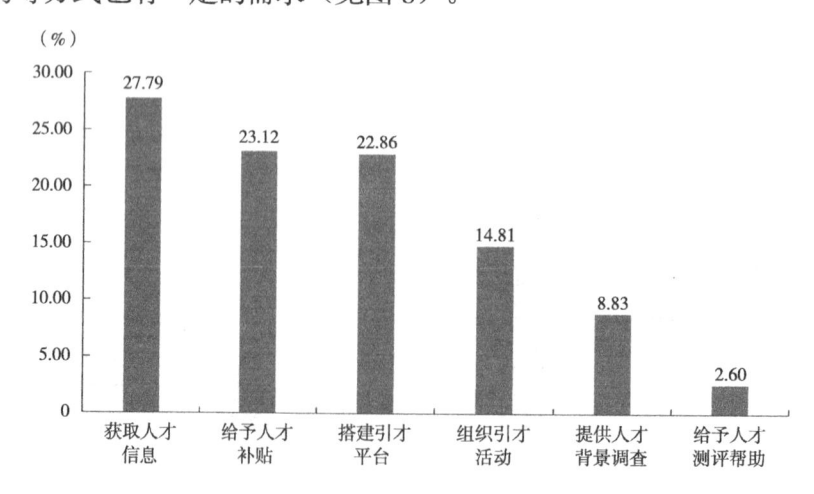

图 7　企业人才引进需求权重

宁波单项冠军企业人才需求研究

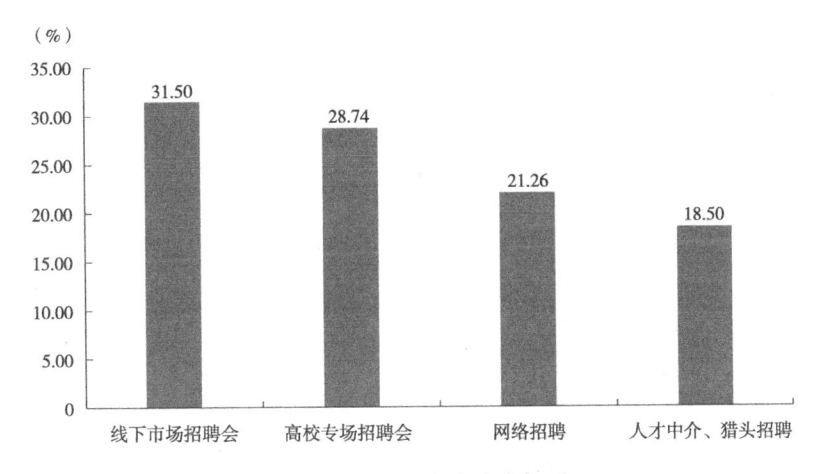

图8 企业引才方式需求权重

- 线下市场招聘会：31.50
- 高校专场招聘会：28.74
- 网络招聘：21.26
- 人才中介、猎头招聘：18.50

从人才培养环节看，企业在人才培养过程中的最重要需求是搭建人才培养平台和给予培养培训补贴，其综合需求权重分别为24.65%及24.45%；其次，对接高校等人才培养资源和获得人才培训信息也非常重要，需求权重各在20%上下浮动。此外，部分企业希望能够组织赴同行参观学习，占9.42%的权重（见图9）。企业开展技能人才能力提升最希望的方式首先是学徒制（含师带徒29.67%需求权重及新型学徒制20.28%需求权重），其次是职业能力等级提升培训（27.50%）和岗前培训（16.72%），另外参加技能竞赛（5.24%）也有助于提升技能人才能力（见图10）。

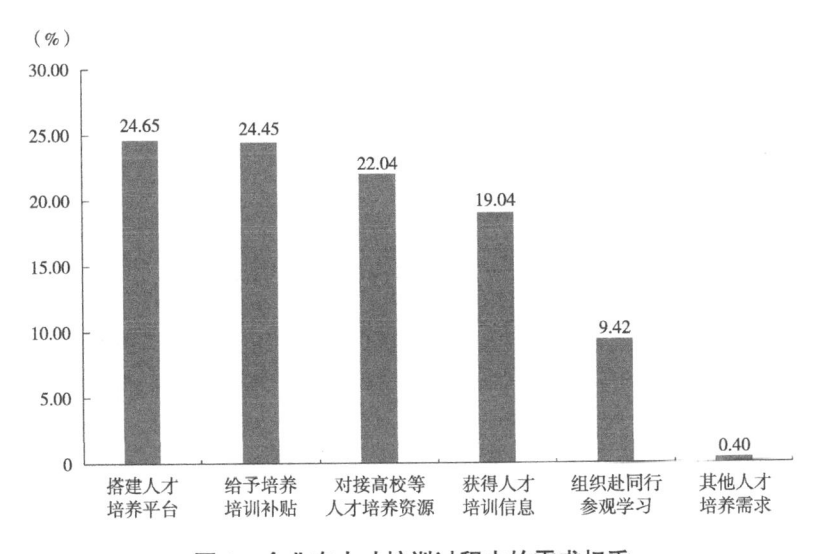

图9 企业在人才培训过程中的需求权重

- 搭建人才培养平台：24.65
- 给予培养培训补贴：24.45
- 对接高校等人才培养资源：22.04
- 获得人才培训信息：19.04
- 组织赴同行参观学习：9.42
- 其他人才培养需求：0.40

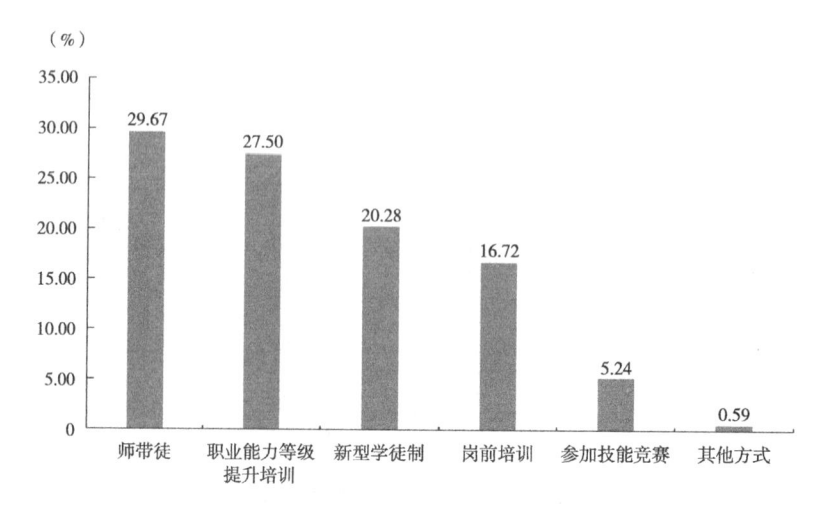

图 10　企业技能人才能力提升方式需求权重

从人才使用环节看，企业最大的需求是给予企业核心人才更大激励（28.41%），紧随其后依次是赋予企业更大人才认定自主权（23.23%）、畅通企业人才与高校间流动(18.25%)、支持企业人才成长升级(16.55%)和改革人才评价机制（13.56%）（见图11）。然而，进一步查看选项排序，企业在选项排序中排在第1位的最大需求是赋予企业更大人才认定自主权，权重占比达到28.77%（见图12）。这说明，尽管企业非常重视给予核心人才更大激励，但从核心需求的角度来看（排序第1位），企业更需要被赋予更大人才认定自主权以及改革人才评价机制。

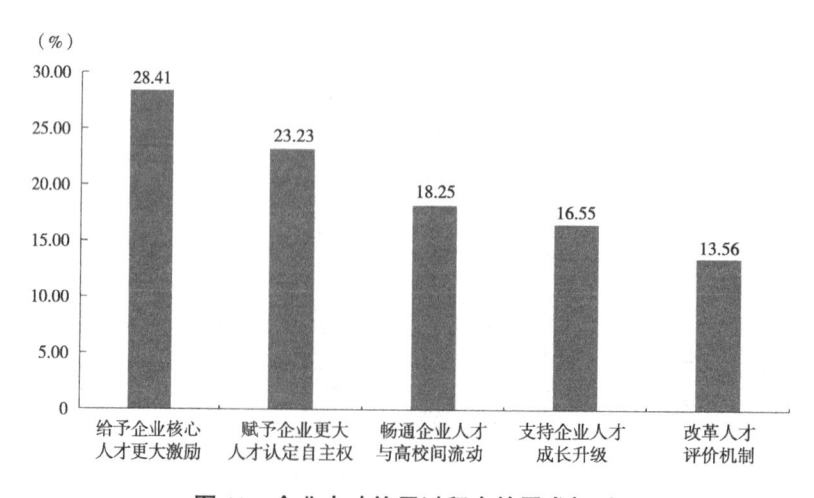

图 11　企业人才使用过程中的需求权重

宁波单项冠军企业人才需求研究

图12 排在第1位的企业人才使用需求

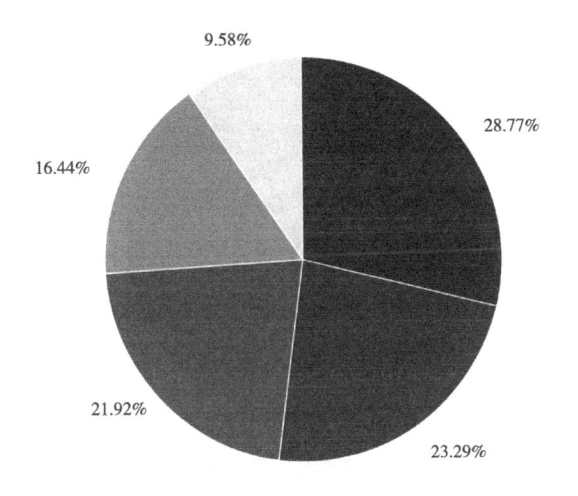

- 赋予企业更大人才认定自主权：28.77%
- 改革人才评价机制：23.29%
- 给予企业核心人才更大激励：21.92%
- 畅通企业人才与高校间流动：16.44%
- 支持企业人才成长升级：9.58%

关于企业人才自主评价的问题，如图13显示，45.21%的企业已经开展，31.51%的企业计划开展，17.81%的企业表示有意愿但暂不具备条件，而5.48%的企业目前暂无计划。计划开展专技人才自主评价的企业所遇到的最大阻碍来自三个方面，即时间难以协调（29.66%）、公司自身人才数量情况暂不满足自主评价需求（24.21%）和不了解政策（20.34%），其他所提及的障碍包括会增加公司用人成本（14.04%）、公司内无专人经办（7.59%）和员工暂无需求（4.15%）。涉及关键技术，在过去两年，有41.09%的企业是自建研发部门独立开发，35.82%的企业认为自建研发部门独立开发是突破关键技术的最好方式，除此之外，其他重要方式还有与高校院所共建研究中心、设立博士后工作站、校企合作以及委托第三方团队开发（见表2）。

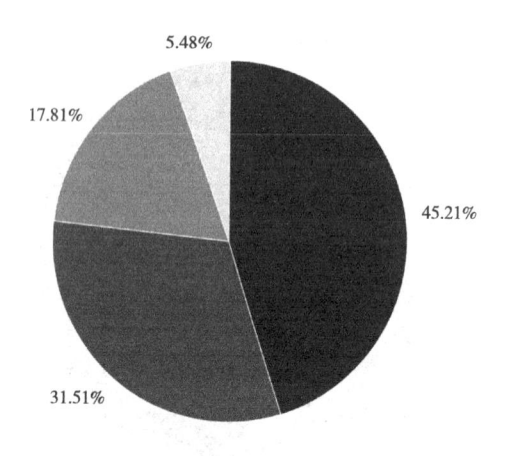

■已经开展 ■计划开展 ■有意愿，但暂不具备条件 　暂无计划

图 13　企业开展专技人才自主评价状况

表2　　　　　　　企业专技人才自主评价及关键技术突破方式

问题	选项	比例
如果企业计划开展专业技术人才或技能人才自主评价，目前遇到的最大阻碍是？	时间难以协调	29.66%
	公司自身人才数量情况暂不满足自主评价需求	24.21%
	政策不了解	20.34%
	会增加公司用人成本	14.04%
	公司内无专人经办	7.59%
	员工暂无需求	4.15%
过去两年，企业突破关键技术的方式主要有哪些？	公司自建研发部门独立开发	41.09%
	与高校院所共建研究中心	22.47%
	设立博士后工作站	16.8%
	校企合作	14.68%
	委托第三方团队开发	4.96%
企业认为突破关键技术效果最好的方式前三位依次是？	公司自建研发部门独立开发	35.82%
	与高校院所共建研究中心	25.46%
	设立博士后工作站	15.39%
	校企合作	15.3%
	委托第三方团队开发	8.03%

从留住人才环节看，企业最为突出的需求是解决人才安居问题，综合需求

权重达到43.07%，远超其他需求。其次，解决人才子女就学问题也非常突出，涉及学校的意见有42条，其中小学被提及29次，初中被提及19次，高中被提及5次。企业留人的其他需求包括解决人才婚恋问题、交通出行问题、就医问题、休闲娱乐问题等（见图14）。

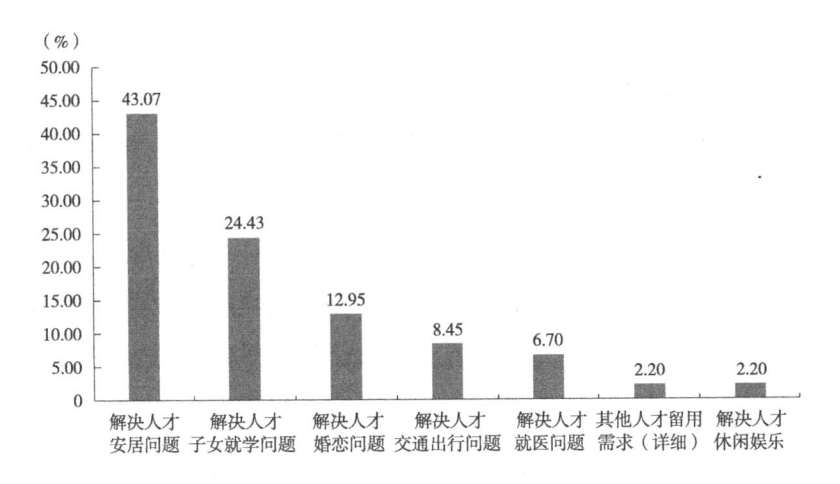

图14 人才留用过程中的企业需求

针对高校毕业生就业，企业的核心需求集中在租房补贴（25.96%）和购房补贴（22.27%），其他类型的补助如生活补贴、就业补贴、公租房、人才公寓、岗前培训补贴和实习补贴等也均有不同程度的需求（见图15）。

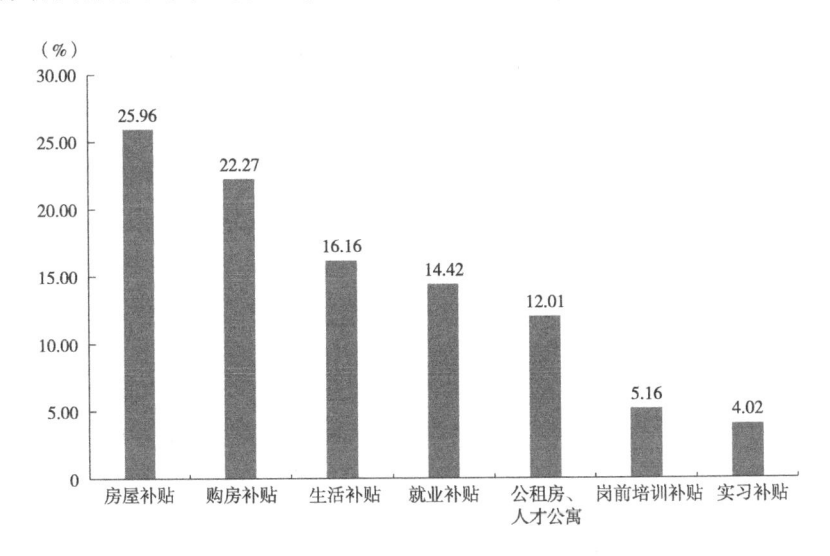

图15 企业希望政府提供的高校毕业生就业支持措施

（三）企业其他人才需求

人才引进环节：有企业提出目前人才补贴不能重复享受且项目较少，希望进行合理修改，适当增加项目，以提高人才补贴力度。企业在一线招工方面，缺少平台和补贴；除了问卷明确的人才类型外，企业人才需求还呈现多样化的特点，既需要高端人才引进和高级研发人才，又需要一线应用研究人员；既需要销售和生产管理类人才，又需要数字化装备操作人才以及一线技能操作工；既需要院士、博士、硕士及本科人才，又需要高职院校毕业生。还有企业提出在对接外省市技能人才引进过程中，劳务中介费用偏高的问题。

人才培养环节：有企业提出缺少校企合作机制，职称评价和继续教育学习认定缺少明确规则，希望宁波多建几所大学、职高和技校，增加人才培养渠道。

人才留用环节：有企业提出希望加强保障性住房建设，完善人才留用政策。强化政策宣传，集中政务窗口，简化办事流程，目前还存在盖章比较麻烦的情况。

四、宁波单项冠军企业人才需求特点分析

（一）获取人才信息最为关键，线下招聘仍为主渠道

企业引才主要需求集中于人才信息、引才补贴和引才平台三个方面，总权重超过了70%，说明目前企业人才引进过程中信息渠道不畅通、人才成本比较高是主要问题。线下综合招聘会、高校专场招聘会是企业最欢迎的招聘方式，权重合计超过了60%，说明企业仍然习惯于线下招聘的方式。不过，网络招聘、猎头招聘等方式也是企业招聘的重要补充，需求权重合计接近40%。

（二）企业人才结构呈现高学历年轻化

单项冠军企业大专以上学历人才占企业员工比例达到了40.5%，与宁波就业人员中大专以上学历25.1%的比例相比，高出15.4个百分点。企业中35周岁以下员工占比更是达到52.7%，与就业人口中35周岁以下38.6%比例相比，要高出14.1个百分点。企业人才学历较高、青年人才居多的特点非常鲜明。

（三）企业研发人员多研发意愿强

企业共有研发人员 1.9 万人，占从业人员 12.8%，拥有百名人员以上研发团队的企业占全部企业数量 58.7%。根据高新技术企业管理办法规定，企业申报高新技术企业当年，研发人员数量占到全部职工人数比例不能少于 10%。宁波单项冠军企业中，研发人员占比平均数为 15%，普遍高于高新技术企业要求比例。企业对工程技术领域和基础研发领域的人才需求占全部需求量的 75.61%。

（四）技能人才需求强劲，学徒制培养成为主流

企业对技能操作类的人才需求仅次于研发创新类人才，综合需求权重达到 28.12%。就企业需求排序来看，有 11% 的企业将技能操作类的人才需求排在第 1 位，50% 的企业将其排在第 2 位，30% 的企业将其排在第 3 位。技能人才的能力提升最受欢迎的方式是学徒制，包括师带徒以及新型学徒制，综合需求权重合计达到 49.95%。

（五）关键技术仍靠自己，协同创新有待加强

就企业看法而言，突破关键技术效果最好的方式是自建研发部门独立开发，占比 35.82%，协同合作（包括与高校院所共建研究中心、设立博士后工作站、校企合作、委托第三方团队开发）合计占比 64.18%。但就现状来看，针对排在第 1 位的选项分析，在过去两年里，86.3% 的企业是自建研发部门独立开发，而协同合作总计占比仅为 13.7%，尚有很大的提升空间。

（六）人才留用靠安居，子女就学成关键

"住有所居""住有宜居"是人才的基础性需求。就排在第 1 位的选项分析，有 76.71% 企业选择解决人才安居问题。子女就学是人才最为关注的关键小事，综合需求权重为 24.43%，仅次于权重为 43.07% 的安居问题，大幅高于其他需求，成为关键小事中的关键问题。

五、回应单项冠军企业人才需求的对策建议

（一）高度重视单项冠军企业的人才需求

为了满足单项冠军企业对人才的需求，政府可制定一系列专项支持政策，积极引导、支持和服务单项冠军企业人才的发展。加大对高端人才的财政奖励力度，降低税费负担，推进高校、科研机构和企业的合作，优化人才评价机制，完善人才培养机制等措施，为单项冠军企业人才的职业发展提供了更好的保障和支持。政府通过各种政策和措施，为单项冠军企业人才提供更好的发展环境和条件，促进经济高质量发展。

（二）搭建人才招聘平台，畅通人才服务渠道

政府可以搭建一些线上招聘平台，为企业提供发布招聘信息的渠道，同时提供人才搜索和推荐服务，让企业能够更方便、快捷地获取人才信息。组织招聘会，特别是校园招聘会以及专项招聘会，为企业提供线下招聘的机会，让企业能够与更多的求职者进行面对面交流，加深彼此的了解，从而更好地招揽人才。提供人才推荐服务，通过各种途径了解到符合企业需求的人才信息，主动向企业推荐人才，让企业能够更快速地获取符合要求的人才。加强与高校、研究机构的合作，可以组织企业走进高校、研究机构，开展校园宣讲，吸引优秀毕业生加入企业。政府可以通过多种手段，为企业提供更好的人才信息服务和招聘渠道，帮助企业更好地开展线下招聘，招揽更多优秀的人才。

（三）多措并举，持续优化人才结构

面对企业人才结构高学历、年轻化、研发意愿强的情况，政府亦多措并举，持续优化单项冠军企业人才结构。加大对企业科技研发的支持，通过提供财政资金、税收减免、科研项目申报等方式，支持企业加大科技研发投入；推进高校和企业合作，搭建更多的合作平台和机制，让高校和企业共同研发和创新，吸引更多的高学历人才参与企业研发工作；加大对高端科技人才的引进力度，

通过提供更好的福利待遇、职业发展机会等方式，吸引更多高学历科技人才加入企业；加强对科研人才的培养和培训，提高人才队伍的整体素质和能力；加大对人才流动和交流的支持，让不同领域、不同背景的人才相互借鉴和学习，促进人才的互动和交流；建立知识产权保护机制，保障企业的研发成果和知识产权得到有效保护，提高企业人才队伍的研发积极性和创新能力。

（四）推行企业新型学徒制，助力技能人才扩容提质

企业高质量发展更加倚重高水平的技能型人才，学徒培训是培养后备技能人才的重要方式，也是国际上的通行做法。推行企业新型学徒制，应坚持政府引导、企业为主、院校参与的原则，注重质量控制。政府的角色是引导者，负责制定规则，提供政策和必要经费支持。企业的角色是技能人才培养和使用主体，在整个体系中发挥主导作用，负责全程组织实施和负总责。院校应与企业结为"伙伴"并根据其实际需求，在教学培训资源方面提供服务。补贴标准的合理性及支出的合规性则是各级政府部门的监督重点。

（五）优化协同创新组织，探索协同创新方式

支持各类有能力的龙头企业牵头组建创新联合体，联合高等院校、科研院所、行业上下游企业等承担各类关键技术攻关和科技项目，优化配置科技创新力量，共享科技创新资源，推动产学研用深度融合。推动246万千亿级产业集群创办混合所有制产业技术研究院等，形成链合创新和竞合创新良性互动。广泛动员和深入挖掘不同创新主体参与重大科技项目和关键技术攻关，大力推行"揭榜挂帅""擂台赛"等方式遴选承担单位，常态化公开向社会发榜重大科技项目和目标、成果等，不唯身份和资历，鼓励国有企业、民营企业、事业单位和民间组织打擂揭榜，搭建不同创新主体同台竞技的舞台，探索建立和发展多学科、多领域的产学研用联合攻关工作，努力实现科学研究、技术攻关与人才培养相统一。

（六）提升服务质量，留住各类人才

政府坚持当好服务人才的后勤部长，可在政府网站开设"人才管家"专栏，通过畅通"线上+线下"问需渠道，为人才提供24小时不打烊优质服务。建立领导干部联系服务专家制度，制发人才服务联系卡，常态化开展人才大走访服务活动。每月定期举办"政企畅聊见面会"，与企业家和各类人才面对面交流，倾听意见、沟通诉求。认真解决人才安居乐业的"关键小事"，特别是关注度极高的人才安居以及子女就业等方面的实际困难。通过多措并举深入开展人才安居工程，积极实践人才公寓建设的新方式和途径，通过梯度化提供安居政策，优化人才安居审核流程，多元化筹集房源，扩大完善人才安居的住房保障制度，构建"多元化、多层次、全覆盖"的人才安居住房保障体系。进一步加大保障力度，做好三方面服务，切实保障人才子女就学问题。一是做好入学安置服务。召开招生工作培训会，建立完善联络员制度，指导各级教育行政部门、学校明确专人负责，确保市、区、校三级联络员能够精准落实人才子女入学政策，提高服务人才实效。二是做好政策宣传服务。充分利用新媒体，加强各层次人才子女入学政策宣传，让各类人才了解优惠政策和办事流程。三是做好入学跟踪服务。实行"一生一策"，指导学校建立人才子女服务台账，加强人才子女入校后学习、生活、思想方面的服务，开展家校合作、协同育人，切实提高人才子女的教育服务质量。

江　彬

宁波专精特新"小巨人"企业人才需求研究

专精特新企业是指具有"专业化、精细化、特色化、新颖化"等特征的中小企业。专精特新企业数量和层级彰显一座城市的发展实力。习近平总书记在致 2022 年全国专精特新中小企业发展大会的贺信中要求"激发涌现更多专精特新中小企业"。宁波市在 2021 年 9 月发布的《宁波市制造业高质量发展"十四五"规划》中提出，力争到 2025 年，国家级专精特新"小巨人"企业达到 600 家。

一、宁波专精特新"小巨人"企业培育基本情况

截至目前，宁波拥有市级以上专精特新"小巨人"企业 611 家，其中国家级专精特新"小巨人"企业已达 283 家，居全国第四位。将第四批与第三批国家级专精特新企业数据进行比较，排名前三的北京、上海和深圳在增幅上高于宁波（见图 1）。

在"标兵渐远、追兵已近"的发展形势下，宁波需要牢牢秉持"人才是企业第一驱动力"的发展理念，通过破解人才要素难题，加快引进集聚各级各类人才，为专精特新企业增智赋能。为了更加精准施策、靶向发力，课题组通过问卷调查、实地走访等形式，对 611 家专精特新企业进行全面摸排，其中问卷调查重点围绕企业人才基本情况、企业人才需求情况和企业人才开发需求重点三个维度，开展全类型、全链条人才体检，充分挖掘企业人才需求特点。本次

调查问卷共计调研351家市级以上专精特新企业，占比57.45%，其中国家级专精特新企业137家，在国家级专精特新企业中占比48.41%，市级专精特新企业214家，在市级专精特新企业中占比65.24%。

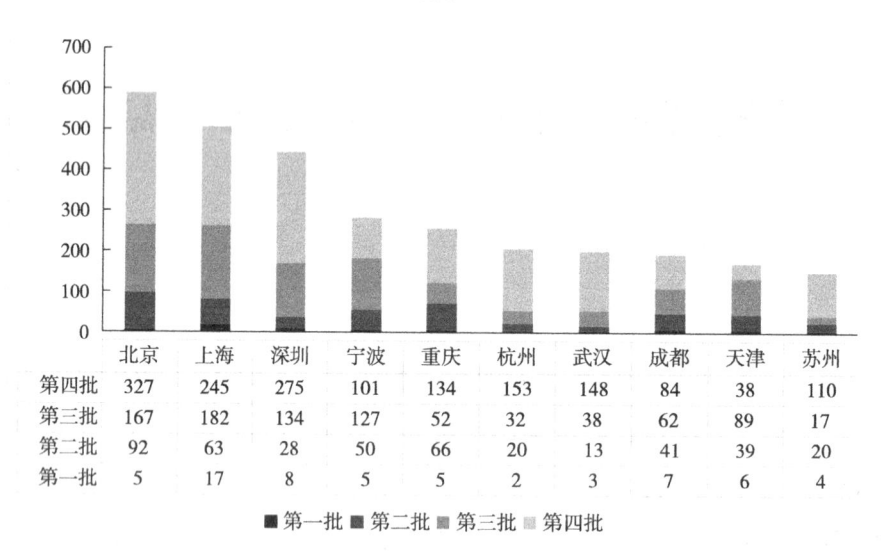

	北京	上海	深圳	宁波	重庆	杭州	武汉	成都	天津	苏州
第四批	327	245	275	101	134	153	148	84	38	110
第三批	167	182	134	127	52	32	38	62	89	17
第二批	92	63	28	50	66	20	13	41	39	20
第一批	5	17	8	5	5	2	3	7	6	4

图1 全国专精特新"小巨人"企业城市分布（Top10）

二、宁波专精特新"小巨人"企业发展特征

依托雄厚的制造业发展基础和良好的产业发展生态，宁波已聚力打造出一支行业地位突出、专业技术领先的专精特新企业群体，在技术创新、市场拓展、专业化精细化发展战略和转型升级方面呈现以下特征。

（一）技术驱动是原生动力

宁波专精特新企业中，30%以上企业拥有10项及以上的授权发明专利，20%以上企业拥有20项及以上发明专利，平均研发投入占比约5%~6%，普遍高于一般中小企业。专精特新企业技术竞争力强、成长性好，是推动宁波制造业高质量发展的重要力量，其收入和利润增长更有韧性。另外，专精特新企业上市公司的整体研发投入占比高于创业板和A股。

（二）市场竞争力是重要导向

宁波专精特新企业主导产品在国内具有较强市场竞争力，销售格局不断扩大，产业辐射力加速提升。从销售区域看，专精特新企业销售市场主要集中在长三角内，2021年销售占比约60%。从市场拓展看，专精特新企业长三角外销售增长迅速，2019～2021年期间销售平均增速达17.2%，高于长三角地区2个百分点。其中成渝、珠三角地区销售增速实现领跑，两年平均增长25.3%、19.6%。

（三）专精特新是实至名归

宁波专精特新企业探索走出一条高质量发展路径，92%的"小巨人"企业在特定行业深耕超过10年，它们坚持专业化发展战略，长期专注于产业链某一环节或某一产品，为大企业、大项目提供关键零部件、元器件和配套产品，主导产品在国内细分行业中拥有较高的市场份额，如纬诚科技的网格桥架、宝工电器的工业空气处理设备在国内细分领域市场占有率均位居首位。同时，它们坚持精细化发展战略，企业偿债能力和运营效率较高，2021年资产负债率、主营产品毛利率和流动比率分别为44.9%、23.3%、1.6，均明显优于制造业平均水平。另外，专精特新企业产业特色鲜明，超六成集中在通用及专用设备、电气机械和器材、汽车等制造行业。

（四）战略转型是关键锦囊

宁波专精特新企业紧抓企业发展服务化、平台化、生态化等关键新趋势，积极探索相应发展路线，通过搭建公共服务平台，开放内部优势资源，打造聚焦消费制造、服务制造主业的企业创新创业生态圈，带动上下游企业互联融通发展。如乐歌智能驱动科技有限公司原是一家智慧办公和智慧家居产品的研发、制造、销售和品牌运营的工贸一体化企业，现在通过在海外建立的仓储资源进行平台化运作，为做跨境业务的企业提供国内拼货服务等一体化海外仓配套服务，当前累计已服务中小企业超过300家，为国内跨境电商企业提供较大支持，也成为中外经贸交流中一个非常重要的基础设施提供商。

三、宁波专精特新"小巨人"企业人才基本情况

调研的351家市级以上专精特新企业，人才资源总量约13.34万，其中大专以上学历人数约4.67万，占就业总人数的35%。企业拥有高技能人才和中高职称人才约1.1万，占比8%。企业拥有研发人才约1.75万，占比13.13%。企业35周岁以下员工约6.29万，占比47.15%（见表1）。

表1　　　　　351家市级以上专精特新企业人才基本情况

	人才资源总量	大专以上学历	高技能人才和中高职称人才	35周岁以下员工
人数（万）	13.34	4.67	1.1	6.29
占比（%）	—	35	8	47.15

根据以上数据，专精特新企业高层次人才占比不高，其中高技能人才和拥有中高职称人才的比例只有8%。宁波专精特新企业在高学历、高素质、高技能人才的引进和培育上亟待加强。

四、我市专精特新"小巨人"企业人才需求分析

虽然宁波专精特新"小巨人"企业发展势头迅猛，但同时也面临企业原始创新和持续意愿不强、市场营销拓展不够、产学研转化不顺畅、经营环境判断不确定性增加等问题，亟须通过充分挖掘宁波专精特新"小巨人"企业人才真实需求，以人才驱动撬动创新发展驱动，逐步破解"不强、不够、不顺畅、不确定"等问题。

（一）宁波专精特新企业人才类型具体需求分析

本次对351家企业的人才类型需求调研主要按照岗位类型、专业领域、岗位层次和学历4个维度，采集的数据是对多个选项按照需求重要性进行排序选择。总体来看，宁波专精特新企业最需要两类人才，分别是拥有较高学历的、工程技术领域或基础研发领域的研发创新类人才，以及高中或技工院校毕业的

一线技能操作类人才。

1. 按岗位类型

从岗位类型看，宁波专精特新企业最需要的人才是研发创新类和技能操作类，其中39.08%的企业将研发创新类人才列为最为急需的人才，29.06%的企业对技能操作类人才的需求最大。同时，企业对市场营销类人才和经营管理类人才也有一定的需求，分别占比15.95%和13.39%，而对其他类型人才和行政后勤类的人才需求则不足2%（见图2）。

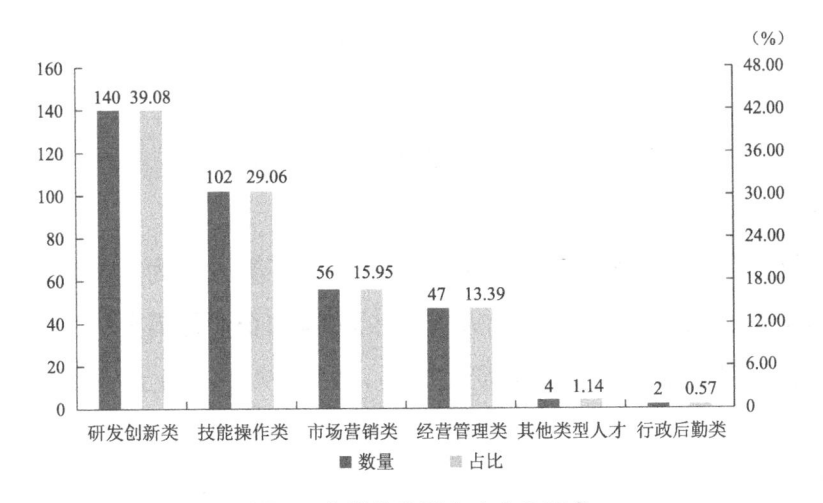

图2 分岗位类型人才企业需求

2. 按专业领域

从专业领域看，宁波专精特新企业最需要的人才专业领域是工程技术领域和基础研发领域，占比分别为43.87%和35.33%，总计占比79.2%。企业对贸易物流领域和行政管理领域的人才也有少量需求，分别占比7.41%和6.55%，而企业对法律财务领域人才和其他领域人才的需求较少，分别为3.13%和3.70%（见图3）。

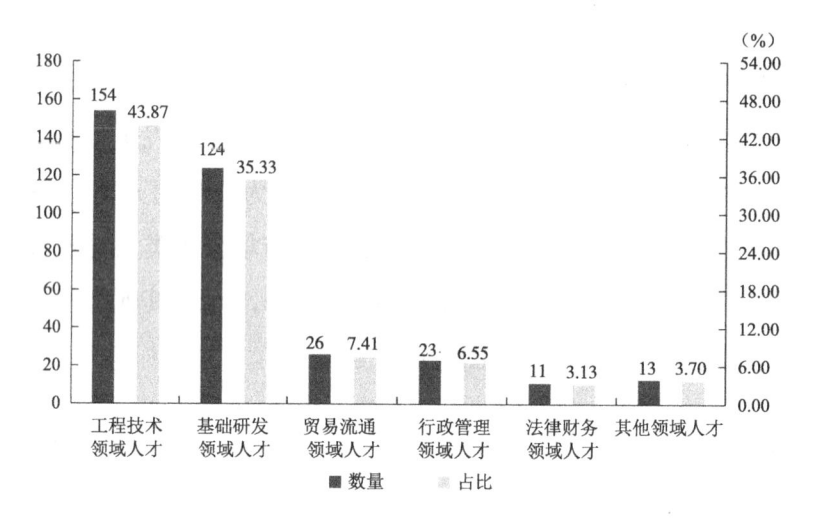

图 3 分专业领域人才企业需求

3. 按岗位层次

从岗位层次看，宁波专精特新企业最需要的三类人才为一线研发人员、中层管理和研发人员、一线技能操作人员。29.06%的企业最需要一线研发人员，27.64%的企业最需要中层管理和研发人员，23.93%的企业最需要一线技能操作人员。而企业对高层管理和研发人员的需求为12.54%，对一线运营人员和其他层次人员总计则不足7%（见图4）。

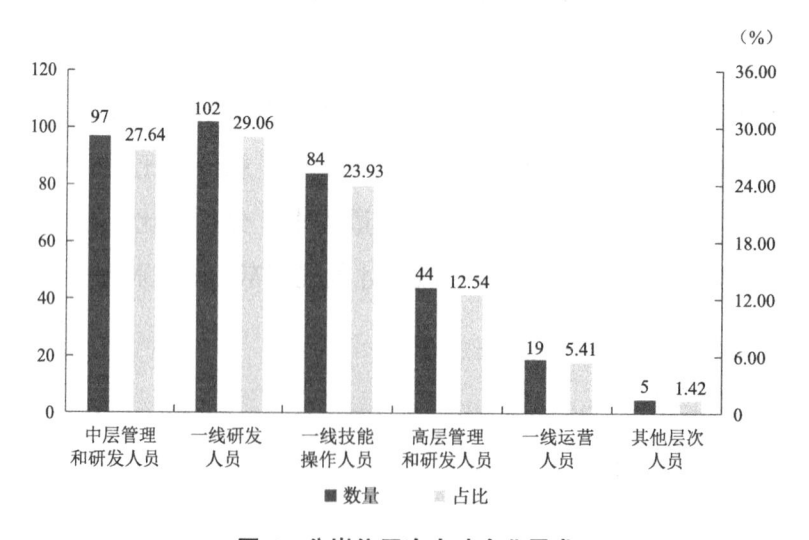

图 4 分岗位层次人才企业需求

4. 按学历需求

从学历需求看，就调研的351家企业数据来看，宁波专精特新企业最缺乏的人才层次依次为大学本科、技能型人才（高中或技工院校毕业生和大专生）、硕士和博士。33.90%的调研企业最缺乏大学本科人才。企业对技能型人才，包括高中或技工院校毕业生和大专生，需求总计高达31.62%。而企业对高学历人才的需求总量也不少，总计高达34.47%，其中22.22%的企业最缺乏硕士学历人才，12.25%的企业最缺乏博士学历人才（见图5）。

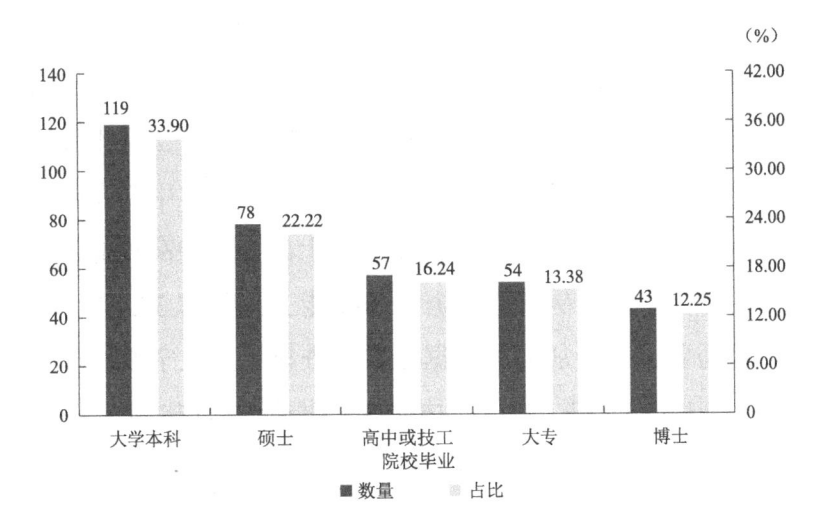

图5 分学历层次人才企业需求

（二）宁波专精特新企业人才类型需求原因分析

1. 企业对高端研发创新型人才吸引力有限

根据调研发现，宁波专精特新企业对专业技术人才的需求旺盛，39.89%的企业表示当前亟须通过引进研发创新类人才突破企业创新瓶颈。另外，根据市人社局发布的《宁波产业紧缺人才导向目录报告》，目前在节能环保、汽车、生物医药、关键基础件等新兴产业领域普遍呈现出了人才"非常紧缺"的态势，尤其是缺乏拥有核心技术、能够引领产业发展的领军人才、拔尖人才和创新优秀团队。究其原因，一方面是受全市科技创新人才供应仍旧匮乏等客观原因影响，另一方面也因宁波专精特新企业对抢高端科技人才的决心不够、平台不强，导致对科技人才的吸引力不强。经调研发现，"小巨人"企业培养的博士后留在本企业继续开展研究的比例仅占10%，其他博士后出站多进入工作稳定且收入水平较高的高校和政府机关单位。

2. 技能型人才培养的速度跟不上产业结构转型升级步伐

专精特新企业专注于细分市场，需要更多熟悉中小企业特质和产业链特点的高素质应用型、复合型、创新型技能人才。但据调研显示，29.06%的专精特新企业表示技能型人才急缺，甚至出现了明显的结构性缺口。究其原因，一是宁波高技能人才总量仍然不足。2022年宁波技能劳动者总量达到209.6万人次，作为制造业大市，高技能人才占比约为33.24%，微高于全国水平的30%，但又略低于杭州的34%、上海的35.03%和苏州的36.93%。二是相较于大型的上市企业、龙头企业，专精特新企业在招引高素质技能人才中存在吸引力不足、竞争力不强的问题。2021年，宁波万人规模以上的企业中高技能工人平均占比65.7%，而百人规模为主的专精特新企业高技能工人只占39.4%。三是在高技能人才培养方面需要进一步加强。根据相关调查显示，在宁波技师、高级技师的求人倍率分别到达6.31和7.79，高技能人才供给仍然难以满足产业转型发展的需求。并且在实地走访过程中，旭升、华朔等企业对技能人才培养如学历提升、职称破唯评定、培训学习等事项呼声较高。

3. 企业对市场营销型人才越加重视

根据调研发现，宁波越来越多的专精特新企业意识到企业要想突破营收增长的瓶颈、持续增强内生动力、成为全球性的"单项冠军"，就要靠市场开发、品牌驱动去解决，随之对专业化市场营销人才的需求也日渐增长。根据全市国家级、市级专精特新"小巨人"企业的调研得知，有15.95%的受访企业最需要市场营销类人才。虽然比例看起来不高，但是考虑到相较于其他类型的人才，市场营销类人才数量占企业员工总数的比重较低，因此需求仍较大。究其原因，一是受历史文化影响，宁波企业"小富即安"心态导致企业长期强生产弱市场。二是与营销人员层次不高有关，缺乏既懂研发又懂市场需求的人才。

4. 企业对经营管理型人才需求增大

根据对市级以上专精特新"小巨人"企业的调研得知，有13.39%的受访企业最需要经营管理类人才。从专业领域来看，有6.55%的企业最需要行政管理领域的人才。从岗位层次上来看，有27.64%的企业最需要中层管理研发人员，有12.54%的企业最需要高层管理研发人员。究其原因，一是目前既懂技术又善管理、精通国际经济和法律、具有国际视野和战略发展眼光的高级经营管理人才以及复合型经营管理人才是相当缺乏的。对此，位于鄞州区的一家专精特新企业反映，宁波作为制造业大市，缺乏类似"领教工坊"这种针对高端经营管理者能力提升的组织机构或团队，而这种"私人董事会"恰恰是宁波企业经营管理者最需要也是最受欢迎的能力提升形式之一。二是由于职业经理人制度发展时间不长，经营管理人才培育的基础薄弱，高端经营管理人才储备难以满足需求。

（三）宁波专精特新企业人才开发环节具体需求分析

总体来看，宁波专精特新企业对引进、培育、留用和使用等全环节都有强烈需求，分别占比40.17%、27.35%、21.37%、11.11%，其中企业对人才引进环节的需求量最大（见图6）。

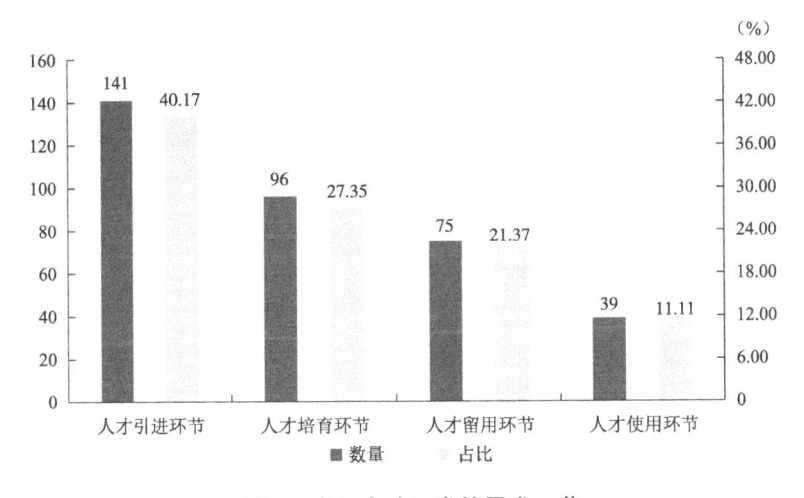

图6 企业人才开发的需求环节

1. 按人才引进环节

从人才引进环节看，专精特新企业希望政府提供更多的配套支持。企业对获取人才信息、搭建引才平台、给予引才补贴三类举措有较大的需求，需求权重分别为25.93%、23.83%、23.65%，均超过了20%。同时，16.52%的企业需要组织引才活动（见图7）。

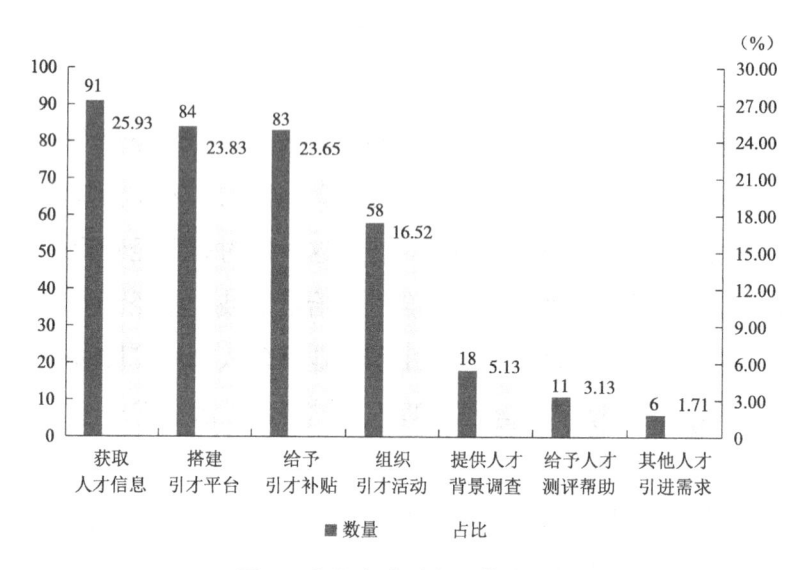

图7　企业人才引进环节的需求

从人才招聘看，企业希望能够拓展多种招聘渠道。调查企业中最希望采用的招聘渠道是线下市场招聘和高校专场招聘，均超过了30%，其中31.34%的企业最希望采用线下市场招聘会，30.20%的企业最需要高校专场招聘会。同时，25.36%的企业需要网络招聘会，11.97%的企业希望采用人才中介、猎头招聘的方式招揽人才，而通过其他方式招聘的企业只有1.14%（见图8）。

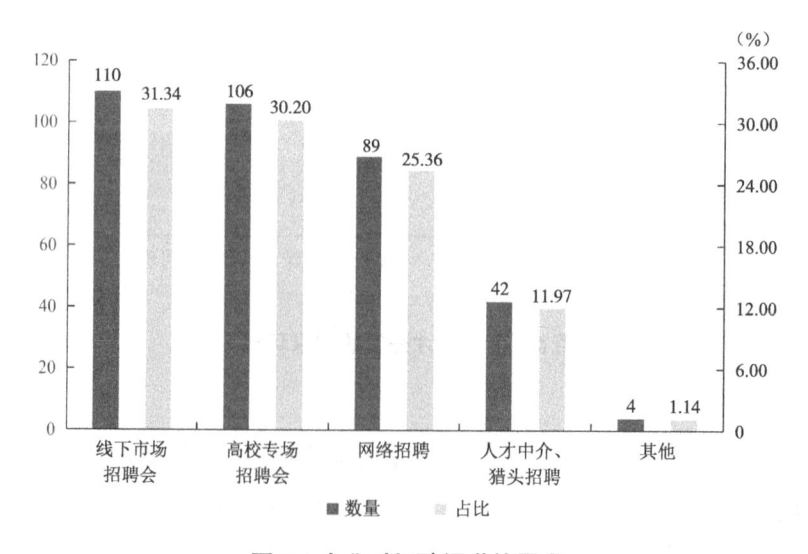

图8　企业对招聘渠道的需求

从校园招聘的目标学习看,企业校园招聘最需要的是普通本科院校,占比33.33%,其次是985、211、双一流等重点高校,占比23.36%。同时,技能技术类的学校,包括高职、专科院校和技师学院、技工学校两类,占比均为20.80%,总计占比则高达41.6%。只有1.71%的企业在校园招聘上主要目标是海外高校(见图9)。

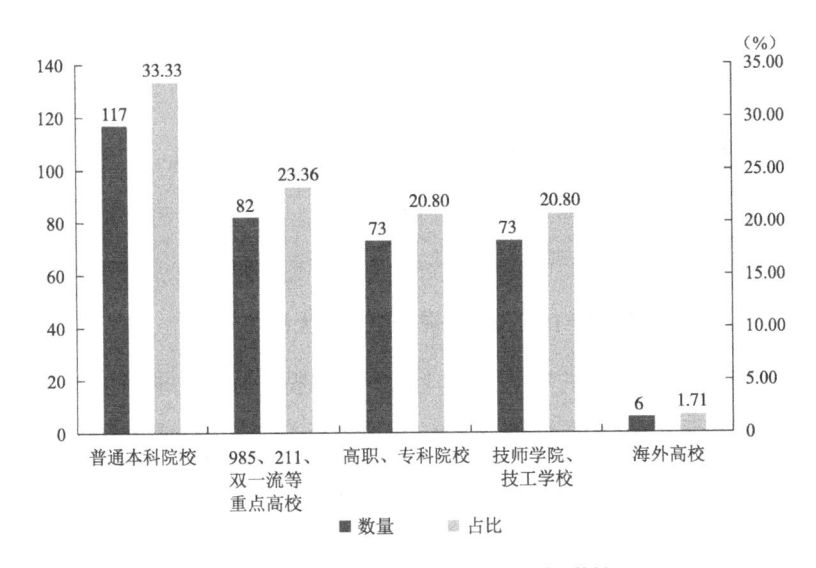

图9 企业校园招聘的主要目标学校

2. 按人才培养环节

从人才培养环节看,企业需要更多的配套服务,并且能够利用更多样化的培训形式。专精特新企业最大的需求是搭建人才培育平台和给予培养培训补贴,分别占比29.06%和24.22%。同时,19.66%的企业需要获得人才培训信息,18.80%的企业需要对接高校等人才培养资源,7.12%的企业需要组织赴同行参观学习(见图10)。

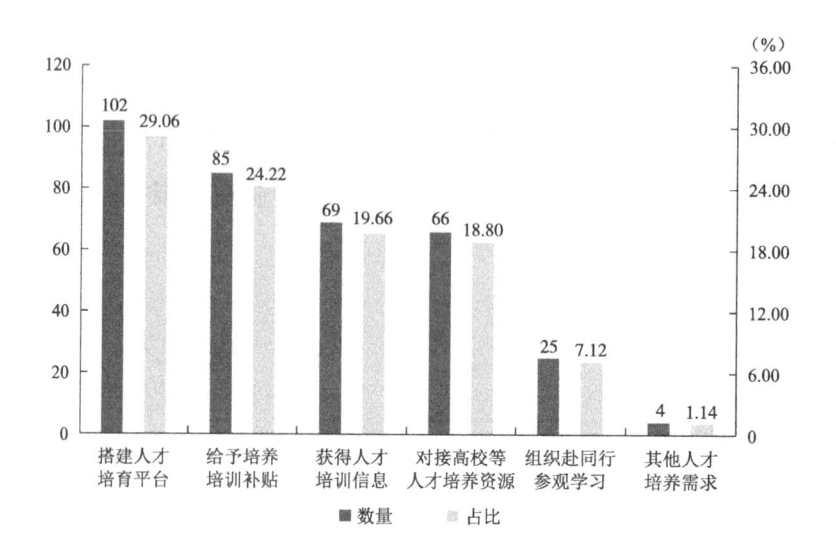

图 10　人才培养的企业最大需求

从企业能接收的毕业生数量看，宁波专精特新企业每年接收的高校毕业生以 20 人以下为主，占比高达 76.64%。18.23% 的企业接收 21～50 人的高校毕业生，3.42% 的企业接收 51～100 人的毕业生，只有 1.71% 的企业接收 100 人以上的毕业生（见图 11）。

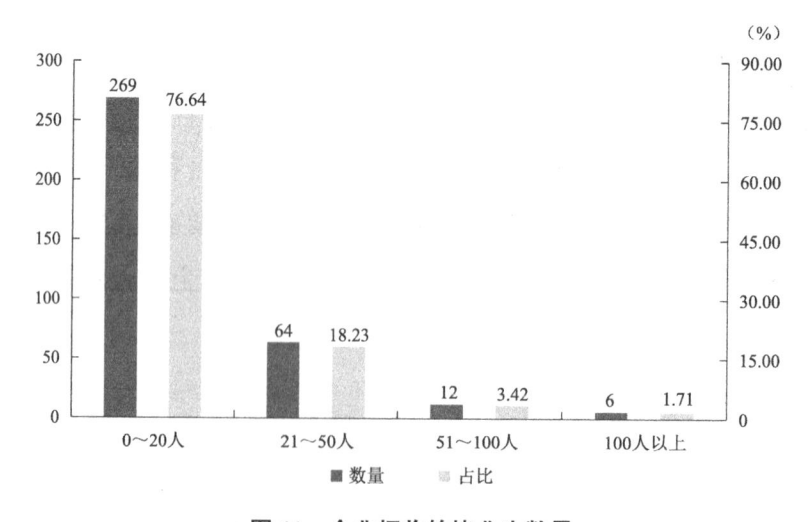

图 11　企业招收的毕业生数量

从企业技能人才提升方式看，企业最希望通过师带徒、职业能力等级提升培训的方式来开展技能人才能力提升，分别占比 29.63% 和 27.92%。同时

19.37%的企业需要岗前培训,17.66%的企业需要新型学徒制,只有5.13%的企业需要参加技能竞赛(见图12)。

从企业参加培训提升的主要形式看,专精特新企业最希望参加标杆企业参访交流和系统的理论学习,均超过了30%,分别占比32.76%和30.77%。而进行在线培训教学也深受企业的青睐,占比23.36%。同时,11.40%的企业希望进行赴外地高校、企业短期集中脱产学习(见图13)。

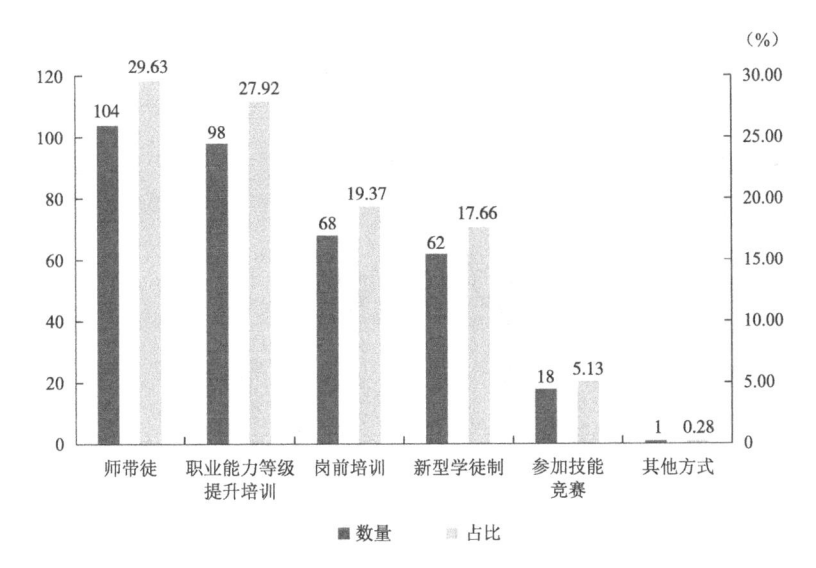

图12 企业开展技能人才提升最希望的方式

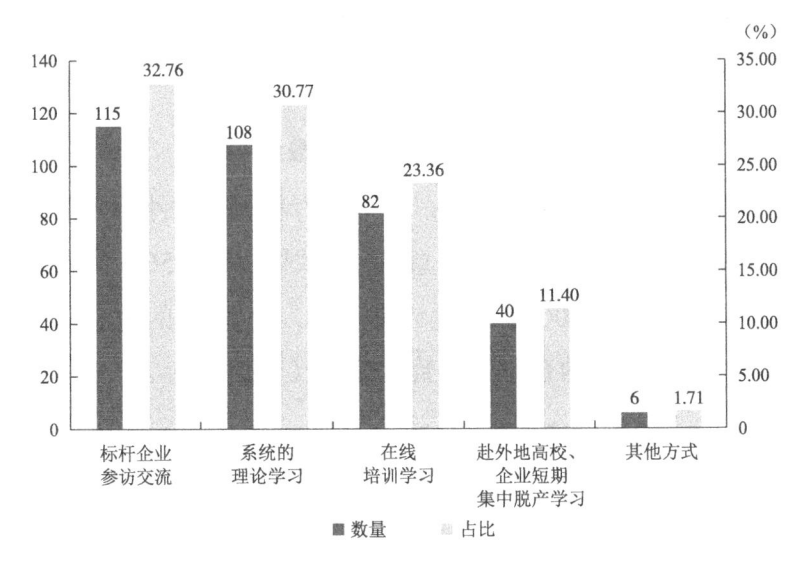

图13 企业希望参加培训提升的主要形式

3. 按人才使用环节

在人才使用环节，专精特新企业排名前3的需求依次是给予企业核心人才更大激励、支持企业人才成长升级和畅通企业人才与高校间流动，占比均超过了20%，分别为27.07%、21.94%和21.08%。同时，16.81%的企业希望赋予企业更大人才认定自主权，12.54%的企业希望改革人才评价机制（见图14）。

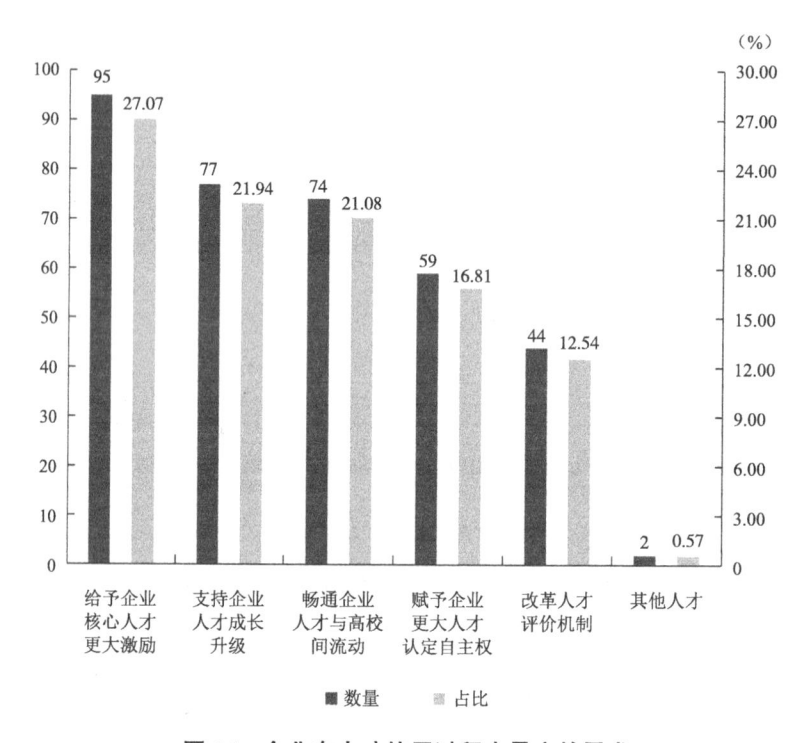

图14　企业在人才使用过程中最大的需求

从企业技术技能人才自主评价看，大部分专精特新"小巨人"企业有开展专业技术人才或技能人才自主评价的意愿或计划。有20.56%的受调研企业已经开展人才自主评价，27.10%的企业计划开展，35.51%的企业有意愿开展但暂时不具备条件，16.82%的企业目前暂无计划（见图15）。

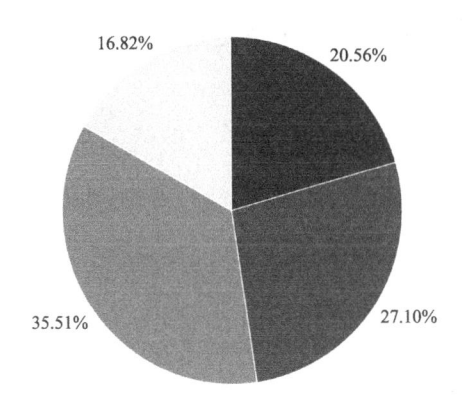

宁波专精特新"小巨人"企业人才需求研究

图15 企业技术技能人才自主评价开展情况

从企业技术技能人才自主评价困难看，专精特新企业计划开展专业技术人才或技能人才自主评价的过程中，遇到的最大障碍是公司自身人才数量暂不满足自主评价需求。有31.58%的企业表示自身人才数量不足，有18.33%的企业表示对政策不了解，16.74%的企业表示时间难以协调，14.37%的企业表示会增加公司用人成本，12.87%的企业表示公司内无专人经办，6.11%的企业表示员工暂无需求（见图16）。

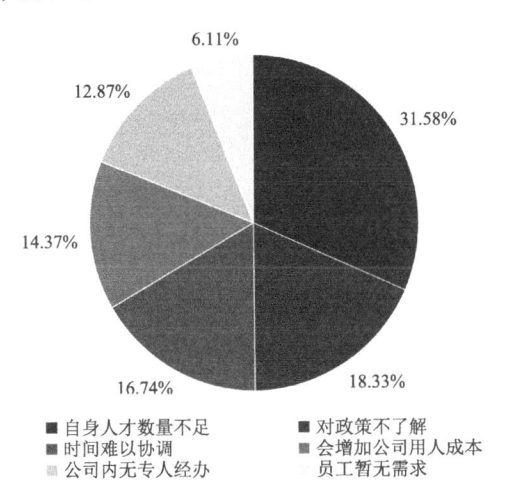

图16 企业技术技能人才自主评价遇到困难

从企业突破关键技术的主要方式看，专精特新企业突破关键技术的主要方式是公司自建研发部门独立开发，比例高达47.01%。同时，17.09%的企业是与高校院所共建研究中心，16.24%的企业是通过校企合作，9.69%的企业是通过委托第三方团队开发，7.98%的企业是通过设立博士后工作站（见图17）。

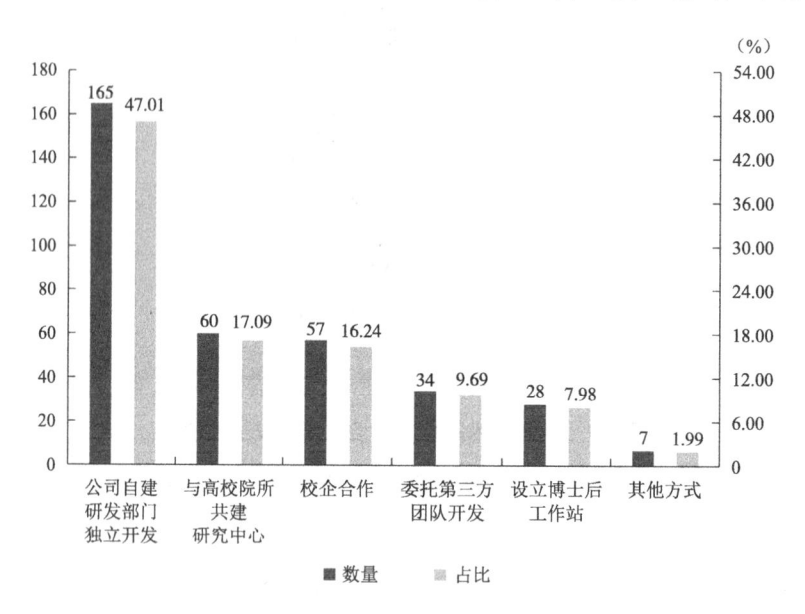

图17　企业希望突破关键技术的方式

自建研发部门独立开发、与高校院所共建研究中心、校企合作也是大部分企业认为突破关键技术效果最好的方式，企业比例分别为37.04%、25.64%、19.09%（见图18）。

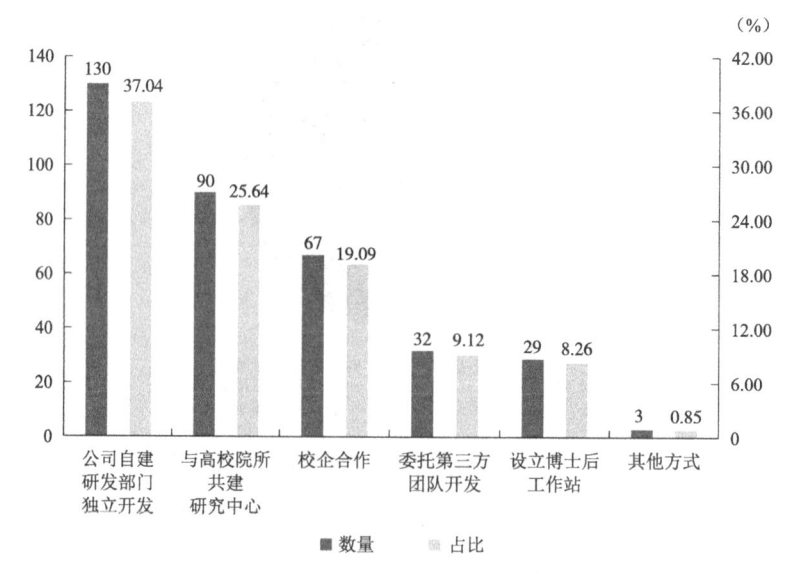

图18　企业认为突破关键技术效果最好的方式

4. 按人才留用环节

在人才留用环节，专精特新企业最大的需求是解决人才安居问题，综合需求权重高达 43.30%。同时，企业表示要解决人才子女就学问题（20.51%）、人才婚恋问题（11.97%）、人才交通出行问题（9.97%），其余还有要解决人才就医问题、人才休闲娱乐问题等，总计约 14.24%（见图 19）。

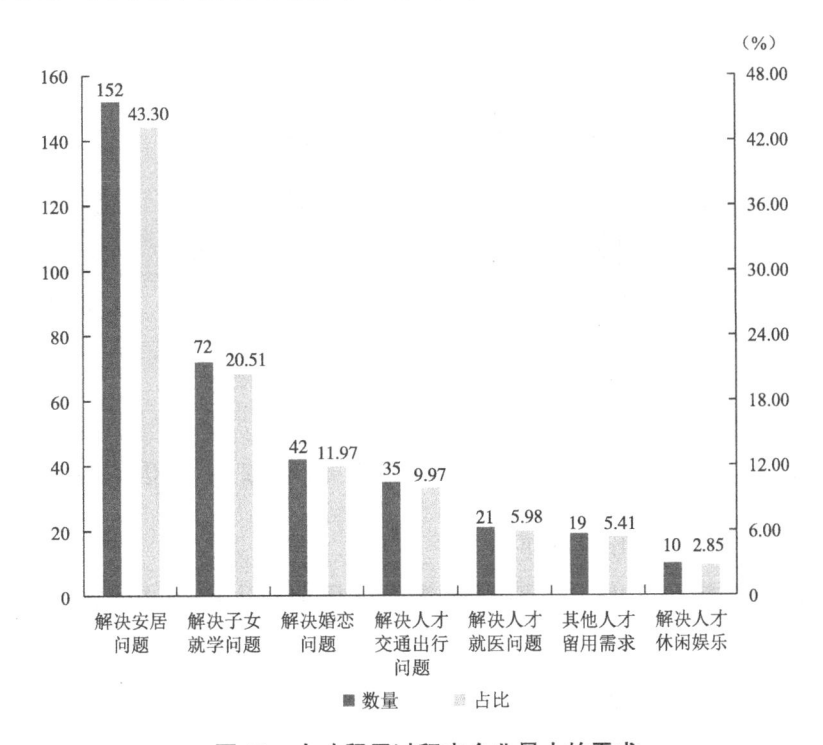

图 19 人才留用过程中企业最大的需求

专精特新企业最希望政府提供的针对高校毕业生就业的支持措施是租房补贴和就业补贴，分别占比 24.16% 和 20.37%。同时，企业希望政府提供购房补贴（16.14%）、提供公租房、人才公寓（14.21%）、提供生活补贴（12.66%）、提供实习补贴（6.26%）、提供岗前培训补贴（5.72%）（见图 20）。

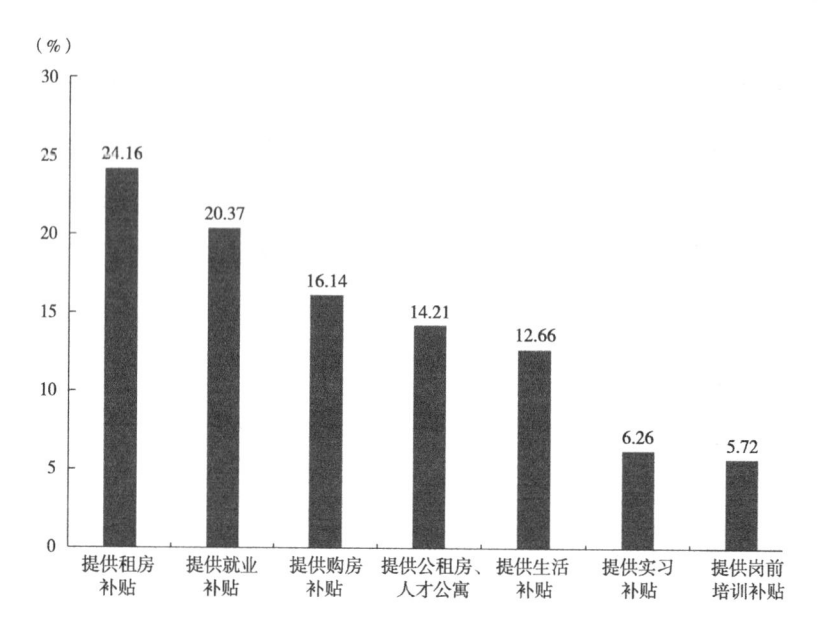

图 20 企业希望政府提供的支持措施

数据柱状图：提供租房补贴 24.16；提供就业补贴 20.37；提供购房补贴 16.14；提供公租房、人才公寓 14.21；提供生活补贴 12.66；提供实习补贴 6.26；提供岗前培训补贴 5.72。

（四）宁波专精特新企业人才开发环节需求原因分析

1. 企业引才难度大并且成本高

宁波专精特新企业对人才引进环节需求最多，占比约 40.17%。企业引才难度大并且成本高，其原因如下。

一是宁波城市对人才的吸引力有限。根据 2021 年城市人才活跃度显示，上海居全国首位，宁波居 16 位，大量年轻人更愿意到北上广深杭等城市就业。在人才引进措施上，宁波主要采取降低落户门槛、租房购房优惠、创业奖励及一次性补贴等优惠手段，与杭州、深圳等城市相比政策优势不大，对高层次人才的深层次需求（如学习成长、社交、文化融合）的关注度不够，对人才的激励措施和生态环境有待进一步提升。

二是中小企业引才难度较大。专精特新"小巨人"企业规模不大，导致专精特新企业对人才的吸引力不够。而且宁波专精特新企业引才的主动性和渠道拓展能力还不足，主要通过线上自主招聘和员工内推的方式来引进人才，需要投入大量的招聘和选拔成本，用于开拓企业内外部的人才资源。所以，大部分企业（调研数据显示，占比 61.54%）希望通过线下市场招聘会、高校专场招聘会来拓展引才渠道。

三是柔性引才效果不佳。根据调研显示，目前有将近40%的专精特新企业采用自建研发部门进行独立开发，与高校院所合作、委托第三方团队开发、设立博士后工作站等方式运用不足、效果不佳。目前宁波的部分柔性引进人才由于参保地、五险一金缴纳地不在宁波等硬性问题无法牵头申请本地项目，在一定程度上打击了柔性引进人才在宁波开展科研工作的积极性，阻碍项目实施和科研成效落地。

2. 企业育才用才机制不够健全

宁波专精特新企业对人才培养环节需求较大，对搭建企业人才培养平台、企业人才能力提升等方面有诸多诉求。

一是政策对本土企业人才培育的倾斜度不够。目前宁波的人才政策主要偏向于人才引进，人才培养的政策支持相对不足。尤其是过于重视引进海外人才，过于重视新引进人才增量上的突破，在本土企业人才培育环境的营造和制度创新存在较多不完善。根据旭升企业调查反映，现有宁波人才培育扶持政策受众面较为狭窄，对于国内高层次人才、内生性人才（高级工程师、高级技工）的扶持力度相对较弱，导致很多专精特新"小巨人"企业的员工难以享受到市里的人才政策。

二是企业人才培育体系不完善。专精特新企业长期"重使用，轻培养"，依赖外部引进人才，忽视员工队伍的长期建设，担心企业培养人才外流。绝大多数中小企业没有设立职工教育培训专门机构，技能提升、职位晋升与劳动报酬、奖金福利互动的激励机制也不够健全。

三是企业人才自主评定开展难。目前企业人才自主评定机制的评定主体、客体、流程、制度等没有清晰界定，还难以被大范围推广应用，仅有20.56%的宁波专精特新"小巨人"企业已经开展人才自主评定。中小企业进行自主考评的能力欠缺，如组织实施评价经验不足、内部评价管理制度不健全、管理人员业务不熟悉等。中小企业开展自主评价的资源有限，如考评人员数量无法满足评价需求，题库资源有限但自主开发能力不足等。这些因素都导致了专精特新企业难以开展企业人才自主评价。

四是推进产教融合的积极性不高。相较于引才方面的合作，专精特新企业与第三方人才机构、高校和研究院针对在职人员再教育方面的合作明显不足。一方面是由于产教融合在人才的培养、输送和科技创新成果的获取等方面都需要一个相对较长的过程，导致企业参与校企合作的积极性不够。调查数据显示，仅有18.80%的企业有对接高校等人才培养资源，或有赴外地高校、企业短期集中脱产学习需求。另一方面校企合作实质激励机制缺失，税收、土地、金融等组合政策难以落实，产教融合缺少实质性推动项目。

3. 企业人才留用存在较大挑战

一是留才"生态圈"不够佳。总体来看，宁波在人才引进后的配套设施不完善，住房、户口、子女就学、医保等配套服务难以满足大规模人才的需求，导致人才留下来有一定的后顾之忧。人才创新氛围不浓郁，城市信息流量较低，整体的知识分享和学习氛围较弱，缺少适合高端人才学习、交流、分享、社交的平台，一些人才因为平台和社交圈的缺失而离开宁波。由于宁波房价较高，人才的发展成本较高和压力较大，稳定性较差，流动性较大，一些人才在宁波企业工作一段时间后又流向其他城市，导致企业花费了较大的成本引进高水平人才，但是回报率却不高。

二是中小企业人才流失率较高。作为中小企业，许多专精特新企业存在着工资福利待遇缺乏竞争力、员工对企业缺乏归属感、缺乏有效的激励机制等问题，导致人才流失率比大型企业高。如对于高技能人才而言，部分企业仍旧采用传统粗放式的经营和管理方式，缺乏有效管理，造成员工的才能无法完全使用，促使企业员工离职。

（五）国家级和市级专精特新企业人才需求开发类型比较

1. 按人才需求类型

从岗位层次看，国家级专精特新企业对中层管理和研发人才以及高层管理和研发人才的需求都更高，总计45.23%，而市级专精特新企业对中层管理和研发人才以及高层管理和研发人才的需求占比总计37.16%，相较于国家级专精特新企业低8.07%（见图21）。

宁波专精特新"小巨人"企业人才需求研究

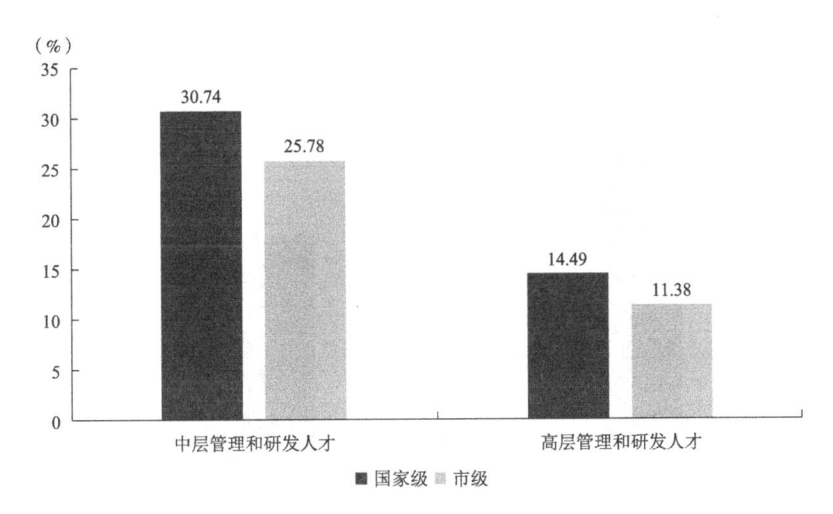

图21 国家级、市级企业对中高层管理和研发人才需求对比

从学历需求看，国家级专精特新企业对硕士和博士高学历人才的需求都更高，总计43.73%，而市级专精特新企业对硕士和博士高学历人才的需求占比总计28.58%%，相较于国家级专精特新企业低15.15%（见图22）。

2. 按人才引进和培育

根据调研数据，国家级专精特新企业与高校的对接更为紧密且需求层次更高。从企业最希望采用的招聘渠道看，国家级专精特新企业选择高校专场招聘会的占比为32.69%，而市级专精特新企业占比为28.58%，低4.11%。从企业校园招聘的主要目标学校类型看，国家级专精特新企业选择985、211、双一流等重点高校的占比为26.02%，而市级专精特新企业为20.80%，低5.22%。从企业开展技能人才能力提升最希望得到的方式看，国家级专精特新企业选择新型学徒制的占比为18.74%，而市级专精特新企业的占比为16.59%，低2.15%（见图23）。

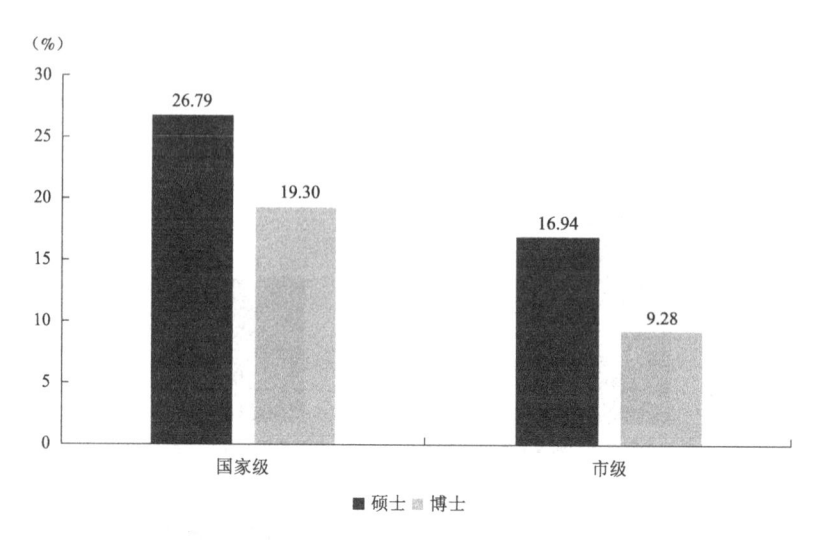

图22　国家级、市级企业对硕士和博士高学历人才需求对比

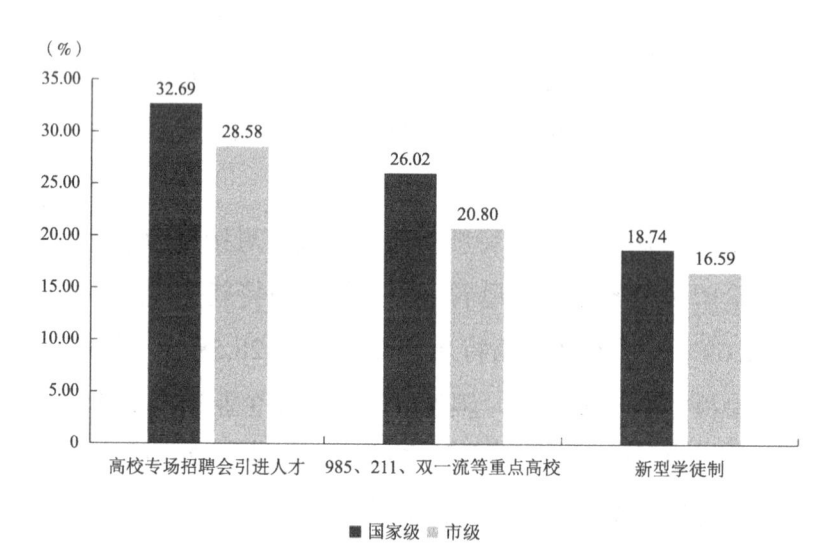

图23　国家级、市级企业对接高校紧密度和需求层次对比

3. 按人才使用

从企业对过去两年突破关键技术的方式看，国家级专精特新企业选择自建研发部门独立开发和设立博士后工作站的比例较高，分别为48.81%和9.83%，而市级专精特新企业选择自建研发部门独立开发的占比为46.02%，低2.79%，选择设立博士后工作站的占比6.97%，低2.86%。而委托第三方团队开发的方式，国家级专精特新企业的占比为7.52%，低于市级专精特新企业的占比11.27%（见

图24）。

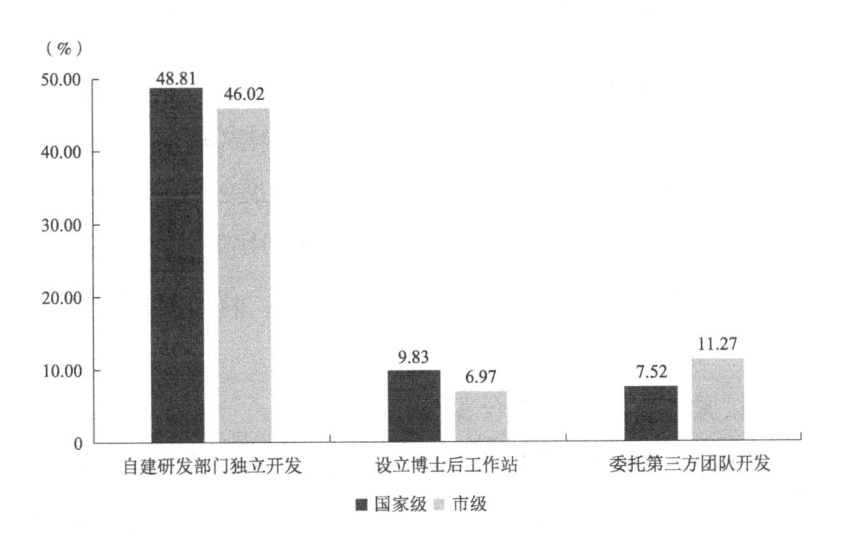

图 24　国家级、市级企业对接高校紧密度和需求层次对比

从企业认为突破关键技术效果最好的方式看，国家级专精特新企业选择自建研发部门独立开发和设立博士后工作站的比例较高，分别为38.88%和11.07%，而市级专精特新企业选择自建研发部门独立开发的占比为35.97%，低2.91%，选择设立博士后工作站的占比6.74%，低4.33%。而委托第三方团队开发的方式，国家级专精特新企业的占比为7.91%，低于市级专精特新企业的占比9.67%（见图25）。

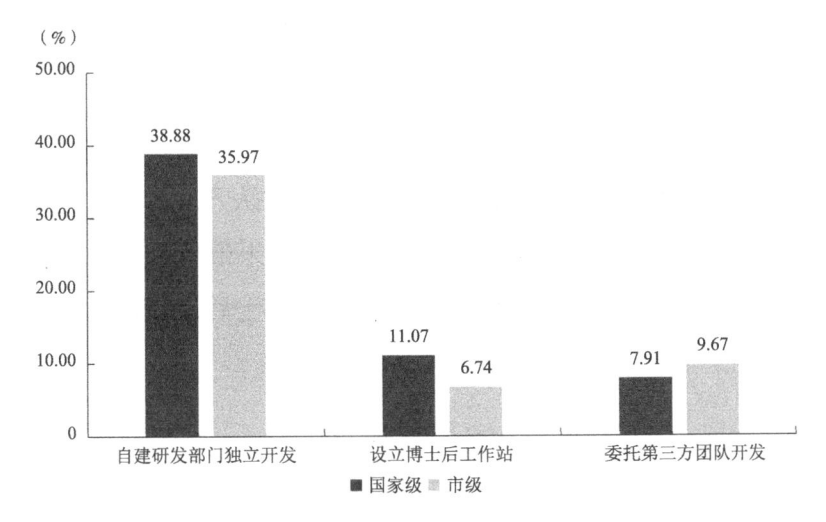

图 25　国家级、市级企业对接高校紧密度和需求层次对比

（六）国家级和市级专精特新企业人才需求开发差异化原因

1. 对高层次和高学历人才的需求差异

根据调研发现，相比较市级专精特新企业，国家级专精特新企业多属于高新技术产业，对拥有核心技术、能够引领产业发展的领军人才、拔尖人才和创新优秀团队的需求更大。国家级专精特新企业对中高层管理研发人员和硕士博士高学历人才的需求均高于市级专精特新企业，高出比例分别为8.07%和15.15%。

2. 校企对接紧密度和产教融合积极性差异

国家级专精特新企业跟高校对接的紧密度和产教融合的积极性均高于市级专精特新企业。根据调研数据，国家级专精特新企业对高校专场招聘会这一渠道的需求高于市级专精特新企业，占比高出4.11%。基于国家级专精特新企业对硕士、博士研究生高学历人才的需求，校园招聘主要目标学校的类型也更聚焦在高层次高校，将985、211、双一流等重点高校作为目标招聘学校的比例高于市级专精特新企业，占比高出5.22%。同时，国家级专精特新企业产教融合的积极性更高，在开展技能人才能力提升方式上愿意开展新型学徒制的企业占比高于市级专精特新企业，占比高出2.15%。

3. 自主研发和创新能力的差异

国家级专精特新企业的自主研发和创新能力优于市级专精特新企业。根据过去两年企业突破关键技术的方式统计，国家级专精特新企业在自建研发部门独立开发和设立博士后工作站方面更突出，占比分别高于市级专精特新企业2.79%、2.86%。而市级专精特新企业委托第三方团队开发的占比高于国家级专精特新企业3.75%。根据企业认为突破关键技术效果最好的方式统计，国家级专精特新企业选择自建研发部门独立开发和设立博士后工作站的占比均高于市级专精特新企业，高出占比分别为2.91%和4.33%。

五、对策建议

(一)实施企业人才引进集聚行动

1. 丰富专精特新中小企业人才资源供给

制订全市的专精特新企业紧缺人才引才计划,发布专业技术人才目录,及时发布制造业人才数量和需求报告。开设专精特新中小企业公益性招聘专场,组织专精特新中小企业面向全国知名高校开展引才集才专项行动,搭建线上线下招聘平台开展人才"专猎"等活动。扶持一批在引才方面业绩突出的本土猎头和引才机构,引导人力资源服务产业园、人力资源服务机构等为专精特新中小企业提供招聘、人才寻访、培训、外包管理咨询等人力资源保障服务。打造专精特新企业人才公共服务平台,实现线上线下人才服务全覆盖,满足专精特新中小企业人才招聘、引进、培训、管理全方位需求。

2. 引导青年人才到专精特新企业就业

对专精特新中小企业招用高校毕业生并签订劳动合同的,给予一次性吸纳就业补贴或一次性扩岗补助。为专精特新企业开展常态化专场招聘活动,对受邀请来甬面试的35周岁以下市外高校应往届毕业生、具有高级工及以上职业资格(技能等级)的市外技工院校应往届毕业生,最高给予1500元面试交通补贴。对专精特新企业新引进的应届本科、硕士毕业生和具有技师及以上职业资格的技能人才,给予每年1万元、最长3年的租房补贴。积极推荐优秀留学回国人员创办的专精特新中小企业申报国家级、省级留学人员回国创业资助项目。支持各类中小微企业举办创新创业大赛,对成绩优秀的专精特新中小企业,加强融资、精准服务、资金奖补等方面支持。推动校企合作,支持专精特新企业开展订单式人才招引,以高职院校学生为重点群体,构建政企校三位一体协同育人机制。

3. 鼓励高层次人才到专精特新企业兴业

在各类专家和人才的推荐选拔中,为专精特新中小企业单列推荐选拔指标,进一步加强企业高层次人才选拔培养。开展专精特新企业发展论坛活动,为专精特新中小企业搭建各类学术技术交流平台。创建专精特新中小企业人才活动品牌，通过行业领军人才示范带动，促进专精特新中小企业人才队伍综合素质和核心竞争力不断提升。面向企业经营管理和高级研发人才，实施按岗配额精准引才行动，并给予猎聘服务支持。对"小巨人"企业全职引进年薪超过50万元的专业技术人才和高级管理人才的再予以一定的补贴。

（二）实施企业人才分类培育行动

1. 加强专精特新中小企业专业技术人才知识更新

设立专精特新中小企业卓越工程师专项培养工程，开设细分专业高级研修班，定向调训专精特新中小企业专业技术人员。在工业互联网、大数据、人工智能、物联网、区块链等新一代信息技术领域实施数字技术工程师特色培育项目。开展专精特新中小企业职称专场评审，进一步畅通专业技术人才职称申报渠道，探索把企业经济效益、社会效益纳入评价标准，特别优秀人才可直接申报高级职称，对新职业、新业态可单设评价标准开展产业专场职称评审。

2. 加强专精特新中小企业经营管理人员专项扶持

设立分别针对专精特新中小企业主要负责人、高层管理人员、中层经营管理骨干的集中培训班，举办各类企业家大讲堂、企业家沙龙等活动，定期赴国内外知名高校举办专题培训。定期组织专精特新企业优秀管理人员赴国内外行业标杆企业考察交流，借鉴标杆企业在发展战略、营销策略、技术创新、生产运营、人才培养等方面的经验做法。对社会化培训机构服务专精特新中小企业取得显著成效的，给予一定的支持。对获评"全国优秀企业家""省优秀企业家"的专精特新企业管理人员，给予一定的奖励。

3. 支持专精特新中小企业职工岗位技能提升

鼓励专精特新中小企业组织员工开展岗位技能提升培训，符合条件的按规定给予培训补贴。实施青年工匠"菁英"培训，重点支持专精特新企业技能骨干赴国（境）外参加培训交流、国际技能竞赛等项目。深化校企合作、产训结合，鼓励校企实施以"招工即招生、入企即入校、企校双师联合培养"为主要内容的中国特色企业新型学徒制，对培训培养中级工、高级工的，给予企业培训补贴。鼓励专精特新中小企业参与共建生产性实训基地、高技能人才培训基地、技能大师工作室、技能竞赛集训基地。贯通技能人才职业发展通道，对在国家级、省级职业技能大赛中获得优异成绩的技能人才，可以破格晋升相应职业资格，加速"新八级工"制度落地，并建立与之相匹配的岗位绩效工资制。

4. 加强专精特新中小企业创新型人才力量发挥

支持专精特新中小企业建立博士后科研工作站，加大资助力度，对处于行业领先或在"卡脖子"关键核心技术领域有突出表现的，积极推荐申报国家级博士后科研工作站。定期开展"院士专精特新中小企业行"活动，鼓励引导高校、科研院所、大型国有企业各类专家服务专精特新中小企业，以专家服务团、博士后科技服务队等方式对接专精特新中小企业需求，并在专精特新中小企业集中的产业园区建立专家服务基地和专家直联服务点。鼓励专精特新中小企业设立"产业顾问""首席专家"等特设岗位，支持高校、科研院所专业技术人员按有关规定到企业兼职、挂职、参与项目合作并取得合法报酬。

（三）实施企业人才生态营造行动

1. 强化专精特新人才服务保障

对专精特新"小巨人"企业新入职的从事科研、生产的硕博人才、高级专技人才或高级技师，通过人才公寓、保障性租赁住房、租金补贴、购房补贴等方式解决住房问题，并且优先解决子女入学等问题。加强专精特新企业高层次人才社圈建设，为人才创造更多高端学习、交流、分享、社交的平台，促进知识分享和终身学习。开展尊才爱才专精特新优秀企业荣誉评选，制作宁波专精特新企业雇主品牌红黑榜，对优秀企业进行定期的、长期的政策倾斜、奖励和影响力表彰。系统梳理市、区县（市）两级人才惠企政策目录，制作企业人才政策申报指南和办理流程，组建人才政策宣讲团，及时向专精特新企业传送最新人才政策和措施。

2. 推动专精特新企业开展人才自主评价

坚持推动专精特新企业开展人才自主评价，加大对企业的业务指导，为计划开展但遇到困难的企业提供资源和技术支持。分期开展企业自主评价业务培训，解读最新政策、讲解评价组织实施流程，指导企业开展自主评价备案、评价实施工作。帮助专精特新企业培训管理人员、考评人员、督导人员，建设专业的评价队伍。探索在共享国家题库资源的同时，指导企业开发自有题库。鼓励专精特新企业根据实际需要积极开发职业技能标准和评价规范。根据企业需求，进一步优化完善技能人才评价管理服务信息系统，为企业提供信息技术支持。进一步畅通专精特新企业专业技术人才职称申报渠道，建立高层次创新型人才职称申报"直通车"制度，支持特色明显、人才队伍强的专精特新企业申请组建行业高级评委会。

3. 搭建专精特新企业人才开发生态平台

由人才主管部门牵头，各制造业行业协会具体执行，主导建立专精特新"小巨人"企业人才联盟，以企业自发运作联盟、政府扶持和调控的方式，推行以产业联盟形式集聚性引才和育才。政府部门和专精特新企业通过产业联盟共同商讨制定产业所需的人才政策、服务项目、引才引智活动和人才培育项目，实时跟踪和调研人才政策和相关服务在企业内实施的效果，根据实际情况作出相应调整。

袁娅娅

宁波打造更具辨识度的人才服务品牌研究

党的二十大报告强调，要深化人才发展体制机制改革，真心爱才、悉心育才、倾心引才、精心用才，求贤若渴，不拘一格，把各方面优秀人才集聚到党和人民事业中来。落实"四心"、广聚人才，关键要做好人才服务。塑造人才服务品牌是提升服务质量、创新服务模式的内在要求，也是城市扩大人才工作知名度，提升人才吸引力的重要抓手。近年来，国内相关城市加快打造有辨识度的人才服务品牌，不断提升人才引育效能，为城市人才工作提质赋能。宁波一直高度重视人才服务工作，也在不断创新人才服务举措，但面对新形势新格局，必须进一步优化人才服务体系，以打造更具辨识度的人才服务品牌为牵引，全面提升人才服务质量，增强城市人才竞争力，为奋力推进"两个先行"、加快建设现代化滨海大都市提供更有力的人才支撑。

一、打造具有辨识度人才服务品牌具有重要意义

（一）契合人才发展新格局的必然要求

2021年9月，首次中央人才工作会议提出，我国加快建设世界重要人才中心和创新高地，并对我国人才发展格局进行了顶层设计和战略谋划，明确了"3+N"的人才发展版图，为新时期人才发展指明了方向、锚定了坐标。随着各地人才工作会议陆续召开，都按照中央的要求，提出了各地的具体定位，可

以说人才工作的新格局已经基本形成。随着国家加强了对人才发展格局的统筹谋划和整体布局，对各地人才工作创新的重点也提出了新要求，要求各地将人才工作创新的重点将从比拼政策力度转向比拼服务环境，依靠更加优质的人才服务来构筑区域人才高地，服务国家"3+N"人才战略布局，作为一个整体来参与国际人才竞争，减少国内的无序、重复竞争。新格局下，人才服务能力作为区域引才聚才、构筑人才高地的关键抓手，被提到了更加重要的高度。打造有辨识度的人才服务品牌是提升人才服务能力的重要内容，也成为各地着力提升的方面。

（二）适应人才服务新形势的必然要求

习近平总书记强调，必须积极营造尊重人才、求贤若渴的社会环境，公正平等、竞争择优的制度环境，待遇适当、保障有力的生活环境，为人才心无旁骛钻研业务创造良好条件，在全社会营造鼓励大胆创新、勇于创新、包容创新的良好氛围。这些重要论述，揭示了营造良好的环境是人才发挥作用、成长成才的重要前提，也是当前人才竞争格局变化、人才队伍谱系调整、人才体制机制改革深化等新形势下，对人才服务工作提出了新的、更高的要求。2022年以来，浙江省提出深化实施营商环境改革"一号工程"，全面优化提升政务环境、法治环境、市场环境、生态环境、人文环境，人才是创业创新、营商经商的重要主体，优化人才服务是改善营商环境的重要内容，这也对优化提升人才服务提出了更高的要求。提升优化人才服务，打造有辨识度的人才服务品牌，是优化人才服务、推进营商环境改革的题中之意。

（三）实现宁波人才发展新目标的必然要求

在国家、省对人才工作的最新要求下，宁波结合区域实际，提出了加快建设人才强市、构筑"一城三地"人才发展战略目标，并已经成功跻身国家"3+N"人才整体布局。为支撑人才战略目标，宁波提出了"宁波五优、人才无忧"的人才工作品牌，聚焦政策优待、创业优助、权益优护、子女优学、安居优享，构建了综合服务体系，为人才引才聚才提供了强大助力。面对新时期新要求，宁波人才服务工作还存在不少短板和不足，尤其是体现在人才服务的辨识度不高、精准性不够以及吸引力不足，这些都将影响宁波有效实现人才工作战略目标。因此，必须进一步提升人才服务的质效，以更具辨识度的人才服务品牌塑造为抓手，疏解宁波人才服务实际存在的堵点痛点，为进一步提升人才工作能力，实现人才工作新目标提供更强大的支撑。

二、宁波人才服务品牌塑造的历史演进

（一）人才服务1.0阶段：妈妈式服务

2012年以来，宁波推行的"妈妈式"人才服务，最大的特色就是突出了一个"情"字，深情爱才，热情引才，真情助才，钟情用才，把慈母之心体现到人才工作的方方面面，把关爱之情融汇于人才成长发展的点点滴滴。一是引领式服务，当好人才创业创新的"领航员"。以服务人才创业创新为引领，帮助人才选准产业方向，挑选适合自身发展的区位和平台，为人才成功创业奠定良好基础。比如，宁波推行"助创专员"人才服务制度，选聘100多名的"助创专员"，为企业提供制定发展战略规划、规范生产经营管理、拓展目标市场和融资、股改、上市等一系列引领式的服务。二是综合性服务，推动人才服务领域的"全覆盖"。全面梳理人才创业创新各类事项，集聚优势服务资源，构建综合服务网络，探索清单式服务项目和流程，建立窗口式、一站式的服务模式，覆盖人才服务各个领域，为人才打造全方位、立体化、综合性的服务体系。三是个性化服务，定制人才精准扶持的"专业版"。根据人才的不同需求给予精准扶持，推行人才专案服务方式，根据不同类型人才、不同人才项目、不同发展阶段，因人制宜、因才施策、量身定制，制定系列服务专案和个性化扶持措施。四是全链条服务，打造人才创业发展的"助推器"。在人才创业征途中"扶上马""推一把""送全程"，着力帮助人才迈出创业创新的第一步，突破创业之初的"瓶颈期"，横渡从产品生产到大规模市场化之间的"达尔文之海"，最终到达成功的彼岸。五是暖人心服务，构筑人才安心创业的"避风港"。从人才最基础、最需要的服务着手，在人才的住房保障、医疗待遇、子女入学、

家属就业等方面予以关怀照顾，大力实施温暖人心的服务工程。比如，积极落实党政领导联系专家制度，定期慰问专家和高层次人才，关心他们在宁波的工作生活情况，集中评选表彰优秀人才，通过温暖人心的服务让人才增强归属感和荣誉感。

（二）人才服务2.0阶段：3H服务

2015年以来，为进一步提升人才服务的精准性，关注人才创业创新的"关键小事"，以住房、家庭、健康为重点，实施"3H（Housing、Home、Health）工程"，让人才在宁波创业创新无后顾之忧。一是在住房保障方面，对新引进的顶尖、特优、领军、拔尖和高级人才，给予15万～300万元安家补助。对新引进的博士等高级人才3年内在甬首次购房的再给予15万元补贴，其他高校毕业生购房补贴标准从原购房总额的1%提高到2%。二是在家庭保障方面，设立人才专户，对引进的在宁波无合法固定住所的拔尖及以上层次人才，允许其配偶、未成年子女、成年未婚子女和符合投靠条件的双方父母随迁落户；高级专业技术人员、博士、高级技师，在甬服务三年以上的硕士、中级专业技术人员、技师，及有一定贡献的紧缺人才，允许其配偶、未成年子女、成年未婚子女迁入等，妥善解决人才子女入学问题。三是在医疗保障方面，定期组织特优及以上层次人才进行全面体检，并做好日常保健工作。顶尖人才、特优人才、领军人才享受市属医疗保健待遇；拔尖人才享受宁波市三级甲等医院定点医疗机构优先安排、专家提前预约等绿色就医通道服务；鼓励支持具备条件的医院加强与国内外保险公司合作，鼓励医院与商业保险直接结算。

（三）人才服务3.0阶段：人才"最多跑一次"服务

2018年以来，按照"最多跑一次"改革要求，优化高层次人才服务联盟，每年为人才提供政策咨询、融资和办证等全过程、一站式优质服务2万余人次。聘请300余名优秀处级干部担任助创专员，变"人才跑"为"数据跑""专员跑""部门跑"。开发甬智通人才创业创新全周期一件事改革服务平台，上线人才安家补助、购房补贴、就业补助等32项高频服务事项，变人才服务"串联办理"为"并联办理",进一步提升便利度和精准度。市人力社保部门通过各级人社业务系统与基础信息库、参保登记库的实时联动和数据对接,实现内部基础数据的共享复用和业务协同办理。可在全市154个乡镇(街道)人社基层服务平台,完成就业、社保、劳动关系等59项业务的通办,覆盖社会保险、就业创业、人事人才、劳动关系、政策法规、社保卡业务等各类经办事项。

(四)人才服务4.0阶段:"宁波五优人才无忧"品牌

2021年以来,以"五优无忧"为抓手,大力营造"热带雨林式"的人才生态,为各类人才成长发展创造最优环境。一是构建"通则+专项+定制"人才政策服务体系。同步出台顶尖人才项目支持、青年人才专项、医疗卫生高端团队引育等一揽子配套政策,人才政策比较优势全面确立。二是推出"线上+线下"特色服务体系。线上升级打造宁波"人才码"2.0版,创新推出人才政策自动匡算、主动兑现服务模式,完善"一窗受理、一键办事""云窗咨询"平台,集成近30项高频服务事项。线下不断升级高层次人才服务窗口建设,联动建设浙江创新中心人才服务综合体,实现全市人才之家全覆盖。三是"财政+金融"创业支持体系。出台金融服务人才专项政策17条,率先实行海外人才用汇便利化试点,做大做强"金凤凰"线上金融服务平台,集成40多家金融机构、200余款专属金融产品,助力企业摆脱资金短缺困境。四是"货币+实物"人才安居体系。推出青年人才租房补贴、优先购房等系列举措,构建全市统筹、标准统一的人才安居政策体系。制定共有产权住房、保障性租赁住房管理等意见办法,试点建设共有产权房优先或定向供应高层次人才,加快培育住房租赁市场,持续建设人才驿站。五是"优先+保障"子女优学体系。对各类人才子女入学给予特别关注,符合条件的高级等以上层次外籍子女给予学费补助。对于普通人才子女保障其入学,全市符合条件的随迁子女入读公办学校比例达到98%以上。

三、各地打造特色人才服务品牌比较分析

（一）典型做法

一是高度重视人才服务品牌打造。随着人才工作创新深化，人才服务要从有没有向好不好转变，从碎片化向系统化转变，从同质化向品牌化转变。各地高度重视人才服务品牌的打造，全国有20余个城市明确提出区域人才服务品牌，以提升人才工作竞争力。如苏州的"苏式"人才服务品牌，将苏式服务、产品标准等运用到人才服务领域，同时又谐音"舒适"，提供让人才满意的服务；青岛的"一式四化"人才服务品牌，即"一站式、市场化、无感化、定制化、国际化"人才服务新模式，全面提升人才服务态度、速度、温度。泰州市打造全力打造"泰爱才、最'州'到"服务品牌，将泰、州两个字都融入服务品牌中，容易让人记住。

二是充分依托服务品牌整合资源。广东、贵州、湖北等省份在省级层面成立服务局，下属的各地也纷纷专门成立人才服务局，牵头负责人才综合服务工作，有利于人才服务的资源整合。同时，各地在推进人才服务工作中，将人才服务品牌作为服务资源整合的抓手，营造了共推共促人才发展的良好局面。如佛山将进一步优化人才服务平台，依托"1+5"高层次人才服务专区和"优粤佛山卡"平台，整合政务服务、科技服务、生活服务、文化服务、商旅服务，打通全市人才服务资源，实现人才服务"一卡通"，形成佛山人才服务品牌，最大限度地为人才提供各种便利，把服务做到最末端，做到人才心坎上。

三是充分依托大数据提升服务效能。在人才服务品牌打造中，充分发挥大数据服务精准化、无感化和快速化的特点，将人才服务品牌塑造得更有吸引力。如郑州市郑东新区建立毕业生数据库、企业人才需求数据库、赴郑就业创业人才数据库等三个要素数据库，通过数据汇聚整合、共享开发和挖掘应用，提升人才服务效能。又如济南市主动适应人才工作新形势、新要求，直面服务渠道不畅通、信息化手段运用不到位、反馈机制不健全等问题，着力打通服务堵点，持续强化"数据服务"理念，突破原有服务模式和服务范畴，以绿色通道、服

务专员、服务专窗和服务金卡为重点,构建高层次人才精准服务体系,成功打造了具有泉城特色的高层次人才"一键式"服务品牌。

四是加强人才服务品牌宣传推广。各地在人才服务品牌打造工作中,结合人才引育用留的全面推进工作,注重集成式宣传,如厦门、天津等地开展人才服务月活动,通过集中的宣传推广提升服务品牌知名度。佛山、济南、苏州等地,将人才服务品牌贯穿于日常人才招引活动中,在宣传人才政策的过程中,将人才服务品牌作为重要内容予以推荐,以良好的人才服务营造优质人才生态。

(二)经验启示

一是政府引导,市场主体。在创建人才服务品牌过程中,发挥政府积极引导作用,动用行政资源,推动人才服务的操作平台建设和政策配套组合,为人才服务品牌建设提供良好的政策环境以及良好的基础设施。同时,要发挥市场对人才服务品牌创建的作用,充分发挥企业参与品牌建设的积极主动性、创造性。

二是创新为本,明确主线。各地人才服务品牌创建,都是紧紧围绕创新人才这条主线,将创新人才作为培养与引进工作的重点,重点打造更具创新度的人才服务品牌。同时将人才服务品牌打造贯穿于人才创业就业的各个环节中,一切按照人才的需求来完善服务体系。

三是立足本地,放眼世界。做好人才服务,各地在打造人才服务品牌时,均能够立足本地需求,拓宽视野,放眼世界,引进世界一流人才,培养世界一流人才。不仅要创建本地家喻户晓的人才服务品牌,还着力将品牌面向全球进行宣传营销。

四、宁波打造更具辨识度的人才服务品牌对策建议

(一)高度重视打造更加辨识度人才服务品牌工作

品牌是一种识别标志、一种精神象征、一种价值理念,是品质优异的核心体现。人才服务品牌是指政府人才服务水平和知名度的识别标志,也是政府人

才服务工作的价值理念和基本导向。人才服务品牌具有主体性、创新性、能级性、实效性和体系性等五个基本特征,是提升区域人才工作能级、提升人才竞争力的重要抓手,必须予以高度重视,突出辨识度、激励性、融合化和传播力要求,将人才服务品牌的优化打造成为当前的一项重要任务来抓。

(二) 宁波人才服务品牌的具体方案选择

宁波人才服务品牌要在延续传统的基础上,更加突出辨识度和传播力,要与当前宁波优化营商环境、真心服务人才等形势要求相结合,在人才服务品牌选择定位上建议以下方案。

方案1:人才"无忧甬创"品牌

内涵解读:这一品牌塑造是"宁波五优、人才无忧"品牌的延续,突出了对人才服务归根结底就是要做到让人才无忧,全身心投入创业创新。具体来说,"甬"字是宁波的简称,是宁波常用的宣传方式,容易让人理解记忆,便于进行传播宣传。"无忧甬创",甬也谐音勇、涌,切合当前实际需要,符合中央提出"干部敢为、地方敢闯、企业敢干、群众敢首创"的要求,通过优质的人才服务,激发人才创业创新热情,人才成功创业案例不断涌现,助力经济快速回暖复苏。"无忧甬创"也符合当前我们推进优化营商环境一号改革工程的要求,我们通过提供优质的人才服务体系,就是要营造一个人才无忧又敢创、敢创又善成的氛围环境。

方案2:"一流服务聚一流人才、一流人才建一流城市"品牌

内涵解读:这一品牌突出人才和服务的元素,最核心的就是要求提升人才服务水平,并突出一流的要求,切合当前宁波"争创市域样板、打造一流城市、跻身第一方阵"的建设要求,实现人才引领驱动,推动城市高质量发展。这一品牌与宁波现实主题结合度高,体现了服务聚人才、人才助发展的人才服务工作逻辑。

方案3:"人才融服务"品牌

内涵解读:这一品牌聚焦人才服务具体工作切口,以及当前人才服务的主要关注点,从促进政府服务和市场服务融合、各领域服务要素融合、各类人才

融合等角度，推进"人才融服务"。各类服务的融合助力人才发展，政府助创、金融助力、科技中介、专业咨询等各类服务融合，推动人才服务提质增效。也体现了通过优质服务促进高层次海外人才与本土人才的融合，提升人才在甬归属感和获得感。

方案4："甬心帮"品牌

内涵解读：这一品牌谐音"用心帮"，聚焦于人才服务是帮助人才发展的维度，切口相对聚焦，体现了真心为人才服务的理念。同时"甬"谐音"用"，既体现了宁波元素，也是真心实意的举措，帮既有帮助人才的意味，也能够延伸想象"宁波帮"的内涵，将人才服务品牌与宁波另外一张品牌名片结合，能够联动扩大知名度和影响力。

从人才服务品牌的辨识度和传播力的角度考虑，建议在方案1和方案4中选择一个作为人才服务品牌进行打造，突出人才服务的具体内涵要求，体现宁波人才服务品牌的创新性。

（三）创新实施人才服务品牌营销

一是增强品牌营销意识。充分利用主流媒体、小红书、抖音等各种营销方式，将宁波人才服务品牌建设相关信息推送到相对准确的受众群体中，从而既节省营销成本，又能起到最大化的营销效果。将人才服务品牌营销作为人才工作的重要组成部分，在调查研究、文件起草、政策制定、重大展会、对外交流等过程中，都时刻注重对服务品牌的塑造、宣传、推广。

二是拓展品牌营销范围。人才服务品牌的营销目标范围主要包括三类：海内外人才，主要向各类人才宣传宁波人才的重大发展平台和政策；国家及相关省、市人才工作部门，主要宣传服务品牌建设的进展、成就及特色、亮点；市内相关区域、人才工作部门及各企事业单位，主要宣传宁波人才战略、政策、重点工作等。宣传和营销人才服务品牌，不仅要宣传宁波人才服务的重要政策举措，还要加强宁波人才工作的宣传报道，提升宁波人才工作的美誉度；不仅要宣传人才服务品牌的总体设计，还要加强典型案例做法的宣传报道，增强服务品牌的引领示范作用。

三是创新品牌营销形式。综合利用电视台、广播、报纸、刊物等传统媒体开展品牌营销,并创新使用新兴媒体营销,依托宁波人才大脑,为有关区域、人才工作相关部门、企事业单位及广大人才提供服务品牌建设和人才服务事项更新的进展和动态信息,并逐步完善人才工作及人才创业创新相关服务功能。积极开展系列活动营销。

四是强化品牌营销保障。切实把品牌建设和宣传营销工作放在人才工作的重要位置,并确定为人才工作安排、汇报、总结的一项固有内容,制订相关工作计划,指定专门人员开展工作。在人才工作经费中设立品牌营销专项经费,主要用于宣传片制作,网站、微博、微信等运营管理,广告投放等。建立完善品牌营销工作制度,出台学习、培训、考核、奖励处罚等制度,调动各级各部门参与品牌营销的积极性,提升品牌营销的制度化和长效化水平。

汪 浩

强化高层次人才和团队招引攻坚行动的思考与实践
——以奉化区为例

人才是实施人才强区、创新强区战略、推进人才队伍建设的重要抓手，是支撑发展的第一资源。随着人才计划的实施，一大批高层次人才带技术、带项目、带成果落地创新创业，为区域经济发展培育新的增长点。当前，奉化区正处在高质量发展的重要窗口期，产业转型升级、核心技术攻关、城市人气集聚，都亟须最大限度地集聚人才科技创新等要素。因此，奉化就如何开展高层次人才和领军型创业团队招引攻坚展开调研，通过实地走访、项目访谈、查阅资料、召开座谈会等形式，对区内近五年引进的人才项目进行分析，梳理经验做法，查找问题原因，并对后续工作提出建议方向，形成了本调研报告。

一、奉化区人才和团队招引现状

2013年，奉化区"凤麓英才"计划首发，面向全球遴选支持高层次人才和团队，截至目前，共评选出了优质人才项目团队和个人182个，累计引进全职在岗博士和硕士人才500余人，集聚其他各类人才3000余人。获选企业产值总计达30亿元，估值超47亿元，撬动民间资本10亿元，产生了一定的经济、社会、生态效益。

（一）近五年人才项目招引情况

五年来，奉化区共评选、招引各类人才和团队项目 130 个。目前存续的项目有 78 个，具体历年申报落户情况详见图 1。项目所涉及行业领域主要有新一代信息技术（36%）、智能制造（31%）、新材料（18%）、生命健康（9%）和城市经济（6%），具体行业分布详见图 2。

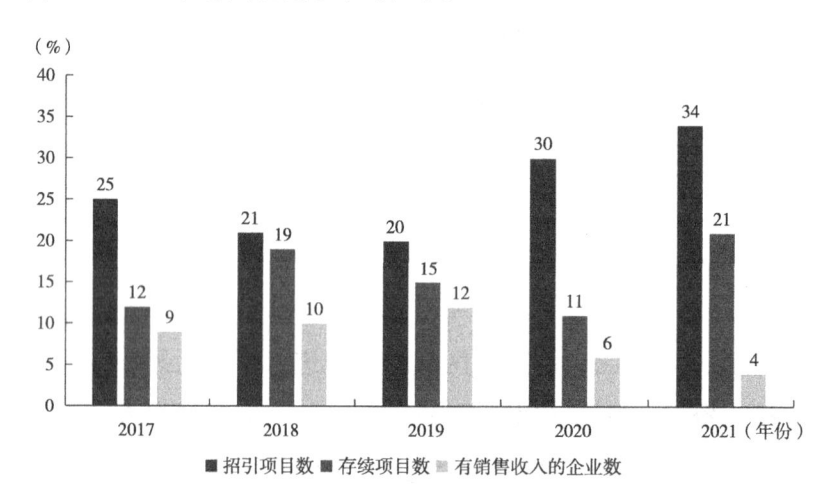

图 1 近五年人才项目情况

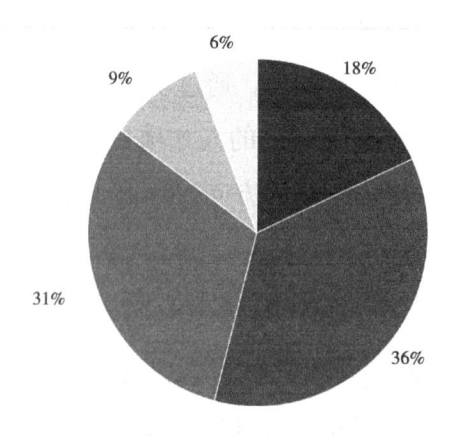

图 2 人才项目行业分布

五年来，企业自主申报并入选国家级引才工程 5 个、省级引才工程 3 个，占历年入选上级人才计划总数的 47%，从区外全职引进省级重点人才工程等领军及以上人才共计15个。入选宁波"甬江引才工程"（原"3315系列计划"）32个，占历年入选总数的72.7%，入选奉化区"小而美"苗子企业18家，在宁波市股权交易中心挂牌25家。

（二）企业运营情况

自企业成立以来，78家存续企业累计销售收入达到29.08亿元，累计实缴税金6166万元。其中海上鲜项目累计销售收入24.16亿元，累计税收2338万元，企业已进入科创板上市辅导阶段；博坤生物项目累计销售收入1.68亿元，累计税收2761万元，企业计划下一步拿地扩大生产。7家企业上规入库。共有22家企业获得社会融资，共计10.1亿元，企业合计估值达到43.27亿元。

（三）人才招引情况

78家企业中，就业人员总数为1206人，全职在岗的博士164人，占企业员工总数的13.6%，占全区博士人数的67.8%。有多个项目为"以才引才"方式推荐落户，如徐新峰博士（腾燊科技）邀请了大学室友林文添博士（中科优选）和王峰博士（京磁科技）在奉化分别注册创办了企业，林德苗博士（中聚新材料）邀请了自己在深圳大学任教时的同事博士后逯丽来企业共同工作。

（四）科技研发情况

科技成果方面，78家企业R&D投入共计4.3亿元，有38家企业拥有自主知识产权，授权发明专利157项，授权PCT专利37项，注册商标627个，授权软件著作权134项，发表著作或者论文907篇。有6家企业被认定为国家高新技术企业，1家企业入选浙江省领军型创新创业团队，2家企业设立了省级博士后工作站，2家企业成立了院士工作站，企业合计获得国家、省、市级荣誉50余项。

二、人才团队现存问题

（一）项目发展差异较大

人才项目的实施是以人才作为促进技术领先和驱动经济增长的引擎，但从经济效益等指标上来看，各项目发展差距较大，区内优质企业例如海上鲜股份有限公司已进入上市辅导期，年税收达到1000余万元，但也存在大部分企业仍处于项目研发阶段，未产生实际销售。

（二）团队人员配备不齐

人才项目具备较强的科技研发能力，但是创业团队中往往缺乏市场开拓的专业复合型人才和为企业保驾护航的财务、法务型等人才，致使企业在内部管理、市场开拓、科技转化、融资规划等方面有一定的困难。

（三）要素保障有待提高

一是专业技术人才招聘有一定难度。在新一代信息技术、生命健康领域有一定工作经验的技能人才招聘较为困难，一方面，上海、深圳、杭州等城市有更好的配套设施和产业基础，更受人才的青睐；另一方面，由于新型冠状病毒感染引起的疫情，招聘工作也受到了影响。二是企业直接融资有困难。一方面，新入驻的人才企业融资渠道单一，缺乏匹配合适投资机构的能力；另一方面，企业在研发、生产阶段需要创业资金支持，但在初创阶段，企业估值较低，不愿过早进行股权稀释，从而限制了生产和扩大再生产。

三、人才团队引育中的探索和实践

（一）高位统筹，搭建制度"顶层设计"

相继出台《奉化区开展高层次人才招引攻坚行动若干意见》《奉化区领军型创业项目招引攻坚五年行动计划（2022-2026年）》，大力实施高层次人才招引和领军型创业项目招引两大攻坚行动，推进海外高层次人才引进工作，引进一批具有深厚科学素养、整合各方资源的战略科学家和科技领军人才，集聚一批领军型创业项目。构建"项目在飞地孵化、成果向奉化转化"的"双飞地"引才模式，在全国建立7个联络站，北上深杭4个"飞地"投入运营，5个"飞入地"落户奉化，"双飞地"平台内入孵项目110余个，以"人才飞地"促建"人才高地"。2021年引进、培育省级人才等领军人才及以上专家10余人，引进领军型创业团队40个。

（二）产业赋能，解决人才"发展大事"

组建创业创新赋能联盟，引进区博联专家作为智囊团为人才企业提供专业技术支持，通过政府搭台、企业协作的方式，整合区域产业人才资源。成立"奉化人才银行"，推出"英才贷"金融产品，对全区人才企业和个人整体授信2亿元，全年重点人才企业累计获得人才贷款近1亿元。出台金融支持人才创业创新政策，助力人才企业发展，畅通企业资本对接渠道，开展"周周融"走进人才企业专场融资对接活动5场，为人才企业精准解决融资难问题。

（三）数字升级，实施项目"线上感知"

依托全区产业数智平台建设，在全市范围率先搭建人才项目无感监管服务平台，从企业成长性、规模与价值、产值税收、抗风险性等五方面维度，刻画企业全息画像，形成立体综合全面、可参照可衡量的数据体系；聚焦企业股东变更、股权出质、开庭公告、动产抵押、经营异常、失信被执行人等18种情形，构建重点风险、中度风险、一般风险三种模型，实时监测人才企业发展动态。已在系统中录入人才企业100余家，人才项目近200个，为人才项目全过程感知、数字化监管、科学化决策提供数字支撑。

四、下一步实施的重点方向

把谋划实施重点人才项目与全区发展中心工作相结合，围绕项目申报、项目管理、项目验收等全流程环节，全面贯彻落实高层次人才和领军型创业团队的招引攻坚行动，更大力度发挥人才项目效益。

（一）"精挑细选"，严把项目立项关

一是加强人才和项目引进前期的研判，评选招引阶段依托基金公司、风投公司、行业专家等第三方专业团队，对项目的技术路线、市场前景、团队结构等进行多维度评判，重点引进一些团队分工合理、技术成熟达到中试量产阶段且符合区内"8100"产业集群发展导向的项目。二是坚持以奉化区作为唯一总部、上市主体和融资主体的原则，将那些"遍地开花""身兼数职"的"走穴"项目拒之门外。

（二）"精培细育"，严把管理实施关

一是办好"奉麓青研院"和"创业创新赋能联盟"，整合区内产业链、资金链和人才链，为企业发展赋能。扩充助创、法务、财务专员等人才服务专员队伍，为企业提供政策办理、合同审核、法律咨询、财务指导等服务。二是大力引进优质人力资源机构和猎头公司，充分发挥人力资源市场配置作用，重点协助企业招聘产业工程师，加速产品中试、大试进程，助力科研产品实现产业化。

（三）"精审细查"，严把结题验收关

一是加强项目动态管理。建立"一年一评估"和"一企一档案"制度，由管理部门会同属地单位对项目进行常态化走访评估，依托区人才项目无感监管服务平台，利用数字化手段对人才项目的发展状态和发展水平进行动态监测。二是对于所有终止项目以及已完成补助的项目进行结题验收，从运作模式、项目可行性、资金状况等多个方面对项目进行量化，对项目实施成效进行综合评估研判，实现项目闭环管理。对项目验收合格的，准予结项；对不能通过验收的，下发验收整改通知单，整改完成后，再次进行验收，有效规范项目运行管理，确保项目监管到位，资金使用到位。

中共奉化区委组织部课题组

契合产业发展需求的人才评价机制研究
—— 以余姚市为例

"人才评价"是指基于一定的目的，运用先进的技术、方法和手段对各类人才的品德、知识、技能、业绩、贡献以及理念、倾向等进行测量和判断的管理活动。随着经济社会的进一步发展，政府层面对人才评价的需求也越来越迫切，一方面需要依赖人才评价技术来遴选发现更多的优秀人才，另一方面需要通过制定人才评价标准来吸引集聚人才。因此，人才评价政策不仅成为各类政府的重要公共政策议题，也成为各个国家、各个城市参与人才竞争的重要手段和工具。

余姚市委市政府高度重视人才和人才评价机制改革工作，常态化开展人才评价工作。一是在人才层次评价方面，形成了以《余姚市人才分类目录（2020）》和《余姚市人才分类认定操作细则》为核心的评价体系；在人才计划（工程）评价方面，形成了以引才为主的"姚江英才项目"和以育才为主的"阳明系列"的评价体系。二是在职称（职业技能、资质）评价方面，围绕中小学教师职称自主评审、企业工程技术系列职称自主评审、农村实用人才职称评审等构建起了系统化的评价体系。三是在人才荣誉评价方面，形成了以《余姚市人才奖评选管理办法（试行）》为核心的评价体系。在实施开展这些人才评价工作过程中，余姚市按照上级政策要求并结合本地实际，围绕如何科学评价人才问题进行了一系列积极探索，取得了明显成效。

为了更好构建契合余姚产业发展需求的人才评价机制，课题组在2022年9月至10月期间，针对余姚市人才相关职能部门、相关企业高管和人事负责人、相关企事业单位人才代表这三类主体开展人才层次评价、人才工程计划评价、职称评价等不同人才评价类型的调查问卷。其中，人才职能部门、用人单位和人才代表分别回收有效问卷26份、25份和61份。

一、研究意义

（一）构建契合余姚产业发展需求的人才评价机制是树立正确人才工作导向、落实"以用为本"工作思路的切实之举

余姚作为一个相对基层的县级市，在全国同类城市中经济相对发达，目前正处于创新转型发展的关键阶段，面临着既要"稳增长"又要"促转型"的繁重任务，产业发展是经济建设的中心工作，要实现区域经济发展量质齐升，至关重要的一环就是要以人才创新来引领牵动区域产业转型升级。因此，以产业需求为导向来构建区域人才评价机制，是余姚推动产才融合、实现人才工作服务区域高质量发展的创新举措，是推动城市人才工作重心精准聚焦需求、促进城市人才队伍供求平衡的关键之举。此外，当前国内人才竞争非常激烈，城市之间的"人才争夺战"处于白热化状态，与"给房子""给资助""给户籍"等普遍化的优惠政策待遇相比，用好用活人才、让人才有"用武之地"，对于吸引、培育和留住人才更为关键、更为有效。与一些一线、二线城市甚至是一般的地级市相比，在人才竞争方面，余姚既缺少高校、科研院所等高端平台，也缺少教育、医疗、交通等城市服务功能优势，同时限于县级城市的经济体量也不可能提供高出其他城市太多的优惠待遇，为此，余姚要想构建差异化的人才竞争优势，就必须走产业引才之路，通过特色产业吸才聚才、依托优势产业用才留才。因此，以产业需求为导向来构建区域人才评价机制，是余姚走差异化引才、构筑城市人才工作特色的切实之举，是余姚吸引、集聚、留住人才的务实选择。

（二）构建契合余姚产业发展需求的人才评价机制是破解人才评价难题、纵深推进人才体制机制改革的切实之举

人才评价是人才发展体制机制的重要组成部分，是科学开发、管理和使用人才资源的前提。建立科学的人才评价机制，对于树立正确用人导向、激励引导人才职业发展、调动人才创新创业积极性、加快建设人才强市具有重要作用。在对余姚市的相关人才工作部门、企事业单位、各类人才实地走访、座谈研讨、问卷调查中，超过84%的人才职能部门和用人单位的受访者都认为人才评价在人才工作中能起到"指挥棒"和"风向标"的作用，超过88.46%的人才职能部门、超过92%的用人单位受访者认为人才评价是人才工作的前置环节，并且直接影响了人才工作的质量。这些调研结果都凸显了人才评价的重要作用和在人才工作中的核心地位。

党中央、国务院高度重视人才评价机制改革工作。2016年中共中央印发《关于深化人才发展体制机制改革的意见》明确提出，要研究制定分类推进人才评价机制改革的指导意见，并列入中央全面深化改革重点工作任务。2018年两院院士大会上，习近平总书记明确指出了人才评价制度的改革方向，强调要突出品德、能力、业绩的评价导向，克服"唯学历、唯资历、唯论文"的倾向。2018年2月，中办、国办印发《关于分类推进人才评价机制改革的指导意见》。2018年10月，科技部、人社部等五部门联合开展清理"唯论文、唯职称、唯学历、唯奖项"专项行动。在2021年9月举行的中央人才工作会议上，习近平总书记再次强调，要完善人才评价体系，加快建立以创新价值、能力、贡献为导向的人才评价体系，形成并实施有利于科技人才潜心研究和创新的评价体系。但我们也必须看到，人才评价不仅是人才工作中的"关键一环"，同时也是一个世界性难题，虽然近年来我国不断加大人才评价制度的改革力度并取得了不错的成效，但其中仍然存在分类评价不足、评价标准单一、评价手段趋同、评价社会化程度不高、用人主体自主权落实不够等突出问题，亟须通过深化改革加以解决。

二、主要问题

（一）评价内容问题

一是评价重点有失偏颇。从面向产业人才的评价来看，当前人才评价的类型、业绩和指标主要基于事业单位管理制度来开展，忽视了产业人才评价业绩和标准的特殊性。以"姚江英才项目"为例，36%的用人单位认为目前人才评价思维主要基于传统的教育、文化、卫生等事业单位的人事管理制度来设计评价指标，而对产业导向、企业导向的评价业绩和指标体现不够明显，又如56%的用人单位表示新技术、新产业、新业态、新模式等"四新"产业人员缺乏相契合的评价类型和评价标准，再如24%的用人单位认为过分强调学历、论文、头衔的问题依然存在，降低了企业人才评价的优势。

二是评价维度过于单一。一方面，当前人才评价更关注人才的"显能"维度，对"潜能"维度的关注比较少。例如，以"姚江英才项目"为例，32%的用人单位认为，现有地方政府人才评价过于重视对人才"显能"的评价，而对人才"潜能"关注不够。另一方面，当前人才评价更加侧重能力和业绩，对品德的关注较少。例如，24%的用人单位认为，过分强调人才的"能和绩"，对人才"品德"的关注度不够，未能充分体现"以德为先"的鲜明导向。

三是衡量标准不科学。主要表现在当前人才评价过于强调论文所发期刊和成果奖项的行政级别等问题，例如，有36%用人单位受访者认为，地方政府的人才评价存在着简单以"论文所发期刊层次"和"成果奖项行政级别"论英雄的问题，而忽视了对"成果"本身质量高低的深入评价和科学评价。

（二）评价方法问题

一是负责操作的职能部门工作人员专业知识不够。由于科技迭代升级迅速、产业交叉融合发展，新知识、新技术、新业态、新模式层出不穷，要做好相关人才评价工作，需要具有良好的业务知识和信息的储备支撑。以"阳明学者"为例，57.69%的受访人才职能部门反映，在"人才工程（计划）评价"中面临着"人才申报项目类型多、专业性强,具体操作部门工作人员专业知识不够"等突出问题。

二是专家资源支撑不够有力。既懂理论又懂实践的创新创业型权威专家是提升人才评价效果的重要支撑。扩大专家库资源在多个层次、多个领域的人才评价都相当重要。然而,在余姚市各级各类人才评价尤其是创新创业复合型人才评价中,专家资源匮乏的问题较为明显。例如,在"姚江英才项目"和"阳明学者"评价中,分别有53.85%和46.15%的人才职能部门受访者认为对接相关评价的专业机构的渠道缺乏,53.85%和57.69%的人才职能部门受访者反映,余姚作为一个县级市,区域内知名高校科研院所、重大创新平台和行业头部企业相对较少,在各类人才评价特别是"人才工程(计划)评价"工作实施过程中存在着"专家资源匮乏、聘请专家渠道不畅"的问题,特别是在新型冠状病毒感染引起的疫情发生后,这一问题更为突出;此外,超过50%的人才职能部门受访者表示在评审过程中本地评审专家、学术型专家占比过高,而产业专家、投资专家参与度不够。同时,除了专家资源不足的难题外,专家评审中还存在着"一些专家知识匹配度不够、业界权威不足"等问题。

三是评价手段相对单一。比如,虽然余姚的重大引才工程越来越注重现场答辩、尽职调查等动态评价手段,而且人才职能部门、用人单位和人才代表均非常支持采用多元化的评价手段来开展人才工程和职称评审。采用现场答辩、项目路演、实地调查、量化指标等手段开展人才评价,例如,人才职能部门和用人单位的受访者支持采用现场答辩(69.23%、88%)、项目路演(73.08%、44%)、实地调查(92.31%、56%)、量化指标(69.23%、64%)、技能展示(53.85%、60%)等人才评价手段,但受制于申报人选较多等客观原因,在具体评审过程中,每个申报人进行专家面谈、现场答辩的时间非常短,申报人很难就专业问题进行深入阐述,也无法与评审专家进行充分互动,能提供给评审专家的信息非常有限,专家评审主要还是看书面材料,现场答辩的实际效用也很有限。

(三)实施路径问题

一是在"直接实施"模式下,承担相关人才评价职能的政府机构不仅承担着信息甄别、资格审核的工作，而且直接聘请评审专家组成评审委员会对通过初审的申请者进行专业评价。比如，在以《余姚市人才分类目录》为核心的"人才层次评价"就是由政府相关职能部门直接组织实施的，其中"人才申报资料线上初审"由政府所属的"高层次人才服务联盟"负责，"人才申报资料线上闭环联审"由人才、人社、科技、教育、卫健、体育、金融等市级职能部门根据职工分工进行审核，"人才类别核准"主要由市人社部门根据人才分类标准进行核定。

二是在"购买服务"模式下，承担人才评价任务的政府机构会把信息甄别、资格审核、专业评审等评价工作外包给专业化的市场机构、社会组织或其他政府专业部门，由这些专业机构组织专业力量进行评价，特别是一些经济功能区块，限于自身专业能力、评价资源比较有限的制约，常常会把"人才工程（计划）评价"以购买服务的方式外包给第三方专业机构。但在管理实践中，在"信息甄别、资格初审"和"同行专家专业评价"两个环节中存在较大差异，不同部门或经济功能区块可能在外包数量和质量方面有所不同，有的部门或经济功能区块将二者同时外包，而有些机构则只将其中某个环节外包。抽样统计结果显示，受制于理念认识滞后、专业机构发育不足等方面的瓶颈，"购买服务"模式还处于刚刚起步阶段，真正完全通过"购买服务"方式将人才评价任务外包出去的案例并不多见，政府层面的人才评价工作大多数都还采取的是"直接实施"的方式。

（四）人才评价有效性问题

一是不同类型人才的评价效度存在差异性。就"职称评价"而言，40%的用人单位代表反映，由于人才分类目录主要还是根据传统的教育、文化、卫生等事业单位的特点来设计评价指标，产业、企业导向体现不够明显，一些企业急需、务实管用的"实用型人才"常常因为缺学历、论文、头衔等无法申报入选，由此造成"管用的人评不上、评上的人不一定管用"的问题。就"人才工程（计划）评价"而言，以"姚江英才项目"为例，自2013年实施以来，共受理247个高层次人才（团队）项目申报，组织了28批次评审，共计194个项目通过评审，其中就业型的创新人才特别是基础研究类人才评价的准确率相对较高，创业型的科技创新人才则存在着较大的不确定性。调研结果显示，截至目前，项目最终落地并获得政策支持的项目为86个（家），86家企业中目前已无实际经营或终止经营的13家，占15.11%，已申请并实际拨付种子资金的26家企业中逾期未归还的5家。

二是不同层级重大引才工程的人才评价效度存在差异。具体而言，层级越高、投入资源越多的人才工程（计划），评价的准确率相对越高，市级人才工程（计划）评价准确率普遍高于一些乡镇（街道）、经济功能区块、部门的人才工程（计划）。这主要是因为层级高的、财政资金支持力度大的人才工程（项目）吸引力相对较高，一方面能吸引到更多的优质人才申报，引才的选择面更宽，另一方面为了规避风险相关职能部门投入的评价资源和精力也更多。

三是人才评价的有效性受多元因素影响，特别是与人才发展环境有较大关联度。以"姚江英才项目"引为例，48%的用人单位受访者认为，人才资源有着潜能显能并存、作用发挥环境依赖性强等特殊属性，人才特别是创业人才的后续发展具有一定的不确定性，因此，类似"姚江英才项目"评价的有效性除了要看"评的准不准"因素以外，同时还受到"政策兑现到不到位、市场环境好不好"等多种环境因素影响。

三、政策建议

（一）构建以"35"千百亿产业为导向的升级版人才分类目录，优化提升"人才层次评价"科学化水平

一是制定四大特色产业人才目录。聚焦加快建设"35"千百亿产业集群需要，制定出台"智能装备、智能光电、智能家电、智能汽车"等四大特色产业人才目录，构建形成"普适目录＋特色产业目录"的新型人才分类目录体系。四大特色产业目录重点将目前不在人才分类目录中的三类产业人才群体纳入范围之内。第一，大学生人才。由相关产业主管部门牵头，梳理与四大产业密切相关的"特色高校目录"和"特色专业目录"，将原来不在余姚市级人才分类目录，但学

科（专业）与区域四大产业高度契合的特色型普通本科高校、高职院校，以及有关高校的相关特色专业纳入认定目录范围，并给予相应的人才政策待遇，如智能装备（如北京电子科技职业学院等）、智能光电（如深圳信息职业技术学院）、智能家电（如浙江工商职业技术学院）、智能汽车（如浙江汽车职业技术学院等）。第二，特色技术技能人才。由相关产业主管部门牵头，梳理四大产业"特色评价要素目录"，包括与四大产业密切相关的行业资质、职业（执业）资格、技术技能登记证书、期刊、奖项、荣誉、头衔、论坛（比赛）等，将原来不在余姚市级人才分类目录，但能体现四大产业人才能力水平和行业地位的相关评价要素纳入人才认定目录范围，符合条件的人才经认定后，给予相应层次的人才政策待遇。第三，民间优才。由相关产业主管部门牵头，会同相关领域的行业协会、"大优强"企业、"专精特新"小巨人企业等，研究制定四大产业"民间优才目录"，并组建四大产业"民间优才"评价鉴定委员会，力争"民间优才"的人才分类层次能在特色产业领域真正落地实施。

二是探索以企业贡献为维度的人才认定机制。构建以年度新增投资额、纳税额或人才引育绩效、亩均效益等为维度的企业贡献评价机制，对贡献突出、符合条件的"大优强"企业、单项冠军企业、专精特新"小巨人"企业给予一定的人才认定评价自主权。一方面，可给予这类企业一定的"上浮一档认定人才"名额，对这类企业中少量符合市人才分类目录相关标准的人才，可由企业举荐按"上浮一个人才层级"的规格进行认定，经行业主管部门审核后，给予相应的人才政策待遇；另一方面，可给予这类企业一定的"自主认定人才"名额，对这类企业中在企业管理创新、技术革新方面有突出贡献但不在现有人才分类目录范围内的在职人才，可根据人才年工资性收入情况，按市人才分类目录相应层次进行人才认定，并给予相应人才政策待遇。

（二）构建以"业绩＋授权"为导向的市场化、社会化评价机制，优化提升"人才工程（计划）评价"的科学化水平

一是加大对重点用人主体、重点人才集聚区块按业绩标准进行评价授权探索的改革力度。对浙江大学机器人研究院、宁波市智能制造产业研究院、宁波阳明工业技术研究院、宁波舜安人工智能研究院等产业技术研究院，根据其上年度国家级（或省级）引才计划入选情况，按1:1择优举荐并直接入选"姚江英才项目"创新类人才，或按1:3比例择优举荐并进入"姚江英才项目"部门会审环节；对其他的上年度考核优秀的产业技术研究院，可择优举荐2个项目进入"姚江英才项目"部门会审环节，或直接认定1名人才入选"姚江英才项目"创新类人才。对舜宇光学、江丰电子等特色产业的头部企业，探索开展"姚江英才项目"自主评审改革，支持其自主制定引才管理评价体系，其自主遴选并择优举荐的人才项目可直接认定入选"姚江英才项目"；对其他企业，可根据其上年度国家级（或省级）引才计划入选情况，可按1:1择优举荐并直接入选"姚江英才项目"创新类人才。对于甬西智能科创走廊、中意宁波生态园、浙江余姚人才创业园等重点人才集聚区块，每年给予一定"姚江英才项目"举荐名额，由其用于举荐区域内重大创新平台或重点企业的人才（团队）申报"姚江英才项目"，经其举荐后，符合条件的人才（团队）直接进入"姚江英才项目"部门会审环节，或按有关标准直接认定入选"姚江英才项目"。

二是加大根据市场化业绩进行评价授权探索的改革力度。首先，优化升级"机构荐才评审"机制，对获得民间投资（包括风投机构、各类企业、自然人等）、符合"姚江引才计划"公告明确申报条件的创业个人和创业团队项目，可申报"机构荐才评审"，其中获得民间投资300万元（实际到位货币出资）以上的，经特定程序后，属创业个人的可直接认定为"姚江英才项目"，属创业团队的可直接进入部门会审环节；获得民间投资150万元以上不到300万元的，经特定程序后，属创业个人队的可直接进入部门会审环节。其次，优化升级"大赛引才评审"机制，在由经济较为发达、人才工作基础较好的地级及以上城市（由市委人才办牵头制定城市名录）政府部门组织的市级、省级、国家级、国际性引才引智大赛上获得一等奖及以上的个人和团队项目，或入选相关城市重大引才计划（工程）的个人和团队项目，可申请"大赛引才简易评审"，经特定程序后，属创业个人的可直接认定为"姚江英才项目"，属创业团队的可直接进入部门会审环节。最后，探索"重大科技成果转化引才评审"机制，对以中国专利金奖或技术成果转化交易额1000万元以上的科技成果，进行产业化转化的人才项目，经特定程序后，属创业个人的可直接认定为"姚江英才项目"，属创业团队的可直接进入部门会审环节。

三是加大"以才荐才"的改革力度。探索建立市级人才发展战略咨询委员会，成员由本地专家和外地专家共同组成，本地专家主要包括在姚在甬工作的国家级和省级人才计划专家、高校科研院所负责人、知名企业负责人、投资机构负责人等，外部专家主要包括符合"领军人才"及以上标准的高校科研院所专家、知名企业负责人、知名投资机构负责人等。战略咨询委员会成员可择优举荐与自身业务领域相近的人才项目，其中举荐人才若是在海外取得博士学历且拥有3年以上海外相关领域工作经历的35周岁以下青年人才，可直接入选"姚江英才项目"创新类人才；属其他类型创业个人或团队的，经特定程序后，可直接进入部门会审环节。

（三）构建符合新产业、新企业、新职业特点和需求的职称体系，优化提升地方"职称评审"的科学化水平

一是针对"四新"产业特点和需求开展新型职称评审、技能人才评价试点改革。针对"四新经济"特别是以人工智能、大数据、云计算等为核心的智能经济的蓬勃兴起，但新兴职业没有纳入职称评价体系，从业专业技术人才无相契合的职称类型可申报的困境，建议余姚市积极开展新产业职称评审和技能人才评价改革试点：一方面，围绕余姚四大特色产业分行业进行新型职称评审改革探索，可由市级主管部门牵头，以属地行业龙头企业、行业协会学会、专业领军人才等为主体，共同研发设计特色产业发展所需要的新型职称类型、评价标准、操作流程等。比如，可借鉴山东、上海等地经验做法，结合余姚产业发展需求，在区域职称评审中试点增设人工智能技术、大数据管理技术、物联网工程技术、智能制造工程技术、新型材料制备技术等职称类型；同时，在评价标准的设计上，要破除"唯论文、唯职称、唯学历、唯奖项"倾向，将技术创造发明、技术推广应用、工程项目设计、工艺流程标准开发、技术成果转化等纳入代表性成果范畴，体现重业绩、重实践、重市场评价的特点。另一方面，围绕余姚四大特色产业分行业进行技能人才评价改革探索，可由市级主管部门

牵头，针对特定产业领域制定推动技能人才开展职业资格评价、技能等级认定、专项职业能力考核等多元评价的操作办法，并积极推动工程技术、工业设计、工艺美术等领域高技能人才与专业技术人才职业发展贯通的路径方法。在条件允许的情况下，可向上级主管部门积极争取，力争把上述改革列入省级改革试点范围，并能争取到高级职称评审改革权限；如果条件不成熟，可先在余姚本地进行改革试点，待探索累积一定的成效和经验后在向上申报争取。

二是深化企业人才职称评审改革。坚持"谁使用谁评价"，建立社会化市场化人才评价机制，创新用人主体评价、行业组织评价、小同行评价等社会化市场化评价机制，建立充分授权与有效指导相结合的工作推进机制。一方面，进一步推动"大优强"、单项冠军、专精特新"小巨人"等重点企业开展工程技术等领域初中级职称企业自主评聘工作，在试点领域、试点对象上进一步扩容加量；另一方面，积极向上争取，支持推动舜宇光学、江丰电子等行业头部企业承接省级行业领域高级职称评审改革试点，围绕设置新型职称类别、评价标准、开展企业自主评审等进行改革探索。同时，加强对上沟通联系，支持制造业"大优强"、单项冠军、专精特新"小巨人"等重点企业和完成首台（套）、首批次、首版次的主要专业技术人员，申报省高层次创新型人才职称"直通车"评审。

（四）坚持"以用为本"的工作导向，构建更加细分专业的人才分类评价内容体系

一是更加突出"潜能"的评价维度。根据评价指向的差异，科技人才评价可以分为选拔性评价和激励性评价两种类型。选拔性评价在考察人才既有素质、水平的同时，更加重视人才未来的发展以及可做出贡献的潜力；激励性评价则更加重视受评者的专业化水平和以往做出的贡献，是对人才达到水平的认可或已有贡献的肯定。从属性而言，目前地方政府常态化开展的四大类评价中，"人才层次评价""职称评价"兼具激励性评价和选拔性评价的特征，在评价中主要看人才现有的"显绩"，但地方政府的诉求是，通过实施"人才层次评价""职称评价"并给予人才一定的政策待遇后，能吸引集聚更多的优秀人才并激发人

才为地方发展做出贡献;"人才工程(计划)评价"属于选拔性评价,在评价中既看人才的"显绩",更要看其未来的"潜力",即引进后能否做出更大的创新创业绩效和贡献;"人才荣誉评价"主要属于激励性评价,在评价中主要看人才已取得的"显绩",旨在达到既激励人才个体又能示范引导营造良好人才环境的目的。因此,基于地方政府视角的人才评价大都对人才"潜能"有着一定的诉求,特别是"人才工程(计划)评价"既要关注人才在专业领域现实"生态位",更要突出其是否存在向更高层次"生态位"跃迁可能。为此,要在人才评价中设计运用一些"潜能"性的评价要素和方法,比如,可以通过后资助方式,嵌入一些未来工作绩效指标要求,使引才评价工作既是对人才既往工作绩效的加总评估,同时也具有面向未来的延展性;可以运用大数据思维和方法,与专业人力资源测评机构合作,收集目标人才群体的海量数据,研发预测性的人才评估模型,通过大数据分析对受评对象潜在属性特征进行完整描述。

二是更加突出"德"的评价维度。人才评价要坚持"德才兼备"的原则,但目前"德"的评价是当前各类人才评价的薄弱环节,亟待加以健全完善,尤其是要加强人才个体的政治品德、学术道德和社会公德方面的评价。比如,可以增加"政审"的环节,对受评对象政治品德、社会公德作出全面鉴定;可以进一步强化"学术道德评价",通过科技查新、知识产权查验等方法,对受评对象科研成果的真实性、创新性等进行系统评估,防止出现学术造假、论文抄袭、一文多发等学术不端现象;通过尽职调查、实地调研等方式,对人才创业项目(创业企业)的真实性、先进性和可行性进行系统评估,防止出现项目拼凑、多头申报、多地圈钱等风险。

三是构建细分专业的人才分类评价指标体系。人才发展不是"标准化"和"定制式"的,人才评价也是个时空性、多元化和相对的概念,不但不同层次、不同类型的人才评价标准会有所不同,哪怕是同一评价对象,也可能会因为评价目的、时间或空间的差异而导致评价方法的不同。因此,无论是哪一类人才评价都要根据评价对象的属性、评价目的的差异,构建起针对性的人才分类评价体系。首先,人才评价指标体系要分类设置。比如,对主要从事基础研究的人才,着重评价其提出和解决重大科学问题的原创能力、成果的科学价值、学术水平和影响等；对主要从事应用研究和技术开发的人才，着重评价其技术创新与集成能力、取得的自主知识产权和重大技术突破、成果转化、对产业发展的实际贡献等；对从事创业的人才，着重评价成果的先进性、产业化的现实性、市场盈利的可能性等。其次，要把准入性指标和绩效性指标有机结合。准入性指标要能反映科技创新人才的当期能力素质、在当期专业领域所处的位置，主要评价其是否能达到引才的标准；绩效性指标是约束性指标，引进人才只有在达到这些指标要求后才能享受相关的人才政策待遇。

中共余姚市委组织部课题组

"宁波五优、人才无忧"品牌塑造研究

人才资源是第一资源，人才优势是最重要的优势。近年来，宁波深入学习贯彻习近平总书记关于新时代人才工作的新理念、新战略、新举措，牢固树立"人才就是未来"的理念，把人才这个"关键变量"转化为引领未来的"最大能量"，取得了显著成效。新的发展时期，人才竞争重点已经从政策竞争转向服务竞争，做优服务、做精品牌是推动区域人才集聚的关键抓手。本文围绕做实政策优待、创业优助、权益优护、子女优学、安居优享等"宁波五优"人才服务体系，在比较宁波、武汉、成都、南京、西安、济南、杭州、青岛、深圳、厦门等10个副省级城市人才服务的基础上，按照品牌塑造思路，提出了进一步提升宁波人才服务实效的对策举措，以期推动建设世界重要人才中心和创新高地战略支点城市，争创人才竞争比较优势、营造爱才育才优质生态。

一、宁波人才服务体系的演变历程

从全国范围看，宁波引才计划和人才服务谋划起步早、推进落实快，并不断迭代升级完善（见表1）。10多年来，宁波始终坚持人才服务工作与时俱进、创新发展，组合运用产业、资金、土地、平台、机制等政策工具，实现了服务对象从精英个体向人才群体发展、服务内容从资金支持向生活保障延伸、服务模式从自主申报向平台服务拓展。根据《2022年中国城市人才生态指数报告》，在32个全国大中城市中，宁波人才生态综合指数排名第六位，跻身第一梯队。

表1　　　　　　　　2011—2022年宁波综合性人才政策文件一览

年份	人才政策文件	主要内容
2011	《关于实施海外高层人才引进"3315"计划的意见》（甬党办〔2011〕18号）	大力引进海内外高层次人才
2015	《关于实施人才发展新政策的意见》（甬党发〔2015〕29号）	人才引培升级、建立发展支持、评价激励和服务保障
2016	《关于深化实施海外高层次人才和高端创业创新团队引进"3315计划"的意见》（甬党办〔2016〕48号）	引进海外高层次人才和高端创业创新团队
2017	《关于实施"泛3315计划"引进支持急需紧缺高层次人才的意见》《关于创新"3315计划"引才模式支持民间资本引进高端创业团队的实施意见》（甬党办〔2017〕75号）	大力引进城市经济社会发展领域急需紧缺高层次人才（团队）项目
2018	《关于加快推进开放揽才产业聚智的若干意见》（甬党发〔2018〕42号）	推进开放揽才、产业聚智
2020	《关于深入实施人才和创新"栽树工程"加快建设高水平创新型城市的决定》（甬党发〔2020〕26号）	加快集聚顶尖人才、科技领军人才、企业家、高技能人才、青年创新人才五类人才
2022	《关于加强和改进新时代人才工作加快建设世界重要人才中心和创新高地战略支点城市的若干意见》	建设世界重要人才中心和创新高地战略支点城市

（一）服务对象从精英个体向人才群体发展

2011年的"3315计划"主要面向能够进入国家"千人计划"、省市两级海外高层次人才，是针对头部精英人才的政策举措。2015年出台人才发展新政策，面向创业创新人才，激发人才创造力。2016年，人才服务向高端创业创新团队拓展。2017年实施"泛3315计划""3315资本引才计划"，主要是面向符合宁波产业发展导向的高端创业团队，面向能引领支撑重大战略的生产性服务业人才，进一步拓宽了人才支持的范围。2018年，宁波加快建设"青年友好城"，将青年人才和产业人才纳入服务范畴。2020年的"栽树工程"与科技创新紧密结合，把企业家、高技能人才和青年创新人才都纳入服务范围。2021年，"3315系列计划"升级为"甬江人才工程"。2022年的"人才新政30条"将服务对象进一步扩展到工程师、医疗卫生人才、教育人才、农业领域"土专家"和"田秀才"、社会工作者、职业经理人、律师、会计审计人才、猎头师等各类人才。

（二）服务内容从资金支持向生活保障延伸

"3315计划"以各类开发区、科研机构和留创园、研发园、创意园等为载体，提供海外高层次人才科研经费支持和创新创业资助。"泛3315计划"和"3315资本引才计划"实施后，人才服务实现从资金等硬条件支持转向解决人才的后顾之忧发展，如"泛3315计划"人才和团队带头人随迁家属暂时未就业的，可享受连续3年每月不低于当地社平工资标准的生活补贴；子女需入读幼儿园、义务段学校的，可通过高层次人才创业创新服务联盟绿色通道，到指定的社会公认度较高的学校选择就读一次等。"栽树工程"打造人才创新创业服务升级版，持续优化人才生活"关键小事"协调解决机制。"人才新政30条"明确提出要建设以人才为核心的示范生态，做实政策优待、创业优助、权益优护、子女优学、安居优享服务体系，打响"宁波五优、人才无忧"服务品牌。

（三）服务模式从自主申报向平台服务拓展

早期人才服务大多基于人才项目，人才（团队）根据项目设置的条件自主申报，经评审通过后享受相关政策服务。现今，随着人才服务对象拓宽、事项扩大，专业人才服务平台和第三方机构逐步发挥载体作用，提升了人才服务质效。2021年以来，宁波围绕人才发展关键环节和人才关心的"关键小事"，重点打造了宁波人才地图，完成了宁波人才码、"甬上乐业"人力资源综合服务平台两大应用场景建设，推出"金融服务""云窗咨询"等特色服务应用，综合集成政务服务、双创服务、生活服务等30余项高频服务事项，伴随宁波人才发展集团的揭牌成立，标志着宁波在以数字化改革赋能人才服务、以市场化手段开发和配置人才资源等方面迈出了重要步伐。

二、新时期宁波人才服务工作面临的新形势、新要求

当前，宁波人才服务工作站在了一个新的历史起点，既有难得的发展机遇，又面临着激烈的竞争挑战。主要表现在以下几个方面。

（一）工作目标提升

2021年，市委人才工作领导小组会议提出要学习领会习近平总书记关于人才工作的重要论述，贯彻落实中央和省委人才工作会议精神，把宁波建设成世界重要人才中心和创新高地战略支点城市，这就给宁波人才服务设立了更高的目标。为此，必须从发展动能变革的视角，下大气力全方位培养、引进、用好人才，夯实全链条人才创业创新支撑，加快构建具有宁波辨识度的人才服务体系，打响具有宁波特色的人才服务品牌。

（二）人才竞争加剧

投资人才就是投资未来，已经成为地方政府的共识和自觉行动，人才竞争也成为城市竞争的核心领域。总体来说，宁波人才工作有一定先发优势，但与一线城市相比，比较优势不明显，特别是科技创新场景下知识型人才多元化诉求增强，北京、上海、广州、深圳和杭州等城市的人才虹吸效应进一步凸显，前期流入宁波的人才出现了个别外流现象。同时，中西部后发城市在人才招引方面势头猛、力度大，宁波往往成为这些城市引进人才的储备库和资源池。这就需要加强人才全周期、全过程、全方位服务，千方百计用好人才、留住人才。

（三）政策效应递减

从实践来看，各地人才政策趋于同质化，"真金白银"政策补助成为吸引人才的常态化条件，部分城市人才政策支持力度总体高于宁波。以人才项目资助政策为例，各地普遍通过实施人才计划遴选支持高端人才，深圳、南京、嘉兴等地支持额度最高可达1亿元，高于宁波"甬江引才工程"的支持上限2000万元。在此背景下，单纯政策优化的空间有限，必须寻找新的突破口，优化人才服务保障体系，加快建立以人才为核心的创新创业生态系统。

（四）产业优势下降

根据宁波市人力社保局和智联招聘发布的《2021宁波市产业紧缺人才导

向目录报告》，宁波人才需求主要集中在汽车制造、高端装备、智能家电、绿色石化等重点产业紧缺岗位，对大专人才、本科人才需求占比分别高达44.8%、44.3%，合计占比近90%，对硕士及以上人才的需求占比仅为1%。同时，宁波产业结构偏重，互联网和相关服务、软件和信息技术服务业等较易集聚高级以上人才的产业基础薄弱。从产业层面而言，宁波人才引育面临"新兴产业优质人才承接不住、传统产业基础人才时而紧缺"的困局，这就迫切要求宁波在人才服务方面进一步细化颗粒度、加强精准度，充分运用数字化、市场化新技术新手段，加快打造"以产引才、以才兴产"产才融合新高地。

三、"宁波五优"人才服务体系的现实基础与内涵特征

"宁波五优"是宁波"人才新政30条"的重要内容，主要包括政策优待、创业优助、权益优护、子女优学、安居优享五个方面，是宁波做好人才"引育用留"全链条服务的高度概括和精准浓缩。"宁波五优"既是刚性的目标导向，又是动态的发展要求。

（一）政策优待

现状基础：2022年7月，宁波新一轮人才政策出台实施，在政策点位上实现高端基础"梯队全覆盖"、引育用留"环节全覆盖"、就业创业"周期全覆盖"。全面重塑"通行＋专项＋定制"的人才政策体系，强化配套政策支持，《新时代宁波工匠遴选管理办法》《甬江社会科学青年人才遴选培育管理办法》《关于加强人才自主培养实施领军拔尖人才培养项目的意见》《宁波市科技人才引育和国际科技合作项目支持管理办法（暂行）》《关于进一步深化青年友好城建设的若干举措》等政策相继出台。

内涵特征：聚焦人才"引育用留"全环节，体系化规范化推进人才政策的优化和创新，优化整合人才计划，把政策重心放在引海外、育高端、强保障上。面向重点群体、重点平台、重点领域实施特殊政策、特殊支持，对省部属高校、国有企业、重大科研平台实行同城待遇。积极争取高端人才和紧缺人才个税优惠政策。推进人才领域数字化改革，运用数智技术实现人才政策"一码触达""无

感兑付"。健全完善党政领导直接联系服务人才制度，持续优化人才服务保障机制。

（二）创业优助

现状基础：2021年1月，在全省率先出台实施"金融支持人才17条"，政府、银行、资本、保险多方联动，为人才企业提供从初创期、成长期到发展壮大期的全生命周期金融支持，精准破解人才反映最迫切的资金问题。通过实施"投、贷、融、保、担"一揽子支持人才创业创新的金融举措，优化升级微担通－惠通1号，加快推动构建多元投融资体系，持续加大金融支持力度，促进人才企业和金融机构共生共荣、和谐发展。

内涵特征：发挥宁波国家保险综合试验区和普惠金融改革试验区先行优势，完善科技企业"投、贷、债、保"联动机制，创新推出人才贷、人才投、人才保、人才险，设立1亿元人才信贷风险池，打造"投资人才是首选投资"的金融环境。全面推广首台（套）重大技术装备保险、新材料首批次应用保险、软件首版次保险，试点推广研发费用损失保险、知识产权融资保证保险、人才发展支持保险等保险产品。组建100亿元规模人才基金，探索发行知识产权证券化产品，推进知识产权、商标权、专利权等质押融资增量扩面。

（三）权益优护

现状基础：中国（宁波）知识产权保护中心成立4年多以来，积极开展预审确权、快速维权、保护协作、综合运用等服务。面向汽车及零部件产业建立预审确权快速通道，发明专利授权周期由原来的平均22个月降为3～6个月，实用新型和外观设计专利授权时间分别缩短至1个月和15天。建立了国家海外知识产权纠纷应对指导中心宁波分中心。营商环境投诉举报中心、知识产权综合体、科技大市场等载体作用进一步发挥，人才的创新热情和创造活力得以更好保护激发。

内涵特征：深度参与全球知识产权治理，在自贸区、经贸合作示范区知识产权治理中加快形成符合国际通行规则、公正高效知识产权制度体系，持续提升全球知识产权配置、涉外知识产权保护和服务水平。深化国家知识产权运营服务体系试点城市建设，围绕模具、磁性材料等产业建设一批国家级、省级高价值知识产权培育中心。探索国家海外知识产权纠纷应对指导中心宁波分中心建设，建立常态化知识产权海外服务机制。推进海外人才用汇便利化试点。优化海外人才安全事件应急预案和处置机制，成立协调应对工作指导小组，保护海外人才合法权益。

（四）子女优学

现状基础：近年来，宁波相继出台了《引进重点高层次人才配偶就业子女入学暂行办法》《宁波市专家服务管理办法》《宁波市院士服务保障办法（试行）》《关于进一步做好高层次人才子女入学工作的实施意见》等政策，更大力度保障高层次人才子女享受入学优待政策。

内涵特征：建立基本公共教育资源均衡化动态配置机制，加大对重点人才开发区块保障力度，提升教育服务品质化水平。不断扩大优质教育资源供给，5年新（改、扩）建公办幼儿园和普惠性民办幼儿园100所，支持重点高校院所、领军企业开办幼儿园，新建若干所外籍人员子女学校。健全分层分类人才子女入学协调解决机制，支持优质民办学校单列高层次人才子女招生学额，让人才子女好上学、上好学。

（五）安居优享

现状基础：构建"货币＋实物"人才安居体系，按照全市"一个政策"要求制定人才安居办法，推出青年人才租房补贴、优先购房等系列举措，构建全市统筹、标准统一的人才安居政策体系。总体而言，人才安居政策以货币补贴为主，实物配置为辅。其中，货币补贴分安家补助、购房补贴和租房补贴三种形式；实物配置分出租型和出售型两种形式，并视房源筹集情况接受申请。制定共有产权住房、保障性租赁住房管理等意见办法，试点建设共有产权房优先或定向供应高层次人才，加快培育住房租赁市场，持续建设人才驿站，全方位满足人才安居需求。

内涵特征：完善货币补贴与实物配置相结合的保障模式，建立支持人才短期来甬、长期居留、在甬扎根的综合性安居体系。推进国际人才社区、未来社区、混合社区建设，探索制定人才社区建设标准和要求清单，为人才提供工作生活便利。加大人才安居专用房配建力度，试点集中建设优先或定向供应高层次人才的共有产权住房，加快培育住房租赁市场，5年内筹集建设保障性租赁住房20万套（间）以上。支持符合条件的高层次人才优先购房。

四、宁波与部分副省级城市人才服务体系比较分析

为了更好揭示宁波和其他副省级城市人才服务体系发展优势和劣势，本课题从政策优待、创业优助、权益优护、子女优学、安居优享五个方面着手，比较研究宁波、深圳、厦门、青岛、武汉、成都、南京、西安、济南、杭州等10个副省级城市人才服务。与同类城市相比，"宁波五优"人才服务主要有以下五大特点。

（一）政策优待走在全国前列，但需集成补缺

宁波人才政策更新迭代走在前列。从人才政策发展动态来看，特别是2021年中央人才工作会议之后，各城市纷纷更新迭代人才政策（见表2），拉高了人才工作站位，围绕产才融合和赋能发展，通过营造最优人才"生态"，打造成人才成长的热土，促进人才"引得进、留得住、用得好"。人才政策趋于综合化和集成化，突出面向世界科技前沿、面向经济主战场、面向国家重大需求、面向人民生命健康，突出高层次人才集聚和高水平人才高地建设。宁波人才政策基本上保持三年一轮的更新，2022年新出台了《关于加强和改进新时代人才工作加快建设世界重要人才中心和创新高地战略支点城市的若干意见》，提出全方位构建宁波人才谱系、改革人才授权松绑评价制度、发挥高校聚才育才主平台作用、优化重点平台聚才机制、打响"宁波五优、人才无忧"服务品牌、构建人才工作整体智治体系等6方面30条政策意见。这表明当城市人才竞争进入了一个新阶段，宁波仍处于新起点的第一方阵。

表2　　　　　　　　　　10个副省级城市主要人才政策

城市	主要人才政策
宁波	《关于加强和改进新时代人才工作加快建设世界重要人才中心和创新高地战略支点城市的若干意见》（2022）
深圳	《关于促进人才优先发展的若干措施》（2016）
厦门	《关于实施柔性引进人才激励支持若干措施的通知》（2020） 《关于进一步加强人才服务保障的若干措施》（2021）
青岛	《关于实施新时代"人才强青"计划的意见》（2022）
武汉	《关于建立完善人才工作体系 推动武汉高质量发展的实施意见》（2019）
成都	《成都实施人才优先发展战略行动计划》（2021）
南京	《南京市关于优化升级"创业南京"英才计划的实施细则（修订）》（2019） 《南京市关于优化"345"海外高层次人才引进计划的实施细则（修订）》（2019）
西安	《西安市深化人才发展体制机制改革 打造"一带一路"人才高地若干政策措施》（2018）
济南	《济南市人才服务支持政策（30条）》（2022） 《济南市人才发展环境政策（30条）》（2022）
杭州	《关于服务"六大行动"打造人才生态最优城市的意见》（2019）

但同时，我们也看到，宁波在人才政策优待方面还存在一定短板。

一是宁波人才政策缺乏区域协同。深圳将人才服务纳入粤港澳大湾区发展战略框架中，与港澳建立了职业资格国际互认机制。2022年7月，深圳发布了《深圳市国际职业资格视同职称认可目录（2022年）》，试点开展国际职业资格视同职称认可工作，允许持有视同目录内国际职业资格的专业人才（不限国籍、户籍），视同为取得工程系列相应职称，可按有关规定申报高一层级职称评审。目前，视同目录包括25项国际职业资格，主要集中在工程技术领域，涉及绿色建筑、人工智能、勘察设计等专业，覆盖美国、英国、澳大利亚、中国香港、澳门等国家和地区，进一步打开了人才引进的空间。宁波是国家长三角一体化战略中的重点节点城市，又是杭甬"双城记"的重要一极，在人才政策上，与上海、杭州等城市处于竞争状态，缺乏实质性互动和协同，尚未形成区域人才流动互认发展格局。

二是宁波人才谱系偏重第二产业。人才政策谱系反映城市人才引育的方向和重点，各地相继制定出台人才分类目录（见表3）。早期，一些城市在引进人才中出现了"唯高唯大"和"外来和尚好念经"现象，提出引进诺贝尔奖获得者、两院院士、海外高端人才等，忽略了本地人才的激励培育。近年来，深圳、杭州等城市细化了人才谱系，实施引育并重，有效满足城市发展需要。如，深圳明确提出引进培育紧缺的城市管理治理、金融、教育、医疗、人文社科等专业人才，建立博士后"人才战略储备库"，培养"鹏城工匠"；杭州的"专业人才引育工程"直接面向数字经济人才、生命健康人才、金融人才和名师名医名家。与深圳等市相比，宁波"人才新政30条"构建的人才谱系侧重于第二产业方面，人文社科、金融证券、软件信息等领域人才引育还需发力补强。

三是宁波人才奖励缺少税收优惠政策。10个城市均拿出"真金白银"吸引各类人才。在顶尖人才方面，宁波奖励额度最高达800万元；在大学生人才生活补贴方面，宁波补贴金额也居前列；在人才发展激励方面，宁波注重人才在职进修奖励；在人才税收优惠方面，深圳、厦门、西安和杭州出台了相关政策，宁波目前还是空白（见表4）。

表3　　　　　　　　　　10个副省级城市人才类别

城市	人才分类
宁波	六类：顶尖人才、特优人才、领军人才、拔尖人才、高级人才、基础人才
深圳	四类：杰出人才、国家级领军人才、地方级领军人才、后备级人才
厦门	四类：A+（杰出人才）、A（国家级人才）、B（省级人才）、C（市级人才）
青岛	七类：顶尖人才、高层次人才、"未来之星"后备人才、青年人才、技能人才、海洋人才、海外人才
武汉	四类：战略科技人才、产业领军人才、优秀青年人才、高素质技能人才
成都	五类：国际顶尖人才、国家级领军人才、地方高级人才、产业发展实用人才、青年大学生
南京	六类：A类国际杰出人才、B类国内杰出人才、C类地方拔尖人才、D类高端人才、E类高级人才、F中初级人才
西安	五类：国内外顶尖人才（A类）、国家级领军人才（B类）、地方级领军人才（C类）、产业发展与科技创新类人才（D类）、产业发展与科技创新类实用型人才（E类）
济南	五类：国内外顶尖人才（A类）、国家级领军人才（B类）、省级领军人才（C类）、市级领军人才（D类）、优秀专业人才（E类）
杭州	五类：国内外顶尖人才（A类）、国家级领军人才（B类）、省级领军人才（C类）、市级领军人才（D类）、高级人才（E类）

表 4　　　　　　　　10个副省级城市人才引进奖励政策

城市	高层次人才补贴	大学生生活补贴	人才发展激励	人才税收优惠
宁波	800万元	博士：15万元 硕士：3万元 本科：1万元	国际行业资质奖励：3万元； 学历提升奖励：50%、最高5万元学费补贴	无
深圳	700万元	博士：3万元 硕士：2.5万元 本科：1.5万元	学历提升奖励：最高1万元	境外高端人才和紧缺人才15%个人所得税
厦门	一事一议	博士：8万元 硕士：5万元 "双一流"本科：3万元 其他本科：1万元	无	B类及以上高层次人才，年个人所得税达到8万元（含）以上的，地方留成部分给予一定比例补贴
青岛	500万元	博士：1200元/月 硕士：800元/月 本科：500元/月，不超过36个月	青年科技人才奖励：2万元 技术工人培训补贴：600~12000元	无
武汉	100万元	无	"武汉工匠"：30万元 武汉工匠工作室：10万元	无
成都	300万元	硕士以上：2000元/月	专项资金：1.6亿元，提供免费培训	无
南京	一事一议	名校优生：2万~4万元	各类人才有相应的激励政策	无
西安	500万元	博士：2万元 硕士：1万元 985本科：1万元	入选中青年骨干人才：30万元	C类以上人才，个人所得税地方留成部分全额奖励
济南	100万元	博士：1500元/月，36个月	"入选海右名士"专业人才给予相应激励	无
杭州	500万元	博士：5万元 硕士：3万元 本科：1万元	入选"万人计划"给予相应激励	递延或者延期交纳个人所得税

（二）创业优助体系较为齐全，但需完善提升

一是宁波支持人才创业创新政策仍有提升空间。支持人才创业创新已经成为人才服务的重点内容。10个城市均出台了支持大学生创业奖励措施，主要集

中在设立人才基金、创业项目、初创补贴、场租补贴、吸纳就业奖励、人才信贷、创业贴息等方面。宁波设立了100亿元规模的人才创业创新投资基金,金额居10个城市首位。成都、深圳、厦门、南京、杭州对大学生人才创业支持体系比较全,覆盖了初创补贴、社保补贴、场租补贴、创业贴息等,青岛还对人才创业按照贡献比例进行奖励(见表5)。

表5　　　　　　10个副省级城市人才创业支持和奖励

城市	人才基金规模	人才创业奖励	人才团队、企业、项目奖励
宁波	100亿元	创业项目(大学生):10万元	团队项目:按实际到位资本30%给予资助,最高2000万元
深圳	80亿元	初创补贴:10000元/人,最高10万元	场租补贴:500~1560元/月,36个月 创业贴息:最高300万 吸纳就业奖励:3000元/人,最高5万元 社保补贴:840元/人月,36个月,最高30万元
厦门	10亿元	初创补贴:5000元	创业贷款:最高额度为30万元的,财政贴息不超过3年 场租补贴:36个月 吸纳就业奖励:2000元/人
青岛	3亿元	"人才贷":最高1000万元 "人才企业贷":最高5000万元	创业奖励:连续三年,企业地方综合贡献与人才占股比例乘积的30% 产业领军人才(团队)津贴:一类项目总计500万元、二类项目总计100万元、三类项目每月4000元
武汉	无	创业项目(博士):6万元 优秀毕业生创业:2万元	战略人才项目:一事一议 国家重大科技专项、国家重点研发计划项目:最高500万元 产业领军人才项目:最高1亿元股权投资
成都	10亿元	创业担保贷款:最高20万元	吸纳就业奖励:最高10万元 高层次创新创业人才项目:A类300万元、B类200万元、C类120万元 青年项目和海外短期项目:60万元 顶尖创新创业团队:500万元

续表

城市	人才基金规模	人才创业奖励	人才团队、企业、项目奖励
南京	5.5亿元	创业项目（大学生）：10万~50万元； 接力投资：获得风投的项目，30万~300万元	初创补贴：2000~4000元 场租补贴：30平方米免费场地或300~800元/月，3年 社保补贴：创业失败最高1万元 创业贴息：300万元额度内申请贴息 吸纳就业奖励：2000元/人
西安	5亿元	创业贷款：优惠利率的信用贷款，给予贴息	高层次人才优秀创新项目：给予100万~5000万元的创业投资
济南	50亿元	创业项目（大学生）：10万~60万元； "人才贷"：最高1000万元，人才企业最高5000万元	创客团队：创新券最高10万元
杭州	无	创业项目（大学生）：5万~20万元 场租补贴：最高10万元	留学人员创业项目：50万元或100万元 领军型创新创业团队：最高500万元 青年创新创业团队：最高300万元项目资助

二是宁波金融支持人才发展措施需要加快落地。10个城市中，宁波和青岛出台了金融支持人才发展的专项政策。宁波"金融支持人才17条"覆盖了人才贷、人才投、人才险等创新举措，青岛出台了《关于加快推进金融赋能人才发展的若干措施》《青岛市"人才贷"风险补偿资金管理暂行办法》，推出以"人才贷""人才板"等系列人才金融品牌，支持和服务高层次人才（项目）开展科技成果转化和创新创业，营造金融赋能人才创新创业发展的良好生态。此外，有9个城市出台了"人才贷"，有8个城市出台了"人才投"（见表6）。可以预见，金融支持人才发展将成为城市人才竞争的一个重要点位，宁波需要抓紧落地落实各项举措。

表6　　　　　10个副省级城市金融支持人才措施

城市	人才贷	人才投	人才险
宁波	√	√	√
深圳	√	√	
厦门		√	
青岛	√	√	
武汉	√		

续表

城市	人才贷	人才投	人才险
成都	√	√	
南京	√	√	
西安	√	√	
济南	√	√	
杭州	√		

（三）权益优护实现迭代升级，但需走深做实

宁波需要加快落实人才权益保护新框架。保障人才权益是人才服务的重要内容。10个城市都成立了专门的人才服务机构（人才服务中心），构建起日臻丰富的人才服务门类，如西安创新提出了"清单制""帮办制"服务及"直通市领导"工作机制，为高层次人才免费提供引进落户、创办企业、人才政策兑现、社保医疗教育等"四个帮办"服务。在知识产权保护方面，宁波、深圳和杭州均提出要加强人才知识产权保护，更好契合人才知识创造和知识成果转化的需求，宁波还提出了保护海外人才合法权益；深圳专门成立了人才知识产权法律服务联盟，为人才提供公益性、专业性的知识产权法律服务；杭州建立了知识产权鉴定机制，防控知识产权风险，注重保护人才安全（见表7）。可见，宁波人才服务已经深入发展价值层面，权益保护的深度、黏性需要进一步增强。

表7　10个副省级城市人才权益保护主要内容

城市	人才权益保护主要内容
宁波	人才知识产权保护，海外权益保护
深圳	设立深圳市人才知识产权法律服务联盟，强化人才知识产权保护
厦门	人才服务
青岛	"一站式"人才服务
武汉	人才创业创新服务
成都	人才绿卡积分制度，人才服务专员制度
南京	人才服务
西安	人才创业创新"清单制""帮办制"，两个清单：服务清单，政策清单；四个帮办：引进落户、创办企业、人才政策兑现、社保医疗教育等服务
济南	泉城人才服务金卡
杭州	政治引领和政治吸纳；"最多跑一次"人才服务；高层次人才和团队知识产权保护绿色通道，知识产权鉴定机制

（四）子女优学重点领域突出，但需增加供给

宁波需要构建分层分类人才子女入学解决机制。解决人才的后顾之忧是人才服务的关键，主要包括子女入学、家属就业和医疗服务等方面。从10个城市情况来看，子女入学服务主要面向顶尖人才、领军人才等重点高层次人才，对于量大面广的基础人才子女入学基本上是空白，家属就业方面基本上给予工作调动便利、未就业补贴，医疗服务主要是特惠待遇（见表8）。党的二十大报告将教育与科技、人才、创新统筹部署，预示着当前和今后一段时间，每个城市仍将着力解决教育资源均衡优质的问题，增强人才吸引力、留用率。为此，宁波要发挥基础教育资源优势，构建分层分类人才子女入学机制，更好满足各类人才对子女高质量教育的合理需求。

表8　　　　　　　　　10个副省级城市人才子女入学等服务

城市	子女入学	家属就业	医疗服务
宁波	重点高层次人才：与本市户籍学生同等待遇，可择校一次	重点高层次人才配偶：多渠道解决，暂时未就业的，给予生活补贴，并缴纳社会保险，最长不超过三年	高层次人才：定期体检，绿色就医通道服务
深圳	人才子女积分入学 高层次人才：与本市户籍学生待遇	无	杰出人才：一级保健 国家级领军人才、地方级领军人才：二级保健 后备级人才和海外C类人才：三级保健
厦门	B类以上高层次人才：安排到优质公办学校就读 C类高层次人才：统筹安排到公办学校就读	高层次人才和全日制博士配偶：行政机关、事业单位、国有企业的，对应统筹安排 其他岗位的人才配偶：给予协调	A+类：一级医疗保健 A类：二级医疗保健 B、C类：三级医疗保健 其他：目录内自付诊疗费用按三级保健对象报销
青岛	A类：全市统筹 B类：区（市）内统筹 C类：户籍所在地统筹	编制"蓄水池"服务	高层次人才：就医绿色通道服务，每年一次免费健康检查
武汉	国家、省市级人才工程项目入选者：子女入学入托"绿色通道"	国家、省市级人才工程项目入选者：家属就业"绿色通道"	国家、省市级人才工程项目入选者：就医"绿色通道"
成都	蓉城绿卡者：享受相关入园入学政策	无	蓉城绿卡者：就医绿色通道，每年一次免费健康体检

续表

城市	子女入学	家属就业	医疗服务
南京	"紫金山英才卡"：可享受政策	无	"紫金山英才卡"：可享受绿色通道
西安	高层次人才：优先照顾，中考同等条件下优先录取	无	"绿卡通"：专人联络和预约服务，优诊优疗优先服务，就医免除医保定点医院限制 A、B、C类：每年免费提供1次医疗保健检查和1次专家疗养 D类：每两年免费提供1次医疗保健检查
济南	C类以上：预留招生学额，"绿色通道" D类：就近安排就读	D类以上人才配偶：依据"双向选择"的原则，优先推荐安置到性质相同或相近的单位工作	A、B类：一类医疗保健，配备家庭医生 C、D类：二类医疗保健 D类以上：每年一次免费体检，凭泉城人才服务金卡绿色通道服务
杭州	C类及以上：由市、区教育行政部门统筹协调，妥善安排	无	A类：一级医疗保健 B、C类：二级医疗保障 外籍人士：提供预约诊疗和外语服务

（五）安居优享服务体系较为完善，但需巩固发展

宁波人才安居保障体系加快完善。安居保障是人才服务中较具含金量的内容，也是住房保障的重头戏。早在2014年，深圳以政府规章形式对人才安居保障进行了立法，并于2020年进行了修订。宁波、南京、西安等地专门出台了人才安居办法（见表9）。具体来看，宁波、成都和济南人才安居保障范围较广，不仅给予顶尖人才高额安家补助，还给予大学生群体一次性购房补贴，而其他城市对于大学生群体仅给予租房补贴。对于各类人才而言，安居政策支持具有较大吸引力，宁波仍需完善"货币+实物"人才安居保障体系，全面人才安居货币化补贴措施，丰富人才安居实物配置方式，着力推动人才安居服务从"有没有"向"优不优"转变，从"保重点"到"广覆盖"转变。

表9　　　　　　　　　　　10个副省级城市人才安居保障

城市	法规或政策	安居方式	货币补贴金额
宁波	《宁波市人才安居实施办法》	货币补贴和实物配置	顶尖人才：800万元 特优人才：100万元 领军人才：80万元 拔尖人才：50万元 高级人才：15万元 基础人才：购房总额2%，最高8万元
深圳	《深圳人才安居办法》	货币补贴和实物配置	杰出人才：600万元，200平方米10年后获赠或给予1000万元 其他高层次人才：最长3年、每月最高1万元的租房补贴，或150平方米住房3年免租
厦门	《关于进一步加强人才服务保障的若干措施》	货币补贴	A类购房：200万元，分10年发放 B类购房：160万元，分10年发放 C类购房：130万元，分10年发放 A类租房：每月10000元 B类租房：每月8000元 C类租房：每月6000元
青岛	《关于加强人才住房建设和管理的实施意见》《关于实施新时代人才强青计划的意见》	货币补贴和实物配置	高层次人才：最高50万元
武汉	《武汉市进一步加快创新发展的若干政策措施》	货币补贴	高层次人才、博士生及硕士生，给予3年、2年、1年免租优惠，其他大学生按照不高于市场标准70%计收租金
成都	《关于加强全市人才安居工作的实施意见》	货币补贴和实物配置	人才购房：优惠政策面积部分享受购房款15%优惠 A、B类：优惠面积不超过120平方米 C类：不超过90平方米 D类：超过60平方米
南京	《南京市人才安居办法（试行）》	实物配置和货币补贴	A类："一人一策、一事一议" B类：最高200万元 C类：最高170万元 D类以下：租赁补贴
西安	《西安市人才安居办法》	实物配置和货币补贴	购房补贴：购房款的50%，A、B、C类最高分别为100万元、70万元、40万元，5年核发 租赁补贴：A、B、C、D类分别为每月6500元、5000元、3500元、1000元，按季度核发，最高补贴5年

续表

城市	法规或政策	安居方式	货币补贴金额
济南	《济南市人才服务支持政策（30条）》	货币补贴	A类："一事一议" B、C、D类：最高分别100万元、70万元、40万元 E类：博士、硕士分别15万元、10万元
杭州	《关于服务"六大行动" 打造人才生态最优城市的意见》	货币补贴	A类："一人一议" B、C、D类：分别为120万元、100万元、80万元 E类：博士无房购房20万元，再次购房10万元；硕士无房购房10万元，再次购房5万元 E类：每月2500元租房补助

宁波人才购房补助举措需要优化。以硕士研究生购房补贴政策为例，从绝对值来看，宁波购房补贴并不高，远低于杭州的15万元；从相对值来看，如果将购房补贴折算成对应面积，济南补贴对应面积最高，为9.4平方米，杭州对应面积4.3平方米，高于宁波对应面积（见表10）。

表10 部分副省级城市大学生购房补贴比较

城市	购房补贴（元）	平均房价（元）	对应面积（平方米）
济南	150000	15983	9.4
大连	100000	15014	6.7
哈尔滨	50000	9198	5.4
杭州	150000	35241	4.3
沈阳	40000	9808	4.1
宁波	80000	25793	3.1
长春	20000	9110	2.2

注：平均房价数据来自各地官方发布数据，截至2022年9月。

五、加快塑造"宁波五优、人才无忧"品牌的对策建议

纵向对照宁波人才发展目标，横向对标同类城市的经验做法，"宁波五优"距离"人才无忧"的目标尚有落差，人才服务体系仍有较大提升空间。塑造"宁波五优、人才无忧"品牌，必须准确把握新时期人才特征和发展规律，长远谋划和构建与城市未来发展相契合的人才政策体系，必须从供给侧精准发力，补齐缺项，提升弱项，建立以服务为核心的体制机制，持续推进人才工作高质量发展。具体包括五方面16条措施。

（一）政策优待

建议总结提炼前期人才政策和服务的经验，将人才服务政策升格为地方立法，并加强长三角城市间人才政策协同联动，进一步出台高端人才和紧缺人才个税优惠政策，深化人才领域数字化改革。

1. 探索人才发展立法

建议将人才发展立法列入"十四五"地方立法项目，学习借鉴深圳等地人才立法的好经验、好做法，系统梳理和总结"3315计划""泛3315计划""3315资本引才计划""甬江人才工程"等引才实绩实效、短板不足，通过立法明确长远目标，固化既有成果，健全体制机制，增进服务效果；通过立法强化人才引领驱动，强化人才培育发展，强化人才权益保障，进一步营造全社会尊重知识、尊重人才的浓厚氛围。

2. 加强区域人才协同

建议在长三角合作机制内，积极推动建立人才认证对接机制，对于宁波比较缺乏的投融资人才、保险精算师、基金经理、注册会计师、设计师等，实施职称视同认可，加快紧缺人才引育。加强与杭州人才工作协同，唱好新阶段人才合作"双城记"，积极推动建立杭甬两地人才互认机制，经杭州认定的人才可直接按照认定的层级落户宁波享受相应政策，进一步承接杭州人才溢出效应。

3. 制定产业人才标准

建议根据数字经济、高端装备、绿色石化三大万亿级产业集群，量身定制人才认定标准和人才服务标准，增强人才政策、人才服务与产业发展的紧密度契合度，提高人才工作绩效。根据文化强市的要求，建议加强人文社科人才的引进和培育，增强人才工作与文化发展的结合度，增强城市软实力和影响力。

4. 实施人才税收优惠

建议学习深圳、厦门、西安和杭州等城市的做法，依托宁波自贸片区，积极争取出台高端人才和紧缺人才个人所得税的优惠政策。制定人才地方财政贡献奖励政策，基于税收地方留成，加大对经济社会发展贡献度高的创业人才的奖励力度，进一步增强人才留甬发展的长期获得感。

（二）创业优助

建议加快落地"金融支持人才17条"，做实人才贷和人才险等金融产品，优化升级微担通—惠通1号，推广知识产权、商标权、专利权等质押融资，发挥人才基金的牵引和撬动作用，加强人才科技服务，更好助力人才创业创新。

1. 发展人才普惠金融服务

建议加快发展"人才贷"产品，鼓励和支持金融机构开发适合不同层次人才金融产品，开发低于市场化利率的人才信用贷款。建立人才普惠金融服务站，构建融资服务、数字支付、风险防控和金融知识教育四位一体的普惠金融模式，全面提高人才金融服务覆盖面、可得性和满意度。

2. 发展人才知识产权质押融资

鼓励引导金融机构创新推出满足人才和人才企业需求的研发贷、创业贷、智慧贷等产品，扩大专利权、商标权、股权等无形资产质押融资规模，更大力度地支持人才创业创新。建立知识产权质押融资风险补偿机制，对于人才创业创新中出现的信贷损失，由财政给予一定比例的代偿。

3. 发展人才创业天使引导投资

发挥人才基金的撬动作用，加大对人才企业和项目的股权投资，通过基金的投资引导，鼓励社会资本对具有专门技术或独特概念的人才创业项目，或具有发展潜力的创新型人才企业实施投资并提供高水平创业指导及配套服务，助推人才创业创新。

4. 发展人才科技创新支撑体系

进一步优化人才创业创新环境，强化公共科研资源供给。加快打造以甬江实验室为龙头的实验室体系，推进微纳加工平台、极端条件材料大科学装置、工业互联网实验平台、人工智能超算中心服务等重大科技基础设施布局，加大先进实验仪器、装备和设施向人才和人才企业的开放力度，增强地方创新资源与人才创业创新的结合度。

（三）权益优护

建议建设国家级、省级高价值知识产权培育中心，加快本外币合一银行账户体系试点，做实深层次的人才权益保护服务。

1. 开设人才知识产权绿色通道

建议依托中国（宁波）知识产权保护中心，围绕人才知识创新，以高价值知识产权为核心，加强宁波甬江知识产权研究院与产业联结度，建立人才知识产权服务专窗和绿色通道。建立人才知识产权鉴定机制，防控知识产权风险，注重保护人才安全。打造宁波科技大市场3.0版，深化科技成果转化机制改革，强化科技政策落地执行力度。

2. 争取本外币合一银行账户体系试点

建议学习杭州试点本外币合一银行账户体系经验，加强与省地方金融监管局对接，争取本外币合一银行账户体系试点落地，开发更多跨境结算产品和服务，方便人才国际交流。

3. 提升人才服务数字化、市场化水平

以数字化改革为牵引，推进人才服务流程再造和制度重塑，加快衔接贯通重大应用，升级完善甬上人才金港、引才用工综合服务平台、宁波人才码等多跨应用场景，实现人才数据"一库汇集"、人才工程"一网通办"、人力资源配置"一键触达"、人才服务"一码集成"。按照集成式管理、实体性运作、市场化运营模式，发挥人才发展集团高端人才猎头、人才教育培养、人才服务保障、人才创业投资等功能，服务人才"引育用留"全链条。

（四）子女优学

建议研究出台普惠性人才子女入学政策，增加优质教育资源供给，进一步增强留住人才的黏性。

1. 增加优质教育资源供给

建议健全分层分类人才子女入学协调解决机制，新（改、扩）建公办幼儿园和普惠性民办幼儿园，新建外籍人员子女学校。加强中小学教育编制区域间统筹调剂，支持优质民办学校单列高层次人才子女招生学额。

2. 增加园区人才子女入学服务

建议人才子女优学服务向前一步，嵌入人才密度高的各类园区，以工业园区为重点，加强产业园区教育资源配套，通过企业预申请、园区集中提交等方式提前摸清需求，积极配置教育资源，留足义务教育阶段入学名额，解决人才子女入学的后顾之忧。

（五）安居优享

建议继续优化现有的人才安居保障措施，增加面向基础人才的公寓供给，加强人才密度较高的产业园区周边人才专用房的配建力度。

1. 提高一次性购房补贴

建议综合考虑物价水平和房价水平等因素，提高基础人才一次购房补贴，最高额度提高到12万元；改变人才租房年度补贴为月度补贴，提高补贴额度到1500元/月，进一步增强安居宜居的吸引力。

2. 增加人才安居实物配置

建议提高基础人才安居专用房配建比例，增加人才房的供给量，试点集中建设优先或定向供应高层次和基础人才的共有产权住房，允许人才在甬工作一定年限后按优惠价格取得全部产权。

3. 建立人才安居驿站

以大学生群体为重点，对来甬大学生推出最长三年的过渡性住房，实施优惠租金政策，着重解决外地大学生来甬前三年安居问题，保障来甬大学生能够在宁波站稳脚、发展好、留得住。以工业园区为重点，加大工业园区人才安居专用房配套，探索建立园区人才驿站，真正解决产业人才的实际困难和问题。

中共宁波市委组织部课题组

政策规划篇

关于进一步深化青年友好城建设的若干举措

(甬人社发〔2022〕17号)

为深入贯彻落实中央人才工作会议和省、市党代会精神，高水平实施人才强市战略，进一步深化青年友好城建设，加快集聚全球青年才俊，打造"宁波五优，人才无忧"服务品牌，助务建设世界重要人才中心和创新高地战略支点城市，打造高水平人才首选地、创新策源地、产业集聚地"一城三地"，为推进"六大变革"、打造"六个之都"，加快建设现代化滨海大都市、奋力走在"两个先行"最前列提供强大人才保障和智力支撑。根据市委、市政府关于人才工作有关部署，现就进一步深化青年友好城建设，提出如下举措。

一、实施"海纳聚青"行动，打造青年兴业之城

1. 加大甬江人才工程向青年倾斜力度。符合条件的海外优秀青年人才，可直接认定入选甬江人才工程。对入选甬江人才工程的青年人才给予最高100万元创业创新资助；对入选的高端青年团队，给予最高2000万元项目资助、2000元落户地项目支持、2000万元创业贷款贴息。

2. 加快集聚国际化青年人才。支持企业引进青年海外工程师，对符合条件的按照海外工程师年薪给予引进企业每人最高50万元补助，区（县、市）、开发园区按不低于1∶1比例给予补助。鼓励企事业单位引进高端紧缺外国专家，对市级外国专家项目给予最高30万元补助，对入选国家外国专家项目的，给予最高1∶1补助。支持中东欧等国家优秀外籍青年科技人才来甬开展科研合作，

在甬工作期间符合条件的给予生活津贴。

3.鼓励企业加大青年人才招引力度。鼓励重点产业领域骨干企业引进高层次青年人才，对新引进特优、领军层次青年人才的企业，分别给予30万元、10万元奖励。

支持企业开展赴外招聘引才活动，对获批国家级、省级、市级博士后科研工作站的单位，分别给予100万元、50万元、20万元资助。加大青年博士后研究人员招收、培养和留用资助力度。设站单位每招收1名博士后研究人员，给予5万元日常工作经费补贴。对设站单位招收的全职博士后研究人员给予30万元/人生活补贴，对企业工作站从高校青年教师中招收的在职博士后研究人员给予15万元/人生活补贴，所在区（县、市）在此基础上按1∶1比例另行支持。对出站一年内留甬或来甬首次就业的博士后研究人员，给予最高60万元补助。定期对博士后科研工作站绩效进行评估，评估优秀的给予10万元奖励。

4.畅通青年人才流动渠道。打通高校、科研院所与企业人才流动通道，支持新材料、工业互联网、关键核心基础件、先进制造、集成电路等重点产业领域骨干企业引进高层次青年科研人才，对符合条件的引进人才可纳入高层次人才编制池管理，按规定参加事业单位养老保险。

允许具有境外职业资格的金融、建筑、规划、设计等领域符合条件的青年专业人才经备案后来浙江自贸区宁波片区提供服务，其境外从业经历可以视同国内从业经历。

推进人才招引数字化改革，建强用好宁波市人力资源综合服务平台，通过打造资源集聚、对接精准、贯通人才与人力资源、集发布—推送—匹配—反馈于一体的服务体系，进一步提升智能化管理水平，为企业和人才提供线上线下精准高效的供需对接服务。

5.鼓励青年人才来甬就业创业对接。积极搭建各类引才活动平台，对应邀来甬参加宁波人才日、中国浙江·宁波人才科技周、"毕洽会"等市级以上重点引才活动和全市性行业产业专场招聘会，35周岁以下市外高校应往届毕业生、具有高级工及以上职业资格（技能等级）的市外技工院校应往届毕业生，按省内市外每人300元/次、华东地区800元/次、其他地区1500元/次标准给予面试交通补贴。对应邀来甬参加市级以上重点海外高层次人才交流活动的海外高校毕业生或有海外工作经历的国内高校毕业生，按欧美澳新地区最高每人6000元/次，亚太地区最高每人3000元/次，国内省外城市最高每人2000元/次，省内市外城市最高每人1000元/次标准给予交通补贴。重大活动期间受邀来甬参加人才招聘等活动的青年人才享受1个月的公交地铁、景区游览优待。

持续推进青年人才驿站建设，为外地来甬面试、就业创业的毕业生提供最长7天一站式免费住宿和就业创业指导、政策信息、培训交流和社会融入等服务。

6. 鼓励青年人才来甬见习就业。毕业2年内的高校未就业高校毕业生、在甬高校毕业学年学生等青年人才，在大学生就业实践基地参加就业见习的，实践基地应按不不低于当年度最低工资标准给予见习生活补助，实践基地所在地政府按不低于当年度最低工资标准60%给予实践基地补贴。对入选市级大学生就业实践示范基地的，给予每家一次性3万元奖励。

到宁波中小微企业首次就业的毕业2年内高校毕业生，签订1年以上劳动合同且连续缴纳社会保险费的，每满1年给予2000元就业补贴，补助期限不超过3年。

具有宁波户籍或持有宁波有效居住证的灵活就业青年人才，均可办理灵活就业登记，并可按规定以个人身份参加企业职工基本养老保险和职工基本医疗保险。毕业2年内高校毕业生在甬灵活就业，按规定办理灵活就业登记并缴纳社会保险的，给予灵活就业社保补贴。

二、实施"助创励青"行动，打造青年立业之城

7. 加大青年创业人才扶持力度。对符合条件的青年创业实体，给予每人每年1万元创业者社会保险补贴、每年最高6000元创业场租补贴、每带动1名就业每年2000元创业带动就业补贴，补贴期限不超过3年。对获"宁波市大学生创业新秀"的，给予每人10万元奖励。对在国家、省和市政府部门组织或参与的创业大赛中获奖，并在宁波创办实体符合条件的，给予最高30万元的名担保创业贷款及贴息。

8. 加快青年创业平台建设。推动建设技能创业、大学生创业等孵化基地，

按成效给予最高不超过 20 万元的补贴。对市级大学生创业培训示范基地，由市财政每年给予不超过 10 万元补贴，补贴期限不超过 3 年。

9. 强化青年人才创业企业发展支持。为重点青年人才企业配备助创专员、法务专员、财务专员，建立健全市县两级重点企业人才工作联系机制。加强青年人才创新创业财政金融支持。创新"政银担"模式，依托政府性融资担保机构，联动地方法人银行，开发定向支持青年人才的微担通—惠通 1 号（人才保），以财政贴息、减免担保费、风险代偿等财政支持方式，为青年人才创业创新提供低成本、便利化、全周期的"财政＋金融"综合服务。支持宁波银行业金融机构对青年人才企业实行股权投资和信贷支持联动的投资模式，全方位支持企业发展壮大。

三、实施"培苗育青"行动，打造青年强业之城

10. 发挥优秀青年人才引领带动作用。给予自主培养的顶尖人才最高 300 万元奖励，经自主培养升级成为特优人才的，给予人才最高 50 万元奖励；成为领军人才的，给予人才 10 万元奖励，其中，给予国家"杰出青年科学基金"获得者 150 万元奖励，给予国家级引才工程青年项目人才、国家级人才培养工程青年拔尖人才、"青年长江学者"、国家"优秀青年科学基金"获得者等青年人才 100 万元奖励。

优化市自然科学基金等科技项目支持方式，支持一批面向宁波产业应用导向的基础研究项目、青年人才项目，对青年博士创新项目、青年科技领军人才项目给予最高 50 万元支持。

11. 加强青年专业技术骨干人才培养。实施青年领军拔尖人才培养项目，培养一批具有发展潜力的领军型、创新型、复合型青年专业技术人才，对入选市领军拔尖人才培养项目的，分别给予第一层次、第二层次人选 10 万元、6 万元培养资助，择优给予第三层次人选 2 万元培养资助。

实施医疗卫生青年技术骨干培养专项，每个周期给予 5 万元自主培养经费。支持建设高水平青年教师队伍，开展"名校长、名教师、名班主任"培养，按规定给予每年 3 万元考核奖励，对获评省特级教师的，按规定给予每年 6 万元

考核奖励。

12. 加强青年工匠培育。大力弘扬工匠精神，在新时代宁波工匠遴选中重点向青年技能人才倾斜，对入选宁波大工匠、宁波杰出工匠、宁波工匠、宁波青年工匠的，分别给予培养单位30万元、20万元、2万元、1万元支持。每年遴选一批优秀青年技能人才赴国（境）外参加培训交流、国际技能竞赛等技能提升项目，按单位实际支付费用的50%给予补贴，每人最高补贴10万元。对在世界技能大赛上获得金、银、铜牌和优胜奖的青年技能人才，分别按50万元、35万元、25万元、15万元的标准给予奖励。对在全国、全省、全市技能大赛上获得金、银、铜和优胜奖的青年技能人才，按规定给予相应奖励。

13. 鼓励青年人才在职提升。对企业在职人员攻读宁波经济社会发展急需专业的硕士、博士研究生，经全日制或非全日制培养，按国家有关规定取得相应学历学位证书的，毕业后给予50%、最高10万元学费补贴。提升国际行业资质证书持证奖励标准，定期公布先进制造、国际贸易、港航服务等领域国际公认的行业资质书持证奖励指导目录，对新取得指导目录范围内证书的人才给予最高5万元奖励。

对在宁波从事社会工作的青年人才，新取得助理社会工作师、社会工作师、高级社会工作师职业资格证书的，分别给予1500元、3000元、5000元一次性奖励。

四、实施"新尺选青"行动，打造青年优业之城

14. 赋予重点企业优秀青年人才举荐认定权。向制造业"大优强"培育企业充分授权，探索建立市场化人才评价机制，对企业举荐的在管理创新、技术革新方面作出突出贡献的在职人才，根据年工资性收入情况，可对应市人才分类目录相应层次进行人才认定，给予相应人才政策支持。上年度有入选国家级引才工程专家的企业，对其引进并择优举荐的人才，经认定后可直接进入甬江人才工程终评环节。对符合条件且全职到位的人才、"鲲鹏人才"择优举荐的40周岁以下的团队核心成员，经认定后可直接入选甬江人才工程。

15. 优化企业职称评审机制。优先推荐行业龙头企业、单项冠军、专精特

新企业等重点企业的青年专业技术人才申报浙江省高层次创新型人才职称"直通车"评审。鼓励支持行业龙头企业和单项冠军、专精特新企业试点开展工程系列中级职称自主评价，对获批承接省级行业领域高级职称评审的单位每年给予最高10万元/家的经费支持。

16.优化青年技能人才多元评价体系。大力推行企业作为主体，行业协会、社会培训评价组织、技工院校作为补充技能等级认定模式。职业技能等级证书效用等同于国家职业资格证书，按规定同等享受培训鉴定、就业创业、技能提升等扶持政策。积极推动在工程、农业、工艺美术等八大领域实现高技能人才与专业技术人才职业发展贯通。支持高技能人才取得专业技术人员职业资格，技工院校中级工班、高级工班、预备技师（技师）班毕业生，分别按相当于中专、大专、本科学历申报职称评审。鼓励专业技术人才参加职业技能评价，对具有所申报职业相关专业毕业证书的专业技术人才，可免于理论知识考试。

五、实施"筑巢安青"行动，打造青年乐业之城

17.强化青年人才安居保障。采取货币补贴和实物配置相结合的方式，妥善解决各类青年人才安居需求。对新引进的顶尖人才、特优人才、领军人才、拔尖人才、高级人才分别给予300万元、100万元、80万元、50万元、15万元的安家补助。对新引进的特优人才、领军人才、拔尖人才、高级人才，引进后3年内在宁波大市范围内购买家庭唯一住房的，分别给予实际购房总额20%，最高60万元、40万元、25万元、20万元的购房补贴。对毕业10年内的青年基础人才在宁波大市范围内购买家庭唯一住房的，给予购房总额2%，最高8万元的购房补贴。对符合条件的35周岁以下青年人才给予每年1万元、最长3年的租房补贴。

打造一批高品质人才社区，构建集办公、生活、交友、休闲于一体的全链式人才生态圈。加大人才安居专用房筹集力度，积极推进共有产权住房试点，加强市场化租赁住房培育和管理，多渠道满足青年人才住房需求。给予青年人才优先购房支持，在新建商品住宅公开摇号销售时，预售住宅的50%无房户优先认购房源对符合条件的高级及以上层次人才无房户优先购买。

18. 加大青年人才生活补助力度。优化来甬高校毕业生生活保障服务，对新引进35周岁以下且未在宁波购买住房的硕士毕业生，给予3万元生活补助，其中对世界排名前100高校的硕士毕业生，给予8万元生活补助。对新引进40周岁以下且未在宁波购买住房的世界排名前200高校博士毕业生，给予10万元生活补助。

19. 优化青年人才生活服务。优化落户审批流程，全日制普通高校、中等职业学校（含技校）毕业生毕业15年内可先落户后就业。青年人才落户市级人才集体户的实现网上申报、容缺受理、一站申请，鼓励各县（市）探索实施更加开放的落户举措。

推进青年人才数字化服务，推广应用宁波"人才码"，提供"一站式"在线服务。推出系列青年人才特惠服务，高级人才可享受免费公交地铁、运动健身服务，进一步优化各类青年专家人才医疗保健、子女入学、休闲旅游、体育健身等"关键小事"服务。高级以上层次人才未成年子女参加我市城乡居民医保，可不受父母缴纳社保和居住登记时间限制。

20. 营造青年友好城市良好氛围。通过选树宁波市十大杰出青年、选聘城市青年友好大使等形式，不断提升青年人才获得感和荣誉感，大力营造尊才、爱才、敬才的社会氛围，让青年人才引得来、留得住、用得好。

（2022年9月5日中共宁波市委组织部、宁波市人力资源和社会保障局、宁波市公安局、宁波市财政局、宁波市住房和城乡建设局联合发布）

关于加强人才自主培养实施领军拔尖人才培养项目的意见

(甬人社发〔2022〕18号)

为贯彻落实中央人才工作会议和省、市党代会精神,加强人才自主培养,激发人才创新活力,根据市委、市政府关于人才工作的有关部署,现就实施领军拔尖人才培养项目提出如下意见。

一、指导思想和总体目标

(一)指导思想

以中央人才工作会议精神和习近平总书记关于新时代人才工作新理念、新战略、新举措为指导,贯彻落实省、市党代会精神,坚持面向世界科技前沿、面向经济主战场、面向国家重大需求、面向人民生命健康,深入实施人才强市战略,以人才自主培养和人才跨界融合为重点,以搭建人才学习提升、合作交流、服务社会、成果展示平台为抓手,健全人才选拔、培养、激励机制,完善人才全方位培养体系,大力培育领军拔尖人才,加快建设世界重要人才中心和创新高地战略支点城市,奋力打造具有国际竞争力、人才引领力、全省带动力的高水平人才首选地、创新策源地、产业集聚地,为宁波建设现代化滨海大都市提供更为强大的人才支撑。

（二）总体目标

培养人选每两年选拔一次，以5年为一个培养周期，分三个层次进行选拔培养。2021—2030年，计划选拔和培养具有发展潜力的领军型、创新型、复合型专业技术人才3000名左右，其中第一层次300名左右，第二层次900名左右，第三层次1800名左右。在自然科学、工程技术、教育卫生、人文社科、经济金融等领域，进一步培养造就一支德才兼备、创新踊跃、作用显著，能够有效引领宁波经济社会高质量发展的领军拔尖人才队伍。

二、选拔工作

（一）选拔范围

人选在全市企事业单位和驻甬部省属单位中选拔，主要面向战略性新兴产业、新兴产业、传统优势产业和经济社会发展重点领域，特别是新材料、工业互联网、关键核心基础件三大科创高地和医疗健康、"5G+"、数字经济、港航服务等领域新兴产业，以及金融、会计、律师等生产性服务业的优秀中青年专业技术人才。

突出对甬江科创区和在甬高校院所、产业技术研究院，以及重大科创平台、工程技术中心（研发中心）、企业技术中心、制造业（产业、技术）创新中心、重点实验室、重大工程、重大项目中学术技术带头人，特别是关键共性技术、前沿引领技术、现代工程技术、颠覆性技术领域优秀创新人才的选拔。

加大对企业人才，特别是制造业"大优强"培育企业、单项冠军企业、专精特新"小巨人"企业和高新技术企业人才的选拔力度。

加强对在甬创业创新的海外高层次人才和出站博士后的选拔。

支持青年人才挑大梁、当主角，同等条件下优先选拔具有发展潜力的青年人才。

进一步拓展人才推荐渠道，探索院士等顶尖人才举荐制。鼓励符合条件的优秀专业技术人才直接列入。

（二）选拔条件

培养人选应深怀爱国之心、砥砺报国之志，主动担负起时代赋予的使命责任；坚持科学精神，严守学术道德和职业操守；敢于创新，善于合作，乐于奉献，具有较大发展潜力。各层次具体条件如下。

第一层次

1. 年龄50周岁及以下，具有高级专业技术资格或博士学位。理论基础深厚，专业知识扎实，学术视野开阔；能把握本学科本专业领域发展趋势，跟踪本研究领域国际发展前沿；团队核心作用显著，创业创新能力突出；业内具有较高的公认度和知名度，学术、科研、技术、业绩等处于全市领先水平。年龄在45周岁及以下的给予适当倾斜。

2. 取得以下成果之一：主持或主要参与（前3位）国家、省、市重点课题、项目、基金研究工作，或作为主要完成人（前3位）获得过部、省科技成果二等奖（或市科技成果一等奖）及以上奖励或其他相当等级成果奖励（或多项部、省三等奖，或多项市二等奖）；在国内外一流学术刊物上发表过多篇高水平论文，或出版过有重要学术技术价值或社会影响的著作；在本领域有重大学术技术创新或重要发明创造，取得的成果产生了显著的经济、社会效益。

第二层次

1. 年龄45周岁及以下，具有高级专业技术资格或博士学位。理论和专业知识较为扎实；能了解本学科本专业领域发展趋势，跟踪本研究领域国内发展前沿；团队骨干作用显著，创业创新能力较强；学术、科研、技术、业绩等在我市相关领域具有一定的认可度。年龄在40周岁及以下的给予适当倾斜。

2. 取得以下成果之一：主持或主要参与（前3位）市级及以上重点课题、项目等研究工作，或作为主要完成人（前3位）获得过市科技成果三等奖及以上奖励或其他相当等级成果奖励；在省级及以上专业刊物上发表过多篇高水平论文，或出版过有较高学术技术价值的著作；在本领域有较为重要的学术技术创新或发明创造，取得的成果产生了较好的经济、社会效益。

第三层次

1.年龄40周岁及以下,具有高级专业技术资格或博士学位,企业人才成果业绩突出且具较大培养发展潜力的可适当放宽职称、学历要求。理论和专业知识较为扎实;了解本专业领域发展趋势和本研究领域前沿动态;团队中个人作用明显,创业创新意识较强,学术、科研、技术、业绩等方面取得了较好的成绩。年龄在35周岁及以下的给予适当倾斜。

2.取得以下成果之一:作为主要成员(前3位)承担过市级部门重点课题、项目等研究工作,或获得过市级部门科技成果二等奖(或相当于二等奖)及以上奖励;获得过多项授权专利;在省级及以上专业刊物上发表过多篇较高水平论文,或出版过著作;取得的成果产生了一定的经济、社会效益。

(三)选拔程序

选拔工作以创新价值、能力、贡献为标准,坚持公开、公平、公正、择优的原则。选拔程序为:

1.企事业单位中符合条件的专业技术人员提出申请,报所在单位;

2.单位根据选拔条件进行审核和择优推荐,经公示后,报市级主管部门或所在区(县、市)人力社保局;

3.市级主管部门或区(县、市)人力社保局组织有关专家对各单位推荐的人选进行评议,提出推荐人选报市人力社保局;

4.市人力社保局会同有关部门组织专家对推荐人选进行综合评审(必要时对人选进行实地考察),提出人选建议名单报领军拔尖人才培养项目联席会议(以下简称市联席会议)审议;

5.市联席会议审议确定各层次人选名单,审议确定的人选名单由市联席会议组成部门联合发文公布。

三、培养举措

(一)组建项目学科组。根据人选结构和培养要求,组建智能制造与工程技术、医学与生命科学、教育与社会科学等若干学科组。学科组可委托有关具有专业优势（或管理优势）的行业协会、专业学会或其他社会组织作为牵头单位。学科组牵头单位负责落实学科组成员联系制度，制订学科组年度活动计划，组织开展本学科或跨学科学习培训及学术、技术、科研等活动。学科组年度活动计划报市人力社保局同意后组织实施。鼓励学科组牵头单位等相关社会组织结合行业、产业、学科实际，积极支持开展内容丰富、形式多样、成效显著的活动；鼓励第一层次人选结合专业特长和领域优势，积极发挥学科组带头人作用，推动人选互学互补、互促互进。

（二）搭建学习提升平台。打造以名师讲座或名师指导、名校进修、名企参访等为主要内容的"三名工程"。根据"双向选择"原则，对第一层次人选实行导师结对培养，由市选聘两院院士及相关一流专家担任第一层次人选培养导师，开展专业技术一对一传帮带，每位导师一次性给予津贴5万元。对第二、第三层次人选探索以团队等方式开展培养。依托学科组组织开展培训研修、学术研讨、专题讲座、对标学习等活动。鼓励支持人选积极参加国内外学术技术交流活动：每年组织部分人选赴国内重点高校开展主题研修；每两年组织一批人选赴国外知名院校或高科技企业开展短期学习；每年择优选拔一批人选赴国外知名院校进行中长期进修，除积极争取国家外国专家局经费资助外，市财政再给予一定资助。人选出国短期学习和中长期进修不占所在单位出国人员指标和出国经费指标。

（三）搭建合作交流平台。鼓励人选加强交流和合作，不断提升学术技术水平和创业创新能力。组织"领军沙龙"等活动，促进学术交流、技术交流、产业化交流。组织产学研合作活动，引导人选积极开展跨界合作，促进产学研深度融合，推动科研升级和成果转化。组织与高校、产业技术研究院等开展交流和合作，对接成果和需求，积极攻关应用型项目，特别是应用型重大科技项目和关键核心技术。聚焦重点领域，搭建智能技术产业链、大健康产业链、新材料产业链、乡村振兴产业链等若干产业链合作平台，促进跨领域人才和产业链各环节精准化交流和合作，推动科研攻关、技术攻关，更好发挥"1+1＞2"的群体倍增效应。

（四）搭建服务社会平台。把初心教育和实践纳入人选培养的重要内容，大力弘扬爱党爱国、奉献担当精神，积极回应社会关切。组织开展"领军初心·强根铸魂"系列教育活动，强化使命意识，筑牢初心根基。组织开展"领军初心"系列服务活动：鼓励人选走进企业，为企业提供问题诊断、技术解难等服务；鼓励人选走进校园，为中小学师生开展专题讲座、实践指导等服务；鼓励人选走进"领军讲坛"，解答热点问题，提供科普服务；组织开展"天使践行"活动，为基层提供医疗健康和人才培养服务；组织开展科技帮扶活动，为贫困地区提供技术和产业服务。

（五）搭建成果展示平台。倡导榜样示范引领，打造"领军风采"品牌。依托领军拔尖人才培养项目管理信息系统，建立健全人选培养档案。结合中期考核和期满考核，采集积累优秀案例，总结提炼人选成长、成才、成功经验。及时挖掘人选创业创新先进事迹，重视优秀事例推介，加强优秀人选宣传，激励人选进一步开拓进取。结合学科组活动，鼓励人选积极展示学术、科研和创业创新成果，促进学术碰撞，深化科学研究，推动成果分享。

（六）打造"人才朋友圈"。促进人才尽快熟起来、热起来、动起来，推动人才跨界融合，助力人才生态建设。推进"领军之家"建设，在经费、场地等方面给予必要的支持。以新媒体社交工具为载体，架筑人选互动桥梁，促进资源共享，增进友谊和互信。结合人选专业特长、兴趣爱好，组建"领军之家"活动社团，打造"领军格物"等活动品牌，组织开展以文化、教育、健康、科技等为内容的、形式多样的趣味活动，让"人才朋友圈"真正走进生活，促进人才个性成长，增强人才归属感和幸福感。

四、经费管理

市级财政每年在市人才发展专项经费中安排人才培养专项资金，用于人选的资助和培养。

第一层次、第二层次人选由市级财政分别按每人10万元、6万元安排资助经费，市级主管部门或区（县、市）会同人选所在单位给予一定资助。市级财政安排的经费中，50%分两次拨付到人选所在单位，由人选在培养期内按规定支配使用，第一次在入选的次年拨付，第二次在人选通过中期考核后拨付；

剩余50%由市人力社保局实行统筹，分年安排使用，统一用于人选的学习培训、学术交流、产学研合作、科研项目资助、活动平台建设等。

第三层次人选由市级主管部门或区（县、市）会同人选所在单位给予一定的经费资助。

核拨到人选所在单位的资助经费在有效期内可结转使用，实行专款专用，主要用于参加国内外培训进修和学术交流、购置必要的图书资料、出版学术著作，以及课题研究等为提高人选学术、技术、科研水平所必需的开支。

五、考核激励

（一）考核组织。考核工作由市人力社保局负责牵头实施，实行分级负责，分类考核，量化打分，动态管理。考核分中期考核和期满考核，分别在人选入选后的中期和期满时实施。考核采取个人自评、单位初评、市级主管部门或区（县、市）人力社保局复评、市人力社保局组织专家综评相结合的方式进行。考核结果报经市联席会议审议后公布。

（二）考核内容。主要从创新价值、能力、贡献及思想素质、知识结构等5个方面进行考核评估。突出考核人选入选以来（培养期间）的工作业绩和成果，主要包括培养期内科研项目承担及成果获奖、论文论著发表、专利申请授权、创业创新及效益、团队建设及作用发挥、岗位业绩及贡献等个人成长发展情况，以及人选参加学术交流与培训情况等，同时审查培养举措落实及资助经费使用情况。

（三）考核等级。考核结果分为优秀、良好、合格、不合格四个等级。对培养期内取得标志性科研成果、工作业绩和专业荣誉的人选可以直接确定为考核优秀；对无故不参加考核的人选按考核不合格处理；对培养期内无故不按要求参加培养项目及其学科组组织的活动的，中期考核时予以劝退，仍不改进的，期满考核时按不合格处理。考核不合格及其他不符合标准的人选，报经市联席会议审议后及时予以调整。

（四）激励措施

1.考核结果计入人选培养档案，培养期满取得合格及以上考核等级的人选授予《领军拔尖人才培养项目证书》。

2. 优先推荐考核优秀的第二层次、第三层次人选参加项目下一轮更高层次选拔；第三层次人选中期考核优秀的，市级财政按每人2万元给予培养经费资助。

3. 同等条件下，优先推荐培养人选申报各级人才项目、科研项目、荣誉项目等。

4. 各地各部门应结合本地区本领域人才项目，将领军拔尖人才培养项目人选列为重点培养对象，并根据实际对人选实行资助激励。

5. 人选所在单位在专业技术职务评聘时，同等条件下优先推荐项目人选；同时完善收入分配机制，根据人选的能力水平、业绩贡献等，在待遇方面给予倾斜。

六、组织领导

（一）建立联席会议制度。为进一步加强领导和协调，建立领军拔尖人才培养项目联席会议制度，市委人才办、市人力社保局、市科技局、市财政局、市发改委、市经信局、市教育局、市科协等为联席会议成员单位。联席会议主要负责研究制定有关政策措施，协调解决项目实施中的重大问题，审议并确定项目人选名单和考核等级。联席会议成员单位各司其职，相互协作，密切配合，形成合力，重点保障实施意见中涉及的各项政策措施落实到位。联席会议办公室设在市人力社保局，承担项目的日常管理工作。

（二）加强人才服务保障。坚持营造识才、爱才、敬才、用才的环境，不断增强服务意识和保障能力。将第二层次及以上人选纳入专家管理服务范围，加强服务保障工作。充分发挥大平台、大项目、大企业（集团）在培养学术技术带头人中的重要作用，在创新创业实践中培养和使用人才。鼓励和支持人选承担技术创新项目、重点学科、重点实验室、高新技术研发中心和企业技术中心等学术技术平台建设。用人单位要切实履行好主体责任，注重发挥人选在团队中的核心骨干作用，积极为人选施展才能提供广阔舞台、营造宽松环境，对人选在科研经费、实验设备、工作场所等方面给予重点保障，对工作和生活中遇到的实际问题给予重点帮助，让人才静心做学问、搞科研，多出成果、出好成果。

（三）健全工作考核机制。各地各部门要把推进领军拔尖人才项目建设作为加强高层次人才队伍建设的重要举措，纳入各级党委政府人才工作的年度考核内容，明确目标，落实措施，健全机制，共同抓好项目的实施。要更加重视人才自主培养，加强人才梯队配套、科研条件配套、管理机制配套，加快建立人才资源竞争优势。各区（县、市）要进一步结合地方实际，深化实施人才项目，完善人才自主培养体系，推进人才自主培养工作。

本意见自发布之日起施行。原《关于印发〈宁波市领军和拔尖人才培养工程实施意见〉的通知》（甬人社发〔2011〕245号）、《关于印发〈宁波市领军和拔尖人才培养工程实施补充意见〉的通知》（甬人社发〔2014〕195号）同时废止。

（2022年8月31日由宁波市人力资源和社会保障局发布）

宁波市宣传思想文化领军人才和青年人才评选扶持办法

（甬宣通〔2022〕26号）

为深入贯彻落实中央和省、市委关于宣传思想文化工作和人才工作的决策部署，推动宁波加快建设高素质文化人才队伍，按照省宣传文化系统人才推荐工作有关要求，结合《宁波市文化发展"十四五"规划》（甬发改规划〔2021〕539号）和我市宣传思想文化工作实际，制定宁波市宣传思想文化领军人才和青年人才评选扶持办法。宁波市宣传思想文化领军人才和青年人才纳入甬江人才工程培养序列。

一、指导思想

高举习近平新时代中国特色社会主义思想伟大旗帜，深入贯彻习近平总书记关于宣传思想文化工作和人才工作的重要论述精神，紧扣打造全国文明典范之都和新时代文化高地的新征程新使命，认真落实新时代人才强市战略，聚焦人才队伍量质齐升、人才平台多元发展、人才效能持续提高、人才环境日益优化，全方位培养、引进、用好人才，着力打造一支门类齐全、结构合理、德才兼备、锐意创新的宣传思想文化人才队伍，为加快建设现代化滨海大都市提供更加有力的人才保障和智力支撑。

二、目标任务

着眼宣传思想义化人才队伍的结构改善和素质提升,选拔培养一批政治素质好、业务能力强、学风作风正的高层次领军人才和优秀青年人才。宁波市宣传思想文化领军人才和青年人才一般每两年评选一次,到2025年,选拔领军人才30名左右、青年人才60名左右。

三、推荐范围

推荐在全市宣传文化领域从事专业工作的优秀人才,注重从在宣传思想文化工作第一线的专业技术人员中推荐人选,党政领导干部从严掌握,公务员(含参公)和市管以上干部不列入推荐范围。推荐的人才范围主要包括理论、新闻出版、文艺、文化经营管理、文化创意、网信等六大领域。具体范围如下:

1. 理论领域。主要包括在甬院校,各级社会科学院(所)、社科联,各级党校(行政学院)、干部学院,各级党委和政府部门所属的理论研究机构,习近平新时代中国特色社会主义思想研究机构、新型智库、相关学会协会以及党报党刊理论部门、理论期刊社,其他单位所属理论研究机构,其他理论单位或部门中从事哲学社会科学教学、研究、编辑、翻译、管理、宣传、思想道德和精神文明建设研究以及开展国际传播政策理论研究等工作的人员。

2. 新闻出版领域。新闻领域主要包括报社、通讯社、广播电台电视台、新闻性期刊及所属新媒体机构,广播电视传输覆盖单位,以及其他新闻宣传单位或部门中从事新闻采访、编辑、评论、播音、主持、媒体技术等工作的人员。出版领域主要包括图书、期刊、音像制品、电子出版物出版单位和网络出版服务单位,出版物印刷、复制单位,发行单位以及其他出版单位或部门中从事出版编辑、印刷、复制、发行、版权、技术开发服务保障等工作的人员。

3. 文艺领域。主要包括文艺表演团体、场馆、图书馆、文化馆(站)、博物院(馆)、纪念馆、美术馆、艺术教育机构、文化艺术研究机构、文物保护管理和科研机构、非物质文化遗产保护机构,广播电视节目制作经营机构(含电视剧制作发行单位)、电影创作生产单位、电影发行放映单位(电影公司、电影院、院线公司),其他文化艺术单位或部门中从事文艺创作、文艺表演、理论评论、教学研究、展览展示、传承保护、思想道德和精神文明建设实践以及文化艺术、广播影视领域技术开发服务保障等工作的人员。

4. 文化经营管理领域。主要包括文化(体育)企事业单位中从事经营管理工作的高层人员,具体包括党委(党组)书记、副书记,董事长、副董事长,总经理、副总经理,总监、总会计师等人员。一般从市属文化集团及重点文化(体育)企业中的经营管理者中择优遴选。

5. 文化创意领域。主要包括文化(体育)企事业单位中从事市场运营、组织策划、创意设计、展会服务、宣传推广以及文化数字化、文化科技、文旅融合、竞技和群众性体育等方面工作的人员。

6. 网信领域。主要包括在文化企事业单位中从事网络理论研究、网络内容建设与管理、网络安全、数据安全、网络治理、信息化与数字经济,以及网信领域法治人才和自媒体创业人员。

四、人选条件

(一)宁波市宣传思想文化领军人才

1. 具有中国国籍,全职在宁波市内或在本市派出机构工作2年以上。政治素质好,坚持以习近平新时代中国特色社会主义思想为指导,坚持正确政治方向,忠诚拥护"两个确立",坚决做到"两个维护",有爱国奉献精神。

2. 有强烈的事业心和高度的责任感,热爱宣传思想文化事业,自觉践行社会主义核心价值观,恪守学术道德和职业道德,学风作风正派,德艺双馨,有开拓创新精神。

3. 学术水平高,工作实绩突出,专业成果显著,是本领域公认的学术(专业)带头人或业务骨干,有较高的知名度和社会影响力。

4. 须在申报年度前五年内获得省级以上常设性奖项或省级以上行业荣誉。

5. 应积极参与全市重大文化活动和其他公共文化活动。

6. 年龄一般不超过 55 周岁。

7. 一般应具有大学本科以上文化程度和副高级以上职称。

（二）宁波市宣传思想文化青年人才

1. 具有中国国籍，全职在宁波市内或在本市派出机构工作 1 年以上。政治素质好，坚持以习近平新时代中国特色社会主义思想为指导，坚持正确政治方向，忠诚拥挤"两个确立"，坚决做到"两个维护"，有爱国奉献精神。

2. 有良好的道德品行，自觉践行社会主义核心价值观，遵纪守法，恪守学术道德和职业道德，学风作风正派。

3. 有较强的业务能力，在本专业领域取得较大成绩，爱岗敬业、潜心工作，勇于开拓创新，发展潜力大。

4. 须在申报年度前五年内获得市级以上常设性奖励或市级以上行业荣誉。

5. 应积极参与全市重大文化活动和其他公共文化活动。

6. 年龄一般不超过 40 周岁。

7. 一般应具有大学本科以上文化程度和副高级以上职称。

（三）其他事项

1. 对文化经营管理领域人选的职称不作硬性要求，其中领军人才须具有 5 年以上经营管理工作经验，青年人才须具有 3 年以上经营管理工作经验。

2. 对新的文艺群体、民间文化人才、网络和数据安全人才等非公领域文化人才的年龄、学历和职称可适当放宽。

3. 对没有常设性奖励或行业荣誉的领域，须有相应的代表性业绩成果。

4. 对已入选国家海外引才计划、国家高层次人才特殊支持计划、全国文化名家暨"四个一批"人才、中宣部宣传思想文化青年英才等国家级重大人才项目，已入选省海外引才计划、省高层次人才特殊支持计划、省宣传文化系统"五个一批"领军人才等省级重大人才项目，以及甬江人才工程双创人才（团队带头人）等市级重大人才项目的，不再列入宁波市宣传思想文化领军人才和青年人才推荐选拔范围；已入选原宁波市宣传文化系统"六个一批"人才的，不再列入宁波市宣传思想文化青年人才推荐选拔范围；已入选省级文化人才工程青年人才项目和原宁波市宣传文化系统"六个一批"人才的，若无新增业绩不列入宁波市宣传思想文化领军人才推荐选拔范围。历年已入选设立宁波市文艺家工作室的文艺家视同宁波市宣传思想文化领军人才。

5. 对当年没有评选上的申报者，下一期申报时若无新增业绩，不得再申报。

6. 对在申报过程中有弄虚作假行为的人员，取消其申报资格，其从申报当年起5年内不得再申报。

五、申报推荐方式

1. 组织推荐。申报者须根据申报年度的申报通知要求，如实填写申报相关材料，经所在单位同意，并由各区（县、市）委宣传部、市级相关部门或在甬高校审核后，向市委宣传部推荐。

2. 专家举荐。申报者须根据申报年度的申报通知要求，如实填写申报相关材料，经所在单位同意后，由专家向市委宣传部举荐。具备举荐资格的专家为已入选省级以上文化人才项目的我市高层次文化人才。

3. 个人自荐。申报者须根据申报年度的申报通知要求，如实填写申报相关材料，经所在单位同意后，直接向市委宣传部申报。

六、评选程序

1. 资格审核。市委宣传部按照好中选优、总量控制和德才兼备、群众公认的原则，在各地各单位推荐基础上，进行资格审核。

2. 综合评审。对符合条件的申报者，由市委宣传部组织有关专家进行综合评审。

3. 会议研究。对通过综合评审的申报者，经市委宣传部部务会议研究后，确定拟入选对象名单。

4. 公示确认。对拟入选的宁波市宣传思想文化领军人才和青年人才名单，进行公开公示，公示无异议后，正式发文认定。

七、扶持举措

1. 完善人才服务保障体系。落实文化人才联系服务机制，加强对历年入选人才的日常联系和服务工作，密切思想联系和情感交流，做到礼遇人才、精准服务、带动发展，重点在教育培训、交流研讨、精品创作、展览展示等方面予以支持。对能力水平强、综合业绩突出的人才，积极推荐参评省级以上人才项目；对参政议政能力强、在各领域中有影响力的人才，可作为党代会代表、人大代表、政协委员人选向有关方面推荐。鼓励支持各地各有关单位对重点文化人才定制联系服务方案。

2. 强化人才政策落地落实。入选人才可认定为宁波市人才分类目录中的高级人才，根据我市已出台的人才政策，积极为人才对接落实扶持奖励、落户、住房、医疗、税收、子女就学、城市公共服务等相应待遇。鼓励支持宣传文化单位以多种灵活方式集聚和使用各种文化人才，结合自身实际开展各类文化人才培养、选拔工作，深入挖掘各具特色的文化人才，促进更多优秀人才脱颖而出。鼓励各地各有关部门和人才所在单位落实相应的人才激励和保障举措，在人才培养、交流、使用等环节予以优先考虑，并配套一定比例的扶持资金，积极为宣传思想文化人才成长发展创造良好条件。

3. 提升专项资金扶持力度。在宣传思想文化专项资金中安排人才扶持资金，对入选宁波市宣传思想文化领军人才的每人给予30万元资金扶持，以每年10万元的额度分三个年度下达；对入选宁波市宣传思想文化青年人才的每人给予10万元资金扶持，以每年5万元的额度分两个年度下达。扶持资金使用管理应按照市财政有关规定执行。

4. 加大优秀人才宣传推介。搭建宣传展示交流平台，支持人才积极参与重大文化活动、各类展览展示和高层次研学培训，充分展示人才专业优势和能力水平。用好各级媒体资源，丰富宣传载体和手段，加大对人才及其业绩成果的宣传推介，进一步扩大人才的社会影响力和知名度。同时，注重宣传各地各部门在人才培养、引进、使用等环节以及在人才环境营造、人才激励和保障等方面采取的重要举措和取得的成绩，努力营造育才、用才、聚才的良好舆论氛围。

八、工作保障

1. 加强组织领导。宁波市宣传思想文化领军人才和青年人才评选工作在市委人才工作领导小组领导下，由市委宣传部负责组织实施。各区（县、市）委宣传部和市级有关单位要充分认识加强宣传思想文化人才队伍建设的重要意义，切实加强组织领导，结合本地区、本单位实际，充分调动和发挥各方面积极性，争取社会各界支持，共同做好宣传思想文化人才的培养、推荐和指导、服务工作，助力宁波打造新时代文化高地。

2. 加强跟踪管理。建立宁波市宣传思想文化领军人才和青年人才入库机制和动态管理机制，完善人才信息。每批次人才的资金扶持期为人才入库管理期，期间，人才每年需提交工作成果情况报告。加强人才动态管理，及时了解和掌握人才开展创作研究、参与重要工作、参加重大活动等情况，积极促进人才承担项目的成果运用转换和推广。宣传文化系统各单位和各区（县、市）委宣传部要建立相应的人才信息库，全面掌握各个层次宣传思想文化人才情况。

3. 加强绩效评价。人才入库管理期满后实施绩效评价，坚持德才兼备原则，突出人才的创新能力和社会贡献评价标准，评价指标根据实际另行制定。对违纪违法、违反学术道德规范或有其他不良社会影响的，进行严肃处理。

本办法自发文之日起实施，由市委宣传部负责解释，宁波市文艺家工作室不再另行评定。

（2022年12月由中共宁波市委组织部、中共宁波市委宣传部、宁波市人力资源和社会保障局联合发布）

宁波市社会工作者职业水平考试奖励实施细则
（试行）

（甬民发〔2022〕121号）

第一条 为贯彻落实市委市政府关于人才工作相关部署，大力培养我市社会工作专业人才，规范社会工作者职业水平考试奖励操作，特制定本实施细则。

第二条 本实施细则奖励对象为在宁波从事社会工作，通过全国社会工作者职业水平考试（评审）首次取得助理社会工作师、社会工作师或高级社会工作师证书，且同时满足以下条件的人员（公务员及参照公务员法管理的人员除外）：

（一）在宁波市报考社会工作者职业水平考试（即报考时选择的核查地点为宁波大市范围）；其中，要求参加考后资格审查的，须经宁波市、县级民政部门审查通过。

（二）完成社会工作者职业水平证书登记，且登记地为宁波（即审核机构为宁波市、县级民政部门）。

每年发放对象为上一年度通过全国社会工作者职业水平考试（高级社会工作师评审）取得证书且符合条件的人员。首次发放对象为通过2021年度全国社会工作者职业水平考试（高级社会工作师评审）取得证书且符合条件的人员。

在宁波从事社会工作的认定条件为，每年奖励发放通知印发之日前在宁波从事过社会工作。

公务员及参照公务员法管理的人员的认定条件为，申领奖励时是在职公务员及参照公务员法管理的人员。

第三条 社会工作者职业水平考试奖励标准为：

（一）取得助理社会工作师证书，一次性奖励1500元；

（二）取得社会工作师证书，一次性奖励3000元；

（三）取得高级社会工作师证书，一次性奖励5000元。

第四条 社会工作者职业水平考试奖励工作按个人申请、民政部门审核、名单公示、审定发放等程序进行。

（一）个人申请。申请人在规定期限内提交所在单位已出具意见的《宁波市社会工作者职业水平考试奖励申请表》及符合条件的身份证明、社保证明、银行卡、社会工作者职业水平证书等材料至报考核查地（点）民政部门。

申请人报考时核查地（点）选择"市直"的，提交至宁波市民政局。申请人报考时核查地（点）选择"某区（县、市）"的，提交至相应的区（县、市）民政部门。

（二）民政部门审核。民政部门审核申请人提交的材料。

（三）名单公示。民政部门对拟发放奖励的人员名单进行公示，公示期3个工作日。经公示无异议后，确定奖励资格。

（四）审定发放。民政部门审定发放奖励。

第五条 社会工作者职业水平考试奖励原则上每年集中受理、集中发放一次，具体时间每年另行通知。逾期视作放弃，不再补发奖励。

第六条 社会工作者职业水平考试奖励发放工作实行分级负责制。申请人报考时核查地（点）选择"市直"的，由宁波市民政局审核、公示后直接负责发放。申请人报考时核查地（点）选择"某区（县、市）"的，由相应的区（县、市）民政部门审核、公示后负责发放。特殊情况下由宁波市民政局统筹安排。

第七条 申请人应在规定期限内向报考时核查地（点）民政部门提出申请、提交资料。申请人以弄虚作假等不正当手段骗取社会工作者职业水平考试奖励的，按《财政违法行为处罚处分条例》等规定处理。

第八条 申请人所在单位应严格审核申请人提交的材料，不得为本单位不符合条件或非本单位人员出具审核意见。

第九条 民政部门及其工作人员应严格履行职责，不按照实施细则履行职责或不正确履行职责的，依法依规追究其行政责任；涉嫌违法犯罪的，依法移送相关部门追究其法律责任。

第十条 社会工作者职业水平考试奖励经费由市人才发展专项资金保障。

第十一条 本实施细则由市民政局、市财政局负责解释。

第十二条 本实施细则自 2022 年 11 月 10 日起施行。

（由宁波市民政局、宁波市财政局以甬民发〔2022〕121 号文件发布）

"智汇山海 才助共富"甬丽人才联合行动方案
（2022—2025）

（甬组通〔2022〕6号）

为全面贯彻中央、省委人才工作会议精神，落实省委"人才强省""创新强省"首位战略，以及山区26县跨越式高质量发展决策部署，根据《浙江高质量发展建设共同富裕示范区实施方案（2021—2025）》（浙委发〔2021〕17号）《中共浙江省委组织部关于深入贯彻省委十四届九次全会精神为高质量发展建设共同富裕示范区提供坚强保证的若干举措》（浙组〔2021〕12号）等精神，全面推进甬丽人才协同发展，形成一系列标志性成果，交出人才引领助推共同富裕高分答卷。结合宁波市、丽水市实际，特制定本行动方案。

一、总体要求

坚持以习近平新时代中国特色社会主义思想为指导，全面贯彻落实中央、省委人才工作会议精神，围绕开放合作、共享共赢，推进甬丽人才资源协同引育、人才平台协同建设、人才政策协同供给、人才服务协同优化，持续拓展合作领域、深化合作内涵，构建共同富裕一条心、人才发展一盘棋新格局，以人才协同发展助力浙江高质量发展建设共同富裕示范区。

二、发展目标

到 2025 年，甬丽人才联合行动取得实质性成效，在人才协同引育、平台协同建设、机制协同创新等方面形成一系列经验做法，人才支撑引领共同富裕成效明显，成为浙江省乃至长三角地区人才协同发展助力共同富裕的先行示范。

——人才协同引育全面提能。联合柔性引进高层次人才 1000 人次以上，开展技能人才合作交流培育 1000 名以上，双向交流文教卫农等领域专业人才 900 人次以上，合作举办人才品牌活动 10 次以上，助力共富的人才队伍协同壮大。

——平台协同建设全面提级。协同建设宁波甬江科创大走廊、浙西南科创走廊等高能级战略平台，加强高校、科研院所、技师学院等交流合作，合作建设省级重点实验室、省级创新型研发机构和省级科技企业孵化器各 1 个以上，新建人才科创飞地 2 个以上，支撑共富的人才发展平台能级协同提升。

——机制协同创新全面提效。建立健全两地人才科技信息互通机制，创新探索柔性引才共享模式，推进人才数字化改革，强化人才服务共享，加快"人才码"云上人才科技资源库等建设，推行"码上通办""揭榜挂帅"等服务机制，共富的人才体制改革动力协同强化。

三、主要工作

（一）人才引育提能促共富行动

1. 强化高层次人才协同引育。依托宁波产业和创新资源集聚优势，围绕丽水人才发展需求，组建高水平专家服务团队，在产业发展、技术指导、项目对接、成果推广等方面给予丽水精准服务。建立高层次人才社团合作交流机制，联合引进一批高层次人才，协同开展高层次人才培训，为丽水"双招双引"导入人才资源，加快集聚引领共富的高层次人才。

专栏1　重点产业人才联合引育

"两山"发展人才：以全国首个生态产品价值实现机制试点市建设为契机，依托中国（丽水）两山学院，共建甬丽"两山"高质量发展智库联盟，重点引育一批生态产业规划、生态项目建设、生态产品价值转换等方面的新时代生态文明建设人才。

半导体产业人才：深入实施"浙江打造国内重要的集成电路产业基地"发展战略，重点引育一批半导体材料、装备、芯片设计、晶圆制造、封装测试及应用等领域的人才专家，推进甬丽半导体产业协同发展。

精密制造业人才：聚焦精密制造业"卡脖子"关键核心技术，重点引育一批高端科研，加强甬丽两地高技能人才联合培养，支撑甬丽高端制造业发展。

健康医药产业人才：重点引育一批生命科学、医疗卫生、生物科技等健康医药产业领域专家学者，加快甬丽健康医药产业发展。

数字经济产业人才：重点引育一批计算机科学、软件工程、人工智能、数据科学、电子工程等数字经济发展领域专业型人才，推进甬丽数字经济产业发展。

基础研究人才：协同加强基础研究人才培养，探索基础研究人才高效流动机制，支持企业和高校院所设立领军人才（专家、教授）工作室，鼓励人才以项目委托、外聘顾问、专题咨询等方式跨区域交流，到2025年，两地合作设立领军人才（专家、教授）工作室30家以上。

乡村振兴人才：聚焦乡村振兴战略，合力推进农业农村"双招双引"，重点围绕农产品精深加工、生物产业链开发、种业"卡脖子"技术攻关、农业机械研发等领域开展深度合作，提升丽水"农三师"、宁波"民间优才"等人才品牌影响力。

2.加强重点产业人才联合引育。围绕宁波全球先进制造业基地、"三大科创高地"建设以及丽水"五大产业集群"建设需求，加强两地产业链动态耦合，加大两地重点产业人才联合引育力度，合力打造卓越工程师队伍，强化专业化产业人才梯队建设（专栏1），为实现共富提供坚实的人才链支撑。

3. 深化科教卫农等领域人才历练交流。依托浙江省山区 26 县教师队伍质量提升工程，探索甬丽教育人才联合培育机制，持续开展宁波名校长与丽水校长结对导学、宁波特级教师（名教师）与丽水教师师徒结对行动，每年交流培育校长和教师 50 人次。支持两地特色医院、优势学科通过建立专科联盟、结对指导援助等模式开展人才培养和学术交流，每年交流培训卫生人才 100 人次。支持两地农业农村系统、科研机构开展人才交流合作，每年互派专业技术人才 30 人次。鼓励宁波银龄人才通过多种形式支持丽水建设。

4. 推进技能人才合作培育。联合开展"金蓝领"技能提升行动，以职业技术学院、技师学院、中等职业技术学校为依托，合作建设产教融合技能型人才培养基地。以宁波新材料、工业互联网、关键核心基础件"三大科创高地"相关产业和丽水五大主导产业职业（工种）为重点，组织两地优秀技能人才开展技能比武，每年联合培养交流技能人才 200 人次。

5. 加强特色人才品牌合力提升。联动开展宁波人才科技周、宁波人才日、"智汇丽水"人才科技峰会等两市重大人才品牌活动，组织开展跨区域大型人才科技活动，统筹活动资源，以活动内容互补、嘉宾资源互通、科技资源共享等模式合力提升活动层次和内涵。联合打响"我选宁波、我才甬现""智汇丽水、发展同行"高校毕业生招聘会品牌，联动开展甬丽高层次人才洽谈会、全国大学生双选会（丽水）、校园专场等活动，针对性组织两地用人单位赴外开展大学生招聘宣讲活动 2 次以上，协同壮大助力共富的生力军队伍。

（二）人才平台提级促共富行动

6. 强化重点平台协同打造。围绕高质量发展建设甬江科创大走廊、浙西南科创走廊等高能级战略平台，加快推进浙江创新中心、浙西南科创中心产业园等重点人才平台建设，出台支持政策，推动人才科技高度融合。加强重点科创平台共建，合作建设省级重点实验室、省级新型研发机构和省级科技企业孵化器各 1 个以上，为实现共富搭建创新动力策源平台。

7. 加快创新能力协同提升。立足甬丽比较优势，集聚相关研发、技术、资本、市场等资源，推进两地产业优势互补、错位发展，引领两地产业联动创新，共同争取承担国家、省级重大专项、重大工程等 10 个以上，取得若干重大示范性成果，加快建立助力共富的区域产业协同创新体系。

8. 推进飞地提档升级。依托宁波创新资源集聚优势，支持丽水在宁波设立人才科创飞地，推动丽水相关区（县、市）在宁波结对区设立人才科创飞地，促进人才科创资源有效集成、高效配置，鼓励两地人才以人才科创飞地为载体开展学术交流，科研合作等，到 2025 年，丽水在甬新建人才科创飞地 2 个以上，新建飞地 5 年累计集聚高层次才 50 名以上。

9. 加强高校联盟共建。组建甬丽高校发展联盟，以科研联合体、教育合作组、科技协同中心等为合作载体，通过联盟校长峰会、高峰论坛、合作项目等形式，共享优质高等教育资源，共建重大科技创新载体。联合出台高校人才联盟支持政策，共同引进高层次人才。探索两地高校"学科、平台、人才、项目、成果"创新资源五位一体配置机制，支持丽水学院建设硕士学位授予单位，面向丽水五大主导产业，共建关联性学科 5 个、共克重大攻关项目 15 个。

（三）人才政策提效促共富行动

10. 建立融通政策体系。建立政策互鉴互融互享机制（专栏 2），推进两地人才互认、柔性引才共享、人才疗休养互惠、人才待遇互通，推动人才在更高效的配置中助力共富。

> **专栏 2 融通政策**
>
> 　　**人才互认**：符合条件的高层次人才，到对方区域创新创业的，经落地主管部门推荐，可免评审，直接认定为相应人才层次。对援派指标范围内来丽水创新创业的宁波人才，可参照对口支援中西部地区同类型人员优先享受人才称号评定等政策待遇。
>
> 　　**柔性引才共享**：探索柔性引才跨区域通用模式，即由市级统一开展柔性引才工作，根据各地人才、产业需求，统筹各类人才到相关区域、相关领域工作，实现"市级招引、甬丽共享、县级通用"。
>
> 　　**人才疗休养互惠**：依托宁波沿海优势和丽水山区生态优势，共建共享一批高层次人才疗休养基地，出台高层次人才免费疗休养政策，为两地高层次人才休闲度假提供优惠待遇，建立人才"工作+疗养"模式，在疗休养期间为政府和企业提供智力支持。
>
> 　　**人才待遇互通**：对入驻人才科创飞地的人才科技企业和高层次人才，给予"同城待遇"。

（四）人才生态提质促共富行动

11. 加强人才服务集成。深入推进人才创新创业服务综合体等建设，不断延伸服务链条、提升服务能级、改善服务体验，在医疗、教育、住房、交通等公共服务方面强化联动，为两地人才安居、创业创新提供暖心、便利服务。

12. 推进人才工作数字化改革。以人才工作数字化改革为契机，推进甬丽"人才码"互联互通，逐步实现生活安居、创业创新各类事项"码上通办"。探索构建甬丽人才科技数据库，打破人才科技信息壁垒，建立云上人才科技资源共享平台，推动企业和人才入驻云上平台，推行"双向揭榜"机制，促进两地企业需求和人才精准匹配，以数字赋能人才助力共富。

13. 强化人才工作市场化合作。依托宁波国家级人力资源产业园优势，协同推进丽水人力资源服务产业园建设。鼓励宁波人力资源服务机构、科技中介机构到丽水创办企业或设立分支机构。支持人力资源服务机构建立"一对一""一对多"的共享互助关系，通过创新创业指导、人才培训交流、人力资源需求对接、科技成果转换对接等形式，开展多层次多维度合作互动。推动人才科技市场互联互通，形成合作联盟。

14. 加强人才政治引领。融合两市"红色根脉"资源、江南文化资源、改革创新文化资源，共建共享人才国情教育基地，用立体式、传承式、情景式考察教育，加强对专家人才的政治引领吸纳，增强专家人才的认同感和向心力。

四、保障措施

（一）强化组织保障。在省委人才办指导下，突出党建引领，由两地市委人才办统筹推进联合行动，协调推进各项工作，确定重大合作事项，加强常态化交流。发挥山海协作挂职干部在人才联合行动中的积极作用。

（二）强化政策支撑。以全省高质量发展建设共同富裕示范区、国家支持革命老区振兴发展、丽水创建全国生态产品价值实现机制示范区等契机，联动出台一系列示范引领性、创新性政策，积极争取上级对甬丽区域的规划、资金等方面的支撑保障。

（三）强化绩效评估。以人才促进共同富裕为导向，加强对联合行动的实效评估。定期对重大产业人才项目、人才体制机制创新发展等情况进行评估分析，督促合作进度相对落后的项目和工作及时整改，对成效显著项目和工作及时总结提炼经验，确保各项工作落地见效。

（2022年2月23日由中共宁波市委组织部发布）